四国遍路の宗教学的研究

その構造と近現代の展開

星野英紀 著

法藏館

はじめに

本書は巡礼を宗教学的アプローチとりわけ比較宗教学の見地を中心に据えながら、人類学、社会学、歴史学などの方法や成果を十分に咀嚼しつつ、日本の代表的な巡礼である四国遍路を具体的なケースに論じようとするものである。

巡礼という宗教行動は古来より数多くの宗教に認められるものであり、その内容は多岐にわたっている。その学問的解明には、それゆえ、数多くのアプローチの道筋があるが、そのすべてを質量ともに同程度に深めることは不可能である。それらを大別すると、歴史学的アプローチと構造論的アプローチに分けることができると考えられる。

もちろん両者は相補的であるが、それぞれの特徴を有する各々固有の領域をもっている。これらを鑑みて本書においてはできる限り双方のアプローチを併用する方法をとり、四国遍路の構造と展開を可能な限り明らかにしたい。ただし、後述するように、私自身の学問的積み重ねの偏りにより構造論的アプローチを中心に置き、歴史学的アプローチをもって補うという運びになっている。

第一章では、巡礼の一般構造の把握につとめる。まずさまざまな巡礼あるいは遠隔参詣を意味する語の吟味を行い、語の多義性がまさに巡礼の多様性を意味していることを明らかにする。ついでそれらの巡礼の特徴を整理するために、巡礼の類型的把握を試みる。まず巡礼類型に関する筆者自身の具体的提示を行い、それに加えて諸研究者の研究成果を吟味することにする。つぎに現代の巡礼論に大きな影響を与えたV・ターナーの巡礼論の紹介と批判的評価を行う。V・ターナーの巡礼論の中核は巡礼コミュニタス論であるから、それの理解をまず試みながら、巡礼コミュニタス論に対するその後のフィールドワーク研究からの批判を、主に紹介することにつとめる。

第二章においては、四国遍路の構造的特質の把握を目指す。遍路の聖性の特徴把握を目指して、楕円である遍路道の特徴、多様な人々を受け入れる開放的な性格、コミュニタス性などを指摘する。ついで、遍路者が歴史的に地元の共同体から厚遇と忌避という相反する扱いを受けてきたことを詳しく述べ、それが四国遍路のもつ境界性という特徴と関連することを示唆する。ついで、四国遍路には死と再生という、二つ目の相反する側面が併存している事実を明らかにし、それが四国遍路のもつ儀礼構造とも関連していることを明らかにする。ついで四国遍路を支えている大師信仰の特徴を明らかにしようとする。とりわけ大師信仰の特徴を六つほどに整理して各々を細かく検証し、併せて大師信仰の複合的な姿をも明らかにする。

第三章では明治以降の近代四国遍路について論ずる。最初に古代から近世までの四国遍路を概観した後、まず近代四国遍路と近代の交通手段の発達がどのように関係していたかを、乏しい資料のなかから分析する。ついで大正期に四国遍路を行った女性史研究家、高群逸枝の巡礼日記をもとに、当時の四国遍路の姿を再構成するとともに、高群のライフコースにおける巡礼体験の重要性を論ずる。ついで、江戸後期より日本各地につぎつぎに移植された四国遍路のなかで、その代表的な例である篠栗新四国霊場を取り上げ、現在までの展開を分析し、新四国霊場のもつ機能を考察する。

第四章では、昭和十年代の愛媛県内の遍路宿の宿帳に記載されている一万人強の遍路の属性を分析することで、当時の四国遍路の姿を明らかにしようとする。まずはじめに四国内の遍路者と四国外の遍路者とは、属性あるいは遍路時期などに対照的な点が多々あることを指摘する。さらに四国遍路内でも、愛媛県が数の上でもまた属性の上でも著しい特徴があることを明らかにする。これは四国にいくつもある霊場巡りのうち、七〜十ほどの霊場だけを毎年めぐる数か寺詣であることを明らかにする。昭和十年代という激動の時代における四国遍路を、数的データを駆使して明らかにする。

第五章では戦後から現代までの四国遍路の展開を明らかにする。まず戦後のモータリゼーションがいかに四国遍路に大きな影響を与えたかを考える。ついで、四国遍路そのものの意味づけも、戦後になって種々の形式をとりながら強化されたり整理されてきたプロセスを論ずる。つぎに四国遍路特有の慣習である接待の習俗を、大規模な接待講の具体例を取り上げながら、その仕組みと意味を考える。そして最後は、現代四国遍路でもっとも話題となっている歩き遍路の増加について、その体験の意味の分析を試みる。

以上が本書の内容の梗概である。なおここでお断りしておくべきことがある。本書はおそらく通常の学術論文に比較して、図表がより多く文中に挿入されている。特に第四章においてはその傾向が著しい。第四章においては一万名を超える遍路者を対象にした定量的分析を行ったため、図表の使用がきわめて多くなった。その点についてご理解をいただければまことに幸いである。

平成十三年九月

星野英紀

四国遍路の宗教学的研究—その構造と近現代の展開—　**目次**

四国遍路の宗教学的展開

その構造と近現代の展開

序章　四国遍路研究の目的と方法

1　研究対象と目的

本書は、宗教学的視点を中心に据えながら関連諸学の方法論と成果を取り入れつつ、四国八十八か所遍路（以下、四国遍路と略称）を研究分析しようとするものである。その場合、長い歴史を有する四国遍路のなかでも、焦点のひとつを近代以降に定めることにしたい。

四国遍路は日本を代表する巡礼である。開創については諸説あるが、信仰上では弘法大師空海が修行のため一寺一寺を巡ったことから始まったとされている。しかし、この説には史的データの裏付けがないこともまた確かである。無理のない学的推測の範囲でいえば、平安末期にはその祖型らしきものが確立し、鎌倉期、室町期を通じて次第に整備され、おそらく室町末期には八十八か寺が定まり、そして江戸期になって一般民衆の遍路者を多く迎えるようになったと考えられている。

四国遍路はきわめて著名な巡礼であるばかりでなく、日本人には今でもたいへん身近な巡礼である。遍路といえば俳句の春の季語にもなっており、また風物詩として春を伝えるニュースの定番にもなっている。菜の花と遍路の繋がりは日本人に春の到来を告げる伝統的なイメージである。

翻ってその研究史を省みると、四国遍路についての研究は必ずしも十分になされてきたとはいいがたい。その理由については、論述のコンテクストの必要性から本論の展開のなかで幾度となく触れていくことなのだが、そこには資（史）料の不足が大きく影響していることに加えて、空間的移動が中心である巡礼一般にわたる研究の困難さが原因であると考えることができる。

筆者は、それらの困難を充分承知しながら、比較宗教学、文化人類学、社会学、地理学、歴史学などの視点と業績を駆使しながら、四国遍路の構造と展開の過程を論じようとするものである。

具体的にいえば、筆者は本論ではつぎの諸点について主に考究しようとするものである。

（1）最近の巡礼研究の成果の概括と、それらによる巡礼の一般構造、一般的特徴の抽出。

（2）前記の事柄に基づいての四国遍路の構造的特質。

（3）近現代の四国遍路の展開と特徴。

加えて、本論が近現代の四国遍路に主眼を置くことはつぎのような理由による。

（1）四国遍路研究においては、近世以前よりも近代以降の領域について、未研究の部分が多いこと。

（2）筆者の長らく慣れ親しんできた研究方法が、宗教人類学、宗教社会学などであり、歴史的研究よりも構造論的研究、現在的研究に適していること。

（3）筆者が宗教学者として現代的状況における四国遍路に大きな関心を抱いていること。

2　四国遍路研究を中心にした先行研究の概観

〈概観〉

巡礼研究の蓄積は、その現象の普遍性と比べればきわめて貧弱なものである。しかしそうした状況ではあるが、諸巡礼の歴史的展開についての個別的研究は、すべての巡礼とはいえないまでも、一定数の巡礼についてはかなりの数にのぼるのである。日本の場合でいえば、平安末期の熊野詣、江戸期の伊勢参宮のケースがそうであるし、日本文学研究者による、平安期の貴紳の日記などを通しての遠隔参詣研究や、宗教史学者たちによる修験道研究を通しての聖地巡礼研究などがそれである。カトリック巡礼でいえば、中世ヨーロッパのサンチャゴ・デ・コンポステラ巡礼の場合にもそれが当てはまり、中世民衆史の専門家による中世カトリック巡礼研究は、ヨーロッパを中心にかなりの数が見られる。ただし、現代の巡礼の実態については、過去三十年ほど前までは、日本、諸外国を問わず、研究の蓄積はきわめて乏しいものであった。

しかし、幸い、一九六〇年代後半からフィールドワークやアンケート調査を行う諸分野の研究者の巡礼研究が次第に盛んになり、現在ではかなりの数に上っており、その研究内容は着実な前進を見せている。こうした研究成果を踏まえながら、巡礼の一般構造や特質を考察することは十分意義のあることと考える。その場合、おもに依拠するのは、比較宗教学、文化人類学、社会学、地理学などの研究成果である。

先述したように、四国遍路関係のデータは歴史を通じて決して多くない。そのことが四国遍路研究の相対的貧弱さの一因になっていることは疑いがない。相対的な量的少なさが相対的な質的貧弱さに関係しているとはいうものの、しかしながら、絶対的な質的劣性をつねに意味しているわけではない。ここではそのような先行する四国遍路研究のいくつかを紹介することにする。

先にも論じたように、巡礼研究の蓄積が乏しいのは四国遍路に限ったことではない。他の文化、社会における巡礼研究もほぼ同様なのである。しかし巡礼自体はきわめて多面的な宗教儀礼なのである。

地理学者島崎（田中）博は、巡礼地と人間の多面的繋がりを列挙している。すなわち、巡礼地は、魂と身体双方の救済の場として、神話や伝承の起源地として、人・物の交流地として、経済・地域発展の基点として、ときには民族意識高揚のエネルギー源として、などなど多面的な性格を持っているとする。(1) 島崎は巡礼地に焦点を当てているが、これを巡礼者の居住地から聖地まで、聖地から居住地までという空間移動、すなわちサーキュレーションや巡礼圏まで含めれば、さらに現象の多様性は一層明らかになるに違いない。

人類学者ジェームズ・プレストンは、このような多様な現象の研究を単一の学者がすべて扱うことは無理であり、学際的研究が必要であるという。彼によれば、巡礼研究にはつぎのような諸次元が指摘できるという。（1）地理的次元、（2）歴史的次元、（3）社会文化的次元、（4）経済的次元、（6）心理的次元、（7）宗教的次元、の七つである。(2)

このような巡礼の多様性、それを研究する方法の多様性に比して、巡礼研究がおおかた貧弱であったのはなぜであろうか。同じく人類学者アラン・モリニスやプレストンは、この貧弱さは、一つには方法論的なものであるという。村落の社会構造のような静態的対象を研究し続けた従来の人類学の主流には、巡礼のような移行的現象は扱いにくいのだという。さらにヴィクター・ターナーが、巡礼は「外在化された神秘主義である。ちょうど神秘主義が内在化された巡礼である」から、一般に神秘主義あるいは宗教経験といったもの全体に対する社会科学的研究が乏しかったことも影響しているという。いずれにせよ巡礼は、たこ壺化された狭い専門性では覆いきれないような、幅広い現象であるという。[3] あるいはターナーは、一九五〇年代までの人類学の主流であった機能主義的、構造主義的人類学では、（1）限られた地域に調査対象が限定されていたこと、（2）親族組織、政治、経済といった領域に多くの学的注目が注がれ、宗教やメタファー、象徴といった領域は、あまり研究されなかったこと等の理由から、人類学の巡礼研究が貧困なのではないかと論じている。[4]

日本における巡礼研究の動向はどのようなものであろうか。現代の人類学者たちの指摘は全般的には日本の状況にも当てはまる。ただし、ここでまず着目しなければならないことがある。日本では、巡礼あるいは遠隔参詣という概念で現象を捉えた研究成果は多くないということである。すなわち、日本文学研究の成果のなかには、平安時代の王朝貴族たちの物詣を論じた研究は決して少ないとはいえない。また山岳宗教の研究成果には、平安期の熊野詣に関する優れた研究論文が多く見られるように、個別的な遠隔参詣の研究はそれなりに蓄積されてきた。また民俗学者たちによる日本各地の山岳登拝の習慣に関する報告も無視することはできない。あるいは江戸時代の民衆に著しくポピュラーであった伊勢参りに関しても、多くの研究が蓄積されてきている。それらの研究には霊山登拝、有名寺社への参詣ばかりでなく、それらを支えてきた参詣講、代参講などの研究も含まれてくる。

これらの研究すべてを巡礼という上位概念で包括すれば、一概に研究成果が貧困とはいえない。ただし、それらすべてを巡礼研究、遠隔参詣研究として、同じ次元の研究として一括することは、研究を進める方法論上、決して得策ではない。というのは、それらは巡礼あるいは遠隔参詣という概念の枠組みで研究されてきたものではないので、当該テーマを巡礼ないし遠隔参詣それ自体の全体性のなかで吟味すると、未分析あるいは分析不足などの点が散見されるのである。それゆえ、個別的に各分野でなされてきた諸研究は、厳密な意味でいう巡礼研究あるいは遠隔参詣研究という領域の、周辺的業績ということになると考えられる。

そこで、ここでは本論との関係で、四国遍路に関する先行的研究を吟味することに限定してみたい。ただし、すでにこうした試みは民俗学者真野俊和によって複数回にわたりなされており、(5) その内容は細部にわたり網羅的に論じられており、同じく真野俊和を編者とする『講座・日本の巡礼』全三巻（雄山閣、一九九六年）と並んで、文字通り労作であると同時に、研究者にとってはまことに便利なものである。そこでここでは真野の成果を参照しつつ、研究史上の主要な業績を紹介することにする。

まず四国遍路研究の先行成果を、その方法論上の特徴から二つの領域に大別してみたい。歴史学的アプローチと構造論的アプローチの二つである。歴史学的アプローチには狭義の歴史学的文献学的研究のみではなく、民俗学的アプローチも含めることにしたい。後者の構造論的アプローチは人類学的、社会学的、地理学的、宗教社会学的研究などに代表される。

〈歴史学的アプローチ〉

四国遍路については、一般に歴史的データの少なさが指摘されてきたのではあるが、そうした事情があるとはいえ、四国遍路研究において多くの成果を生んできたのは伝統的に歴史学的アプローチであるといってよい。

狭義の意味での歴史学的研究としては、新城常三の研究（主著は『新稿　社寺参詣の社会経済史的研究』塙書房、一九八二年）と近藤喜博の研究（主著は『四国遍路』桜楓社、一九七一年、および『四国遍路研究』三弥井書店、一九八二年）が双璧であるといえる。ある意味で両者の業績は対照的である。その特徴は両者を読み比べてみるとよくわかる。新城の書物はタイトルの示すように、四国遍路だけではなく日本の巡礼・遠隔参詣の、古代から近世に至る歴史に関する総合的研究といってよい。新城はもともと交通史の専門家であり、その意味でもタイトルに社会経済史的研究と明記されている。しかし、狭義の宗教史的な視点や洞察にも優れており、新城の『新稿　社寺参詣の社会経済史的研究』は日本史上の巡礼という宗教儀礼の全貌に触れる研究者にとって必読の大著であることは間違いない。

他方、近藤喜博の業績は、タイトル通り四国遍路に対象を絞ったものであり、その関心は近代以前の四国遍路全体に及んでいるものの、とくに史料の乏しい近世中期以前の四国遍路の再構成にエネルギーを注いでいる。四国遍路の起源の問題、遍照一尊化の問題などへの鋭い推論は大いに興味をそそるものとなっている。柳田国男の文章スタイルをどこか思い出させる文体ではあるが、乏しい史料を駆使しながらの厳しくかつ問題解決への執拗な研究態度は、後続の研究者にある種の感銘すら与えるものである。

加えて、四国在住の遍路研究者、喜代吉榮徳の諸業績も見逃すことができない。主として四国遍路を支えてきた僧侶たちに焦点を当てた『四国遍路　道しるべ　付・茂兵衛日記』（海王舎、一九八四年）や『へんろ人列伝　行基菩薩より中司茂兵衛まで』（海王舎、一九九九年）などの他に、喜代吉が個人的に主宰する雑誌『四国辺路研究』（海王舎）は、四国在住の研究者であればこそ扱いうる史料と、それに関連する洞察に満ちた優れた業績であるといえる。

民俗学的研究としては、まず武田明『巡礼の民俗』（岩崎美術社、一九六九年）をあげることができる。四国在住のいわば在野の学者であった著者が、史的データの乏しい四国遍路研究に柳田民俗学の成果を導入したのは、きわめて適切なことであった。民俗的な大師信仰、死霊信仰、接待習俗が、今では仏教的色彩が濃厚であるように見える四国遍路の信仰と習俗の根底に存していることを明らかにした功績は大きい。

組織宗教としての仏教と民俗宗教の相互関係を歴史民俗学的に幅広く研究してきた五来重の『四国遍路の寺』上・下二巻（角川書店、一九九六年）は、八十八か寺一つひとつを取り上げながら、各寺の宗教民俗学的背景を論じている。山岳宗教、海洋宗教、神仏関係、祖霊信仰などと四国遍路との幅広い関連が論じられている。

民俗学における日本の巡礼研究のリーダー格である真野俊和は、『旅のなかの宗教――巡礼の民俗誌』（NHKブックス、一九八〇年）において、多くの遠隔参詣の歴史的展開を視野に入れながら、四国遍路の歴史民俗学的再構成を試みている。『日本遊行宗教論』（吉川弘文館、一九九一年）ではさらにその論を進め、江戸期初期の四国遍路資料の分析を試みている。また『日本の聖域』10「四国遍路」（佼成出版社、一九八一年）においては、四国遍路の意味づけの成立についての興味深い論を展開している。なお真野は「四国遍路霊験譚考」（河合正治編『瀬戸内海地域の宗教と文化』雄山閣、一九七六年所収）、「巡礼」（桜井徳太郎編『日本民俗学講座』3、朝倉書店、一九七六年所収）では、霊験譚あるいは伝説などの構造分析を試みている。

四国遍路研究には、狭義のアカデミズムの領域を超えた研究書も少なくない。それらはある意味で自由な立場で論じられているので、なかには興味深い指摘がなされている場合も少なくない。ここではそうした書物のうち、宮崎忍勝『遍路――その心と歴史』（小学館、一九七四年）、村上護『遍路まんだら』（佼成出版社、一九八六年）、山本和加子『四国遍路の民衆史』（新人物往来社、一九九五年）などをあげておきたい。

〈構造論的アプローチ〉

四国遍路に限らず日本の巡礼、遠隔参詣に対する構造論的研究はきわめて少ない。そのなかで先駆的であり現在でもその意義を十分に有しているものとして、前田卓『巡礼の社会学――西国巡礼・四国遍路』（ミネルヴァ書房、一九七一年）をまずあげることができる。西国巡礼との比較研究の視点を取り入れたこの研究の斬新さは、その全貌を把握しにくい四国遍路という円周型巡礼を、定量的データによって把握しようとしたことにある。前田は、札所に残された江戸時代の納札と現代遍路へのアンケートという形でデータを集めて分析を試みた。特定の札所で集積されたデータという限定はあるものの、時代別、季節別、地域別などによる遍路者数の多寡や属性上の特徴などを数量的に明らかにした初めての試みであり、その意味では画期的な研究といってよい。まとまった書物にはなっていないが、前田とほぼ同じ関心と方法で約三十年後の四国遍路の実態を探ったものに、佐藤久光の研究がある。遍路時期の分散化、遍路目的の多様化などの変化をそこに読みとることができる（佐藤久光「四国遍路の社会学的考察」（上）、『密教学』26、一九九二年、および同「四国遍路の社会学的考察」（下）、『密教学』27、一九九三年）。

また、早稲田大学の社会学者長田攻一、坂田正顕らを中心とする道空間研究会による四国遍路研究は、いくつかの意味で四国遍路に対する新しい視野を広げつつあるといってよい（早稲田大学文学部道空間研究会編『現代社会と四国遍路道』早大文学部長田攻一研究室、一九九四年、および同編『四国遍路と遍路道に関する意識調査』早稲田大学文学部社会学教室道空間研究会、一九九七年）。道の持つ文化的社会的意味を探るという観点から四国遍路道を調査対象とした本調査は統計調査法、事例調査法の双方を駆使しながら、近現代の四国遍路の構造と変化を分析している。その調査は単に札所、遍路だけでなく行政サイドや遍路関連産業にまで及んでおり、グループワークの特徴がよく現れている。一九九七年の『四国遍路と遍路道に関する意識調査』では、現代遍路の大きな流れである歩き遍路にも十分な注意を払うなど、今日的な問題にまで及んでいる。

さて諸外国の巡礼研究では、ターナーの影響もとでの人類学者による業績の蓄積が著しいが、こと四国遍路に限ってはきわめて少ない。福永敬「巡礼の構造分析――四国遍路の構造的世界をめぐって――」（『人類文化』1、一九七九年）は、当時学界を風靡していた構造人類学の成果をもとに構築された興味深い試論である。しかしその後のフィールドワークがなされていないのは残念なことである。本書における筆者の立場も、ターナー以来の人類学の諸成果に大いに影響を受けたものであることは明らかであるが、本論文がまさにそのことを展開の軸としているので、ターナーについてここで詳述することは避けることにしたい。

諸外国の巡礼研究において、人類学とともにきわめて活発な研究活動を行ってきた領域に地理学がある。しかし日本の巡礼研究では地理学的研究はきわめて少ない。四国遍路研究においては、カナダのレスブリッジ大学の島崎（田中）博の業績がほとんど唯一である。島崎の研究はその著『巡礼地の世界――四国八十八カ所と甲山新四国八十八カ所の地誌』（古今書院、一九八三年）に代表される。島崎はこの著で巡礼そのものよりも巡礼地に焦点を合わせ、その地理的位置や特徴、景観的特質などの分析を行う。島崎の場合にも当てはまるが、地理学者の巡礼研究は他の研究領域とは異なる独特の図式化やグラフ化がなされることが多く、その意味で貴重な学的貢献であると考えることができよう。

〈外国人研究者による諸研究〉

つぎに外国人研究者による四国遍路について少々触れておきたい[6]。今までのところ、外国人研究者の巡礼、遠隔参詣研究はその規模においても数においても少数であり、まして四国遍路研究は数えるほどしかない。

日本の遠隔参詣研究の端緒となったのはジョセフ・キタガワ（J. Kitagawa）による一九六七年の論文である。彼はそのなかで、日本の巡礼には、（1）霊山への巡礼、（2）特定の神仏への信仰に基づく巡礼、そして（3）

カリスマ的人物への信仰に基づく巡礼、の三類型があることを指摘している。四国遍路はいうまでもなく（3）のタイプに属する。(7) その後、ポール・スワンソン（P. Swanson）、アラン・グラパー（A. Grapard）、ジェームズ・フォード（J. Foard）、ウィンストン・デーヴィス（W. Davis）、ロバート・ローズ（R. Rhodes）、ヘレン・ハーダカー（H. Hardacre）などの日本宗教研究者の巡礼研究が行われているが、(8) そこでは主たるテーマとして四国遍路が論じられることはなかった。四国遍路研究としては英国人類学者のイアン・リーダー（I. Reader）によるものがあげられる。彼の四国遍路研究は、幾度にもわたるフィールドワークによって蒐集されたデータによるものであり、先達の役割、あるいは四国遍路と現世利益の関係などの分析は、日本人の研究者にとっても大いに参考になるものである。(9) このような事態を考えれば、海外の研究者による日本の巡礼なかんずく四国遍路研究は、今後の充実にまたれるということになろう。

3　本書の方法

四国遍路研究は主に歴史学的研究がリードし、その後、ここでいう構造論的アプローチつまり宗教学、人類学、社会学、地理学などの研究がなされるようになったのである。本書では、主に後者の立場をとることにする。もちろん歴史学的研究と構造論的研究は二者択一的なものではなく、相補的であることはいうまでもない。筆者は、とくにその研究経歴の前半期においては、主に構造論的アプローチにより多くのウェイトを置いていたが、そのことは歴史学的研究の軽視を意味していたわけではない。構造といえども時系列の展開のなかにおいてこそ、その特徴が明らかになるからである。

ここで筆者が依拠する具体的方法として、大別して二つを挙げておこう。それは（1）データを利用する方法と、（2）解釈の枠組みを利用する方法の二つである。

（1）のデータの利用については、しばしば述べられるように定量的（quantitative）データと定性的（qualitative）データの二種類に分けることができる。それぞれ統計的研究法と事例研究法に対応する。両者はそれぞれ優劣があるが、結論をいえば相補的関係にある。本稿では両者を併用していくが、昭和十年代の遍路宿帳記録の分析は、もっぱら宿帳記録の内容を統計化しグラフや図にして分析していくという、広義の統計的研究法を利用している。他方、現代の歩き遍路に関しては、歩き遍路経験者の体験を、インタビューあるいはかれらの巡礼体験記の内容から分析していく。これは定性的データによる事例研究法の典型例である。

（2）の解釈の枠組みについては、構造的な理解の枠組みを中心に論を展開していく。具体的にいえば、エミール・デュルケムに端を発するいわゆる二元論、とりわけ聖俗二元論が基盤となっている。この思考法は一九六〇年代において、エドモンド・リーチ、メアリ・ダグラス、ターナーなどの主に英国人類学者たちによって、ダイナミズムを加えた形で装いを新たに再生してきた。これらは宗教儀礼の解釈枠組みとして応用されることが多く、その流れを構造人類学、象徴人類学などと総称することが多い。この立場の概要およびその解釈の具体例については吉田禎吾によって詳しく紹介されているので、それに譲ることにする。(10) デュルケムの二元論に「ダイナミズムを加えた」とは、変化、展開といった時間軸を加えたという意味である。

リーチ、ダグラス、ターナーらの構造人類学、象徴人類学のグループのうちでは、巡礼研究に関していえば、ターナーの重要性は群を抜いている。それは、彼がアフリカのンデンブ族のフィールドワークの後に、巡礼をフィールドワークの場として選んだことによる。後に論ずるように彼の巡礼研究は厳しい批判を受けることになった。しかし一九六〇年代から七〇年代前半にかけての花形人類学者であったターナーが巡礼研究に着手したからこそ、その後巡礼研究が続々となされ、それらの後続研究が、先行研究であるターナーの巡礼論を超えたと考えることができ、その意味でもターナーの貢献は大きい。本書でもターナーの巡礼論を詳しく取り上げるのはそういう理由による。

人類学以外にも、巡礼構造論、巡礼への解釈枠組み構築に大いに役立つと思われるのが地理学者の諸業績であり、本書でも、とくに第一章でその研究成果が積極的に採り入れられている。

また比較宗教学的アプローチについては、曲がりなりにも筆者が研究者として最初の手ほどきを受けたアプローチでもあり、あえてここで本書における方法論として明記するまでもない。巡礼の構造を論ずる場合はもちろんであるが、たとえ近現代の四国遍路を分析する場合にも、陰に陽に比較データとして他宗教の巡礼がその背景にあることは指摘するまでもない。その意味で本書の基本的視座となっているのは比較宗教学であることは、揺るがすことのできない事実である。

註

（1）島崎（田中）博『巡礼地の世界』古今書院、一九八三年、二頁。

（2）Preston, J., 'Spiritual Maganetism：An Organizing Principle for the Study of Pilgrimage', (in A. Morinis, *Sacred Journeys*：*The Anthropology of Pilgrimage*, 1992, Greenwood Press), pp. 41〜44.

（3）Morinis, A., 'Introduction', (in A. Morinis, *Sacred Journeys*：*The Anthropology of Pilgrimage*, 1992, Greenwood Press), pp. 2〜3. および Preston, J., 'Spiritual Maganetism：An Organizing Principle for the Study of Pilgrimage', (in A. Morinis, *Sacred Journeys*：*The Anthropology of Pilgrimage*, 1992, Greenwood Press), pp. 31〜33.

（4）V・ターナー、梶原景昭訳『象徴と社会』紀伊國屋書店、一九七四年、一五三頁。

(5) 真野俊和「巡礼研究の現況」(『日本宗教史研究年報』1、佼成出版社、一九七九年、二三〜三一頁)、および同「巡礼の構造および地方巡礼の研究成果と課題」(『講座・日本の巡礼』第三巻、雄山閣、一九九六年、三一五〜三三七頁)。

(6) 日本の巡礼に対する外国人の業績については、雑誌 *Japanese Journal of Religious Studies*, 24-3〜4、一九九七年秋号・特集 'Pilgrimage in Japan'のなかのI. ReaderとP. Swansonの二人による'Editors Introduction : Pilgrimage in the Japanese Religious Tradition' (pp. 225〜270) がたいへん参考になる。

(7) Kitagawa, J., 'Three Types of Pilgrimage in Japan', (in E,E, Urbach et al (eds) *Studies in Mysticism and Religion, presented to Gershom G. Scholem*, 1967, pp. 155〜164), さらに Kitagawa, J., *On Understanding Japanese Religion*, Princeton Univ. Press, 一九八七年の中に再録。

(8) かれらの業績については註(6)の論文に詳しい。

(9) I. Readerの以下の三論文である。

a) 'Dead to the world', in I. Reader & T. Walter (eds) *Pilgrimage in Popular Culture*, Macmillans, 1993.

b) 'Sendatsu and the development of contemporary Japanese pilgrimage', *Nissan Occasional Papers on Japan* 17, Oxford : Nissan Institute of Japanese Studies, 1993.

c) 'Pilgrimage as cult : The Shikoku pilgrimage as a window on Japanese religion', in, P. F. Kornicki & I. J. McMullen (eds), *Religion in Japan : Arrows to Heaven and Earth*, Cambridge Univ. Press, 1996.

(10) 吉田禎吾『魔性の文化誌』研究社、一九七六年(再版、みすず書房、一九九八年)。同『宗教人類学』東大出版会、一九八四年など。

第一章　巡礼の基本構造　―巡礼とはなにか―

第一節　巡礼の基本的意味

1　巡礼という語

巡礼が、古今東西の諸宗教できわめてポピュラーな宗教儀礼となっていることは周知の通りである。しかし、具体的に比較研究に着手しようとすると、まず、日本語における〈巡礼〉と、一般的な翻訳のレベルでの他言語の対応語のあいだには、微妙なニュアンスの違いが存在していることがわかる。そしてこの違いは、後述のように、各文化・各宗教で〈巡礼〉とひとくくりにされる具体的宗教儀礼のあいだの違いにも関連しているのである。それゆえ、まず〈巡礼〉という語の語源的検討をすることは、実は巡礼の比較研究を企てるうえで第一歩としての意義をもっている。

日本語の巡礼とは文字通り「巡り礼拝する」ことを意味する。後に指摘するように〈巡る〉が、日本では大きなウェイトをもっている。巡礼以外に、日本語では、参り、詣《もうで》、廻国、順礼、遍路などといった言葉もまた古来より使用されてきた。参宮という表現もあるが、これは伊勢神宮への参詣のみに用いられたとされる。

日本史上における巡礼の語の初出は不明確な点もあるが、一般には次の説が受け入れられている。日本天台宗の実質的な確立者である比叡山第三世座主で、最澄直系の弟子であった円仁（七九四〜八六四）が、その著作『入唐求法巡礼行記』において使用したことを嚆矢とするというものである。円仁は承和五（八三五）年に入唐し、それ以降十有余年にわたり、仏教研究の中心地である五台山を目指した。彼がその間のことをほぼ日々克明に記録したものが『入唐求法巡礼行記』である。五台山を目指しながらも、各地の寺院、聖地を巡って歩いたので、〈巡礼〉をその表題の一部に用いたに違いない。

この後、巡礼の語は十一世紀中葉の作とされる『法華験記』のなかにも用いられているが、そこでは聖《ひじり》や持経者が霊山、霊峰、霊場等を修行しながら歴遊することを巡礼と称している。[1] また修験道でも、山中の数多くの霊所を礼拝して歩く「峰入り」という修行を巡礼と名付けている。[2] いずれも、数多くの聖地、霊所を「巡る」ことが、当然のことながら巡礼の基本である。しかし、巡るのではなくとも遠方の聖地へ詣る信仰が日本にもあった。

同じく平安期でも日記文学などでは、遠方の聖地への参詣は、〈物詣〉とされることが一般であったという。ただしこれらの詣においては、「巡ること」に重点があったのではなく、遠方にある聖所に至り、そこに参籠（寺社に何日も留まり祈願すること）して、夢のお告げを得ることが目的であった。西郷信綱によれば、平安中期以降、巡礼が盛んになっていくにしたがって、夢のお告げを求めるという古い形は衰退していったという。[3] 長谷寺は西郷の指摘する夢見を願う貴族たちがよく詣でた寺であるが、京都からおおよそ片道二泊三日ほどの行程であったようである。しかし、この参りは複数聖地を巡るタイプではなく、むしろ主たる聖地は一か所であった。

他にもいくつもの例を挙げることができるが、とにかく、数多くの聖所を巡るタイプと主に一か所を目指すタイプがあったことは明らかである。後者のタイプは、厳密にいえば〈巡礼〉ではない。日本の巡礼研究史において極めて重要な研究者である新城常三は、〈遠隔参詣〉という包括的概念を用いて、両タイプを包摂して研究対象としている。それにならって本書では〈巡礼〉の語を前述のように広義にとって、遠隔参詣をも包括するものと使用していく。

他方、日本の研究者のなかには、〈巡礼〉に伊勢詣などの遠隔参詣を含まない立場を取る者もある。巡礼という語は、「ある特殊な構造をもつ参詣に限って用いられるもの(4)」だからである。つまり複数の聖地を巡るということに、〈巡礼〉の語を限定的に使用する立場である。この立場に立つ小嶋博巳は、それゆえ、狭義の〈巡礼〉とは「ある宗教的理念によって関係づけられた複数の聖地に対する連続的な参詣行為である」とする。このように、巡礼を限定的に使用しようとする立場は、どちらかというと主に日本の諸事例を研究対象とする研究者に支持されているように思われる。真野俊和、小嶋博巳、小田匡保など、歴史学的、民俗学的、地理学的な見地から日本の巡礼を研究してきた研究者である。

なお、この狭義の巡礼と広義の巡礼の違いの問題は、当然、巡礼の定義の問題と巡礼の類型を論ずるところで深く関連してくる。必要な限り後にこの問題にも触れていきたい。ただし、筆者自身は、いずれか一方が正で他方が誤であるという二者択一の問題ではなく、おおむね現象を把握する際の研究者の視点のレベルの問題であると考えている。なお、〈巡礼〉の語義と定義に関するこれらの問題について論じているものに、小田匡保の論攷がある(5)。

さて、日本語の巡礼に相当するヨーロッパ語（たとえば、英語のpilgrimage、フランス語のpèlerinage、ドイツ語のPilgerfahrtなど）は、いずれもラテン語のペレグリーヌス（peregrinus）に語源を持つ。peregrinusは、per-agerであり、つまり野原を通り抜ける者という意である。[6] ここでは、詣でる聖所の数はまったく考慮されていない。居住者と通過者という、人間のあり様に関する二つのモードに注意が注がれている。

巡礼がもっとも盛んな宗教の一つにイスラームがある。イスラームの巡礼といえばメッカ（マッカ）巡礼が著名である。ただしモスレムのなかでは、メッカ巡礼ばかりでなく、聖者の墓への巡礼（ズィヤーラ、zyarat）も盛んであり、イスラームの巡礼はなかなか複雑で学的にきわめて興味深い様相を示している。メッカ巡礼はハッジ（hajj）というが、これはヘブル語のhagとともにセム語に語源を持つ。これは語源的にみれば円周的運動を意味するという。メッカ巡礼の重要な宗教儀礼の一つに、カーバ神殿の周りを七回巡ることがある。円周的運動である。これは聖者廟への巡礼でも普通に行われることが多いようである。[7]

中国では巡礼のことを朝山進香という。朝山は「山を拝する」、進香は「香を供える」ことを意味している。また巡礼者は香客であり、巡礼者の団体は香會という。[8] ただし、唐代から巡礼という言葉も散見されるという。円仁の使用は、唐の用法に従ったものであろうという。[9]

インドは古代より巡礼の盛んな地域である。聖地バナーラス（ベナレス）のガンガー（ガンジス）河で沐浴するヒンドゥー教徒の姿はよく知られているが、あれは聖地参詣つまり巡礼である。現代のヒンドゥー教徒は聖地参詣をティールト・ヤートラー（tīrth yātrā）と呼ぶ。これはサンスクリットのティールタ（tīrtha）の現代語形であり、もともとは川の浅瀬、渡し場を意味した。身を清めて神を礼拝したところから聖地、霊場の意味に転じたという。ヤートラーは同形のサンスクリット語が現代インド語に取り入れられ定着したものであり、旅行、行進を意味する。それゆえ、ティールタ・ヤートラー、ティールト・ヤートラーは「聖地、霊場に行くこと」という意味になる。ちなみに古代叙事詩『マハーバーラタ』にはティールタ・ヤートラーという章がある。ただしインドには日本の巡礼のようにいくつもの聖地を巡る巡礼もあり、このタイプはパリクラマー（parikramā）と呼ばれる。これはサンスクリット語の歩き回るを意味するパリクラマ（parikrama）から転用したものであるという[10]。

以上、いくつかの文化および宗教伝統における〈巡礼〉に対応する語を見てきた。もちろん語彙そのものの語源的意味も重要であるが、それと同時に語が使用されるコンテクストや用法が一層大切であることはいうまでもない。しかし、語源の問題のみに限ってもその多様性は明らかであり、巡礼という宗教行動、宗教儀礼の多面性を予期させるものであった。これらを念頭に置きながら、つぎに、巡礼とはなにか、つまり巡礼の定義について考えてみたい。

2　巡礼の基本的意味

かつて筆者は、巡礼をとりあえず、つぎのように規定したことがある。

> 巡礼とは、日常空間と時間から一時脱却し、非日常時間、空間に滞在し、神聖性に近接し、再び日常時空に復帰する行動で、その過程にはしばしば苦行性を伴う[11]。

この定義は明らかにアーノルド・ヴァン・ジェネップの通過儀礼論をモデルとしている。つまり、ある状態から別の状態へと変化する状況にある人間には、なんらかの儀礼的処置が施される。その儀礼群をヴァン・ジェネップは通過儀礼と総称した。さらに、その通過儀礼群には、三つのアスペクトあるいは段階からなる共通した構造を持つことをヴァン・ジェネップは指摘した。（A）旧来の状態からの〈分離〉の段階、（B）旧状態から分離はしたもののいまだ新しい状態に加入していない中間的な〈移行〉の状態、（C）新しい状態に加入した〈再統合〉の状態、の三段階である。そして巡礼的世界の特質は、（B）の〈移行〉状態に顕著に現れるが、それについては、後にヴィクター・ターナーの巡礼コミュニタス論およびそれに対する批判を検討する際に再び触れることにしたい。

ヴァン・ジェネップが主に分析対象としたのは無文字社会や伝統的民俗社会の誕生、成人式、結婚式、葬儀といった人生儀礼であったが、巡礼にも同じような三段階の構造があることを彼自身指摘している。[12] この構造は確かに巡礼にもほとんど普遍的に見られるものであり、日本の代参講による伊勢参りなどにも当てはまる。[13]ただし、ヴァン・ジェネップは、巡礼を一地点から別地点への移行という平面上の移動というレベルでとらえており、そこでの時間的推移については多くを語っていない。ヴァン・ジェネップの脳裏にあった学的キャンバスのなかでは、巡礼はマージナルな関心であったように思われる。

加えてヴァン・ジェネップの儀礼三段階説に主に忠実に依拠した場合、その視点は構造的なものとなる。あるいは換言すれば集団的レベルからの問題分析となるといえよう。この場合、巡礼の持つ個人的側面が看過されることになるが、この点については今後、何度も言及することにする。それは、たとえば円仁のようなほとんど一人による巡礼をどのように理解するか、ということに関わる問題である。

この点は人類学者アラン・モリニスによっても指摘されている。モリニスは巡礼をつぎのように定義している。

尊い価値が具現化されていると巡礼者が信じている、場所ないし状態を求めて、巡礼者によって行われる旅である。(14)

モリニスは、巡礼においてはソーシャルな側面だけではなく、個人的次元がきわめて大切であることを主張している。この場合の個人的とは、内面的という意味と感性的感覚的という意味も含めての意味である。(15) そして彼は、芭蕉の『奥の細道』のような旅もまた巡礼に含めようとしている。

こうした視野を拡げていくと、巡礼の定義をめぐる、ある一つの問題点が浮き彫りにされてくる。つまり、巡礼と旅をどのように区別するか、あるいは両者間の共通点、差異点とはなにかを明確にする必要が生まれてくるのである。

両者については、つぎのような違いが考えられる。

（1）旅は世俗的であるのに対して、巡礼は宗教的動機あるいは目的を持つ。

（2）旅は目的地への到着が優先される。そのため、目的地への過程は軽視される。巡礼はその過程が重要である。

しかし、ここでいう「宗教的動機あるいは目的」とは具体的に何を指すのかという点になると、論議はなかなかまとまりにくい。実際に、巡礼と旅には、きわめて近接した価値観が存在していることが少なくない。とくにいわば〈内省的〉な旅には、巡礼の心的雰囲気が共有されていることが多い。作家井上靖の旅観はその典型といえるであろう。

> 旅をすることのよさは、いろいろ挙げられる。未知の自然に接したり、未知の人情風俗の中にはいって行ったりして、——しかし、こうしたことを並べ立てても始まらぬ。旅の効用をただ一つあげよといわれれば、私は躊躇なしに、自分をひとりにすることができることだと思う。（中略）ひとりになって初めて人間はものを考える。小説家の私などは、ものを考えることが一番大切なことだが、東京の生活ではなかなかものを考えるような時間がもてない。（傍点引用者）

> 旅に出て、人は初めて眺め、感じ、考える立場に立つことができる。私なども東京の生活の中にある限り、容易なことでは眺め、感じ、考える立場に立つことはできない。作家である以上、そうしたことが本来の仕事であるはずであるが、なかなかそれができない。羽田から飛行機に乗った瞬間から、東京駅あるいは上野駅から列車に乗った瞬間から、不思議なことだが、眺めたり、感じたり、考えたりし始める。旅行者の立場に自分を置くことによって、決まりきった生活から自分を解放することによって、五感はそれ本来の機能を取り戻してくるかのようにである。旅はいいものである。(16)（傍点引用者）

付け加えるならば、この井上靖が主張する「五感はそれ本来の機能を取り戻す」という指摘は、実は巡礼の重要なポイントを指していると思われる。聖地で神仏やカリスマと直接的に触れあうことは、まさに五感機能の刺激によって人々にその感激が感得されるのである。この点については、モリニスが強調していることであり、筆者自身も巡礼体験と身体感覚の強い関連については、後章の遍路者の体験分析のなかで、十分論じていくつもりである。

こうしてみると、旅の一部と巡礼の一部とはきわめて重複的特質を持つことになる。ここであえて、巡礼の〈一部〉と限定するのは、後述のように、巡礼にも著しく娯楽性の高いものが多くあるからである。

他方、近年の爆発的ツーリズム（観光旅行ブーム）と〈理念的な〉巡礼とのあいだには明らかに断層があることも確かであり、この点については、徐々に解明していきたい。ちなみに、モリニスは、「巡礼者と一般のツーリストとの違いは、巡礼者は自らを巡礼者であると自己確認していること」であると指摘している。ただし、この立場を進めると、第三者（観察者）からは、容易には巡礼者と旅人の区別がつかないことになる。この立場に立つのであれば、分析上、これを解決するための明瞭な学的スキームを持つ必要に迫られることになる。[17]

さて、巡礼における個人性[18]、内面性（前掲の井上靖の言に表現されているニュアンス）を特質として、巡礼を定義づける研究者もいる。人類学者岩田慶治は、巡礼地とは自分の在所を確かめる場であり、その試みが巡礼という行為であるという。神々の在所を経巡って、人間の在所に戻る。そして「自分の足もとは他ならぬここだ」と確認する。巡礼は「一種の自己確認の手続きであると同時に、自分の在所を納得するための手続き」なのである。[19]

同じように、巡礼の個人性に着目した研究者に人類学者の青木保がいる。彼は木曽御岳参りの実態調査を行い、その結果をもとに、今日の巡礼は自己覚醒の儀礼であるとする。巡礼とは「個人が改めて自分という存在を確認する場」であるとする。たとえ集団で参詣に行ったとしても、参加それ自体には個人の決断と選択が大きく働いていること、また聖地へ詣った場合にも、そこでは集団の利益というよりも個々人の個別的祈願が中心であること、などが指摘される。人は巡礼において、自分の抱く困難な問題や苦しみと向き合い、ありのままの自分に目覚めるという「自己覚醒」に至るという。[20]ただし、この個人的な自己覚醒は、巡礼団という集団性のなかで生ずる個人性であるという指摘もできる。

井上靖、岩田慶治、青木保の三人に共通している点は、旅と巡礼における内省性と個人性である。実際のところ、本書でも何度も指摘することになるが、巡礼という宗教的・儀礼的行動においては個人性は顕著なものがあり、岩田、青木ともにその点に着目したことは優れている。青木は、自己確認、自己覚醒といったプロセスは巡礼特有であり、それが一般の観光旅行や旅と、巡礼を区別する点である(21)、とまでいう。しかし、一般的な旅のなかにも、前掲の井上靖の場合のように、自己確認、自己覚醒の側面の強いものがある。そして、巡礼のなかにもきわめて観光性、遊楽性が顕著なものもある。

さらに、自己確認あるいは自己覚醒といった表現が先行し過ぎると、巡礼の主観的、個人的側面のみが強調されることになって、巡礼が本来持つ多面性の抽出という、ここでの研究上の目的をかえって損ってしまうことにもなりかねない危惧も存在する。巡礼の解釈学、巡礼の内在的理解という方向は一つの学的主張であるし、その意義も十分ある。筆者自身も、第五章でその立場から現代四国歩き遍路の体験を分析してみるつもりである。しかしそうした意義とは別に、外在的、客観的指標による巡礼の研究方法はないものであろうか。とくに巡礼という人間行動の全体像の把握を目的とする本書のような研究の冒頭では、より客観的な枠組みも必要であろう。そこで「聖地とはなにか」すなわち、巡礼聖地を成立させる要素（巡礼者を引きつける要素）を考えてみる方向があると考えられる。

第二節　聖地とはなにか

どのような条件のもとに聖地が存在可能となるのか。植島啓司はその著で、聖地とは、要約すれば、「場所」に関係するか「人物（神）」に関係するかのどちらかであるという。[22] インドの巡礼を研究する人類学者であるジェームズ・プレストンによれば、聖地とは〈精神的な磁気作用〉を持つ場所であり、それが成立するにはつぎの四つの要素が考えられるという。（a）奇跡的な病気治癒がなされること、（b）超自然的存在の出現がある場所、（c）地形的に聖なる感情を起こさせるような特徴を持つこと、（d）簡単には近づけない場所であること、の四要素である。もちろんこの四要素のみに限定されるわけではなく、民族的・国家的アイデンティティの確立とか聖遺物の存在なども、聖地の条件に加えることができるという。[23]

このように聖地が成立する条件をその直接的な要素から検討することももちろん重要であるが、それとともに、聖地を成立させる〈状況〉あるいは〈環境〉を検討していくことも、聖地を考える際に不可欠であるように思われる。ここでは、この状況あるいは環境を、まず聖地を取り巻く時間軸から考えてみたい。すなわち聖地の系譜学ともいえるテーマである。

1　時間軸からみた聖地

ここでいう時間軸とは、聖地のもつ歴史のことを指している。ある宗教にとって顕著な聖性を有している聖地は、必ずしもその宗教がまったく新たに聖地として創造したものとは限らない。むしろ逆に、伝統宗教、既成宗教の聖地は、その宗教が出現する以前の先行宗教の伝統において聖地となっていた場合が多いという事実がしばしば指摘される。これを聖地の「バウムクーヘン的構造」と呼んだ学者もいる。(24)

実際にヨーロッパのキリスト教の古い聖堂や教会などを修理のために発掘すると、そこから、キリスト教以前の宗教の遺跡が発掘される。ケルンの大聖堂の場合、ローマ人の神殿の遺跡やゲルマン宗教の聖所の跡が発見された。あるいは、バンベルクのドームからは男女の神像が発見され、キリスト教以前の宗教がこの地を聖所としていたと推測されている。その他にもケルト人のドルメンなどの巨石の遺跡や、バッカスの神を祀った痕跡もあちこちで発見されているという。(25)あるいは遺跡といった埋もれた古層を発掘しなくとも、現状の聖所自体にキリスト教以前の信仰との重複性を見て取れるところも少なくない。イタリアでもっとも巡礼が盛んな南部のカルガノという聖地は、山上の奥深い洞窟である。また同じくサンタロザリアという聖地も山の上の洞窟を礼拝する。これはいずれもキリスト教以前の地母神（つまり大地の豊穣性、生命力を神格化したもの）信仰の現れであるという。(26)

つまり聖地では「重層を成して聖なる太古性から種々の異なる聖なるものが乗っていく」のである。京都、奈良の古寺などもその聖性の起源を古代祭祀にさかのぼることができるし、比叡山、高野山もまたしかりである。メッカもムハンマドが宗教的解放を行うまでは、多神教の聖地であったことはよく知られている。これが「聖地のバウムクーヘン構造」である。こうした聖地における宗教伝統の重層性に関する最近の学的成果の一部をあげれば、細谷広美『アンデスの宗教的世界――ペルーにおける山の神信仰の現在性――』（明石書店、一九九七年）に、南米カトリックにおける土着伝統との重層性の例が、具体的かつ鮮明に報告されている。(27)

聖地が文字通り複合というか同一地に並列している、もっとも典型的な場所がエルサレムである。エルサレムの旧市街の約一キロメートル四方の中に、ユダヤ教、キリスト教、イスラームの三つの宗教の聖地が併存している。[28] この地が三つの有力な宗教の聖地になるには複雑な歴史的経緯があるが、その根底にはユダヤ教とキリスト教、ユダヤ教とイスラームの、それぞれの親縁関係が大いに影響している。ともかく、聖地が重複性を有している典型的な例であることは間違いない。

さて、日本の聖地の場合はどうであろうか。これも多くの研究者が指摘していることであるが、民俗信仰と組織宗教との混合形態となっていることは周知の通りである。この例は数多いが、たとえば修験道の聖地はほぼ全部が複合的混合的性格を有している。その代表的な例が熊野地方である。[29] また四国遍路についても、五来重の基本的視点のひとつは、重層的聖地としての四国遍路である。[30]

以上、時間軸からみた聖地の複合性を実例を挙げながら考察してみた。ついで、空間的な広がりにおける聖地の成り立ちについて考えてみたい。

2　〈面〉としての聖地性

つぎに聖地をとりまく環境として、点としての聖地を周囲から支える〈面〉的側面に着目してみたい。

地理学的アプローチによるヨーロッパの巡礼地、聖地の研究を行っている河野眞は、日本では、ヨーロッパの巡礼といえばサンチャゴ・デ・コンポステラ、ローマなどの著名な巨大巡礼のみを論ずることで、ヨーロッパの巡礼史を語り尽くしたような観がある傾向に警鐘を鳴らしている。つまり大巡礼地を支えている幾多の中小巡礼地があり、それらのなかには、限定された地域のみをその巡拝者吸引領域としている聖地も数多くある。そうした重層性のもとに大巡礼地が成立をしているという事実を十分認識すべきであるという指摘である。[31]

しばしば指摘されるように、ヨーロッパの巡礼は中世においてそのピークに達した。中世ヨーロッパにおける三大聖地として、ローマ、エルサレム、そしてスペインのサンチャゴ・デ・コンポステラが挙げられる。ローマはもちろんのこと、イベリア半島北西部にあるサンチャゴですら、その交通の不便さにもかかわらず、十二世紀以降、最盛期には年間五十万人にものぼる巡礼者を、ヨーロッパ各地から迎えたといわれている。[32] またイスラームの占領下にあったエルサレムへの巡礼は困難を極めたが、十字軍も実はすべて巡礼という名目をとっていたことはよく知られている。このように盛んであった巡礼も、宗教改革者たちによって堕落した儀礼ときめつけられ、巡礼対象としての聖地は次第にさびれていった。[33]

ところが、それ以降もカトリックを中心にヨーロッパでは巡礼は依然としてポピュラーであった。とくに十九世紀以降のヨーロッパの巡礼聖地の大きな特徴は、マリア信仰を契機としたキリスト教聖地の形成であった。それがルルドであり、またファティマであった。

それらにはいくつかの特徴がある。まずマリアが出現する。その場合、しばしばマリアは大人ではなく子供（あるいは子供たち）の前に出現する。子供が牧童である場合が多いのも一つの特徴であるといわれる。予言あるいは病気治癒の奇跡などをもたらすことが多く、それゆえにその出現の地は劇的な効果をもたらす聖地として、人々に熱狂的に迎えられることが多い。

ルルドについてはすでに日本でも聖地としての名は広く知られており、また信仰書ばかりでなく日本人自身による学術研究書も出版されているので、[34] ここでは聖地形成の経緯の概略を簡単に紹介することに留めおきたい。

ことは一八五八年二月十一日、フランスのピレネー山脈の麓にあるルルドという寒村に住む十四歳の娘ベルナデット・スビルーの目前に、川岸の洞窟のそばで、白いものをまとった若く美しい姿のマリアが出現したことに始まる。それ以降、同年七月までに同じ場所で十八回にわたり、マリアはベルナデットの前に出現した。その間にマリアの指示によって掘った泉が聖水として奇跡の治癒力を持つという評判を生み、それが現在までもルルドを有名な聖地としている。出現のなかでマリアはベルナデットの問いに答えて「私は無原罪の宿りである」と語る。これは教会がその数年前に認めた新しい教義解釈であったことから、大きな波紋を呼んだ。つまりルルドに現れたマリアがその新解釈を承認したということになるからである。貧しく無学で、羊飼いの手伝いをしていた寒村の娘に対するマリア出現であったため、警察や教会などは当初は激しい懐疑心を抱き強い規制を加えるが、この「無原罪のマリア」発言は、教会によるマリア出現の正式認定に大きな力となった。聖水の治癒力については、その後、一九一二年にノーベル医学・生理学賞を受けることになったアレクシー・カレルのような医学者が巡礼団の付き添い医師として同行し、奇跡の治癒を目撃したという〈事実〉が報告されたりしたことから、一層リアルなものとなった。現在は年間数百万人の巡礼者を迎え、そこは単なる宗教上の聖地であるばかりではなく、医療センター、布教の場、資金集めの場、行楽地、社会事業の場、商業地など、多様な性格をもつ複合的な聖地となっている。

一方、ファティマはポルトガルの首都リスボンの北、約一五〇キロメートルにある、やはりマリア出現の聖地である。聖地ファティマの始まりは、第一次大戦の最中である一九一七年五月、十歳の女児とその従兄弟にあたる九歳の男児、七歳の女児の三人が、羊の世話をしていたところにマリアが出現したことに始まる。三人の前への出現は、その後さらに五度にわたった。ルルドと同様にマリア出現に遭遇した者が子供であったこと、それも羊飼いの手伝いをする無学の貧しい子供であったことなどから、当初は教区神父や警察などがかなりの規制を加えたが、その後教会からも正式に認められた。ルルドの聖水のような具体的で強力な聖なるシンボルがあるわけではないが、個人的な各種祈願を中心とした巡礼者を毎年集めている。マリアは出現に際して予言を残したとされており、そのうち第三の予言がいまだ公表されておらず、そのことがファティマの神秘性を高めている。ちなみに、マリアがその前に出現した三人の子供のうち一人は、修道女として今も生存しており（一九九九年現在）、彼女がその予言の内容を知っているとされている。現在ではルルド同様年間数百万人の巡礼者、観光客を集めている。ただしルルドに比べるとその国際性ではやや劣っており、ポルトガル、スペインなどが、その巡礼者供給の中心地域となっている(35)。

ファティマもルルドも正式にマリア出現の聖地として認定されており、ともに年間数百万人を集める大巡礼地である。とくにルルドは世界各地から多くの巡礼者を迎えており、その国際性はとみに著名である。それゆえ現代のヨーロッパにおける代表的カトリック聖地であることには違いない。

日本人など非カトリック的非ヨーロッパ的世界にいるものにとっては、虚空にマリアが出現したというストーリーそのものがきわめて特異な現象であるように考えられるので、ルルドやファティマがきわめて特殊な性格を持った聖地であるという印象を受ける場合が多い。

しかし、マリアは決して限られた数のごく特殊な場所にのみ出現したというわけではないのである。近代ヨーロッパでは、このようなマリア出現はかなりの数にのぼっているのが現実である。各地の司教区調査委員会の検討対象にのぼったケースだけでも、一八三〇年から一九六七年の百三十七年間で百八十七件もあったといわれている(36)。これらは司教区に検討依頼のあったものだけであるから、風評ふうのものまで入れるならばマリア出現はこの何十倍という数になるはずである。そして、この百八十七件のうち教会の認可を得た正式のマリア出現の聖地となったものは十一件しかない。加えて二十世紀になって教会から正式に認められたケースは、十一件のうちわずか三件である。上述のファティマのほか、ベルギーのボーランとバンヌーの三聖地である。ボスニア・ヘルツェゴビナのクロアチア人地域にあり、一九八一年以降連続的にマリアが出現した聖地として有名なメデュゴーリエも、実はいまだ教会から正式の出現聖地とは認められていない(37)。

	崇拝のレベル			
	主たる礼拝対象		二次的崇拝対象	
対　象	実数	%	実数	%
キリスト	453	7.5	82	12.0
マリア	3,984	65.8	127	18.5
聖　者	1,614	26.7	477	69.5
合　計	6,051	100.0	686	100.0

(出典・M. L. Nolan & S. Nolan : Christian Pilgrimage in Modern Western Europe, The University of North Carolina Press, 1989, p.117)

表 1-1　現代西ヨーロッパ・キリスト教聖地の崇拝対象

すなわち、実際にはヨーロッパには規模の大小、有名無名とり混ぜて数多くのマリア聖地が存在しており、そのような、いわばマリア・ネットワークのなかから、ルルドやファティマのような大マリア巡礼地が出現したのである。つまりここでは〈面としてのマリア信仰圏〉が存在しているという点を強調したい。十九世紀から今日に至るまでのヨーロッパを「マリアの世紀」と呼ぶ場合すらある。

その点に関して、地理学者メアリ・L・ノーランとシドニー・ノーランによる西ヨーロッパ全域にわたる精力的調査の結果はきわめて興味深い。かれらが調査対象とした聖地は西ヨーロッパ十六か国にわたる六千か所以上の聖地であり、そのうちかれらは八百五十二か所を実際に訪問している。もちろん一か所を集中的に調べるインテンシィブ調査と比較すれば細かい点は省略されることになるが、これほどのケース数を扱うと、数量的な積み重ねによる分析はそれなりの説得力を発揮する。

崇拝対象	マリア		聖　者		キリスト		
	数	%	数	%	数	%	合計
イタリア	920	77	232	20	40	3	1,192
フランス	742	75	236	24	18	2	996
スペイン	754	75	154	15	100	10	1,008
西ドイツ(当時)	550	59	252	27	124	13	926
オーストリア	525	57	295	32	100	11	920
ポルトガル	168	52	124	39	29	0	321
スイス	142	51	104	38	31	11	277
ベルギー	118	80	23	16	6	4	147
英　国	34	41	49	58	1	1	84
アイルランド	16	13	106	86	1	1	123
オランダ	12	25	33	69	3	6	48
スウェーデン	2	40	3	60	0	0	5
デンマーク	1	50	1	50	0	0	2
ノルウェー	0	0	1	100	0	0	1
フィンランド	0	0	1	100	0	0	1
計	3,984		1,614		453		6,051

(出典・M. L. Nolan & S. Nolan: Christian Pilgrimage in Modern Western Europe, The University of North Carolina Press, 1989, p.200)

表 1-2　西ヨーロッパ聖地の国別崇拝対象統計

ノーランたちの行った調査の結果のいくつかを、〈面としてのマリア信仰圏〉という脈絡からここに紹介してみよう。表1—1は現代西ヨーロッパのキリスト教の聖地、六千か所あまりの崇拝対象の内容である。マリアを崇拝対象とする聖地が圧倒的に多いことがよくわかる。もちろんこれらがすべて、先に論じたような十九世紀以降の「マリアの世紀」に出現したマリアではないが、〈面としてのマリア信仰圏〉を知る上では適切なデータである。

表1—2は国別の崇拝対象を整理したものであり、この表でマリア信仰が七〇%を占めている諸国、つまりイタリア、フランス、スペイン、ベルギーなどに、近代に教会が正式に認めた十一か所の聖地の大半が属している。このことからも〈面としてのマリア信仰圏〉が有名聖地誕生の

「状況的」条件になっていることは推測に難くない。[38] たとえばルルドの場合、もともとピレネー山脈地方にはマリア信仰が根強い。またルルド周辺には、主に十五～十六世紀の聖母出現縁起をもつ教会が地域的な巡礼者網をもっていた。とくにルルドの西方一五キロメートルほどにあるベタラムは、この地帯のマリア出現信仰を集めた地域的聖地であり、ベルナデットも何度かこのベタラムを訪れている。[39] ノーランらの研究は西ヨーロッパに限られたものであり、これを東欧諸国にまで広げればマリア信仰圏の密度はさらに説得力のあるものになろう。実際、先に触れた旧ユーゴにとどまらず、たとえばポーランドなどにも、マリア聖地は数多く報告されているからである。

3　地理学的分布からみた有力聖地の特徴

アメリカの地理学者ロバート・ストッダードは地理学者らしい見方で、世界の主要聖地三十三か所の地理的分布から、それら聖地に共通する諸特徴を抽出しようとしている。[40]「主要聖地」三十三か所は専門研究者たちによって数回の機会を通して選び出されたものである。ちなみにこの選出に関わった研究者が最有力聖地と一致して認めたのが、エルサレム、ルルド、メッカ、バナーラスの四か所であったという。

これら三十三の「主要聖地」の緯度上の位置、気候的特徴、その地域の人口密度などを一覧表にしたのが表1―3である。

それらをさらに具体的に見ると、まず緯度の点では、(1) 南半球には主要聖地がひとつもない、(2) 北緯五〇度以北の聖地は一つだけである、(3) 北緯一〇度以南は二か所しかない、(4) 一〇～二〇度の間は三か所の

聖地名	人口密度	気候	緯度	地方
アラハバード	高	温帯	20〜30	南アジア
アムリッツァ	高	乾燥帯	30〜40	南アジア
アヨディア	高	温帯	20〜30	南アジア
バドリーナートおよびケーダールナート	中	温帯	20〜30	南アジア
シェストコーヴァ	中	温帯	50〜60	東ヨーロッパ
ドワールカー	中	乾燥帯	20〜30	南アジア
蛾眉山	中	温帯	20〜30	東アジア
ファティマ	中	温帯	30〜40	西ヨーロッパ
グアダルーペ	低	乾燥帯	10〜20	ラテンアメリカ
ガヤおよびブダガヤ	高	温帯	20〜30	南アジア
ハルドワールおよびリシゲーシュ	中	温帯	20〜30	南アジア
伊勢神宮	高	温帯	30〜40	東アジア
エルサレムおよび周辺	中	温帯	30〜40	南西アジア
カーンチープラム	高	熱帯	10〜20	南アジア
キャンディ	高	熱帯	0〜10	南アジア
カルバラー	低	乾燥帯	30〜40	南西アジア
ラ　サ	低	冷帯	20〜30	東アジア
ロレト	高	温帯	40〜50	南ヨーロッパ
ルルド	中	温帯	40〜50	西ヨーロッパ
メッカおよび周辺	低	乾燥帯	20〜30	南西アジア
メディナ	低	乾燥帯	20〜30	南西アジア
モントリオール	低	冷帯	40〜50	北アメリカ
プリー	高	熱帯	20〜30	南アジア
ラーメーシュワラム	高	熱帯	0〜10	南アジア
ローマ	高	温帯	40〜50	南ヨーロッパ
サンチャゴ	低	温帯	40〜50	西ヨーロッパ
四国遍路	高	温帯	30〜40	東アジア
泰　山	高	温帯	30〜40	東アジア
ティルパティ	中	熱帯	10〜20	南アジア
ウッジャイン	中	熱帯	20〜30	南アジア
バナーラス	高	温帯	20〜30	南アジア
ヴァリンダーバンおよびマトゥラー	高	温帯	20〜30	南アジア
五台山	中	乾燥帯	30〜40	東アジア

(1) 人口密度の「高」は1平方キロ当たり100人以上。「低」は1平方キロ当たり1〜10人。
(2) 気候帯はケッペルの気候区分による。それぞれ原文のAは熱帯、Bは乾燥帯、Cは温帯、Dは冷帯、Eは寒帯、とした。
(出典・R.H. Stoddard, ‘Major Pilgrimage Places of the World’, (S.M. Bhardwaj et al. *Pilgrimage in the Old and New World,* Dietrich Reimer Verlag, 1994, p.23)

表 1-3　世界主要巡礼地33か所の分布

みである、ということがわかる。つまり残りの二十七か所は北緯二〇～五〇度の間にすべて位置している。こうした特徴の背景には、気候や人口密度との関係が予測されるという。

つぎに気候との関連をみてみよう。W・ケッペンの気候帯区分を利用して聖地の位置を整理してみると、三十三か所中、十八か所が亜熱帯地帯に位置していることがわかる。ただし、亜熱帯地帯にあっても高山の山頂が聖地である場合もある。

ついで人口密度でいえば、聖地は人口密集地帯にある場合が多い。すなわち三十三か所中、十五か所の聖地が、一平方キロメートル内に百人以上の人口密度をもつ地域内に位置しているという。また多くの巡礼地は都市部とは連関しないことも明らかであるという。しかしローマなどは古代ローマ以来の大都市であり、有力巡礼地イコール非大都市という図式はすべてに当てはまるわけではなさそうだ。

ついで、当該地域のＧＮＰを利用しながら経済的背景について分析してみると、ＧＮＰの高い北米、北欧、西欧、オセアニアなどには有力聖地がない。南アジア、東アジアといったＧＮＰが低い地帯にはいくつもの有力巡礼地がある。ただし同じくＧＮＰの低い地域でもアフリカ、東南アジアなどには有力巡礼地がないということも指摘できるという。

以上の諸点からストッダードは、一般的にいって有力聖地とは、低緯度で温暖な気候を持ち、経済レベルは低いが人口密度が高い農村地帯《ルーラルエリア》にある、と結論できるという。三十三か所の選定方法をはじめ細かい点ではいろいろ議論があると思われるが、あくまでも客観的・外的指標で有力聖地の特徴を抽出しようとするこの試みは、それなりの意味があるように思う。ただし歴史的展開をまったく考慮に入れていないという欠点もあり、聖地論として一面的であるという批判を逸れることはできない。

いずれにせよ、聖地とは、現在その聖地が主張する意味づけ（日本の聖地の場合でいえば現在流布している縁起）においてのみ聖地なのではない。そこは現在の宗教伝統の聖地になる前から聖地であったことが多く、また周囲にも同一の宗教伝統の聖地が数多く存在しているという空間的広がりのなかで、その聖地性が多重的に増強され、聖地として存在しているのである。つまり時間と空間とを両軸にした複合性のなかに聖地は確立されているといえる。

ここでは事例として日本、ヨーロッパなど幅広く紹介してきたが、これは、より鮮明な事例を紹介することで〈聖地の複合性〉という本論のポイントを明確にしたかったからに他ならない。たとえば日本の四国遍路という聖地の構造も、ここでいう時間的複合性と空間的複合性の双方が支えていることは間違いない。

さらに、宗教伝統によって聖地の複合性を「隠す」宗教と「そのまま残す」宗教伝統とがあるはずで、それが個々の宗教伝統の理念や教えとなんらかの関係があるのかどうか、という点は今後考察すべき問題の一つであろう。また、最近の新宗教の聖地は、伝統宗教の聖地とは異なった視点から決定される場合もある。つまり時間的な複合性などとは無縁の場所を聖地とする新宗教もあり、これをどのように考えるかは今後の課題の一つであろう。

4　聖地と日常空間

インド研究をテーマにするアメリカの人類学者ジェームズ・プレストンは、先にも触れたように聖地を構成する要素として次の四つを挙げている(41)。

1、奇跡的治癒……肉体的精神的疾患のすべてが治療対象。また、一種の「社会的治癒」もあり。人間的連帯のなかでの治癒。……〈癒し〉

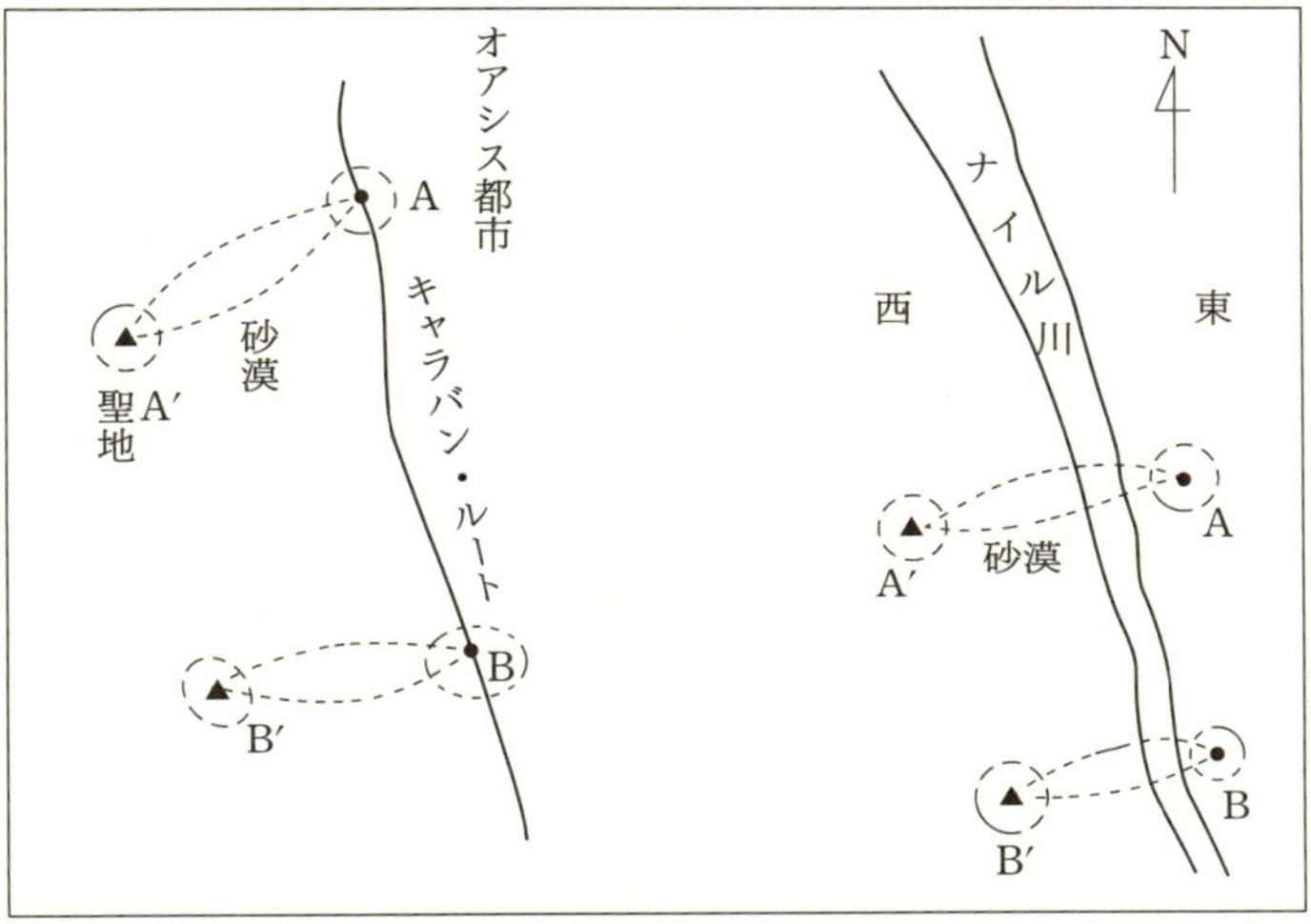

(出典・山形孝夫「聖地の構造」。上岡他編『イスラム世界の人々　1総論』東洋経済新報社、1984年、99頁)

図 1-1　エジプト・コプト教の聖地と都市の関係

2、超自然的存在の出現。

3、聖なる地形・地理……聖地を聖地ならしめる地形上の特徴。

4、近づくことの難しさ。

これらの要素のうち、他の要素ときわだった特徴をもっているのが、プレストンが挙げる四つ目の特徴である〈近づき難さ〉かもしれない。1~3の要素はプレストンの論文タイトルにあるように、「聖的《スピリチュアル》磁力《マグネティズム》」として理解できるが、近づき難さという特徴はどのように考えることができるのであろうか。

ターナーは、その論文のなかで、聖地へのアクセスの困難さに触れ、それは部外者にとっては遠隔地であっても巡礼者にとっては至上の場所であるという意味で、心理的主観的な意味においてきわめて〈近い〉ものなのであると指摘する。[42] それゆえ、聖地とはどのような遠隔地にあっても巡礼者にとってはそのことが障

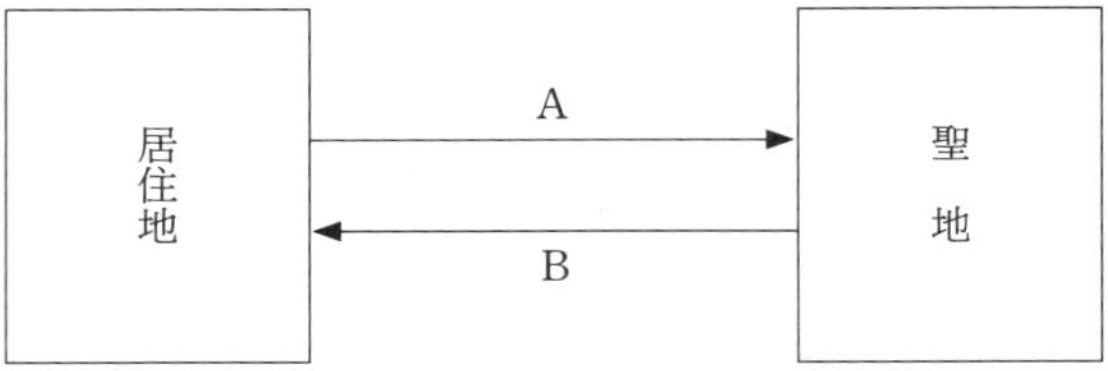

図 1-2　聖地と居住地の関係

害になることはない、ということになる。筆者は先に巡礼の定義を挙げたが、そのなかで巡礼にはしばしば苦行が伴うということを指摘した。苦行がある巡礼ほど価値が高いという観念は多くの巡礼に見られる。ただしその遠隔性と苦行性のゆえに巡礼自体が不可能であったら、当然のことながらそれは現実の巡礼地としては存立しえない。その意味で、聖地と居住地との関係は相対的関連のなかにあるといえよう。

この点に関連して、エジプトのコプト教の聖地に関する山形孝夫の報告は興味深い。エジプトのナイル川沿いのコプト教の修道院の実態調査を踏まえてみると、それはきわめて隔絶した所にあるように見えるが、聖地（A′あるいはB′）は都市（AあるいはB）との一セットで捉える必要がある（図1―1参照）。孤立しているように見える聖地が都市の守護神のような役割をしている場合も多い。そして聖地と都市の間の空間が修行の道、難行苦行の道となっているわけであるが、山形は、両地を繋ぐその道が死と再生の意味を持っているのではないか、と考えている(43)。聖地と都市（居住地）を一セットとして捉えることで、聖地の意味をより明確に把握することができることは、デュルケムが聖俗概念そのものを相対的に捉えることが必要であると指摘していることからみても、きわめて妥当な立場である。

聖地と居住地との関係が、必ずしも単純な往復運動ではないことは重要である。すなわち、図1―2上でいえば、往路Aと復路Bとは単純な往復運動のように描かれているが、決してそうではない。往路と復路では別々の道を利用する巡礼もあるが、問題はむしろ巡礼者の心理的側面である。往路は聖なる目的に向かって心身ともに緊張と期待が高まっていく。それに比べて、復路はすでに目的を達成し、できるだけ早く帰宅しようとする。あるいは帰路沿いにある観光地などに立ち寄ったりしていく。復路の心理状態は緊張よりもリラックスであり、また陽気な娯楽的要素も顕著である。いわば信仰者というより一般観光客のそれである。つまり巡礼者の心理は、居住地と聖地とを結ぶ往路と復路とで楕円形を描くことになる。[44]

これらを配慮した上で、人類学者ペトロ・クネヒトが紹介するイソ・バウマーの巡礼構造論は、細部への細かい配慮がなされていて分析的にもより有効であるように考えられる。

イソ・バウマーは、居住地と聖地とのあいだの場面を、図1—3のように十段階に分類している。[45]

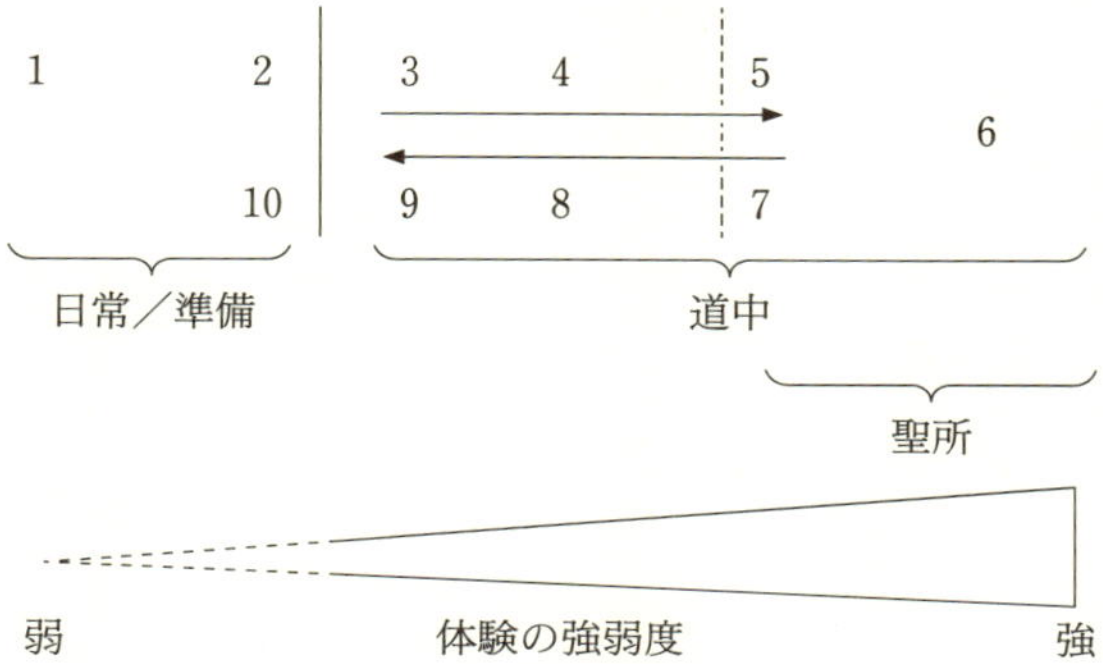

（出典・ペトロ・クネヒト「巡礼—信徒の心身全体的体験」。南山宗教文化研究所編『密教とキリスト教』春秋社、1984年、80頁）

図 1-3　図式化した巡礼の諸段階

1、日常の、主として職場の世界

2、巡礼に出かける決心か動機（この瞬間から巡礼者は心を整え、旅に必要な用品を整える。具体的準備の始まり。）

3、出発

4、行きの道中

5、聖所への到着

6、聖所での滞在

7、聖所からの出発

8、帰りの道中

9、帰郷

10、日常、職場への復帰

バウマーのこの十段階を見ることによって、居住地（日常時間、空間）から聖地（非日常時間、空間）のあいだの往復運動といった、単純化した図式的把握では掌握できない巡礼の細部、巡礼者の心理的動きなどを、より克明に把握することができるようになると思われる。

第三節　巡礼の類型

つぎに、多様な巡礼の諸ケースを具体的に整理、把握するために巡礼の類型を考えてみよう。そこでまず筆者は多様な巡礼を分類するため、単純な対立的な二項からなる、四つの二項対立的類型を以下に提示してみたい。

1、集団型と個人型
2、開放型と閉鎖型
3、複数聖地型と単一聖地型
4、激奮型と静寂型

以下、それらを順次説明してみよう。

1、集団型と個人型

聖地を訪れてみると、まず目につくのは団体で訪問してきた人々である。一般に聖地には、聖地にふさわしい振る舞いや儀礼などの決まりごと、大勢の参詣客の混雑など、不慣れな個人では対応しにくいことが多い。そのためリーダーの指導のもとに団体を組んで聖地巡礼する場合はきわめて多い。また聖地における神々の降臨や聖者をめぐるさまざまな奇跡物語などを知るためにもリーダーやガイドの必要性は高く、そのためにも団体を組織して聖地巡礼を行うことは好都合である。国際的な巡礼の場合は通訳も必要となる。このように、巡礼には集団型がごく普通のタイプである。また巡礼参加が準拠集団の一員としての承認の儀式になっている場合もある。日本に限っても、伊勢詣(46)、西国巡礼(47)、四国遍路(48)などで、巡礼体験が成人資格獲得（男子の場合、女子の場合の両方がある）の条件のような役割を果たしていたことが報告されている。また日本各地の修験道系の山では、山麓周辺の集落の若者たちが成人式的意味を含めて山登りをする習俗も、近代に入っても行われていた。

他方、個人で聖地へ詣るタイプも当然ある。日本のケースでいえば、奈良、京都などでよく見かけるのが個人型巡礼である。奈良や京都が聖地として四国遍路やルルドなどとまったく同類型に属するとはいえないが、しかし奈良や京都の仏教徒とローマ、シャルトルを訪れるキリスト教徒を、広い意味で巡礼者と捉えることは理論的には可能である。

個人型が可能であるためには、巡礼者が（1）それまで何度もその聖地を訪問した経験があること、あるいは（2）巡礼者が事前に情報を入手できる状態にあること、などがその条件となる。事前に情報を得ることができるということは、その聖地が単に宗教的な希求だけでなく、広い意味で観光対象となっている場合が多い。巡礼と観光は当然区別すべきであると考えられるが、厳密に理論的に区別することは、巡礼と旅の場合と同じようになかなか難しい。たとえば、日本の観光旅行が巡礼の旅から始まったことは広く知られている。

また、観光化とは別に、巡礼によっては、他の巡礼と比較して個人型巡礼者が多いものもある。日本では四国遍路において、伝統的に個人的巡礼が他の巡礼に比べて多いことが知られている。

2、閉鎖型と開放型

メッカ巡礼を行うことができるのはモスレムのみである。メッカ巡礼への参加資格には、（1）成人であること、（2）心身からみて巡礼に耐えうる人間であること、（3）巡礼可能な財力を有していること、（4）女性の場合は保護者が必要である、などがあるが、[49]その前にイスラーム教徒であることが大前提としてある。イスラームでは、礼拝、喜捨、断食、信仰告白、巡礼の五項目が、信者の五大義務となっている。いわゆる五本の柱である。これは聖典『クルアーン（コーラン）』に明記されている通りである。メッカ巡礼は、ムハンマドゆかりの宗教儀礼でもあるから、信者はないがしろにはできない厳粛な儀礼である。とくに巡礼月に行われる大祭の時は、その三日間の行事の手順と解釈は細かく定まっている。モスレムにとっては、それゆえ信仰上の同朋と相まみえる感激的な機会であり、その連帯の感激を書き残し語り伝える記述は多い。しかし、その連帯性への感激が強固であればあるほど、部外者に対しては排他的である。メッカへの非信者訪問を固く禁じていることは広く知られている。

すなわち、ここでいう閉鎖型とは、巡礼者の資格を厳しく限定している巡礼のことを指す。新宗教の本部参詣や聖地参詣なども巡礼のカテゴリーに入る行動であるが、これなども一定の資格が陰に陽に問われる場合が多い。逆の表現をすれば資格のない人々にとって、その聖地は関心の対象とはならない。

資格が限定されているということは、参詣の目的もまた限定されている、あるいは明確化されているといえる。ここでのコンテクストでいえば、はっきりと宗教的目的を持った人々が閉鎖型の巡礼者であるといえる。観光目的が優先するような巡礼者は閉鎖型聖地にはほとんどいない。

これに対して、伝統宗教の聖地は多くの場合、聖地を訪れる人々の資格を問うことが少ない。たとえば奈良の東大寺は現在の所属宗派でいえば華厳宗の総本山である。華厳宗は南都六宗の一派であるが、そのことが東大寺参詣の人々の動機、目的、資格を限定することはまったくない。ほとんどの巡礼者が東大寺の所属宗派などにはまったく頓着しない。極端なことをいえば、たとえ東大寺の存立そのものに敵意を持っている者でも東大寺に参詣することは可能である。参詣の資格や動機が問われることはない。参詣する巡礼者の動機、目的も多様である。一方の極には厳格な意味での熱心な信仰を動機とする者から、他方の極は遊び、観光、あるいは他人に連れられてという消極的なものもある。これら多様な人々が、東大寺には巡礼者として参詣にくる。遊びと参詣の区別がついていない人々が大勢いる。ただし、厳密な信仰や熱心な信仰と遊びとが聖時間・聖空間に併存することは、フランスの社会学者E・デュルケムの聖概念研究以来、多くの社会学者、人類学者たちの調査研究で実証されてきたところである。

ただし、こうした宗教学や社会学などの実証的成果による〈二極的聖〉概念が、なぜ閉鎖型聖地に当てはまらないのか。閉鎖型聖地には開放型の〈聖〉はないのであろうか。鎖型には閉鎖型特有の〈聖〉概念があるのであろうか。資格が限定されるということは著しい個別主義《パティキュラリズム》を意味するようである。しかし別の見方をすれば、資格さえあれば、その範囲では誰もが参詣できるという一種の普遍主義《ユニバーサリズム》が顕著な形で実現される。それは、開放型聖地の普遍主義が意図的でないだけにルーズな形をとるのに対し、閉鎖型のそれは意図的であるだけにラディカルな形となって現れる場合がある。ひとつの例でいえば、モスレム以外を排除するメッカの大祭は、多様な背景を持つモスレムの大集合のなかに顕著なモスレム一体感を醸し出す。[50]

このようなことから聖性の及ぼす影響力や範囲や質が多様であることがわかる。少なくとも〈開放型聖〉と〈閉鎖型聖〉の二種類が巡礼には見られるようである。

3、複数聖地型と単一聖地型

この類型は、他の研究者が円周型と直線型の対概念で類型化しているものに緊密な関係をもっている。なぜ、筆者が複数聖地、単数聖地という対概念を採用したか。これは、円周型といいながら、完全に円的軌跡を完成する「円周型」は少ないこと、直線型という表現は、聖地に向けて巡礼者が最短距離をとって向かうような印象を与えがちであるが、実際には途中いろいろな中小の聖地にいわば「寄り道」をしながら、最終目標たる聖地に赴くことが多いことなどの理由による。つまり巡礼者の歩く軌跡や聖地の配置の鳥瞰的把握をもとにしたのでなく、参詣対象たる主聖地の数を類比の規準とした。

日本人にはこの類型化はたいへんわかりやすい。それは、日本人にもっとも身近な巡礼に四国八十八か所遍路と西国三十三か所観音巡礼があり、それらが、複数聖地巡礼の円周型であるからである。そして日本人にとって、巡礼とはまさにその二大巡礼を指すのであり、伊勢参り（参宮）などはそれがどんなに日本人に身近なものであろうと、遠隔参詣ではあっても巡礼ではないと考える人も多い。

翻って他の宗教とくにキリスト教やイスラームなど、巡礼の盛んな西の宗教を見ると、巡礼とされる（すなわち巡礼と翻訳される）宗教儀礼では、主聖地が単一である巡礼が顕著である。ヨーロッパ中世はキリスト教巡礼の最盛期であったが、そこでの三大巡礼地とはエルサレム、ローマ、そしてスペイン・ガリシア地方のサンチャゴ・デ・コンポステラの三か所であり、いずれも単一型である。またイスラームのメッカ巡礼も同様である。

円と直線というこの対比が研究者の知的好奇心を刺激しないはずはない。今では欧米の学者もまたこの対概念による類型化を提示している。[51]

円周型巡礼が、南アジア、東南アジア、東アジアの特徴であり、直線型はキリスト教的、イスラーム的世界の特徴である。それは、とりわけ両宗教文化圏の世界観、神観の違いに淵源を有するとしたのが、山折哲雄である。[52]

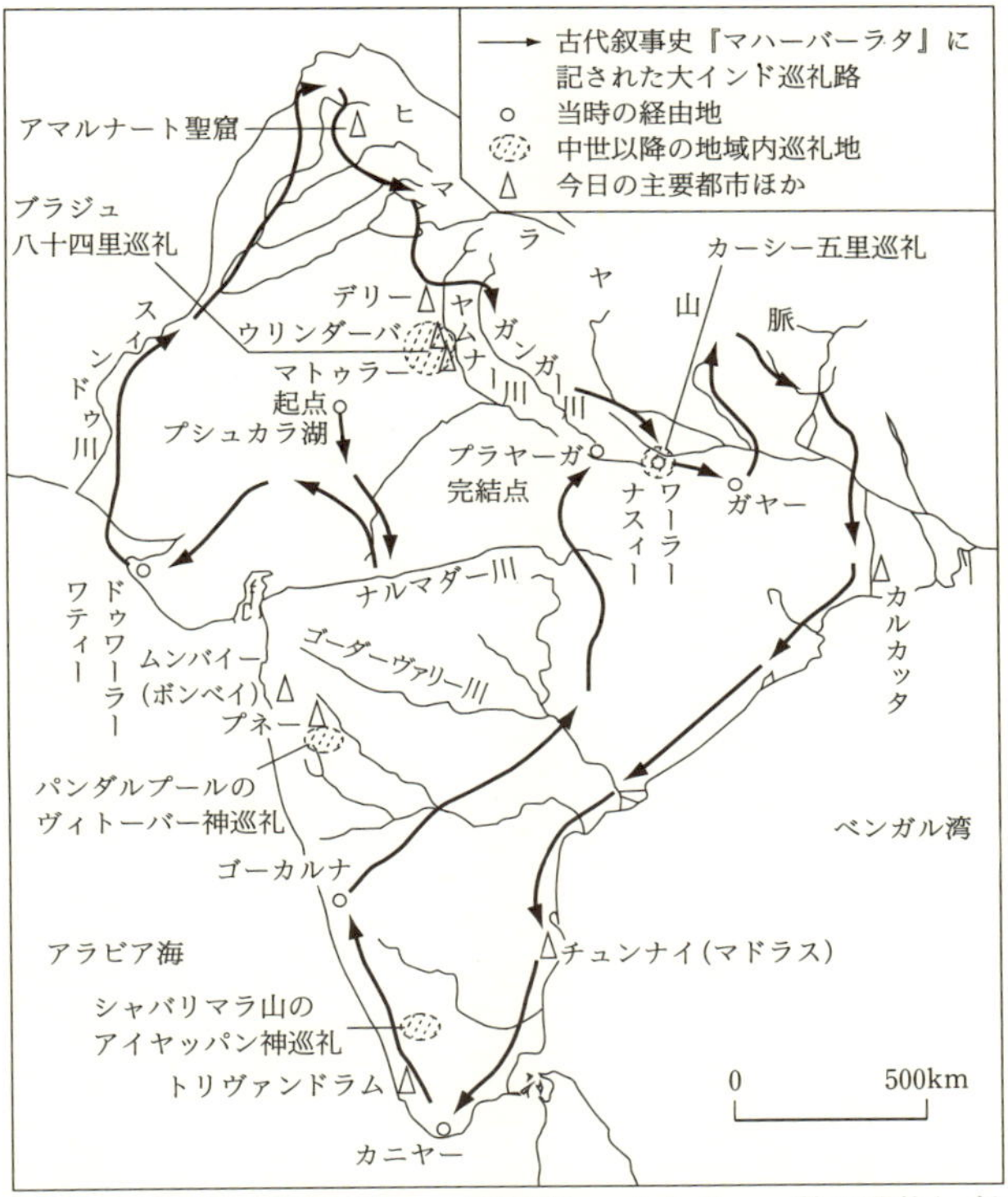

(出典・坂田貞二「神の導き、民の言葉——ヒンドゥー教の巡礼」。松本・山田編『地域の世界史』7「信仰の地域史」山川出版社、1998年、100頁)

図 1-4　『マハーバーラタ』に記された大インド巡礼地と中世以降の地域内巡礼

彼は、インド古代の巡礼も『マハーバーラタ』などからわかるように、図1―4のような聖地を右回りに順に巡拝する形式であったことをあげ、それは現代インドのヒンドゥー教の巡礼にも明確に生き続けているとする。

バナーラスには、ガンジス河岸の有名な沐浴場であるマニカルニカー・ガートを中心点にして、バナーラスの町を半円状に右に回る七つの同心円状の巡礼路がある。巡礼はバナーラス市内にあるヒンドゥー教寺院を順次礼拝していく。一番外側の巡礼路であるパンチャクローシー・ヤートラーは、約六日間の日程で巡る(53)。山折はインドの巡礼は、数多くの聖所を経巡る、基本的に右回りに基づく円運動であるとする。それに対してキリスト教、イスラームは世界の中心への往復運動という意味と形態を取る。これは創造神たる一神教にふさわしい巡礼形態である。それに対して、インド、日本の複数聖地巡拝の円周型巡礼は、アジア的な多神教世界を背景にした円運動であると山折は解釈する。

なお、現代インドにはパンチャクローシ・ヤートラーよりも大規模なヒンドゥー教の円周型巡礼があり、それに対する詳しい報告が幸いなされている(54)。これは北インドのブラジュ地方にあるブラジュ八十四里巡礼と日本語表記されているクリシュナ信仰に基づく巡礼である。これは全長約二〇〇キロメートルに及ぼうとする、ほぼ円形の巡礼路を時計廻りに巡る巡礼で、その巡礼路に近辺の多数の聖地を巡拝して歩くという。ヒンドゥー僧をリーダーとした集団参詣を基本としており、毎年八月から十月にかけて二十日間から四十日間ぐらいの時間をかけて、徒歩でまわるという。

円周型の複数聖地巡拝型巡礼はスリランカにも存在する。十六か所仏跡巡礼と呼ばれるものがそれである。スリランカ全島に散在する仏陀ゆかりの寺、塔、聖遺物などを順次巡礼して歩くものであり、一九六〇年代の経済発展以降とくに盛んになったという。この十六か所の仏跡参詣には、スリランカのもっとも著名な巡礼地であるスリーパーダやカタラガマが含まれている。スリーパーダもカタラガマもそれぞれが独立した巡礼対象地である。つまり、スリーパーダとカタラガマは単一聖地直線型の典型でもあるという。そして、スリランカをフィールドとする人類学者鈴木正崇によれば、円周型巡礼である十六か所仏跡巡礼は、直線型に比較して拡散的である。さらに人工的に創り出された雰囲気があり、民衆の主体性が乏しく、それほど盛んな巡礼のようには見えないという[55]。

スリランカの円周型は、バナーラスのヒンドゥー教の円周型巡礼とは、歴史も雰囲気もかなり異なっている。日本の複数聖地円周型の代表である四国遍路、西国巡礼も、後述のようにまた独特の歴史と雰囲気を持っている。長い歴史を有し、また人工的でもない。しかし、熱狂、喧噪、激奮といった祭り的雰囲気は皆無に近い。

地理学者島崎（田中）博は、歩き遍路が盛んになる十年以上前に、自らの腰に歩行計をつけて四国遍路を歩いて一周し、全行程は一三八五・六キロメートルであったと報告する「実証主義者」だが、その体験をつぎのように記している[56]。

> 私はさきに〝遍路という終わりのない円運動〟と記しました。円という一つの閉じたシステムがあり、円上の一点から出発して四国を一巡し、再び出発点へ戻るという巡拝者の動きを鳥瞰すると、そう言えましょう。しかし、認識面を考えるとそう片づけられません。円運動をしているという認識をもった人は一体どれ程いるでしょうか。遍路道を歩いて一周したときの途中での私の関心は、常に前へ、次の札所はどこかということでした。そして全体としての運動は、円をまわったというより、曲がりくねった道、集約すれば直線を歩いたという感じがしなかったわけでもありません。（傍点は引用者）

島崎は、先のターナーの「聖地と居住地の往路復路は単純な直線上の往復運動ではなく、心理的には楕円的である」という立場に触れて、「理屈では直線を往復する巡礼が〝円〟になり、円を一巡する巡礼が〝直線〟として認識されることもありうる」のであろう、としている。

ここで、島崎博は、行為者と観察者の立場の違いを、実例を挙げかつ体験を通して、きわめて明確に語っている。どちらも当事者が採る学問の手法あるいはスタンスの問題に集約されるわけで、簡単に是非を決定するわけにはいかない。ただし、そうしたスタンスや視座の違いがまったく別の結論を出すこともままあるという好例である。

円周と直線のタイポロジーに話を戻してみよう。注意しなければならないことは、直線型と分類される巡礼や遠隔参詣の場合、主たる巡礼目標が一つという点である。ただしそのルート上ないしその周辺にある数々の聖地、聖所にも、かれらは立ち寄り礼拝していくのが普通である。主たる巡礼地は一つであるが、副次的聖地への巡拝も同時に行われる。主目的とする巡礼聖地へ「まっしぐら」ということは決してないのである。いつもそのプロセスには中小の聖地、聖所のネットワークが存在しており、それをたどって巡礼者は進むのである。中世ヨーロッパのサンチャゴ・デ・コンポステラは国際級の巡礼地であったが、そこへ至る巡礼の道には、中小の霊場がたくさんあり、それらに寄りながらのサンチャゴ巡礼であった(57)。

こうした実態に触れていくと、複数聖地型と単数聖地型、円周型と直線型という二項対立形式のタイポロジーよりも、現実の姿は、その中間型、折衷型、混合型であることがわかってくる。その意味で、筆者がここで提示している類型とは、具体的な個々の巡礼の整理と分析のための「理念型」の性格を有しているといってもよい。

島崎がいうように、「鳥瞰的」立場が、解釈学の魅力に惹かれて現実の体験や感覚から遠く離れ過ぎないように注意すべきである。

さらに青木保もまた、直線型・円周型のタイポロジーを提示している。青木は日本の巡礼のタイプを考察すると断った上で、その見解をほぼつぎのようにまとめている。すなわち、伊勢詣や本山詣は確かに直線型である。ただ日本では、その参詣が果たせれば、巡礼が完了するというわけではない。伊勢詣の次に熊野詣あるいはまた別の本山詣という形で続いていく。むしろ生涯にどれだけたくさんの聖地を巡るかが問題となる。青木は、このように考えると、日本の巡礼はたくさんの聖地を巡る経巡り型に集約される、と結論づけている。(58) ただし、このような「心理」というか「実感」は、日本に限らず巡礼者全般にかなり共通するものであるとも推測される。

4、激奮型と静寂型

四国遍路は、日本の春の風物詩である。遍路は俳句でも春の季語である。四国の高知県や愛媛県南部は春の訪れが早い。三月に入ると、毎年のように、四国の春の訪れとお遍路さんの巡礼姿が映像となってテレビニュースに流される。菜の花畑がそこに見られるのも定番である。そこを支配する雰囲気というか価値観は、静けさ、ほのぼのとした温かさ、春の訪れへの期待など、控えめな微笑のような世界である。ここではそれを静寂という語で表すことにする。四国遍路には、後述のように、さまざまな〈社会的負〉の面を負わされた歴史がある。それゆえ、日本人が四国遍路に抱く感覚は、やや哀感を伴った静寂さである場合が多かった。

いずれにせよ、日本人が巡礼に対して抱くこのような感覚は、西国巡礼に対しても一般的に認められるのではなかろうか。

ところが、巡礼をピルグリミッジ（pilgrimage）という概念で捉えなおせば、静寂さとはほど遠いピルグリミッジがきわめて多いことに気がつく。それは日本にもいくつもある。その典型は、近世日本の代表的遠隔参詣である伊勢参りである。なかでも、江戸期においてほぼ六十年周期で行われた、民衆による「お陰参り」は激奮型巡礼の典型である。

視点を変えてみれば、日本においても、地域社会以外から参加者（見物人や観光客）を多く迎える寺社の祭礼や縁日では、それらの参加者を巡礼者と捉えることすら可能である。これは日本以外の巡礼地、聖地での祭りにもほぼ当てはまることである。そこでは、一方における祭りと他方における狭義の日本的意味における巡礼とが、重なりあっていることになる。

もちろん、静寂型の巡礼もまた存在する。現代のインド仏跡参詣などはそのタイプであろう。あるいは、祭り以外の時期での教会への巡礼などは静寂型である。

5、そのほかの類型化の試み

以上の他にも、巡礼のタイポロジーはいろいろと試みられている。青木保は、三つのタイポロジーを提示している。まず、巡礼の形式というレベルから、（1）直線型と曲線型、巡礼を行う方法とレベルから、（2）個人型と集団型、巡礼での行動内容から、（3）達人型と一般型、の三つがそれである。(59)

ここでは（3）の達人型と一般型について考察してみよう。達人型に当てはまる実例としては、一遍上人、西行、芭蕉、比叡山の回峰行者たちなどがある。つまり目的意識をもっていること、あるいは修行性の高い巡礼といったものがこれに含まれる。実際、仏教ばかりでなく伝統宗教、新宗教を問わず、日本の宗教伝統では修行重視の姿勢はきわめて顕著である。日本の巡礼の特徴は、〈歩くこと〉自体を自己目的化したところにあるという見解もある。[60] この見方によれば、歩くことで滅罪と浄化を達成するという思想がその根底にある。歩くという身体鍛錬つまり修行を通して、身を浄め高い精神的段階を目指すという立場である。これに対して一般型の巡礼には、とくに修行的な意味、高度の精神性を目指す意味などはない。

A・モリニスは、巡礼の分類をつぎのように提示している。[61]

（a）信仰的・敬虔的（devotional）……教祖との出会いなど。ブッダゆかりの地を巡拝する仏跡参詣巡礼などがこれに当たる。

（b）手段的（instrumental）……現世利益的な目的が強い巡礼。

（c）規範的（normative）……通過儀礼とか年中儀礼の一環として予め決められた時期に行われる巡礼。義務的な巡礼もここに含まれる。

（d）強制的（obligatory）……イスラームのメッカ巡礼、あるいは中世キリスト教の贖罪の巡礼（コンポステラなど）。

（e）遍歴的（wandering）……モリニスの挙げる典型例は、『奥の細道』における芭蕉である。

（f）加入的（initiatory）……巡礼者の社会的地位が変化するような巡礼。メキシコのインディオのウィチョール族のペヨーテ巡礼では、聖地でペヨーテを食することで得る幻覚は、成人への資格を得る加入礼であると考えられている。

ここで問題となるのは、（e）遍歴的巡礼である。遍歴あるいは遊行つまりワンダリング（wandering）を巡礼のカテゴリーに含めるか否かは配慮が必要である。

遍歴とは一か所に定住することなく、広く諸国を巡り歩くことである。遊行とは仏教語であり、僧が諸国を歩き回ることで、それが修行の基本となっている。一所不定、行雲流水の世界観が遊行である。確かに、巡礼の特質が顕著に現れるのは、ヴァン・ジェネップの三段階構造論でいえば、〈移行〉の段階である。つまり、居住地を出発した後、聖地を巡って、再度居住地に戻るまでの時間と空間においてである。その意味では、遍歴、遊行は、〈移行〉の状態そのものであり、巡礼と遍歴、遊行とは共通する特質を持っている。

しかし、イソ・バウマーの十段階巡礼構造論にあった通り、日常世界と非日常世界との対比、そしてその二極のなかを、モリニスの表現を借りるなら、「カーソルのごとくに行き来する巡礼者」[62]という図式が巡礼である。つまり〈行き来するカーソルとしての巡礼者〉という比喩的捉え方のなかに、巡礼研究の持つダイナミズムが存在しているように思う。そのカーソルたる巡礼者はあくまで両界のあいだを行き来するのであって、単に「寄る辺なく放浪している」のではない。

さらに遍歴者、遊行者とは違って、巡礼者は基本的には決して特殊な人々ではない。巡礼者は修行者ではなく、当該社会や共同体において特別な役割を有していたり、特殊な階層に属しているわけではない。多くの巡礼者はごく普通の人々である。

さてこれまでの巡礼類型論は、主にクロスカルチュラルな視野からクロスカルチュラルな諸事例を念頭に置いての類型論であった。そこでつぎに、ある程度、共通の文化圏内における巡礼の諸事例を前提にした類型論を検討してみたい。

まず、人類学者でラテン・アメリカをフィールドにしている黒田悦子による、中南米アメリカの巡礼の諸ケースの検討から生まれた類型である。[63]

(1) 村落的レベルの巡礼
(2) 地域レベルの巡礼
(3) 国家レベルの巡礼
(4) 国際レベルの巡礼……カトリックというグローバルな組織へと関係していくことによって、国際レベルへと関連していく。村落レベルの巡礼でも、カトリックという組織を縦糸にして、国家的さらに、国際的レベルの巡礼と連関していく。

この類型は、中南米の巡礼の研究からの類型であるが、カトリックが世界的な組織であるという歴史性、特殊性はあるものの、他の文化圏のそれにも適応可能である。村落、地域レベルの四国遍路地方霊場（いわゆる新四国）が、大師信仰という共通項によって本四国（四国遍路）という全国レベルの巡礼と連関しているのである。

ついで、インドの地理学者でサリンダー・M・バードワージュによるインド巡礼の類型論がある。

(1) 汎ヒンドゥー的 (pan-Hindu)
(2) 地域超越的 (supra-regional)
(3) 地域的 (regional)
(4) サブ地域的 (sub-regional)
(5) ローカル的 (local)

この類型は、巡礼者へのアンケートを含む広範な実態調査を踏まえたものであり、その点でたいへん興味を惹かれるものであるが、バードワージュの場合、(5) のローカルな巡礼類型のなかに日帰りの聖地詣までを含めており、その点は巡礼の定義との関連で、検討する必要がある。この点は最近の地理学者たちの議論でも問題に

なっているが、やはり英語でいう「ローカルな旅」は巡礼からは除外すべきだという意見も多い。(64)

筆者も基本的にはそれに賛成である。巡礼、遠隔参詣の基本としては、日常・非日常という二つの価値対立的領域の措定が不可欠だと思われるからである。この対立を前提とすることで巡礼、遠隔参詣に密接に関連する奇跡、聖者出現、現世利益などなどの不思議を考える方法が見えてくるからである。

さらにいま一つの巡礼類型は、巡礼の定義のところで少し触れた、〈巡礼〉を狭義に限定して日本の諸巡礼を研究している研究者たちの類型である。

まず真野俊和は以下のような分類を試みている。(65)

1、本尊巡礼……特定の性格をもつ神仏を巡拝する巡礼。西国巡礼、六地蔵巡礼、九品仏巡礼、四十八阿弥陀巡礼など。

2、祖師巡礼……特定の宗派の開祖や高僧ゆかりの寺々を巡る巡礼。四国遍路、親鸞聖人二十四輩霊場、法然上人二十五霊場など。

3、名跡巡礼……上記の二タイプとは別に、単に宗教上の名跡を歩くもの。六十六部、南都七大寺巡礼、日蓮宗二十一か寺巡礼など。

続いて同じく民俗学者で、とくに地方霊場の研究を精力的に行ってきた小嶋博巳の類型をみてみよう。(66)

1、本尊巡礼と聖跡巡礼……本尊巡礼は西国巡礼、聖跡巡礼は四国遍路が代表的であり、そのどちらにも属さないのが、六十六部、千社参り、千か寺詣などである。

2、オリジナルな巡礼とうつしの巡礼……本四国遍路、本西国巡礼に対する新四国遍路、新西国巡礼など。

3、定形的な巡礼と非定形的な巡礼……西国巡礼、四国遍路、秩父三十四か所巡礼など、信仰と実践（儀礼、慣行）が体系化・定型化しているもの。他方、農民などが自分たちでごく限られた範囲の人と聖所を巡る巡礼。巡礼対象さえ流動的な場合もある。千葉県北部から茨城県南部にかけての「七観音参り」や、各地で行われている七鳥居参り（社日参り）、七福神参り、六地蔵参りなどである。

さらに、やはり日本の巡礼、遠隔参詣の研究者である田中智彦の分類をみてみよう。それはつぎの三類型である。(67)

1、全国的巡礼地

2、地域的巡礼地

3、ミニチュア巡礼地

真野らの類型は、日本の〈巡礼〉といわれている現象をどのように理解し整理するかという関心が濃厚である。たとえば小嶋は利根川流域の新四国霊場は、四国遍路いわゆる本四国とは違うタイプの巡礼であるといい、あるいは小田は、利根川流域の新四国と小豆島の新四国はかなり性格が異なり、地方巡礼として一くくりにできないという。巡礼類型論の検討については、小田匡保の論稿が詳しいが、(68)それぞれは日本の巡礼事情を詳しく知る研究者の分類だけに綿密さが窺える。

これらの研究者の多くは、「巡礼」という語はあくまでも数多くの聖地を巡るタイプに限定すべきであり、伊勢参宮のような単数聖地は巡礼に含めるべきではなく、参詣（あるいは参拝、参宮）とする。すなわち参詣とは一般的・包括的概念であり、複数聖地を巡る巡礼は参詣の概念のなかに内包されるべきであろうとする。(69)

筆者は巡礼という語を包括的に捉え、複数聖地型と単数聖地型の双方を含めて検討してきた。青木保の場合もほぼ同様である。これに対して、真野、小田、田中らの立場はより限定的である。両者は大きな違いであるように思えるが、実はその違いは巡礼という現象を捉える視座の違いであって、相補的であっても対立的であるとは思えない。

つまり、基本的には文化比較のなかの巡礼論と、地域と歴史を限った領域内での巡礼研究（参詣研究）との違いであると思う。比較巡礼論の立場では、あえて地域性、歴史性を捨象することが第一歩であろう。ただし、その場合でも、下位類型を順次作っていくに従って、次第に地域性、歴史性を持つ類型になっていくはずである。

第四節　巡礼の構造―V・ターナーの所説とその批判―

1　V・ターナーの巡礼＝コミュニタス論

長らく続いた巡礼研究の貧弱さを改善したきっかけのひとつが、ターナーによる巡礼研究への着目であったことは間違いない。後続の研究者によって厳しく批判されることになるターナーの巡礼論ではあるが、その歴史的使命は大きいと考える。その意味で巡礼研究にとっては、ターナーの所説の理解は、もちろんそれへの批判の吟味も含めて、著しく重要なことと考えられる。ターナーの巡礼論については筆者自身かつて小著にて紹介したことがあるし(70)、また最近では華園聰麿によって詳しく考察されている(71)。本書ではかつての小論を基本として、華園らの研究を咀嚼しながら、いま一度ターナーの巡礼論を吟味してみたい。

ヴィクター・ターナー（Victor Turner, 1920～1983）はスコットランドのグラスゴー出身の社会人類学者である。

英国人類学マンチェスター学派の人で、アフリカ・ザンビアのンデンブ族儀礼習俗のきわめて綿密な調査によりその学問的地位を確固たるものとした。エドモンド・リーチ、メアリ・ダグラスらとともに、儀礼の象徴的解釈、構造的解釈を展開した代表的学者として知られる。一九六〇年代後半にはアメリカへ渡り、コーネル大学、シカゴ大学、ヴァージニア大学の教授を歴任した。アメリカでのターナーは儀礼象徴論の成果の、より幅広い応用と巡礼研究の展開にそのエネルギーを集中したといってよい。ターナーの学的系譜上の位置および彼の理論の根本的立脚点などについては、筆者自身小論を発表する機会を得ているので[72]、ここで重ねて論ずることを避け、本書の目的に関連した部分、つまり彼の巡礼論を検討してみよう。

ターナーの巡礼論の理解には、彼の社会構造論のキー概念であるコミュニタスの理解が不可欠である。ターナーは、社会すなわち人間関係のあり方には、大きく分けて、〈構造 structure〉と呼びうるものと、〈コミュニタス communitas〉（あるいは〈反構造 anti-structure〉）と呼びうるもの、の二つの様態が存在すると主張する。ターナーは、両者をさまざまな個所で定義し説明しているが、それらを要約してみるとつぎのようになる。構造とは、「分化されしばしば階梯づけられた、政治上・法律上・経済上の諸地位の体系であり、そこでの人間はその地位により評価を受けるため、〝多少とも〟差別されている」人間関係のあり方である。他方、コミュニタスとは、「無構造であるか、あるいは根本的なレベルでのみ構造化されている、または比較的分化されていない共同体であり、それは平等な個人個人による人間的つながり」の側面が強調される人間関係のあり方である[73]。すなわちターナーによれば、構造における人間は、政治、法律、経済といった世俗的諸制度上の地位によってその評価を受け、その結果、社会構造のなかに人間は固定化される。そのため構造における人間は、不安、攻撃性、妬み、怖れ、自利心といった情緒的反応に満たされている。ところがコミュニタスにおいて人間は、あらゆる社会諸制度から脱却するため、いわゆる世俗的なペルソナから解放され、なにものにも分解されていない人間としてその具体性と全体性を確保できるのだ、という。

ターナーは、相互に対立する構造とコミュニタスの優先価値を、一種の対照表のごとくにして示している。その一部を紹介してみると次のようになる。(74)

構造		コミュニタス
部分性	↔	全体性
異質性	↔	同質性
差別	↔	平等
財産の肯定	↔	財産の否定
地位の肯定	↔	地位の否定
性別の極大化	↔	性別の極小化
自利性	↔	利他性
俗	↔	聖
言葉	↔	沈黙
複雑	↔	単純

ターナーは、人間社会は構造とコミュニタスとが弁証法的に対立・関連しあいながら進化するところのプロセスと考えることができるという。構造の側面が過度に強調され、地位・役割の分化が進み、人間が社会体系のなかでそのトータリティを確保できなくなると、コミュニタスへの希求が顕わになる。しかしそこで到来したコミ

ユニタスは、構造をもたない、すなわち組織的側面をまったく有していないのであるから、持続することができない。それはあくまでも「一時的なもの」であり、その結果、コミュニタスもいずれは再び構造へと進展していく。このプロセスの典型例が、セクトと呼ばれる宗教活動の発生とその「制度化」の展開にみられる。宗教的セクトは、その発生当初は鋭く既成の宗教的概念や制度を批判し、信者に新鮮なアピールを提供するが、そののち次第にセクトの主張の根本を永続化しようとする努力（組織や教義の確立）そのものが、かえってその宗教運動を硬直化させ、その結果、既成化（構造化）していく。ターナーの構造・コミュニタス論、両者の関係性をプロセスと捉える視点は二十世紀初頭の民族学者ヴァン・ジェネップに拠るところが大きいが、それはターナー自身も彼自身の儀礼研究論文のなかで何度も指摘しているところなので、ここでは重複を避けることにする。[75]

ターナーは、コミュニタスと構造との二元的対立・関連の関係によって、広く人間社会・文化の諸現象を解釈しようとする。そのなかで彼は、コミュニタスこそ、宗教、文学、芸術、演劇など人間の文化的所産の中心的価値である、という。そして、そのなかでも、ターナーはとりわけ宗教とコミュニタスとの関連に深い関心を示している。もちろんターナーは、宗教のあらゆる側面がコミュニタスである、と主張するわけではない。構造における政治的地位などの権威が宗教的意味づけをもつことによりさらに補強される、といった面が存在するからである。しかし彼は宗教の中心を構成するものはコミュニタスであるという。

いうまでもなく、宗教には未開宗教から民族宗教、世界宗教に至るまでさまざまな多様性が見られるわけであるが、それらの各々が、意識するとしないとにかかわらず、コミュニタス的側面を確保しようとしてきたのである。その代表的なものとして、未開宗教における「通過儀礼」のプロセスや、歴史宗教、高等宗教における僧院制度、托鉢制度、および巡礼をあげることができる、とターナーは指摘する。ただし、ターナーは通過儀礼と巡礼との違いを指摘することも忘れていない(76)。

巡礼は、居住地という日常的時間・空間を一時脱却し、聖地という非日常的時空に滞在し、再びもとの日常時空に復帰する、という宗教行動である。すなわちそこには、脱却→滞在→復帰という三つのアスペクトを指摘することができる。このプロセスをターナーの用語で表現しなおせば、巡礼は、一時、居住空間・時間という構造を離脱し、聖地というコミュニタスに浸り、再び居住空間・時間という構造に戻るという図式になる。ターナーは巡礼のこうしたプロセスに注目し、そのコミュニタス的シンボリズムを解明しようとするのである。

ターナーがコミュニタスと巡礼との関連を最初に詳しく論じた論文は、"The Center out there ; Pilgrim's Goal" (1973) と題するものである(77)。さらに一九七八年にはキリスト教の諸巡礼を論じた書物を、妻との共著の形をとって著している(78)。ここではそれらの著書、論文に依拠し、ターナーの巡礼コミュニタス論を追ってみよう。

ターナーの巡礼論を把握するためには、まず彼のコミュニタスの下位類型論を知る必要がある。彼はコミュニタスをさらに三つの類型に分けるのであるが、それはつぎの通りである。

(1) 実存的 (existential) あるいは自然的 (spontaneous) コミュニタス

(2) 規範的 (normative) コミュニタス

(3) イデオロギー的 (ideological) コミュニタス

まず第一の実存的コミュニタスは、先に示したコミュニタスの諸理念・価値がそのまますなわち具体的な人間関係のあり方として直接的に具象化したものであり、コミュニタスの現実態としてはもっとも急進的なタイプである。ターナーは、この具体的事例のひとつとしてアメリカのヒッピーが「ハプニング」と呼んだところの現象を挙げている。あるいはかつてベトナム反戦運動の最中、「愛と平和と音楽」をスローガンにニューヨーク郊外で四十万人の若者を集めて開催された「ウッドストック音楽祭」も、実存的コミュニタスの一典型といえる。ターナーがしばしば触れる中世ヨーロッパのフランシスコ派修道院の発生時の形態も、またこのタイプに属する。

第二の規範的コミュニタスとは、時が経過するにつれ実存的コミュニタスが多少とも組織化され、恒久的な社会体系の一部として組み込まれたタイプをさす。この組織化は、実存的コミュニタスがその究極的理想をある程度永続化させようとした場合には、ほとんど必然的に生ずる結果である。というのはコミュニタスのメンバーたちの生活維持のためには多少とも物資の確保が必要であるし、またメンバー間の諸関係を多少とも秩序立てる必要が生ずるからである。しかしたとえ多少とも制度化するとはいえ、その最終的理念的目標はあくまでも真のコミュニタスの達成にあるのだから、規範的コミュニタスといえども、それは単に実用的目的のための世俗的同胞集団とはその性格は根本的に異なる。

第三のイデオロギー的コミュニタスは、実存的コミュニタスの理念や価値についての思想的表現の体系をさす。つまりユートピアに関する青写真であるといえる。このタイプにはユートピアに関する多くの宗教思想、政治思想、文学などが当てはまる。

さて、ターナーによれば、巡礼は未開宗教の通過儀礼、歴史宗教の僧院制度などとともに、第二類型の規範的コミュニタスの典型例として分類されている。中世カトリックの巡礼において巡礼者は、軍隊の庇護など為政者側のさまざまな保護を受けていたこと（すなわち構造内部への明確な位置づけ）、あるいはヒンドゥー教巡礼においてかなり弱められはするが、究極的にはカースト制度といった構造的特質が根こそぎ廃棄あるいは否定されることはないこと、また多くの巡礼は既成の宗教的伝統の枠のなかに位置づけられていること、などの諸点から、巡礼は実存的コミュニタスではなく規範的コミュニタスであるというわけである。

しかし巡礼の最中にみられる雰囲気には、コミュニタス的側面がきわめて濃厚に現れることもまた強調される。急進的ブラック・モスレムの指導者であったマルコム・Xは、彼の自叙伝のなかでメッカ巡礼における自らの体験に触れ、「メッカにいる限り、肌の色の違いによる差別はまったく捨象され、われわれすべて兄弟同胞である」と感じたと感激的に語っている。これは、マルコム・Xのアメリカ社会における、すなわち彼にとっての構造における激しい白人敵視の言動とはまったく対照的である。ターナーは、マルコム・Xのメッカ経験こそ巡礼のコミュニタス的特徴をもっとも如実に表している、としている(79)。

たしかに、巡礼中に生ずるコミュニタス的側面は、一般社会生活における構造的側面と象徴的に二元対立を表していることが多い。わが国の俚諺に「旅の恥はかき捨て」とあるが、ごく最近まで少なくとも庶民の旅は多く聖地参詣の形式をとっていたことを考えあわせると、それはターナーのいうコミュニタス的価値の俗っぽい言いかえと考えることも不可能ではない。日常生活における地域的社会的固定性、日々の労働により規則正しく繰り返される日常生活、あるいはそうした自然的、社会的、経済的側面ばかりでなく、宗教生活そのものにおいても、日本の場合でいえば寺院、神社、産土神、屋敷神等々、キリスト教国でいえば教会、教区といったような、きわめて固定化されしばしば背後に大きな組織体を有する硬直的宗教体系に、人間は縛りつけられている。ところが巡礼においては、ターナーによれば、社会的宗教的束縛から離れまったく平等な相互関係を結ぶことが可能となる。日常生活を構造とすれば巡礼はまさにコミュニタスである、といえる。ただし、そのコミュニタス体験が帰還後の構造内での生活に直接的、間接的に影響を与えることはあっても、巡礼そのものが世俗的構造に先鋭的に対立し、明確な緊張関係になる、ということは少ない。その意味で、巡礼は社会体系のなかである程度制度化されているのであり、ターナーの表現を用いれば「巡礼は構造とコミュニタスとの妥協形態である」ということに

なる。(80)

以上、ターナーの巡礼論を紹介してきたが、それを要約するとつぎのようになる。まずヒンドゥー教巡礼のようにカースト制が完全に消去されたりそれが積極的に否定されることがないこと、あるいはイスラーム・メッカ巡礼においてはそのコミュニタスがウンマ（イスラーム共同体）の枠のなかだけに限定されること、などの事例に現れているように、巡礼は本質的には既成の宗教体系、社会体系の内に存在している。すなわち巡礼は構造上のさまざまな区分、差異を完全に除去することはない。しかしそれはしばしば構造上の区分、差異を弱め、その苦悩を柔らげる機能を果たす。ついで第二に、巡礼は人間を日常社会における地位・役割から解放し、人間の全体性を回復させ、人間を何ものにも束縛されない行動選択をもつ存在とさせる。すなわち既成宗教伝統の限界内ではあるが、人間に対して真の平等共同体のモデルを提示する。さらにその結果、第三として、巡礼は人間を世俗が構成するところの歴史的、構造的時間から解放し、生ける神、聖者、預言者などが活躍する神聖で永続的な時間に邂逅させるのである。

このような巡礼の「理念型」のもとに、ターナーは、メキシコのカトリック巡礼の実態調査を行いその諸特性を抽出しようと試みている。たとえばトラクスカラ市付近の聖母マリア教会への巡礼を調査した結果はつぎの通りである。そこでは各村落の参詣講的組織から毎年参詣者が定期的に参拝する。その場合、一定地域の講が同一期間に集中しないように日程が組まれている。すなわち巡礼地から距離的に近い講と遠い講との参詣日程が重複するようになっている。ターナーによれば、それは、一定地域のみを同一期間に集中させると、それによって地域ごとの結集力といった構造的側面が強化されることになり、それを防ぐためコミュニタスを確保しようとする意識的志向の現れであるという。あるいは巡礼地へ参詣する人々の居住地の空間的広がり（catchment area）は、政治上の境界を超越していること、あるいは政治的には辺境の地域であるところが巡礼の中心地になる場合がかなりある、といった点を指摘し、ここにも構造（政治）に対するコミュニタス（宗教行動）の対立関係を認めることができるという。

さらにこの調査を一段と敷衍した研究が、ターナー夫妻の共著となって出版されたキリスト教巡礼史の研究である。その第一章に、巡礼史のさまざまなデータに基づき二つの巡礼類型があげられている。それは原型的（prototypical）巡礼と古代的（archaic）巡礼である。原型的巡礼とは歴史宗教の創始者、その弟子あるいはその教えの重要な伝道者によって始められた巡礼である。この類型の巡礼は、その宗教によって正当性が与えられている。キリスト教のエルサレムやローマ、イスラームのメッカ、ヒンドゥー教のバナーラスやカイラス山、スリランカ仏教の聖地キャンディなどがこの類型に含まれる。つぎの古代的巡礼とは、先行した、古い宗教の信仰やシンボルと混交した痕跡をはっきり持っている巡礼群のことである。イングランドのグラストンバリー、アイルランドのクロー・パトリック、メキシコのチャルマ、インド・デカン高原のパンダルプールなどである。

これらに加えてキリスト教巡礼史には、さらに二つの類型を見出すことが可能である。ひとつは中世ヨーロッパで生まれた中世的（medieval）巡礼である。これにはイングランドのカンタベリーとウォルシンガム、スペインのコンポステラ、フランスのシャルトル、イタリアのロレトとアシジ、スイスのアインジーデルン、ポーランドのチェストショワなどがある。いまひとつは近代的（modern）巡礼で、ヨーロッパの十九世紀、二十世紀に生まれ、熱烈な信仰的雰囲気を持つものが多い。ダーウィンの進化論発表以降の近代主義的、世俗化的傾向に対抗して展開したものであり、近代的交通やコミュニケーション手段の発達に負うところが大きいにもかかわらず、それらの巡礼は反近代の色調を強く持つ。具体的にはマリアの出現と奇跡、ビジョンなどを特徴とする巡礼で、いうまでもなくこの類型ではルルド、ファティマなどが代表的である。

以上がターナーの巡礼構造論の概要である。ターナーが具体的調査データや資料を用いて分析したメキシコ巡礼やキリスト教巡礼研究には随所に興味深い指摘が見られる。しかし全体としてはやや一般論的指摘が多く、データが文脈から切り離されて断片的に利用される場合もしばしば見られ、人類学者が信条とする集約的なフィールドワークの成果があまり見られない。全体として見るならば、ケース・スタディとしてはアウトラインの描写に終始した感は否めない。とくにターナーが、かつてザンビア（中央アフリカ）のンデンブ族において実施した実態調査が綿密かつ徹底したものであっただけに、メキシコ巡礼調査の皮相さが目立つのかもしれない。すでにこの点については、一九七三年にターナー自身による初めての巡礼研究論文（"The Center out there; Pilgrim's Goal"）が刊行されて以来、同僚人類学者から直ちに方法論的レベルから見た批判が寄せられた(81)。

ターナーの巡礼研究が刺激となって、彼の論文発表以来、巡礼研究が盛んになってきたことは確かである。つまり一九七三年以降、何人もの人類学者が本格的な巡礼研究に従事することになり、その結果、数多くのターナー批判の研究成果が出されることとなった。ターナーに触発された数多くの巡礼研究が、結果としてターナー批判へと傾斜したことは、貧弱な巡礼研究を憂いたターナーにとって皮肉な結末ともいえる。

2　V・ターナー巡礼論への批判

ターナーへの批判はいくつかあるが、その批判のほとんどはターナーの巡礼＝コミュニタス論に向けられているといってよい。

そのなかでもっとも代表的な批判を最初に紹介したい。一九九一年に夭折した英国の人類学者マイケル・サルノウ（Michael Sallnow, 1949〜1991）のフィールドワークは、南米ペルー南部のクスコ近くの村落において、一九七三〜七四年を中心に数回にわたって行われた。この地域には土着信仰と密接に結びついたカトリック系の聖地がいくつもあり、多くの巡礼者を集めている。サルノウの綿密な調査結果はその著作にまとめられているが、それとは別に、彼はターナー批判の独立論文を著している。(82) ここではその二つの業績を参考にしながら、サルノウの主張を紹介しよう。

サルノウがもっとも問題にするのは、ターナーが、巡礼はコミュニタスであると主張する点である。サルノウによれば、ターナーは巡礼の特徴をつぎのように捉えているとする。

巡礼とは、世襲的封建制に対応した、秩序をもった反構造である。つまり巡礼は普遍的なコミュニタスを目指すものではあるが、結局のところ、それは宗教の体系内部にとどまる出来事にすぎない。そして巡礼はあくまでも宗教体系のうちに生き続け、その構造に縛られていることがわかる。とはいえ、巡礼の状況によって構造上の区分は除去されないまでも、その区分が弱まり、激しいものではなくなる、といってさしつかえない。あらゆる巡礼に共通している社会的性格には、構造とコミュニタスが調和を保ち、互いに打ち消し合わないための妥協がみられる。神学的に言いかえると、巡礼は罪の赦しを表しており、そこでは差異が高じて敵対が生まれることなく、差異は是認され許されるのである。(Sallnow, 1981, pp. 163〜164)

ところがサルノウはつぎのようにいう。

> ターナーの巡礼に関する重要な研究に私が負うところ大であることは明白である。しかし、私がこれから論じようとすることは、コミュニタス概念はつまるところ巡礼理解に必要ではないということであり、実際のところ、コミュニタス概念はアンデスの地域信仰に存するさまざまな葛藤や、そこに生ずるさまざまなプロセスの理解を妨げる傾向さえある、ということである。(pp.163〜164)

つまり、ありていにいえば、サルノウはターナーに刺激は受けたが、自分のフィールドであるアンデスの巡礼研究には役に立たないか、あるいはかえって邪魔になると言い切っている。サルノウのフィールド報告はつぎの通りである。

サルノウの調査地は、南部ペルーのクスコ地域のクカマフアラ（Ccamahuara）村であり、そこの人々の生活と各種巡礼の関係を調査している。まず調査地の社会生活の全体像が論じられたあと、住民と巡礼との繋がりが論じられる。巡礼地の多くがキリスト教と土着信仰との混合形態である。それは具体的にいえば、巨大な岩と聖地とが結びついていることが多いことに現れている。各巡礼地はさまざまな奇跡と結びついているが、その奇跡を起こす神聖性の威力によって、聖地は五段階にランク分けされている。さらに各巡礼地はその規模により、それを支える運営体にさまざまな特徴があることが指摘される。つまり、しっかりした組織を持っているものからほとんど個人によって運営維持されている聖地までである。

クカマフアラ村の村人の巡礼は個人巡礼と集団巡礼に大別される。個人巡礼とは、一年中、個人が思い思いに訪れ、お供えをする巡礼で、動機もさまざまである。集団巡礼は、毎年行われる祭礼の際にさまざまな巡礼団が組織される巡礼のことである。サルノウはとくにこの巡礼団による集団巡礼を綿密に調査している。

これにはつぎのような特徴が見られる。まず、各村落には巡礼のための組織がある。巡礼の主たる目的は、ラミナと呼ばれるキリスト像あるいはマリア像を村落から巡礼地に運び、それを巡礼地の聖像の前に供えることである。この巡礼団はスポンサーを中心に組織化される。スポンサーは毎年変わるが、実質的に巡礼のほぼ全費用を負担するのであり、巡礼団および共同体の人々から尊敬のまなざしで見られる。スポンサーについで、巡礼団のリーダーがいる。これもまた尊敬を集める役割を担う。とくに彼は、巡礼にまつわるあらゆる儀礼の中心人物で、踊り子集団のリーダーでもある。実際のところ、踊り子集団は巡礼団には欠かせない重要な役割を担っている。

さてこうした諸特徴を持つ集団巡礼とは、具体的にどのような雰囲気や行動傾向を持つものであろうか。巡礼を通しての巡礼団のエトスは平等志向である。リーダーはその立場上、尊敬を一身に集めるにもかかわらず、仲間のなかの第一人者といった感じである。つねにお互いに「兄弟たち、姉妹たち」といった言い方がなされている。巡礼団は同じ旅籠に泊まり食事も同じである。すべての食料、飲み物は一か所にプールされ、皆が手分けして運ぶ。もちろんこうした共同体的雰囲気のなかに、我がままや個人的恨みがあらわになることもあるが、基本的には完全な平等という枠組みが巡礼中は求められる。

しかし、このような巡礼団内部での結束はその巡礼団のなかだけのことであり、他の巡礼団との関係では、むしろ巡礼団同士の区分や対立が明確になるという逆現象がある。他の巡礼団と道で行きあったときにはきわめて儀礼的な集団同士の挨拶が行われ、双方の巡礼団が融和するなどということはない。

このような巡礼団同士の潜在的な対立関係はいろいろな形で浮上してくる。キャンプでは巡礼団ごとにまとまってキャンプを設営し、他の巡礼団のキャンプ区域とは石を置いて境界を明確にする。踊り子たちは巡礼団同士、その衣装や身振りで優劣を張り合う。音楽団は音を大きくして目立とうとする。

つまり巡礼団同士の対立や葛藤は、巡礼の流れのなかでその根本に厳然と存在している。さらに同一巡礼団のなかにおいてすら、必ずしも対立や葛藤がないわけではない。たとえば巡礼のスポンサーなど巡礼団の役職に選ばれる人々を何年にもわたって調べてみると、特定の血縁や親族ないし仲間関係を辿ってそうした役職が選出されていることが明確になる。つまり特定の人々による役職の独占がみられる。実際に一九七四年のある聖地巡礼のときには、前年のスポンサーの兄弟がその年のスポンサーに選ばれたことから、トラブルが表面化したこともあった。

以上のことから、サルノウは「社会学的観点からいえば、アンデス地方の集団巡礼は、平等志向と縁故者偏重と派閥主義、同胞意識と競争と葛藤、の複雑なモザイクである」（一七六頁）という。ターナーはコミュニタスの条件として平等志向をあげているが、アンデスの例で明らかなように、平等志向は必ずしもコミュニタスと同じではない。一集団での平等志向は他の巡礼団との競争関係のなかであらわになるともいえる。集団内の連帯志向は、一方において他集団との交流や競争を通して明らかになるが、それは他方、集団内部の派閥形成にも繋がる。

こうした諸結果から、サルノウはつまるところ「コミュニタスの概念はアンデス巡礼のもつ競合的分断的特徴を説明するのにほとんど役立たないように見えるのである」（一七七頁）と明言する。

サルノウのターナー批判が重要な意味を持つ理由は、ターナーの理論構築一般に対する批判ではなく、ターナーのコミュニタス・構造の二項対立理論の具体的な検証のフィールドである巡礼という実際の研究対象において、その理論的枠組みの不備を指摘していることである。とくにターナーがデータとして依拠しているメキシコ巡礼と、共通の文化的背景を持つアンデス巡礼をフィールドとしていることも、サルノウの主張の説得力を増幅しているように思える。

しかしサルノウだけではなく、ターナーに刺激され具体的なフィールドワークを巡礼研究の分野で行った人類学者からは、つぎつぎと巡礼＝コミュニタス論批判が続いた。その主なものを以下に紹介する。

A・モリニスは、インドのベンガル地方の巡礼を調査したが、そこでは巡礼体験の中心がコミュニタス体験であると言い切ることはできないと結論した。巡礼では、さまざまな幅広い行動や経験が見られるという。モリニスによれば、巡礼には著しく個人中心的行動が多く見られ、巡礼者はそこで神との直接的な接触を求める。それはターナーのいうようなコミュニタスという集団的レベルのみからだけでは理解しえないという。このようにモリニスは巡礼における個人の存在を重視するのである。モリニスによれば巡礼は社会過程というよりは、はるかに個人的なものであり、そこでは、個人個人が精神的向上や神からの具体的利益を得ることが中心になっているという。(83)

実際、ターナー批判の今ひとつの重要な指摘は、ターナーの巡礼論における個人的動機づけの軽視ということであろうか。(84)コミュニタス論ではいわば集合表象としての巡礼が強調されている。しかし、現実の巡礼行為においては個人的な動機、たとえば具体的な「ご利益」を求めることがきわめて大きな役割を果たしている。この点については、筆者もまた、第四章、第五章において、近現代の歩き遍路についての分析のなかで具体例をもって考えてみることにしたい。

英国の人類学者ジョン・イードの巡礼研究のバックグランドはややユニークである。彼は人類学者であると同時に、過去二十年以上にわたってルルド巡礼でブランカルディエと呼ばれる巡礼団の人々の世話をするボランティアを務めているのである。彼によれば、ルルドへ来る傷病者などの巡礼団の人々は、沐浴の方法、儀礼への参加などの場面で、しばしば、ボランティアの人々と葛藤を起こすという。膨大な数の沐浴希望者を手早くさばくためには沐浴方法にたくさんの決まりごとがあり、それらをてきぱきと実施したいブランカルディエと自分の希望通りにしたい沐浴者との間に、激しいやりとりが起きることは頻繁であるという。またルルドは奇跡的治癒が続出したことで有名であるが、それはむしろ初期のことである。聖職者側は今日では沐浴の精神的象徴的意味を強調するが、沐浴を受ける巡礼者たちの間には奇跡を求める気持ちが陰に陽に強く存在していることも確かであり、両者間の緊張関係は明白であるという。つまり、ルルドの巡礼ではコミュニタスの創出というよりも、それぞれの立場や帰属集団の主張がむしろぶつかり合う競合状態であることが特徴ではないか、とイードは主張する。(85)

タイ仏教の巡礼を調査したジェームズ・プルースはつぎのように論じる。巡礼地において巡礼者たちは一時的にでも日常性から解放されるという見方もできる。つまり巡礼地での集会では、宗教的な理想のもとに種々の人々が集まり、ローカルな日常世界での絡みあった人間関係からは解放されるとも見ることができる。ある僧侶は巡礼地の祭礼のときに、巡礼地は「アメリカのようだ」といった。つまり多様な背景の人々が集まり一つの共同体を作るという意味である。

こうした「仲間同士」というスピリット自体は認められるし、かつ僧侶や団体の幹事たちから鼓舞されるのであるが、その一方で実際には聖職者と一般信者の区分にはなにも変化がない。ストゥーパの周りを巡回する巡礼者たちの行列には、普段の共同体の地位の序列がそのまま維持されている。その行列ではいつも先頭は僧侶で、それに続いて見習い僧侶、尼僧であり、一般信者はいつもその後である。また巡礼者団体自体が、村や町のコミユニティ組織を基盤に構成されている。つまり、巡礼者団体の組織者とかリーダーは、普段の村組織でも高い地位にある人々である。

つまり、ターナーがいうように異なった地域や異なった経済的背景の巡礼者たちが混ざり合って融合的関係を作るというようなことは、一般的には見られない。聖性、同質性、平等性といった特徴を持つ巡礼地のリミナルな特質が、日常生活の構造的区分から生ずるさまざまな軋轢に対して「癒しと再生」を与えるのだとターナーはいうが、そのような証拠はタイ仏教の巡礼では見られない。巡礼によって普段の村落共同体の対立が収まる、というような事例は見出せなかった。ただし巡礼のような共同作業がそうした結果を生み出すことはありうるかもしれない。こうした結果を踏まえて、プルースは、今後は巡礼地の実態調査だけではなく、特定の村落の調査というレベルから巡礼および巡礼組織の機能の研究を行う必要があると述べる。このプルース論文は一九七四年に提示されたものであるが、プルースの指摘する村落レベルからの巡礼や巡礼組織の研究はその後、先に述べたサルノウによって実施されている。(86)

またスリランカの巡礼を調査した鈴木正崇は、巡礼（具体的にはスリランカのカタラガマ巡礼）にはターナーのいう規範的コミュニタスといってもいい面が見られるという。しかし他方、巡礼の研究は当該社会の具体的あり方、つまり背景となる社会全体との関連でなされる必要があることを強調する。安易にターナーのコミュニタス論を応用することには慎重さが必要であると示唆している。(87)

以上のほかにも、個別巡礼にフィールドワークを実施してきた研究者の報告では、ターナーの巡礼＝コミュニタス論に対する批判がなされてきた。(88)

ターナーの巡礼論の特質はその構造論にあるといってさしつかえない。個別的歴史的研究がその主流を占めていた先行巡礼研究において、その欠けていた部分を補ってターナーがコミュニタス論を駆使しながら、巡礼＝コミュニタス論を展開したことは意義深い。とくにそのことによって、豊富な巡礼の比較研究や経験科学的研究への道が拓かれたことは間違いのない事実である。

しかしながら、先に列挙した巡礼＝コミュニタス論に対する批判は正鵠を射ているといってもよい。ターナーの構造・コミュニタス論は、彼の著書『儀礼の過程』に見られるように、きわめて高い抽象度レベルで意味を持つものである。それゆえ個別のフィールドワークでの具体的諸相のなかでは、齟齬をきたすことはある意味では当然である。数ある宗教儀礼や宗教行動のなかでの巡礼の位置づけを試みる場合などには、コミュニタス論は有効であろう。ただし、モリニスらが指摘するように、コミュニタス論だけでは巡礼の持つ重要な側面である個人性、内面性を充分に明らかにすることはできない。その点については本書の第五章でとくに考えてみたい。

乏しい巡礼研究を憂い、あえてコミュニタス論によって巡礼を論じたこと、そのことが多くの次世代研究者に強いインパクトを与え、巡礼研究がその後陸続と発表されたこと、の二点はターナーの最大の功績といってよいと思う。

註

（1）『法華験記』第五九話、第六〇話、第八六話など。さらに速水侑『観音信仰』塙書房、一九七〇年、二六四頁以下参照。
（2）中野幡能「神仏融合の文化――宇佐と国東――」、『日本の聖域』6「宇佐と国東」（佼成出版社、一九八二年）所収、一〇五～一三六頁。なお、比叡山の回峰行でも、同様に巡礼の語を用いる。
（3）西郷信綱『古代人と夢』（新装版）平凡社選書、一九九九年、一一二頁。
（4）小嶋博巳「巡礼・遍路」圭室文雄他編『民間信仰調査整理ハンドブック』《上・理論編》雄山閣、一九八七年、一六〇頁以下、一五八頁以下。

(5) 小田匡保「巡礼類型論の再検討」（『京都民俗』7所収、一九八九年）、七七〜八八頁。

(6) 柳宗玄『世界の聖域』16「サンティヤゴの巡礼路」講談社、一九八〇年、一四七頁。

(7) Naquin, S & Yu, C-H. *Pilgrims and Sacred Sites in China*, 1992, pp.3〜5.

(8) Naquin, S & Yu, ibid., p.11.

(9) 山田勝芳「関帝廟に集まる地域——中華「地域」と関帝信仰」、松本宣郎・山田勝芳編『信仰の地域史』山川出版社、一九九八年、一六〜五一頁。

(10) 坂田貞二他「地上の天界を歩く人々」（『アジア・アフリカ言語文化研究』37、一九八九年所収）、七三〜七五頁。坂田貞二「神の導き、民の導き——ヒンドゥー教の巡礼」（松本宣郎・山田勝芳編『信仰の地域史』、山川出版社、一九九八年所収）、九二〜一〇五頁。宮本久義「つくられた宗教都市バナーラス」（『季刊人類学』72、一九九五年、二一〜三七頁所収）。

(11) 星野英紀『巡礼——聖と俗の現象学』講談社現代新書、一九八一年、六二頁。

(12) A・ヴァン・ジェネップ著、秋山さと子・彌永信美訳『通過儀礼』思索社、一九七七年、二〇〇頁。

(13) 桜井徳太郎『講集団成立過程の研究』吉川弘文館、一九七二年、二四六〜二七六頁。

(14) Morinis, A. (ed), *Sacred Journeys : The Anthropology of Pilgrimage*, Greenwood, 1992, p.4.

(15) Morinis, A. ibid., 1992, p.9, あるいはp.20.

(16) 井上靖『日本紀行』岩波書店、一九九三年、一九頁ならびに三一頁。

(17) Morinis, A. ibid., 1992, p.7.

(18) ここでいう個人性とは概ね次のようなことを意味している。一般に、宗教儀礼といえば、その集団性が特徴とされることが多い。巡礼においても、タイプによっては集団性が顕著なものもある。しかし、長い日程、著しい苦行性などから、巡礼への関わりは、個人の意志性、発意性などが、随所に現れる。その意味で、儀礼としては、個人性が明確な形で発現する場合が多い。

(19) 岩田慶治『創造人類学入門』小学館創造選書、一九八二年、五五〜五六頁。

(20) 青木保『御岳巡礼——現代の神と人』筑摩書房（講談社学術文庫、一九九四年）、一九八五年、一七四頁以下。

(21) 青木保「現代巡礼論の試み——御嶽登拝を中心として——」（同著『境界の時間』、岩波書店、一九八五年所収）、一六六頁以下。

(22) 植島啓司『聖地の想像力——なぜ人は聖地をめざすのか』集英社新書、二〇〇〇年、二七頁。
(23) J. Preston, 'Spiritual Magnetism : 'An Organizing Principle for the Study of Pilgrimage', in A. Morinis (ed), *Sacred Journey : The Anthropology of Pilgrimage*, 1992, pp.33〜38.
(24) 杉山二郎・栗田勇・佐々木宏幹（座談会）「聖地のコスモロジー」。『現代宗教』3・特集「聖地」、一九八〇年、一〇四〜一三二頁。
(25) 植田重雄『ヨーロッパ歳時記』岩波書店、一九八三年、九頁他。
(26) 木間瀬精三・鎌田茂雄・田中優子（座談会）『巡礼の構図』（山折哲雄他編）、一九九一年、NTT出版、二二二頁。
(27) 細谷広美『アンデスの宗教的世界——ペルーにおける山の神信仰の現在性——』明石書店、一九九七年。
(28) たとえば立川良司『エルサレム』新潮社、一九九三年、一頁以下。
(29) たとえば黒田源次「熊野信仰の起源」（地方史研究所編『熊野』藝林舎、一九五七年所収）、三〜三九頁。
(30) 五来重『四国遍路の寺』(上)、(下)、角川書店、一九九六年。
(31) 河野眞「西ヨーロッパの巡礼慣習にたいする基本的視点について——特に日本でおこなわれている通念の修正のために」（1）、『愛知大学文学論叢』一〇二号、一九九三年、一〜二〇頁。および同（2）、『愛知大学文学論叢』一〇四号、一九九三年、一〜二六頁。
(32) A・デュプロン編著、田辺保翻訳監修『サンティヤゴ巡礼の世界』原書房、一九九二年、五十頁ほか。
(33) ただし最近ではまた急速に巡礼者が増加しており、それに対しての研究もなされ始めている。一例がN. Frey, *Pilgrim Stories*, University of California Press, 一九九八年である。年間何万人という歩き巡礼がコンポステラを訪れているという。さまざまな点で現代の四国歩き遍路と類似点が多く、たいへん興味深い。
(34) 関一敏『聖母の出現』日本エディタースクール出版部、一九九三年。および寺戸淳子の一連の研究。たとえば寺戸淳子「聖地のスペクタクル——ルルドにおける奇跡・聖体・傷病者」（『宗教研究』三〇六号、一九九五年、七三〜九七頁）、同「患者」からの自由・医師の活動から見たルルド巡礼」（『東大宗教学年報』14、一九九六年）、一三〜二六頁。
(35) Rinschede, G. 'The Pilgrimage Center of Fatima / Portugal', in S.M. Bhardwaji et al, Pilgrimage in World Religion, Dietrich Reimer Verlag, Berlin, 1988, pp.65〜98. Giuriati, P. & Lanzi, G. 'Pilgrimage to Fatima as a compared to Lourdes and Medjyugorje', in S. M. Bhardwaji et al (eds), Pilgrimage in the Old and New World, Dietrich Reimer Verlag, Berlin, 1994, pp.57〜79.

(36) 関、前掲書。三五頁。
(37) メジュゴーリェについては、M.Bax, Medjyugorje: Religion, Politics, and Violence in Rural Bosnia, VU University Press, 1995.
(38) Mary, L. Nolan & Sidney Nolan, Christian Piligrimage in Modern Western Europe, Univ. of North Carolina Press, 1989.
(39) 関、前掲書、二二六頁。
(40) R. H. Stoddard, 'Major Pilgrimage Places of the World', in Pilgrimage in the Old and New World (eds, by S. M. Bhardwaj et al., Dietrich Reimer Verlag, 1994).
(41) Preston, J., op. cit., 1992, pp.31～40.
(42) V・ターナー著、梶原景昭訳『象徴と社会』紀伊國屋書店、一九八一年（原著は一九七四年）、一二一～二〇七頁。
(43) 山形孝夫「聖地の構造」（『イスラム世界の人びと　1総論』東洋経済新報社、一九八四年、九三～一一五頁所収）、九九頁以下。
(44) Turner,V. & E.Turner, Image and Pilgrimage in Chritian Culture , Columbia Univ. Press,1978, p.22.
(45) ペトロ・クネヒト「巡礼――信徒の心身全体的体験――」（南山宗教文化研究所編『密教とキリスト教――歴史宗教と民俗宗教――』春秋社、一九八六年、六六～九〇頁所収）、八〇～八一頁。
(46) 新城常三『新稿・社寺参詣の社会経済史的研究』塙書房、一九八二年、一三一九頁以下。宮本常一『伊勢参宮』社会思想社（現代教養文庫）、一九七一年。
(47) 新城常三、前掲書、一九八二年、一〇一〇頁など。前田卓、一九七一年、一七九頁。
(48) 前田卓『巡礼の社会学』ミネルヴァ書房、一九七一年、一八一頁。『愛媛県史』民俗編下、六八頁以下。『岡山県史』、六二六頁など。
(49) 中近東文化センター『シンポジウム　巡礼　part 2』中近東文化センター、一九八七年、三六頁。
(50) この情景を報告したものは数多いが、たとえばマルコム・X著、浜本武雄訳『マルコムX自伝』河出書房新社、一九九三年、第一七章。
(51) Morinis, J., op. cit., 1992, p.10. そこではモリニスは、linear type と circular あるいは spiral type としている。
(52) 山折哲雄『宗教民俗誌』人文書院、一九八四年、一八〇頁以下。

(53) 代表的な報告として宮本久義（文）、松本栄一（写真）「つくられた宗教都市バナーラス」（季刊『民族学』71、一九九五年、春）。
(54) 坂田貞二他、前掲論文、一九八九年、六九～一二一頁。
(55) 鈴木正崇『スリランカの宗教と社会』春秋社、一九九六年、六〇三頁、七四八頁以下。
(56) 田中博『巡礼地の世界』古今書院、一九八三年、八二～八三頁。
(57) 渡邊昌美『巡礼の道――西南ヨーロッパの歴史景観』中公新書、一九八〇年、一六八頁など。
(58) 青木保「現代巡礼論の試み――御嶽登拝を中心として――」（同著『境界の時間』岩波書店、一〇七～一七四頁所収）、一九八五年、一二二頁以下。
(59) 青木保、同論文、一九八五年、一二一頁。
(60) 中村生雄「日本人の巡礼」（聖心女子大キリスト教文化研究所編『巡礼と文明』春秋社所収）、一九八七年、四八頁。
(61) Morinis, A. op. cit., 1992, p.10.
(62) Morinis, A. op. cit., p.26.
(63) 黒田悦子「巡礼の社会的、象徴的意味――ラテン・アメリカの場合」（『民族学研究』四六―一、一九八一年）、一〇五～一一四頁。
(64) R. Stoddard, 'Defining and Classifying Pilgrimages', in R. Stoddard & A. Morinis (eds), *Sacred Places, Sacred Spaces: The Geography of Pilgrimages*, Department of Geography and Anthropology, Louisiana State University, 1997, pp. 41～60.
(65) 真野俊和「巡礼・日本」『CD―ROM世界大百科事典』平凡社、一九九二年。
(66) 小嶋博巳「巡礼・遍路」圭室文雄他編『民間信仰調査整理ハンドブック』《上・理論編》雄山閣、一九八七年、一六〇頁以下。
(67) 田中智彦「近畿地方における地域的巡礼地」（『神戸大学史学年報』1）、四五～六三頁。
(68) 小田匡保「巡礼類型論の再検討」（『京都民俗』7所収、一九八九年）、七七～八八頁。
(69) 田中智彦「巡礼と社寺参詣」（『講座・日本の民俗学7・神と霊魂の民俗』雄山閣、一九九七年、一一九頁。
(70) 拙著『巡礼　聖と俗の現象学』講談社、一九八一年、六二～一二六頁。
(71) 華園聰麿「「巡礼」研究の多元的視座――「まいり」の宗教学の一構想として――」『東北大学文学部研究年報』47、一九九七年、九九～一三二頁。

(72) 拙論「構造と反構造の弁証法――V・ターナーをめぐって――」『国際宗教ニューズ――欧米宗教研究の前線――』15巻、3～4号、一九七六年、六五～七七頁。

(73) V. Turner : *The Ritual Process.* 1969. p.96（邦訳・富倉光雄『儀礼の過程』思索社、一九七六年、一二八頁以下）。

(74) ibid., p.106（邦訳、一四三頁以下）。

(75) 代表的著作が、V. Turner, *The Forest of Symbols — Aspects of Ndembu Ritual*, Cornell University Press, 1967.

(76) V・ターナーのリミナリティといった考え方そのものがファン・ジェネップに負うところが大きいのはV・ターナー自身が認めている。ただし、成人式などがそれを受けた青年に社会的特権を与えるという側面があるのに対して、巡礼が巡礼経験者に常に社会的特権を与えるわけではない。成人式は当該コミュニティの社会的装置になっていて、ある一定の年齢に達した若者にそれを受けさせる社会的強制力を持っているのに対して、巡礼はそうした強制力はなく、基本的に自由意志によるものである。

(77) *History of Religions*, Vol.12 No.3. その後、本論文は、彼の論文集*Dramas, Fields, and Metaphors* (1974) のなかに、'Pilgrimage as Social Process'（邦題は「社会過程としての巡礼」）と改題されて再録されている。邦訳は梶原景昭訳『象徴と社会』紀伊國屋書店、一九八一年。

(78) V. Turner & E. Turner, *Image and Pilgrimage in Christian Culture : Anthropological Perspectives*, Columbia Univ. Press. 1978.

(79) マルコム・Xのメッカ巡礼体験については、浜本武雄訳『マルコムX自伝』河出書房新社、一九九三年、第一七章（三九二～四一七頁）。

(80) 固定的な日常生活、開放的な巡礼という二面性によって、封建社会および農村社会の構造を理解しようとするパラダイム構築の試みは、わが国においても歴史学者、民俗学者によってなされている。たとえば藤井学「近世仏教の特色」日本思想体系『近世仏教の思想』所収、岩波書店、一九七三年、五七四～五八六頁。桜井徳太郎「結衆の原点」鶴見・市井編『思想の冒険』所収、筑摩書房、一九七四年、一八七～二三四頁。ただし、それらの研究は、コミュニタス論とは無関係である。

(81) 拙稿前掲論文。

(82) M. Sallnow, *Pilgrims of the Andes : Regional Cults in Cusco*, SmithsonianInstitution Press, 1987. およびM. Sallnow, 'Communitas reconsidered : The Sociology of Andean Pilgrimage', *Man* (N. S.) 16, 1981, pp.163～182.

（83）A. Morinis (ed), *Sacred Journeys : The Anthropology of Pilgrimage*, Greenwood, 1992, pp.8～9, Reader, I., 'Introduction', in I. Reader & Tony Walter (eds), *Pilgrimage in Popular Culture*, 1993, Macmillan, pp. 1～25.

（84）Dubisch, Jill, *In a Different Place: Pilgrimage, Gender, and Politics at a Greek Island Shrine*, Princeton University Press, 1995, p.44.

（85）Eade, J., 'Order and Power at Lourdes : Lay helpers and the organization of a pilgrimage shrine', in J, Eade & M, Sallnow (eds), *The Contesting the Sacred : The Anthropology of Christian Pilgrimage*, routledge, 1991, pp.51～76.

（86）Pruess, James, *Veneration and Merit-seeking at Sacred Places : Buddhist Pilgrimage in Contemporary Thailand*, unpublished dissertation, 1974, pp.202～206.

（87）鈴木正崇『スリランカの社会と宗教』春秋社、一九九六年、六六〇頁以下。

（88）他の研究報告としては、A. Morinis (ed), ibid. および Naquin, S & Chun-fang Yu (eds), *Pilgrims and Sacred Sites in China*, Univ. of Calfornia Press, 1992, などを参照。

第二章　四国遍路の構造的特質

第一節　四国遍路における聖性の特質

1　成立をめぐる聖性の多様性

巡礼が一般的な形式としては、巡礼者の聖化というプロセスをもつ移行性を中核とした儀礼構造を有していることは第一章で詳述した。

中世カトリックの巡礼の儀礼において、出発の前に巡拝者を俗の世界から分離し聖なる世界に合体させるための、いくつかの予備的な聖化の規則があったことが知られている。それは、外面的には特殊な印（護符、数珠、貝など）を身につけることであらわされ、また巡礼者のふるまいとしては飲食に関するタブー（精進料理）や他のタブー（性、奢侈などに関するもの、一時的な苦行など）で表現される。イスラーム教徒のあいだでは、メッカに行くことを願かけた巡礼者は、聖なる地域（メッカ、メディナ）の境界線を越えるとイフラームと呼ばれる特殊な状態に入る。巡礼者は出発の時点から帰還の時点に至るまで、通常の生活の外の、一種の移行期間内に身を置くのである。(1)

こうした聖俗あるいはやや表現を広げれば非日常・日常の対照は、日本の遠隔参詣の場合にも明確に現れていることが少なくない。たとえば近世以後の講中代参人の遠隔寺社への参詣などがそれである。講中から代参人が決定すると、その代参人は水垢離や潮垢離をとり身を清めたり、氏神へのお百度まいりなどを始める。あるいは村内に精進小屋を作ってそこに籠り、出発前のある期間、家族と別居別火の生活を送る事例も報告されている。いよいよ代参人が出発ということになるとデタチの祝が行われた。出発の前夜、講中、縁者、知人などが招かれ会食し、同時に水盃などが交されるのである。サカオクリと称される行事も同様の内容をもっている。桜井徳太郎によれば、これをタチビと呼ぶところもあり、葬送儀礼のそれに酷似している。

さて代参人が参詣を終え帰村するときになると、サカムカエという行事が行われる。村境で村人や講中や家人が代参人を迎え、そこで共同飲食する行事である。東日本では、ハバキヌギと呼ばれる行事が伊勢神宮への代参人が帰着したときに行われた。代参人は帰村に際し、いったん他人の家に一晩泊まってから翌日自宅に帰った。代参人が泊まった家では、代参人は床の間のある奥座敷に招き入れられ、賓客のごとく鄭重に、あるいは神に饗応されるがごとくもてなされた。デタチ、サカムカエ、ハバキヌギなどの行事は、桜井がいうように〈神人転機の儀礼〉であり、江戸時代以降、近世の日本の遠隔参詣ではかなり広くみられた習俗のようである。(2)これは日本の巡礼における聖と俗の対照がはっきり浮き彫りにされている典型例である。とくに近世のわが国の庶民生活について、一方における俗である固定的日常生活、他方における聖であり解放空間である巡礼という二項対立を枠として考える議論は少なくない。(3)

さて、四国遍路における聖俗の関係はいかなるものであろうか。四国遍路を考える場合まず忘れてはならないことは、その空間的な広がりの厖大さである。全長約一四〇〇キロメートルに及ぶ広がりのなかに、八十八か寺寺院が分散しているわけである。徒歩で遍路を行うと約五十日を要する長さである。この厖大な広がり全体がある意味では聖地である。これは、たとえ同じ遠隔地への参詣でも、聖領域がより限定されている巡礼地、たとえば神聖なる山の頂上とか聖者が現出した一地点といった巡礼とは、四国遍路が大きく異なる点である。もちろんある一定の空間的広がり全体が聖地である場合もないことはない。スリランカのアヌラダプラ、アラビア半島のメッカなどである。しかし全長が一四〇〇キロメートルの楕円線が聖地というような例はない。

加えて四国では、第一章に論じたように、直線的に聖地に向かう巡礼とは異なり、遍路道自体が円を描いていることも一大特徴である。直線的巡礼の場合は聖化の段階が巡礼者にとって意識的にも感覚的にも確認しやすい。なぜならば最終目的地は一定地域に限定されているからである。しかし四国遍路の場合は一四〇〇キロメートルの行程を一周すると、実は八十八番目の札所が、距離的にいって一番の札所ときわめて近いことがわかる。実際、お礼詣りと称して第八十八番札所を詣り終えた後に第一番札所に再度参ることで四国遍路が完結するという説もあり、事実それを実行する遍路も最近ではとくに多い。ただし、この巡り終え方がいつ頃から人口に膾炙し実行され始めたのかは不明である。戦後に確立した巡拝方法ではないかと推測される。このように四国遍路では、円という図形の特徴からして当然のことであるが、始まりと終わりとが明確ではない。このような空間的位置づけの特徴は、四国遍路の構造的特質を考えるうえできわめて重要である。

四国遍路は弘法大師空海ゆかりの寺々を巡拝することが、その意味づけの第一である。伝説によれば、空海四十二歳の弘仁六（八一五）年に空海自身によって開かれたといわれる。しかし史実からいってこれはきわめて信

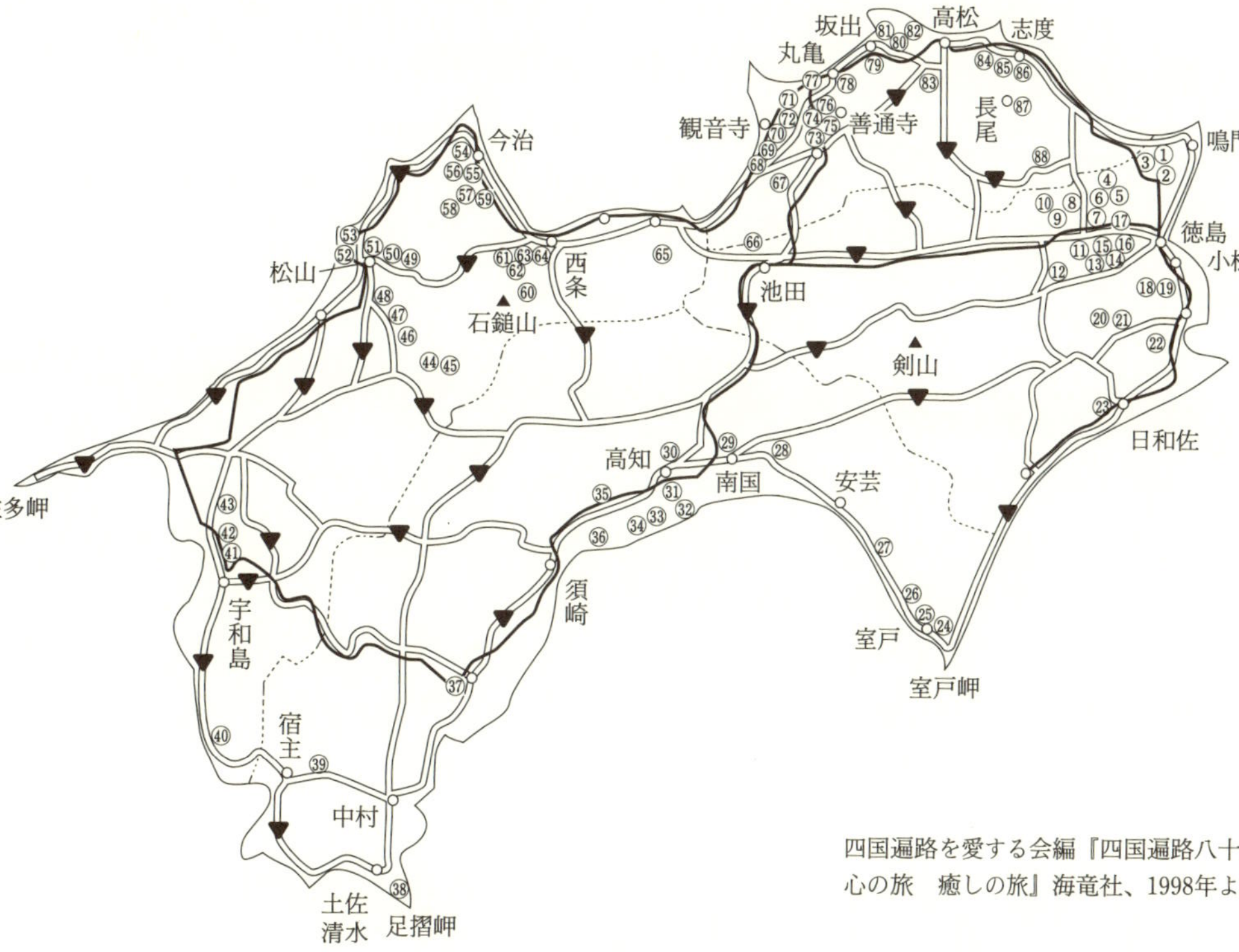

図 2-1　四国八十八か所霊場分布図

憑性が薄い。まずそれを証拠立てる史料が皆無なのである。その時期の空海は京都の高雄山寺にあり、弘仁三（八一三）年には初めての灌頂を行い、また弘仁七（八一六）年には長年の希望であった高野山下賜が朝廷より認められている。この時期は空海にとって真言宗の基礎を確立するためにきわめて重要な時期であった。こうした最中に、彼が長期間にわたって京都周辺を離れて四国で修行することはまずありえないことである。

この事実に象徴されること、つまり八十八か所全体と空海との関係がまったく明瞭でないことは、近世近代において四国遍路と教団としての真言宗との関係をきわめて曖昧かつ微妙なものにしている。真言教学ないし教団側の編纂する正統真言宗史のなかで、四国遍路を明確に位置づけることは不可能なのである。しかし他方、四国遍路＝弘法大師空海という繋がりのポピュラリティは、教団がそれを無視しうるような些事でもないのである。このアンビヴァレントな関係は現在に至るまで続いている。より中立的な表現を用いれば、こうした事情のゆえに四国遍路のもつ聖性は正統化・制度化されていないのである。それゆえに、四国遍路はリミナル（境界的）な性格を、近代になっても保持しえたともいえるであろう。

意味づけの強化、正統化という観点からいまひとつあげたいことは、現代では四国遍路が発心・修行・菩提・涅槃という菩薩の成道のプロセスに模されていることについてである。阿波を発心の道場、土佐を修行の道場、伊予を菩提の道場、讃岐を涅槃の道場として、一周するとそのまま仏道成就へ至るという意味づけである。いうまでもなくこの意味づけは、徳島の鳴門市近在にある霊山寺を第一番として香川県東部の山間地にある大窪寺を第八十八番とする現在の巡拝経路を前提にしたものである。このことは現在では当然のこととされているが、ここで問題になるのはこの巡拝順序が遍路者の間でどの程度の拘束力を有していたか、そして現在も有しているかということである。

巡礼が民衆の間に広まり始めた元禄期に『四国徧禮霊場記』（一六八九年）を著わした高野山僧侶、寂本は、まず讃岐の善通寺（現在の七十五番札所）からの巡り始めを記している。善通寺は空海誕生の地に建立されたといわれる寺であるから、ここを打ち始めとしたのは真言宗僧侶としての信仰的立場が影響を与えていると考えられる。その寂本は現在の第一番霊場、霊山寺の項に、「此寺四国巡拝の最初といふ。或は井戸寺（現十七番札所、徳島市国府町）よりも始拝す。みな路次の勝手によれるならし」（傍点は引用者）と記している。(4)

しかし「路次の勝手に」始拝したのは寂本の時代だけではないのである。江戸期に遍路者の間で流布していた遍路古地図を見ると、四国外からの巡拝者が四国への船便を利用する場合にはいくつものコースがあったことがわかる。(5) 紀州、大坂から撫養《むや》（鳴門市）への船便、大坂および玉島（岡山県）から讃岐の宇多津、丸亀、多度津への船便、広島から今治ないし三津（松山市）への船便などが、遍路用古地図に記入されている。時代は下るが、大正期に熊本から遍路に出た高群逸枝は、熊本を出発したのち大分まで歩き、そこから愛媛の八幡浜に船で渡り、もよりの札所から四国遍路を始めている。(6) このような例を考慮に入れると、かなりの数の巡拝者が「路次の勝手に」巡拝していたと考えることができる。また四国内に在住している人々が遍路に出るときは、これは今でもそうであるが、居住地に近い札所から巡拝し始める。これはイスラームのメッカ住民の巡礼とは対照的である。かれらは一度町の外へ出て遠隔地からの巡礼者と同様の分離儀礼を行ってから聖地に入る、といわれている。

第一番が現鳴門市の撫養港に近い寺とされたのは、江戸期の大坂と徳島との経済的関係も考慮に入れなければならない。藍や塩の交易を通じて両地は密接な関係にあった。そして四国外から遍路者を数多く供給したところが大坂でもあった。こうした点が霊場順序の固定化に多少とも影響したのではないかと推測される。

いずれにせよ、自らの居住地に近い札所から巡拝しはじめるという方法が、むしろ遍路の一般的形式だったのではないか、と考えるほうが無理がなさそうである。その傾向は現在まで受け継がれており、一国詣（四国の一県ずつをまとめて、四回に分けて巡拝する方法）といった方式となって継承されている。また高群逸枝は、八幡浜に上陸したのち、まずもっとも近い四十三番札所に巡拝してからいわゆる逆打ちをする。つまり四十四番、四十五番……と巡るのではなく、四十二番、四十一番……と巡る巡拝方式が逆打ちである。逆打ちは順打ちよりも功徳が多いと遍路者間でいわれており、これもかなり広く行われていたようである。また明治、大正、昭和を通じて遍路研究家といわれた真言僧ですら、第一番からではなく、松山近くの札所から巡礼を始めている。(7)

以上の諸点を併せて考えてみると、先の発心・修行・菩提・涅槃という仏教的意味づけは、かつては必ずしも遍路者間で十分な普遍性を有していなかったことがわかる。ここでもやはり、意味づけの強化、体系化、正統化がなされていないわけである。この意味づけの普遍化は戦後になって確立したという仮説を第五章で詳説している。

つぎに遍路をめぐる儀礼やシンボルを考えてみても、定型とか一貫性を欠いている場合が多く、いわば遍路者の自由に任されているのである。

現在の巡礼といえば、菅笠をかぶり笈摺を着て手甲脚絆を身にまとい、首から納札入（札ばさみ）をかけ、手には金剛杖を持ち、鈴を鳴らしながら巡拝する姿を思い浮かべる。この姿はもちろん遍路の「正装」には違いないが、しかしこうした装いをしなければ遍路者と見なされないというわけでは決してない。それは遍路者としての必須条件ではないのである。当世風の服装であっても四国遍路はそれを拒むものではない。札所は参拝を許し納経印も与える。また各札所での参拝方法（勤行形式）にしても一定の形はない。

現在多くの遍路案内書には、真言宗の在家勤行法則が一応の参拝方式として勧められている。しかし、たとえば戦後出版された代表的案内書のひとつである西端さかえ著『四国八十八札所遍路記』（大法輪閣、一九六四年）がいみじくも述べているように、「遍路はどういうふうな参詣のしかたをしなければならないという定めはない」（三四八頁）のである。あるいは第一番札所で遍路者は十善戒を大師堂で授けてもらうのが務めだ、という説もある。しかしこれもまた先に触れた通り、第一番霊場から遍路を開始する者にとってのみ通用することである。そしてたとえ第一番から巡礼を始めたとしても、そこで戒を受けてから出発する者は、実際にはきわめて少ないのである。

また八十八の数の由来についても諸説あるが、どれもいささか牽強附会の域を出ないのである。加えて現実に四国遍路を巡ってみると、八十八か寺以外にも奥の院とか番外札所と称される寺ないし庵が十か寺以上は確実にある。それゆえもし旧遍路道を徒歩で歩くとすると、現実には参詣寺院は優に百か寺を上まわるのである。すなわち八十八の数は参詣のうえで、あまり実質的な意味を持っていなかったと考えることができる。最近出版されたある案内書には、八十八か寺の他に「四国別格二十ヵ所霊場」を付加している。両者を併せると百八か寺となり、仏教のいう百八煩悩に通ずると説明している。この背景には戦後の「巡礼ブーム」を横目で睨んだ札所以外の寺院の働きかけもありうるだろう。しかしこうした現象は本書で考える四国遍路の構造的特質にも関連しているのではないか、と筆者は考えている。

いずれにせよ、以上のように四国遍路においては儀礼やシンボルのレベルにおいても、その定型や確立された体系的解釈などはきわめて少ないのであり、その結果、遍路者各人の自由にそれらが委ねられるといった傾向が見られる。聖性の定型化が乏しいのである。(8)

2　遍路目的の多様性

さて、四国遍路とよく結びつけられるものに、多くの病人遍路と職業遍路の存在がある。江戸期に始まるその傾向は、各種の記録によれば、おそらく第二次大戦ごろまで継続していたものと考えられる。二十四歳の高群逸枝は大正七（一九一八）年に一人で（実際には途中で偶然出会った老人と同行二人であったが）、四国遍路を歩いて巡った。彼女は、各地でなぜ若い娘が一人で遍路に来たのかと再々不審がられた。彼女によれば、「此度の巡礼旅行に就いて、私は実際うるさくて耐まらない程の疑惑だの誤解だのを蒙った。願解の為めか悪病の為めか失敗の為めか此の三つの一つに該当しなけりゃ人々は承知せぬ」（傍点は引用者）のであった。[9] つまり当時ですら、さまざまな意味でハンディキャップを負った人々が四国遍路には多かったのである。

しかし、逆に、観光を兼ねた遍路者もまた無かったわけではない。たとえば寛政十三（一八〇一）年、四国遍路に出た阿波の人、河内屋武兵衛は絵日記を記しながら、山陽道まで足を延ばし各名所を巡っている。その日記を読む限り、特別な願解があったわけでもなさそうである。[10]

以上のほかに、四国遍路を特徴づけるのは修行を目指す遍路者である。すでに新城常三は江戸期の四国遍路の特徴として、他の巡礼に比して観光的要素が乏しいこと、その道程が険しいことなどから、四国遍路では修行性が高いことをあげている。[11] また、四国遍路は空海ゆかりの〈修行地〉という伝説も、この傾向に拍車をかけているることであろう。行としての巡礼（峰々を巡り礼拝するという意味での巡礼）としてわが国でもっとも名高いのは、比叡山の千日回峰行である。もちろん定型化の乏しい四国遍路には、回峰行のように儀礼として細部にわた

る形式化はなされていない。しかし、すでに鎌倉期の文書に四国遍路を修験者の修行の場と考えている例がみられる。(12)

修行としての四国遍路を実践した典型例は、時代は下るが明治二十一（一八八八）年に遍路を行った禅僧山本玄峰（一八六五〜一九六一）である。和歌山県出身の玄峰は十九歳のとき失明し遍路に出た。そして二十六歳の時、彼にとって七回目の遍路の最中、高知の第三十三番札所、雪蹊寺にて住職の太玄に出会い出家した。それ以後、九十六歳で遷化するまで、彼は十七回の四国巡拝をしたという。玄峰は生涯を通じて四国遍路を僧侶の修行地として最良のものであると見なしていたのである。(13)また昭和九（一九三四）年、東福寺派管長の職にありながら突然四国遍路に出た尾関行応も禅僧で、同じく修行空間としての四国遍路をきわめて重要視している。(14)両者とも真言僧でなく禅僧であることは興味深い。修行として四国遍路をする僧に禅僧が多いことは、よく指摘される事実である。

このように四国遍路は、遍路者それぞれの目的がきわめて多様であることが大きな特徴である。そのすべてが遍路者として許容されるのである。これと表裏一体となっているいまひとつの事実は、四国遍路では組織立った参詣者の団体がごく最近まで遍路者の中核とはなっていなかったということである。(15)江戸期における伊勢講や富士講などの場合や、近代の各祖山参詣の寺単位やブロック単位の場合に比して、四国遍路には組織的な参詣の影が濃厚ではない。

一般に講などを組織化するのは、聖地と俗信者を結ぶ中間的媒介者である。たとえば霊場の僧侶などがこれに当たる。しかし四国の場合、札所側が一体となって組織化を進めるには大きな困難がある。現在の八十八か所寺院の所属宗派をみると、必ずしも真言宗だけではない。もちろん真言宗が圧倒的多数であるが、他に臨済宗、曹洞宗、天台宗、時宗所属寺院もある。また真言宗の中にも各派あり、札所寺院の所属宗派は併せて真言宗十一派に及んでいる。こうした事実は、その厖大な空間的広がりと併せて、霊場全体を有機的に結合することへの大きな障害となってきたといえる。遍路者をひとつの共通信仰を持つ信者団体としてまとめあげるにはさまざまな困難があるのである。同じ聖地巡礼でも、四国遍路が、木曾御嶽教のような教団宗教に確立しなかったのは、こうした理由による。しかしこのことは、特定の教条に影響されずに遍路者各人による自由な四国遍路解釈を許容する基盤でもある。この点も四国遍路の一大特質であると筆者は考える。

以上のように、四国遍路においては、聖性に対する意味づけの体系化、聖性をめぐる儀礼およびシンボルの定型化、聖性を求めてくる人々の組織化、のいずれもが未発達であったし、また現在でもそれは多少とも続いている。四国遍路はそうした体系化、定型化、組織化の方向を拒絶してきたともいえる。その点が、ある意味では四国遍路の研究上の難しさということに結びついていると思われる。聖俗の対照および両価値のダイナミックな関係性という点でも、四国遍路はきわめて曖昧なものになってしまう。なぜならば、聖性それ自体を保持し、俗との境界を明確にしようとする積極的な作用が働かないからである。

一般に、巡礼のもつ聖空間は、俗との隣接関係が恒常的かつ平行的に存在していることにその特徴がある。その点では、時間的にも空間的にも日常性と非日常性が併存せず、一時点に濃厚な非日常性・聖性が湧出していく祝祭のもつそれとは大きな違いを持っている。祝祭の場合には、聖性と俗性が互いに侵しあうということは少ない。もちろん巡礼にも、イスラームのメッカ巡礼のように、聖俗の対照を明確に持つものもある。先にも触れたように日本の巡礼にもそうした傾向の強い事例もある。しかし四国遍路の場合は、いささかその構造を異にしている。日本の事例でいえば、観音巡礼がやはり四国遍路のそれに類似した傾向を持っているようである。両者が数多くの寺院を巡るという形式の上で類似した点を有しているのは周知の通りである。

四国遍路は宗教儀礼として考えた場合、体系化、固定化、組織化、制度化を拒んできた。その結果、まず第一に、制度的宗教伝統の枠組みからはずれたため、多くの民俗的信仰や習俗がそこに侵入してくることになった。さらに第二には、すでに指摘したことであるが、遍路者が自らの体験を自由に解釈し咀嚼できる事態を生ぜしめた。とくに第二の点は、同じく民衆的基盤に立ちながら祝祭とは異なり、四国遍路が集合表象としての側面が稀薄であることの裏返しであろう。その意味で四国遍路の研究では、遍路体験が遍路者の内部にいかに内面化されていくかという点が重要なのではないかと思われる。その意味で私家版を含めると厖大な数にのぼる遍路日記、遍路体験記の存在は、筆者にとってきわめて興味深いものである。この点については後章で具体例を以て詳しく分析する。

3　聖性構造の非定型性とコミュニタス性

四国遍路の聖性構造の特徴を考えるうえでのいまひとつのヒントは、ターナーのコミュニタス論である。前章で巡礼の類型化を目指す指標の一つとして、開放型と閉鎖型というダイコートミーを提示した。四国遍路は典型的な開放型巡礼と位置づけることができる。

四国遍路は、まず第一に、ターナーのいうコミュニタス的側面がきわめて濃厚である。それは文字どおり「開かれた空間」であり、あらゆる地位、役割の人々が参与することができる。以下、いま少しその点を詳しく探ってみよう。

ターナーはコミュニタスの特性のひとつとして、あらゆる既成の構造的概念および概念の組み合わせ方法（認知の体系とか論理と呼ばれるもの）が改めてバラバラに分離され、それぞれ再検討されるということがあると指摘する。その意味では四国遍路はコミュニタス性が高いということができる。

この視点から四国遍路についてさらにいくつかの事例を考えることが可能である。先に指摘したことだが、伝統的には参詣上、札所の順番が重視されないこと、あるいはその順序づけを逆転させる「逆打ち」のほうが功徳が多い、といわれる論理は、まさにターナーのいうコミュニタス特性のひとつとすることができる。これは「同行二人」の発想にも認められる。すなわち、遍路者はたとえ一人で巡拝していても、そこには常に弘法大師が同行しているというわけであり、その場合には世俗的歴史的時間が決定的に脱落していることを指摘できる。

四国遍路を巷間もっとも有名たらしめている点のひとつは、夥しい数にのぼる霊験譚である。八十八番大窪寺にみられる多数のギプスは、医者に見放された患者が四国遍路を巡拝することで奇跡的に治癒したあと奉納したものといわれている。こうした病気治癒を中心にした霊験譚は各霊場ごとにいくつもあり、それは戦後、四国霊場会が発行した『四国八十八ヶ所霊場記』（一九七四年）に、各霊場ごとに一部まとめられている通りである。いうまでもなく現世利益の問題は日本宗教研究者にとってきわめて興味深い問題であるが、それは札所の僧侶にとっても複雑な影を落としている。[16] しかし巡礼に奇跡が伴っているのは日本だけではなく、フランスのルルドの場合も同様であるし、ヨーロッパ中世のキリスト教巡礼は奇跡であふれていた。しかしもし構造に対立するコミュニタスとして巡礼を捉えれば、少なくともそこに奇跡が生ずること自体は、解釈が成立する。すなわち医学といった科学的知識、つまり構造的知識では理解しえないような、世俗からみれば非論理的現象が生ずることが、コミュニタスの特性であるからである。

先にも触れた通り、ハンセン病患者と四国遍路との関連は深かった。末期的症状を現わしたハンセン病患者とのやりとりを思い出にもつ人々は、四国の古老にまだ多い。あるいは乞食遍路、職業遍路といわれる遍路者も最近までかなりの数をかぞえていたという。やや時代は遡るが、江戸期の土佐藩の史料には、いかに藩がそうした人々の入国を防ぐよう苦心していたかが如実に表れている。[17] しかし遍路取締りの布告が毎年のように出されていたということは、逆にそうした政策があまり効果をあげていなかったと考えることもできる。そこには、怪しげな丸薬等を売り歩いたり祈禱を行ったりする遍路も多かったことが記されている。こうした人々が遍路者として四国を跋扈することができた理由のひとつは、無償で遍路者に金品を贈与する接待の慣行がきわめて盛んであったことによる。[18]

しかしそうした個別的事情とは別に、病弱者、乞食等がことさら遍路に多い事実をコミュニタス論から考えることもできる。ターナーは、コミュニタスにおける特徴のひとつとして世俗の地位、役割が逆転する現象をあげている。すなわちそこでは、世俗において地位の高い者が辱しめられ、低い者が崇められるというシンボリズムがある。ターナーの表現を用いれば、コミュニタスにおける〈構造的弱者性（structural inferiority）〉の優位である。このように、不治の病者、乞食といったアウトサイダー、社会的ドロップアウトが、四国遍路においては優遇され生活できたことも、コミュニタスとしての四国遍路のいまひとつの特性と考えることもできる。新城常三は、江戸時代の四国遍路においては他の遠隔参詣に比して女性の数が圧倒的に多いと指摘している。江戸封建体制における女性をめぐる地位上の構造的弱者性を鑑みれば、これもまたコミュニタス性のあらわれと考えることもできる。[19] 四国遍路と構造的弱者との繫がりについての理念的表現（ターナーのイデオロギー的コミュニタス）の一例としては、素九鬼子の小説『大地の子守歌』がその典型的な例として興味深い。[20]

以上、コミュニタス論と四国遍路との接点を、やや羅列的な記述にはなったが指摘してみた。その結果、コミュニタス論が四国遍路の諸特徴の理解に、ある程度手がかりを与えることが明らかになったと思う。

しかしそのことは、必ずしも四国遍路のもつすべての側面にコミュニタス論的解釈が有効である、ということにはならない。ターナーのいう構造性が顕著な面も四国遍路にはある。コミュニタスと構造性の双方がみられるという立場のほうが、事実に近いといえるかもしれない。たとえば後者としては、次章でみるように、昭和十年代の四国遍路に見られる二つの巡拝者のタイプ、すなわち一方のタイプが四国外からの巡拝者でいまひとつは四国内からの巡拝者であるが、そのうち四国内からの巡拝者のタイプとくに愛媛県内の遍路者のタイプは、ここでいう構造性の高い四国遍路タイプといえるかもしれない。くわしくは次章の宿帳記録の分析のなかで論じていきたい。

第二節　社会構造上から見た遍路者の特質

1　二面性を持つ四国遍路者

現在の四国遍路者は、観光バスや自家用車などに分乗しにぎやかに札所を次から次へと巡って行く。もしかれらのなかに笈摺や札ばさみを着用した人々、納経印用の掛け軸を持ち歩く人々が散見できなければ、それは名所旧蹟を巡る普通の観光客とほとんど違いが見られないことであろう。

しかし、こうした明るいイメージの遍路者はむしろ戦後に形成されたもので、歴史的にみれば新しい遍路者イメージなのである。遍路道沿いの古老などに聞いてみると、戦前までの遍路者イメージは、現在のそれとはまったく異なるのである。私の会った土佐の某札所の住職は、彼が修行僧時代（おそらくは大正初期）の遍路者にはハンセン病患者が多かったことを回想してくれた。その老師によれば、かれらはハンセン病患者であることを隠すために顔には手拭いなどを被り、できるだけ他人に身体を露呈させないように歩いていた。しかし霊場に来て納経印を貰うときには、寺の関係者にはどうしても顔を会わさなければならない。納経印を差し出したその手やふと見上げたその顔が、ハンセン病患者特有の症状を示していたこともしばしばであった。そのとき、老師は気の毒とは思いつつ納経帳を受けとることを思わず躊躇したものだ、と語っていた。

ハンセン病患者に限らず戦前まではさまざまな遍路者がおり、四国在住の人々は「遍路」と聞くと、かなり複雑な感情を懐いたようである。徳島市の真言宗僧侶宮崎忍勝は、二つの遍路者イメージ、それも住民として受け入れにくいイメージのあったことを指摘している。それは、「法力をもった恐ろしい人」というイメージと「病気を持った人」というイメージである。(21)

ところが以上のようなマイナスの遍路者イメージ、換言すれば「四国の人々からさえも忌避される遍路、時には排除される遍路イメージ」ばかりではない。今でも四国の人々は「お遍路さん」となかば敬称で呼ぶように、遍路者を厚遇する姿勢もまた顕著なものがある。接待の風習が今も根強く残っていることもその代表例である。また遍路という行為に対するさまざまな霊験が無数にあり、どんなに素朴で呪術的と称されようと、それが遍路者を遍路に動機づける有力な体系になってきたこともまた忘れてはならない。(22)

このように、遍路者に対してはさまざまなイメージが複雑にオーバーラップしていることは確かである。それはいうまでもなく四国遍路に多様な社会階層の人々が参詣したからであるが、しかしその場合でも依然として問題は残る。すなわち、他の遠隔参詣ではなしに、なぜ四国遍路にそうした現象がとりわけ顕著なのであろうか。筆者は前節でターナーのコミュニタス論を参考にしつつ、四国遍路の構造的特質を考えてみた。ここでは前節の枠組みを継承しながら、とくに遍路者の立場に焦点を合わせ、外部者（たとえば遍路周辺住民）の遍路者に対する処遇の諸相を分析し、四国遍路の構造的特質およびそこにおける遍路者のもつ特異性などを考察してみることにしたい。

2　遍路者への規制

四国遍路がその成立当初からさまざまな遍路者を迎えていたというわけではない。四国遍路史を論ずるとき、中世以前に関してはその史料の絶対的不足が大きな障害となるのであるが、しかし『今昔物語』さらには『梁塵秘抄』に四国の辺路を修行のため巡っている僧の記述があるし、またそのなかに現在札所となっている寺院名が二、三記載されている。ただし、このことをもってただちに現形態の四国遍路がすでに当時成立していたと断言するわけにはいかない。いずれにせよ平安末期から鎌倉初期にかけて、なんらかの形で四国の寺々や霊山を巡拝することが行われていたのではないか、と推測される。ただし当時の遍路者の中心は明らかに修行僧であった。

四国遍路が大衆化されたのは他の遠隔参詣と同様に江戸期からである(23)。民衆層の遠隔参詣参加はすでに江戸初期の元禄年間ごろに顕著な現象となっている。この大衆化を生んだ理由は、なによりも社会経済史上の変化によるところが大きい。

第一に農民・民衆層の社会的経済的成長がある。農村においては、農業技術の進歩・普及による生産力の増加があげられる。また、太閤検地以来の小農民自立政策がそのまま徳川幕府に継承され、従来は主家に隷属していた分家・下人などが一本立ちの農民となっていった。さらに生産力の増加による余剰米が商品化され、農村社会に大量の貨幣が流入した。この結果、農民の消費生活は向上し、多くの農民を遠隔参詣に参加させ得る基盤が醸成された。

他方、幕藩体制の確立は社会の安定を生み、江戸、大坂、京都などの大都市を発達させ、大規模な町人、商人層を形成せしめた。かれらは金銭的に農民より富裕であり、また行動的自由も優っていた。町人、商人の遠隔参詣参加は近世の一大特徴である。

これに加えて、参勤交代制度の確立、国内流通機構の整備、治安維持の向上などは、交通路、輸送手段、宿泊設備などを飛躍的に充実させ、前時代に比して旅一般をきわめて安易にした。また航海技術も進歩し、乗合船が普及した。実際、四国遍路の普及にとって船の利用は大きな役割を占めていたのである。(24)

幕藩体制の確立は以上のような諸条件を生みだしたのであるが、他方、それはまた封建体制下における個人的自由の著しい抑制を踏み台としていた。周知の通り、諸藩は支配下の民衆がその居住地を離れることを制限したのであるが、遠隔参詣に対しては信仰上の行為であるとして例外的に寛大な措置を講じた藩も少なくなかった。(25)

以上のような諸条件が重複し相互に影響を与えながら遠隔参詣の大衆化が生じたのであり、四国遍路もその例に漏れるものではない。そのなかでとくに四国遍路に特徴的だったことは、病人遍路をはじめ、いわゆる職業遍路と呼ばれる人々がとりわけ多かったことである。江戸時代の文献のなかには、遍路者を乞食の一種とみなしているものさえある。かれらの正確な数を把握することはもちろん不可能であるが、かなりの比率を占めていたことは確かである。

そうした状態が、四国各藩の為政者たちにとって好ましいことであるはずがない。とりわけ土佐藩が遍路者の規制について厳重であったといわれる。そのためか、遍路者規制に対する史料がもっとも多く現存しているのが旧土佐藩治下である。そこで以下においてはしばらく土佐藩関係の史料に依拠しながら、当時の実態を探ってみよう。土佐藩関係の同史料については、広江清編『近世土佐遍路資料』（土佐民俗叢書3、土佐民俗学会発行、一九六六年）がもっとも包括的である。以下、本稿において遍路者規制に関する史料でとくに指示のない場合は、同書所収の史料を利用している。

四国遍路が民衆層の巡拝者を多く受け入れ始めるようになったのは先述の通り元禄期といわれているが、土佐藩においては、元禄を遡ること約二十数年前の寛文二（一六六三）年に、すでに遍路者は、（1）甲浦口（阿波との国境）、宿毛口（伊予との国境）の二か所のみから土佐に入国すること、（2）遍路者は必ず国手形を所持すること、（3）遍路中に一か所に何日も滞在するときはその地の庄屋に申し出ること、などを下知している。そしてこの時点ですでに順路という表現を用いている。つまりこれらのことから当時すでに、札所から札所へ至る道筋で余計な日数を費したり、遍路道からはずれた集落などへ入り込む遍路者が出現していたことを、窺い知ることができる。

その後、同内容のものが元禄期に至るまで何回も出されているが、さらに時代を下って宝永五（一七〇八）年には、札所順路以外では遍路者に宿を貸さぬことの一項が加えられ、また病人遍路者の取り扱い方法の指示もみられる。この時点で、すでに病気がちの遍路者がある程度一般化していたことがわかる。

さて享保年間（一七一六〜一七三六）に入ると、今までにないような細部にわたる遍路者取り扱いのための覚が出されており、それは内容・口調とも一段と厳しくなっている。まず入国の際は往来切手、宗旨手形を調べること、土佐内の札所巡り全行程七十八里のあいだを入国日から数えて三十日間に限り入国を認めること、宿泊地では庄屋が日数を改め、その旨をその日付とともに添手形に記入すること、順路をはずれて脇道に入ることは堅くご法度であること、が明記されている。

土佐藩はそれ以降も同趣旨の覚を年を追うように下知していくのである。しかし藩の意向は民衆レベルには徹底を欠いていたようで、明和四（一七六八）年のそれには、「他国辺路幷流浪躰之辺路脇道往来之儀は前々より御制度之赴毎々御示聞被仰付儀に候、然に此節右等之者猥に脇道通行いたすを見逃置候族有之云々」などとみえる。これに類する警告はそののち再々みられるのであるが、藩が神経をとがらせた遍路者とは、順路をはずれて脇道に入り「御制禁之博奕等犯し不而巳札守幷種々之売薬等拵之諸人述し莫大之札銀を取候者」など、広い意味で行者的性格を有する者であった。

しかしながら、この種の遍路者（ないし遍路者体の者）は一向に減少することはなかったようである。それは次に掲げる文化七（一八〇九）年の覚に如実に現れている。

覚

四国遍路往来之儀は屹度御国法有り、則ち入国の節は御番所にて申開き且つ途中立候て脇道へ迷込候者共ある節は、見逢次第追返申筈、兼々街道村々へ御触達とも被仰付置儀二候処、不絶不法の者共入込み、毎々諸所にて病気と唱し数日逗留し或は呪咀祈禱又は丸散薬等売買致し、甚しきに至り候ては博奕盗業の事跡も有赴に候。畢竟札所近くの地下人共は弘法信仰の費より取迷ひ、辺路体の者は別して心入れ致し候をもつて仮令不法の族と見受し候ても、つい見逃し致し、又、街道の村は達方等の繁多を厭ひ、わざと等閑致し候下略。

江戸幕府の政策はすでに四代将軍家綱時代に破綻をみせたといわれるが、その後、相次ぐ凶作もあって幕府財政は疲弊の一途をたどった。土佐藩も決して例外ではなく、天明七（一七八七）年には土佐山間部の紙漉き農民の逃散、高知城下での米騒動等、社会不安が増大した。藩主もつぎつぎに藩政改革を試みるが、抜本的な情勢好転とはならなかった。

こうした背景のもと土佐藩は天保期に入りますます遍路者規制を強め、ついには遍路者による托鉢の禁止、遍路者に対する米の売買の禁止などの強い措置をとった。天保期の遍路者規制の詳細はすでに紹介もなされているのでここでは省略するが[26]、これ以降も土佐藩は遍路者規制に強い態度をとり続けた。

さらにこの規制への態度は明治期に入っても継続されている。まず明治五（一八七二）年に遍路乞食体の者は国境から追放しかつ施しを禁止する旨の令が出されている。明治十九（一八八六）年五月九日の『土陽新聞』論説には「遍路拒斥すべし乞丐逐攘すべし」と題する、激しい遍路者排斥の長大論説が掲載されている[27]。『土陽新聞』の当時の主筆は植木枝盛だともいわれる[28]。この論説からは、当時の遍路の実態の一端および当時の社会の上層部や知識人層の遍路に対する見方を、如実に読みとることができる。

この文献については、四国遍路研究ではキーになる史料としてさまざまなところで紹介されているので、ここではその概要のみ記しておこう。まず遍路とはいうものの乞食が多く、彼らがコレラなどの伝染病を蔓延させたり、盗みなどの犯罪を犯したり、あるいは遍路途中で死去して地元に大きな迷惑をかけている。こうした遍路についてては、四国へ入ることを禁ずるように各地域共同体で申し合わせるべきである。警察を含めた県や国家レベ

ルでの監視・指導を強めなければならない、と主張する。(29)

高知県においては明治期に警察が〈遍路狩〉を行ったという記録があるが、遍路狩については、大正七（一九一八）年の高群逸枝『巡礼行』に、松山市で遍路狩に遭遇したとの一文がある通り、近代においても四国各所で行われていたようである。(30)また戦前まで遍路宿では、前日までの宿泊者の名簿を警察に届ける義務があったという。

以上、おもに土佐藩関係の史料を引用して遍路者に対する取締りの実態の一端を明らかにしてきたが、他藩他県においてもそれは多少とも似かよったものがあった。

四国各藩各県はなぜ遍路者に対してこのような規制の方針をとったのであろうか。

ひとつには、儒教主義あるいは国学思想に基づく反仏教キャンペーンの結果というイデオロギー上の理由が考えられる。土佐藩においては、儒教主義を堅持し藩経済の基礎を固めた野中兼山の影響、あるいは幕末期における国学の興隆などが見逃せない。つぎには経済的根拠による規制で、多数の遍路者が流入することによる経済的混乱の発生への予防措置としてである。先に述べた托鉢の禁止、遍路者への米の売却の禁止は、天保期という全国的な大凶作期に出された覚であることからもわかるように、それが経済的理由からの規制という側面を有していたことは間違いない。このことはまた、自国内の遍路希望者への願い出の処理の仕方にも現れている。たとえば遍路者の出立・帰還の際の派手な送り迎えは止めるべきこと、あるいは農閑期以外に遍路へ出ることは「所業の時を取失い、渡世の障りに」（文政七年の覚）なるから禁止する、などの触れに明らかである。

さらに全体数からみればわずかであろうが、藩側が非常に神経質になったと思われるのは、遍路者を装った幕府側隠密の入国であった。実際にその種の人物が摘発されたことが『山内家史料』や安芸愛山の書物の中などに

記載されている。(31)

以上、遍路者規制をもたらしたイギオロギー上、経済上の理由などを列挙したが、これら以外に広義の意味での社会的理由ともいえるものが考えられる。もちろん盗業など犯罪的行為を犯す遍路者がいたことは事実であるが、それ以上に他国人、すなわち封建制下の藩という固定化した社会構造内部には位置づけることのできない、それゆえに社会的に不明瞭で曖昧な遍路者が大量に入国することへの所与の既存社会が抱く不安、換言すれば秩序維持への脅威としての遍路者観が存在していたことを見逃してはならない。藩より下知された覚の多くが、国境での遍路者の国手形有無のチェックを繰り返し指示しているのは、まさにそのことに関連があると考えることができる。

さらに『近世土佐遍路資料』などを通観して気づくことは、規制の背後にある藩のきわめて執拗な姿勢である。年を追うように出されるそれらの覚は、表現方法および内容はだんだん厳しくなっているものの、その趣旨の根本は江戸期はもちろん明治期に入っても軌を一にしているといってさしつかえない。なぜこれほどまでに、藩は執拗に同趣旨の覚を下知する必要があったのであろうか。すなわち、遍路者を統制しようとする藩の意向が、現実レベルではそれほどの効果を上げていなかったと考えることができるのである。すでに引用した文化七年の覚にある通り、実際には為政者側の神経を苛立たせるような遍路者たちが、民衆レベルではかなり受容され支援を得ていたのである。こうした現象が四国において存在し得た大きな基盤は、接待の慣行があったからにほかならない。

3　遍路者への厚遇

接待とは遍路者に対して金銭や物品類を与える慣習のことである。接待をする人々は、現在の形態に限っていえば、札所や遍路道周辺の村落民の場合もあれば、また紀伊方面あるいは山陽方面から船を仕立ててくる講の場合もある。

接待の特徴は、乞われて初めて与えるという受動的態度ではなしに、積極的援助という能動的姿勢がその根底にあることである。本書の第五章で詳しく報告する有田接待講の場合、何か月も費して接待金品の準備を行い、船を調達してわざわざ徳島県にある第一番霊場に出向き、接待を行う。これが約二百年あまり毎年行われてきたという事実に、驚嘆の念すら禁じ得ない。また、金品を与える接待のほかに、一夜の宿を無償で提供する善根宿も接待の一形態と考えることができる。

接待は決して四国遍路のみに特有の慣行ではない。外者歓待の習俗は多くの無文字社会に認められてきたものであるし、日本にも同様の習俗があったことはすでに先学の指摘するところである。マレビト説のように神の化現としての来訪者という宗教的イメージばかりでなく、巡礼者が文化伝播者としての役割を果たすというリアリスティックな面からも、外者歓待の原因を推測しうる。とくに中世以前の巡礼のように、巡礼者が貴族、僧、武士など物質的かつ知的レベルにおいて高い社会階層に限られていた場合には、文化情報提供者としての役割は大きかったに違いない。

しかし近世において少なくとも日本の巡礼に関する限り、西国巡礼や関東の諸巡礼などと比較すると、四国遍路と接待の関係はきわめて密なものがある。(32)それゆえ近世以降においては、接待は四国遍路にのみ特有の慣行であるかのごとく語られるようになった。近世においては、貞享四（一六八七）年ごろすでに真念の『四国邊路道指南』に多くの善根宿があったことが記されている。また十返舎一九の『金草鞋』の中にも、至るところでさまざまな接待が行われていたと記されている。同様のことは一般人の遍路者の遍路日記にもしばしば散見できる。正確な年代は不詳であるが、江戸期に土佐安芸郡より遍路に出た者の遍路日記には、「三月二十五日ニハ摂（接）待ニ出ル人々夥し、一日二十八ヶ所摂待ノ出る」、あるいは「備後ヨリ摂待ニ来る人夥敷、銭或ハわらぢ等也」などとある（『近世土佐遍路資料』所収）。

こうした接待はさらに明治期に入っても続けられ、戦前までは江戸時代以来の接待の形態をかなり存続させていたようである。たとえば昭和初期においてすら、遍路をして貰い集めた金銭で家を建てたという例もあったといわれる。(33)現在ではその規模や数量において戦前よりはかなり縮小されているものの、自家用車への相乗り提供などといったように形を変えて行われている例も多い。

接待についてつねに部外者が抱く疑問は、なぜ見知らぬ遍路者に金品を無償で与えるのかという点である。接待行為を支える観念には次のようなものがある、といわれる。（1）遍路者即弘法大師という観念、つまり接待は大師への布施であるという考え、（2）接待は祖先への供養であるという観念、これは縁者の命日や忌日などに接待する場合である、（3）自分は諸事情で自ら遍路を行えないので遍路者を一種の代参人と見立てて接待する場合、（4）遍路者への慰労、(34)などである。これらのうちもっとも広く流布しているのは、（1）の遍路者即弘法大師という考え方である。

遍路発生譚のひとつとして有名な衛門三郎伝説などにみられるように、旅僧の姿で修行中であった弘法大師を

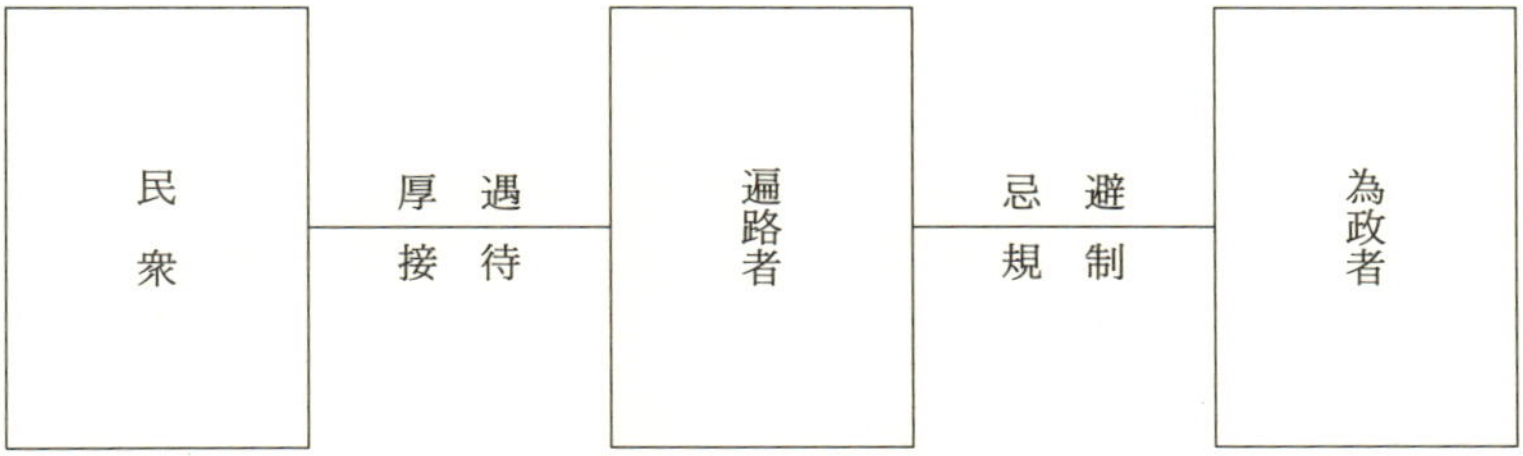

図 2-2　遍路者・民衆・為政者の関係図

厚遇したために得たご利益、あるいは逆に冷遇したために蒙った罰といった伝説・説話は、四国に無数にある。いわゆる「不喰芋《くわずいも》」、「不喰貝《くわずがい》」の話がそれである。その教訓は旅僧に対して積極的に接待を行うべきであるという点にある。

また遍路中に接待を受けた者はその謝意の表れとして接待者に納札を渡す。接待者はそれを持ち帰り、仏壇に入れ、棟木に貼りつけ防火の守護とする。あるいは流行病が生じたときの辻固めとするといったことが行われていた。ここには、さまざまな奇跡を生んだ、民衆にとっての弘法大師のイメージが鮮明にオーバーラップしている。このように考えると、接待行為を動機づけるものとして、遍路者即弘法大師の観念がさまざまな形で繰り返し強調されていることがわかり、接待に対するもっとも有力な説明であることがうなずける。

いずれにせよ、接待行為を通して、民衆レベルにおいては遍路者に対して積極的援助をしていたことは確かである。この点については藩当局も十分気づいていたわけで、すでに土佐藩の場合にみたように、遍路者に対して接待することは時節柄も考えずまことに不埒なことであるという覚を出したわけである。しかし、藩の意向とは逆に地下役をはじめ村落のレベルでは、むしろ遍路者の流入を少なくとも黙認していたことはすでにみてきた通りである。藩あるいは警察当局の執拗な警告にもかかわらず、接待行為をはじめとする遍路者への援助は一向に止むことを知らなかった、と考えることができる。

4　遍路者の境界性

以上の論考で明らかなように、遍路者は一方ではその存在を嫌われ規制された。しかし他方、かれらは接待などを通じ厚遇され歓迎されもした。すなわち遍路者はまったく相反する価値を付与されていたわけである[35]（図2—2）。

これはターナーが指摘するところの、コミュニタスの境界性という概念から理解することができる。すなわち推移段階あるいはコミュニタスである遠隔参詣においては、構造である居住共同体では尊重されない、あるいは手に入れることのできないような価値が上位に置かれるのである。これはなにも四国遍路の場合に限られるのではなく、桜井徳太郎によって指摘されたような伊勢講にみられるデタチ、サカムカエの慣習などを通じても如実にみることができる[36]。

ターナーによればコミュニタスの特徴のひとつとして、世俗の地位・役割が逆転する現象があるという。すなわちコミュニタスにおいては、世俗において地位の高い者が逆に虐げられ、低い地位の者が崇められるというシンボリズムである。すなわち、コミュニタスにおける構造的弱者の優位である。そしてターナーは、構造的弱者が普遍的人間性という価値を具現するとみなされることはコミュニタスの特徴である、という。四国遍路において、ハンセン病患者あるいは都市や村落の社会枠から脱落した人々、固定化した僧侶組織から逸脱した行者などが一定の範囲ではあるが、ある程度受容され接待行為などを受けることができたのも、四国遍路がコミュニタスの側面をある程度保持していたからではなかろうか。そのことはまた、世俗の優先的価値の具現者たち（藩の為政者や文明開化時代の指導者や警察）からみれば、構造に基盤をもたない推移状態、境界状態にある遍路者は、根本的な意味において危険な存在となりうる可能性を秘めていたということである。

四国遍路がコミュニタス的価値を他の遠隔参詣に比してとりわけ濃厚に持続しえたのは、四国遍路自体の地理的歴史的環境によるところも大であったと思われる。歴史の永い期間にわたってあれほど大規模な巡礼者を迎えた四国遍路であるにもかかわらず、そこでは現在に至るまで制度的宗教の一部としての明確な組織化が未成熟であった。長大な全行程上の八十八の寺院を巡るわけであるが、その八十八の寺院はそれぞれ性格が異なっており、それをひとつの機能的組織にまとめ上げることには困難が伴う。祈願寺院もあれば回向寺院もあり、その所属宗教も真言宗ばかりでなく時宗までを含んでいる。弘法大師空海といえば真言宗教団に直結しているように思われがちである。しかし現実には各札所それぞれの自律性のほうが、札所全体の組織よりも優先される場合が多い。

空海が修禅観法の地すなわち純粋の修行地として開いた高野山を、鎌倉期以後日本人の祖霊信仰を咀嚼し、日本人の総菩提所としてみごとに大衆と結びつけた高野山僧侶ですら、空海修行地として伝説上名高い四国遍路を、真言宗教団の基盤の一翼として位置づけることができなかったのである。それは木曾御嶽詣を大衆化することで独自の教団が成立していった場合とあまりにも対照的である。このように四国遍路がひとつの組織に取り入れられなかったことこそ、四国に素朴な形ではあるがコミュニタス的価値が残り、その結果、遍路者をめぐる相反する価値の共存といった現象が、他の遠隔参詣よりも明確に見出される原因になったと思われる。

第三節　四国遍路における死と再生のイメージ

1　死のイメージと四国遍路

昭和四十一（一九六六）年六月四日未明、歌舞伎界を引退した八代目市川団蔵（一八八二～一九六六）は、四国遍路を巡拝し終えたのち、小豆島経由で大阪へ向かう深夜の船上から海中に投身自殺した。遺体も発見されず、それまでの団蔵の振舞いから考えても、投身の動機は不明であった。しかし四国を死に場所と考えての巡礼行だったのではないかと推測された。[37] また、平成七（一九九五）年一月の阪神淡路大震災のあと、亡くなった息子や妻を弔うために四国遍路を巡って歩く人々の様子が新聞で報道された。[38] 四国は「死国」であるといった語呂合わせさえある。最近では伝奇ロマン小説とされる直木賞作家、板東眞砂子の『死国』が映画化され評判になった。巫女系の家に生まれたものの若死にした少女の霊が、生者たちにさまざまな影響を与えるというモチーフである。高知が舞台であること、あてどない遍路を続ける人物が登場すること、四国遍路の逆回り（左廻り）は死の国への道といったメッセージが何度も語られることなど、四国イコール死国といったイメージが濃厚に読者に植えつけられる。[39]「巡礼ブーム」とも呼ばれるほど大勢の遍路で賑わう現在の四国では、少なくとも表面上、死という語感からくる暗いイメージは感じられない。しかし遍路たちが着用する笈摺等が仏式の葬儀に際して死者に着用せしむる経帷子等に酷似していることも確かである。四国遍路に着用した笈摺を死者に着せる場合すらある。この根底には、死を他界への旅立ちとする考え方が、修行の旅としての巡礼にオーバーラップしているのである。

しかし笈摺を着た手甲脚絆姿で金剛杖を手に巡礼を行うのは、四国遍路に限らない。その開創伝説によれば、四国遍路は弘法大師空海が弘仁六（八一五）年に自ら巡錫して開創したものであるといわれる。空海はいうまでもなく仏道修行のために四国を巡ったのであるから、この開創伝説には死のイメージは皆無である。それにもかかわらず四国遍路にとりわけ死のイメージが濃厚なのはなぜだろうか。本節ではまずこの点をいくつかの特質から考えてみることにしたい。

ところが四国遍路には〈死〉のみならず、〈死からの再生〉という方向もまた読みとることができる。いうまでもなく死と再生というモチーフは、宗教儀礼にしばしば見られるものである。この点についても考察を行ってみることにする。ここでいう〈再生〉とは、もちろん象徴的な意味を多分に含んでいる。さらに〈死〉も、それは単に生命の終焉という次元だけに留まるものではない。人間が過去に負うた社会的文化的位相を脱却するとき、あるいは脱却を余儀なくされたとき、それはしばしば〈死〉と象徴的に表現される。本節でいう死あるいは再生とは、そのような象徴的意味合いを含んだものである。

ただし、本題に入る前に指摘しておきたいことは、ごく最近まで、四国遍路を行うということは大変な難行で重大な決意を要することであった、という事実である。その札所の多くは、比較的歩きやすい海岸沿いの道に面してはいるものの、焼山寺（十二番）、鶴林寺（二十番）、太龍寺（二十一番）、神峯寺（二十七番）、岩屋寺（四十五番）、横峰寺（六十番）、雲辺寺（六十六番）、大窪寺（八十八番）などは山中深く分け入る場所に位置し、その行程もかなり厳しい。換言すれば四国遍路は修行性が高いのである。

近世以降、わが国の交通網はそれ以前と比して飛躍的な進歩を遂げた。しかしながら四国外からその遠大な巡礼に参拝することは、近代になってからさえ決して容易な営みではなかった。それゆえ、格別の意図や理由のある者を除いて、遍路に出る者はすでに隠居の身にあるような立場の人々が多かった。そして実際、遍路中に行き倒れて他界した遍路者も多く、四国各地にその墓地がみられるし、寺院過去帳にもその記録が残っている。すなわち、四国遍路は実際に死に直面する巡礼であったことは疑いない。こうした事実を念頭に置きながら、さらに具体的に四国遍路と死を結びつけた要因を探ってみることにしよう。

2　死者供養と四国遍路

四国遍路のもつ死のイメージを考えるうえでまず注目すべき点は、死者供養、先祖供養と遍路との結びつきである。

二十年前、ある進学高校に在学中の息子がふるう家庭内暴力に耐えかね、父親がその息子を絞殺するという事件が起きた。母親も事件を苦にして後追い自殺し、この事件は受験戦争がますますエスカレートする時代に起きた悲劇的事件としてさまざまな反響をよんだ。その父親は、控訴審をひかえ「息子と妻の冥福を祈るため四国八十八ヵ所巡礼をした」のであった。控訴審当日、裁判所に現れた父親はそのため「すっかりやつれた姿」であった、と当時の新聞は報じている。

死者の冥福を祈るため、あるいは追善供養のために四国巡礼をする例は少なくない。ある調査によると、現代の四国遍路者の約一〇パーセントが、巡拝の目的を問われて先祖供養のためと答えたという(40)。この場合、先祖供養の対象が、物故した身近な肉親や知人を意味するのか、あるいはその家系の先祖全体であるのかは不明である。しかしこの数値からも、広い意味で先祖供養や死者供養のために遍路をする人が少なくないことは明瞭である。

筆者が実際に見聞した例でも、自分の肉親の位牌を持参して遍路をしているケースもあった。

この関連で見逃せないことは、四国遍路の札所の中に、死霊、祖霊の集まる寺とされているところが少なからずあることである。この点について、讃岐在住の民俗学者武田明は、以下の十か寺をあげている。(41) 切幡寺（十番）、焼山寺（十三番）、鶴林寺（二十番）、太龍寺（二十一番）、最御崎寺（二十四番）、禅師峰寺（三十二番）、岩屋寺（四十五番）、横峰寺（六十番）、弥谷寺（七十一番）、大窪寺（八十八番）。

これらの寺の中では、第七十一番札所の弥谷寺のケースがもっとも著名である。

弥谷寺は香川県三豊郡三野町にあり、海抜約三百メートルばかりの山中に伽藍が並ぶ山寺である。山門を入ると石段の両脇に、かなり衰微してはいるものの賽の河原と呼ばれる場所があり、石積みが並んでいる。さらにその石段を登ると大師堂および本坊があり、その近くには江戸期に火定三昧に入ったといわれる行者の像がある。さらに登っていくと十王堂、観音堂を通過し、その上に阿弥陀三尊の磨崖仏（一遍作と伝えられる）および六字名号、阿字、五輪塔などが刻み込まれた岩壁が見えてくる。現在その岩壁の下が比丘尼谷と呼ばれる水場となっており、経木塔婆に死者の戒名を書き入れてもらい水供養するようになっている。

この弥谷寺を中心とする一帯には通称イヤダニマイリ（弥谷参り）という風習があり、かなり衰微しているものの現在でも行われている。この弥谷参りについてはすでに武田明の報告および藤井正雄の詳しい分析があるので、(42) それらをもとにして、かつ四国遍路との文脈での筆者のデータもつけ加えて、以下に少しく紹介してみよう。

イヤダニマイリには地域、村落によって多少のヴァリエーションがあるが、その根本は、家に死者が出て葬儀を行ったあと初七日忌、四十九日忌などの忌日に死者の頭髪とか衣類などを持って弥谷寺の水場に参り、それらを弥谷寺へ納めるというものである。また村落によっては葬儀の当日の野辺の送りのとき、わざわざ僧侶を待たせておいて使者をたててイヤダニマイリを行わせ、その帰還を待って埋葬する、というところもある。

このイヤダニマイリが行われている地域は、香川県の旧荘内村地域を中心に周辺の島嶼部地域、すなわち西讃地方の海岸沿いの諸村落である。弥谷寺へ参る際にまず墓地に行って「弥谷へ参るぞ」と言い、後ろ向きになって背負う真似をするところもあるという。また武田明らの調査によれば、磨崖仏付近の五輪塔内に納められている白い粉末を岡山大学にて分析した結果、時代は不明であるが人骨の粉末であることが判明している。

これらの点から、弥谷寺ないしその一山は死者の霊が訪れる場所とされており、また納骨の風習もあったと断定することができる。それも現在のように仏教が民衆の祖霊信仰を管掌するようになった以前から、弥谷寺周辺は死霊の集まる山として信仰を集めていた、と考えられるのである。しかしこのように日本の古層を彷彿とさせるようなイヤダニマイリが戦後も行われてきたということ以外に、弥谷寺の祖霊信仰を考えるうえで見逃すことのできないのは、弥谷寺の年中法会のうちもっとも重要な光明会である。光明会とは寺側の正式の呼称であるが、一般には「永代経」、「お水まつり」あるいは「弥谷寺春の市」などと呼びならわされている。その法会は結論的にいえば、古来よりの弥谷寺をめぐる祖霊信仰を、外来宗教である仏教なかんずく高野山系統の僧侶が組織化したものに違いない。

光明会とは旧暦二月十九日から二十一日までの三日間にわたって行われる法会である。その期間、一山は参詣客で埋まり、植木市なども催されたいへんな賑わいを見せる。その法会の趣旨はつぎのようなものである。

弥谷寺では、一年のうちいつでも希望者に対して先祖の日牌月牌供養を受け付けている。これを申し込んだ人は寺側から「位牌契」を受け取る。これは、いわば日月牌供養を確かに引き受けたという寺側からの証文である。寺は依頼された各霊ごとに白木の位牌を設け、それを大師堂に安置する。さて、光明会のときには、それらの日月牌を申し込んだすべての人々に対して供養法要を行う旨案内を出す。その結果、光明会には日月牌申し込み者が「位牌契」をそれぞれ持参し、三日間にわたり合計六回厳修される回向法要のいずれかに参詣する。そのとき、依頼者たちは日月牌の対象となった各霊ごとに経木塔婆を寺に依頼し、法要ののちそれを持って比丘尼谷の水場にて水供養を行うのである。光明会に回向を依頼する人々の居住地域、すなわち弥谷寺に日月牌を申し込む人々の地域は、一言でいえば西讃地方が中心であるが、それは先のイヤダニマイリのそれよりは圧倒的に広範囲である。三豊郡を中心に、坂出、丸亀、琴平、満濃《まんのう》、仲南《ちゅうなん》、善通寺などの市町村がそこに含まれる。

この光明会とは別に、弥谷寺には旧六月十六、十七日の両日に行われる本尊会という法会がある。これは本来、本尊千手観音に対する本尊法会なのであるが、この法会も信者たちは先の二月の光明会と同様に永代経と呼び、やはり先祖回向法要として受け取っているものが多い。その結果、この法会に対しても日月牌供養を依頼するものが多い。

以上のように、現在の弥谷寺をめぐる祖霊信仰は、その規模においてイヤダニマイリよりも永代経と呼ばれる日月牌供養を中心とする信仰が圧倒的に中枢をなしているのである。これは先にも触れた通り、おそらく組織仏教が、古来より同地方にあった弥谷寺ないしその一山に対する祖霊信仰をたくみに摂取した結果であろうと思われる。現形態の永代経にみられる日月牌、経木塔婆、水供養という先祖供養形式は、高野山のそれに酷似しており、ここに高野山僧侶のイヤダニマイリ習俗受容の可能性を強く感じさせるのである。

その点で、鎌倉期の高野山僧侶、道範（一一七八～一二五二）の讃岐配流はその端緒となったのではないか、と推測される。道範は高野山正智院の学僧で高野八傑の一人とされる高僧であるが、金剛峯寺と大伝法院との対立抗争に関係し、七年間ほど讃岐に配流された。その間、弥谷寺にも一時滞在し、その著『行法肝要鈔』の構想を練ったともいわれている。この道範滞在が高野山と弥谷寺との関係を一段と緊密にしたと考えられる。そののち戦国時代末期から以降は高野山ないし善通寺と関連の深い僧侶がつぎつぎと弥谷寺住職となっており、おそらく江戸中期ごろから末期にかけて、現在のいわば高野山方式の先祖供養形式が確立したのではないかと思われる。

このように弥谷寺は、元来祖霊信仰の山寺として地域の人々の参詣を集めていたようであるが、遍路の札所として遠来の参詣者が来寺するようになるにしたがって、祖霊崇拝の山としての側面をさらに積極的に前面に押し出していったと考えられる。単に讃岐西部の限定された地域の人々だけでなく、広く遍路者に対しても先祖供養、死者供養の寺として浸透していったのである。

他の札所の場合には、弥谷寺ほど組織的に先祖供養を取り込んでいった寺はみられないものの、先にあげた祖霊供養と関連の深い札所のなかには、水場に経木塔婆をあげて供養するといった習俗が根強く残っているところもある。(43)

四国遍路はきわめて多様な側面をそのなかに内包している。それは個々の札所寺院がさまざまな個性を有しているという面にも現れている。四国遍路の統一的特質を明確に指摘することはむずかしい。祖霊信仰、死者供養の観点からも、四国遍路全体とそれとの直接的関連を端的に指摘することは容易ではない。しかし弥谷寺のような寺院がそのなかにあることで、先祖供養との結びつきが強調されることだけは指摘できる。

3　病気遍路と職業遍路

四国遍路は、他の巡礼と同様に江戸期に入って大衆化し、多数の遍路者を迎えるようになった。この流れのなかで四国遍路にとりわけ多かったとされるのが、乞食遍路ないし職業遍路と称される人々である。(44) なぜ四国遍路にそうした人々が多かったのであろうか。これについてはいくつかの説明が試みられている。そのなかのひとつに、いわゆる接待の慣習があげられる。この風習の背後にある意味や観念については前節で触れ、さらに第五章で詳しく論ずるのでここでは省略する。

職業遍路が接待を目当てに四国遍路を順拝したのは、すなわちかれらがそれを当てにしなければならない理由が存在していたからにほかならない。換言すれば、かれらは本来の生活の場から脱落した人々で、通常の社会生活を営むことが不可能だったからである。なぜかれらは脱落したか。それにはいくつかの理由が考えられる。ひとつは犯罪等の社会的理由から所属する共同体から脱落した人々である。いまひとつは、病気や怪我や身体的な障害等の肉体的理由から脱落した人々である。本節での脈絡で重要なものは、後者の病気等の肉体的理由による職業遍路のケースである。

四国遍路にはさまざまな病気治癒の霊験譚がある。それらの多くは遍路者から遍路者へと語り継がれ、人々を四国遍路にかりたてる大きな動機づけの役割を果たしてきた。つぎに掲げるものは、二十七番札所の神峯寺の書院に奉納された絵馬額に書かれている霊験を受けた体験のひとつである。

私儀七年前より脊椎カリエスにて病臥辛吟して居りましたが、その中観音利益を信じ日夜賞嘆して居りましたところ、本四国霊場巡拝を志し、夫繁治同伴のもと当山神峯寺参拝の帰路、急坂にて足転倒し、幽明の境も当山に於ける不測の事が明眸となり、現在健康にて日々大師御利益の歓喜に浸って居ります。ここに観音大師の御利益を我身の喜びに表わし、報恩の徴として奉納いたします。　合掌

昭和三十七年四月二十九日

愛知県尾西市　〇〇〇〇

神峯寺の参道は急坂で土佐最大の難所のひとつといわれている。この急坂で転倒したところが、そのことで永年患っていた脊椎カリエスが治ったというわけである。この種の霊験譚は四国のいたるところに見られる。このような霊験を求めて全国からさまざまな病気を背負った病人遍路たちが四国へやって来た。しかしなかにはその病気の性質上、本人の意志とは関係なく、むしろ共同体を追われる形で四国遍路に来たものも多い。その代表例がハンセン病患者である。

ハンセン病は微弱な慢性伝染病であるが、現在は特効薬もあり恐るるには足らない病気である。しかしそうした知識が広まったのはごく最近である。ハンセン病は奈良時代以前に日本に侵入したといわれ、日本人にはもっとも恐れられていた病気であった。その症状は「肉が崩れる」と表現された。ハンセン病患者が出ると、近親者十五人が不幸な目に遇うとされ、家族から患者が出るとそれをひた隠しにし、早く患者を自分たちの生活領域から放逐しなければならなかった。こうしたハンセン病患者は多く四国遍路へ送り込まれた。

大正七（一九一八）年、四国遍路をした高群逸枝はその日記に、ハンセン病患者と同宿した様子を次のように

なまなましく描写している。「頭の地には累々たる瘡ありて、髪の根本に蟠れるさま、身の毛もよだつばかりなり。しばしば手の指にて掻きむしるに、その瘡ぶたの剝げ口より青赤き汁のドロリと溢れたる、臭気例えむにものなし」(45)。実際、このようなハンセン病患者の遍路姿は、昭和十年ごろまで四国ではごく日常茶飯事であった。民俗学者、宮本常一が行った、土佐山中の檮原《ゆすはら》から東北へ十里ほどの寺川というところでの聞き取り調査によれば、つぎのように、四国にはハンセン病患者の遍路たちだけが歩く道があったという。

もう十年もまえのことです。ちょうど戦争が始まったばかりの十二月九日のことでした。私は伊予の小松から土佐の寺川というところへこえました。

その年の一月にやはり寺川へ行ったのですが、そのとき「旅の人はまた来るというけれど二度来た人はない」といわれたので、「私だけはもう一度必ず来ます」といってしまったのです。その責任上どうしても行かねばならず、出かけていったのです。この道がまた大変な道で、あるかなきかの細道を急崖をのぼったり、橋のない川を渡ったりして木深い谷を奥へ奥へと行きました。

その原始林の中で、私は一人の老婆に逢いました。たしかに女だったのです。しかし一見してはそれが男か女かわかりませんでした。顔はまるでコブコブになっており、髪はあるかないか、手には指らしいものがないのです。ぼろぼろといっていいような着物を着、肩から腋に風呂敷包みを襷にかけておりました。大変なハンセン病患者なのです。全くハッとしました。細い道一本です。よけようもありませんでした。私は道に立ったままでした。すると相手はこれから伊予の某という所までどのくらいあるだろうとききました。私は土地のことは不案内なので、陸地測量部の地図を出して見ましたがよくわかりませんからわからないと答えました。そのうちすこし気持ちもおちついてきたので「婆さんどこから来た」ときくと、阿波から来たといいます。どうしてここまで来たのだと尋ねると、しるべを頼って行くのだとのことです。「こういう業病で、人の歩くまともな道をあるけず、人里も通ることができないのでこうした山道ばかり歩いているのだ」と聞き取りにくいカスレ声で申します。老婆の話では、自分のような業病の者が四国には多くて、そういう者のみの通る山道があるとのことです。私は胸がいたむ思いがしました。

老婆の話が本当ならば老婆はそのような道をあるいてここまで来たわけです。たった一度だけの経験でしたし、後に他の人にきいてみてもハッキリたしかめることはできませんでした。(46)

すなわち、四国遍路でもかれらは歓迎されていたというわけでは決してなく、一般の遍路者とは別のルートをもっていたというわけである。

事実、ハンセン病患者となり、家を出て四国放浪の旅に出た人々からの聞き書きの記録からもそれが窺える。家を出て四国へ渡ろうとしたら、一般人なみの渡船を拒絶され牛馬用の船に乗せられたこと、遍路宿では他の遍路とは別の部屋で寝かされたこと、札所では縁の下なら寝ることを許されたこと、ご修行と称して物乞いをした場合、ハンセン病患者とわかると「お通り」といわれ拒絶されたこと、などが赤裸々に語られている。(47)

このような処遇を受けながらも、ハンセン病患者は四国遍路へと向かった。それは、四国遍路が、たとえ消極的であれハンセン病患者を受け入れたからである。それゆえ四国遍路とハンセン病患者とはきわめて強い関連を持つようになった。事実、ハンセン病患者の療養所のある場所には、四国遍路のミニチュア版が移植され祀られている場合が多い（香川県大島、群馬県草津温泉など）。先に述べたように、かつての日本ではハンセン病は不治の業病、死病とされていた。そうした死病にとりつかれた患者たちが一縷の望みをかけて遍路に出たことは、四国遍路と死との繋がりを強めるのに確かに効果があったことと思われる。

さらにここで重要なことは、ハンセン病はじめ当時は難病とされていた病いにかかることは、単に生命の終焉という生物学的な死を意味する以前に、まず病気にかかったその人間が自らの生活共同体、地域共同体から脱落する、あるいは脱落させられるという意味をもった。つまりこの脱落とは、伝統的村落社会や非都市的社会では、当該社会からの抹殺すなわち社会的死を意味していたのである。もちろん生活共同体からの脱落をもたらす原因は、病気だけに限らない。当該社会にとって脅威となるもの、あるいは危機をもたらす存在は、すべて社会から追放され死を宣告されることになる。犯罪者や身体障害者がそうであるし、また社会の倫理や道徳規範を犯した者もそうであった。このように社会から象徴的に「死」を宣告された人々もまた、四国遍路に多かったことはよく知られている。

以上が四国遍路と死のイメージとの関連を強めたと思われる条件であるが、つぎに再生のイメージとの関連を構成していると考えられる点を、少しく考察してみたい。

4　再生モチーフを持つ衛門三郎伝説

四国遍路の成立伝説のひとつに衛門三郎伝説がある。まずはその伝説の概略を紹介しよう。

衛門三郎は伊予国浮穴郡荏原の庄に住む豪族であった。彼は生来の強欲者であり、私利私欲にふける無慈悲者であった。ある日、衛門三郎が自分の屋敷の門前を掃除しているところへ、一人の旅僧が行乞に立ち止まった。

三郎は布施を与えないばかりか、罵詈雑言を浴びせ、その旅僧を追い払った。しかしその旅僧は翌日も翌々日もまた三郎の屋敷に行乞に来た。三日目になって怒り心頭に発した三郎は持っていた箒でその旅僧に打ちかかり、僧の持っていた鉄鉢を打ち割ってしまった。するとその鉢は八つのかけらに割れて飛び散った。三郎にはそのとき八人の子供がいたのであるが、その翌日からその八人の子供がつぎつぎと他界してしまった。さすがの三郎も子供たちの死には落胆し、自ら懺悔して剃髪し、旅僧への無礼な振舞いを悔い、子供たちの菩提を弔いながら四国遍路を始めた。四国を順拝すること二十一度、三郎はついに徳島県にある十一番札所の焼山寺の麓で身心ともに疲労し、そこで行き倒れとなった。そこへ旅僧姿の弘法大師が現れ、三郎のすべての罪障はすでに消滅したので、そのうえはその願いを叶えてやる、と三郎に申し出た。そこで三郎は、自分は伊予の河野家の一門であるが、願わくば河野家の世嗣に生まれたいと申し出た。弘法大師はそこで衛門三郎と書いた小石を三郎の手に握らせ、そこで三郎は息絶えた。ところが数年後、掌を閉じたままの男子が河野家に誕生した。僧に祈願してその掌を開けてもらったところ、そこから衛門三郎と書かれた小石が出てきたのであった。

以上はさまざまな資料に引用されている衛門三郎伝説の大筋であるが、すぐにわかることは、この物語が死に続いて再生というモチーフをもっていることであろう。もちろん史実にはほど遠いものであるが、この物語が四国遍路を支える信念体系のなかで重要な役割を果たしていることは確かである。たとえば現在四十七番札所の八坂寺の近くには番外札所として得盛寺があるが、これは衛門三郎の住居跡に建てられた寺とされている。またその近くには衛門三郎の死んだ八人の子供を葬ったとされる八塚があり、かつての遍路道がその脇を通っている。また五十一番札所の石手寺は、生まれかわって小児の手に石が握られていたというモチーフにちなんだ寺名である。また焼山寺近くにある番外杖杉庵は、衛門三郎が息をひきとったところといわれている。大師伝説には不喰芋、不喰貝、清水伝説などのように、即決的・勧善懲悪的伝説が多い。この衛門三郎伝説にもその面はみられる。いずれにせよ、この伝説が四国開創に関わるものであること、札所のなかにこの伝説を背景にした寺や番外が存在することは、遍路におけるこの伝説のもつ重みを語っていると考えられる。

さて、再生のモチーフについて見逃すことができないのは、わが国の大師信仰の特殊性である。いわゆる大師入定信仰である。『御遺告《ごゆいごう》』のなかで述べられている弥勒下生のくだりが、たとえ『御遺告』に関する文献批判上の疑義はあるにせよ、信仰的事実として民衆のなかに深く浸透していったことは、すでに指摘されている通りである。(48) 高野山奥の院のご詠歌に「ありがたや高野の山の岩かげに大師はいまもおわしますなる」と唱われ、弘法大師は不滅で、今も衆生済度にたずさわっているという信仰である。

この信仰のヴァリエーションのひとつが、四国遍路で主唱される同行二人であることは間違いない。大師は今も四国遍路を不断に修行して歩いている。そのためたとえ一人で遍路をしていても、常に大師が同行しているのである。またこの弘法大師は自由に姿を変えることもできる。遍路道に迷い途方にくれていたとき、忽然と一匹の犬が現れた。その犬の行くあとを追って行ったならば、人里へ出ることができたといった話。山中で怪我をし、行くも帰るもできなくなっていたところ、一人の農婦が現れて傷の手当てをしてくれた。その結果どうにか歩けるようになり、翌日なんとかお礼をしようと近くの村を訪ねその農婦を探したが、該当する人が見つからなかったといった話。いずれも「あれはお大師さんの生まれ返りであり、お導きであったに違いない」とされる。このように四国遍路では、弘法大師は決して単に歴史上の宗教者ではなく、生きている祖師なのである。ここに大師入定信仰の根強い民衆的受容の一側面がみられるのである。

以上のごとく、四国遍路には、死の克服、再生への可能性を示唆する側面もまたみられ、さらにこの点は、つぎに述べるように、宗教儀礼としての巡礼のもつ構造によって、一層強化されていると考えることができる。

巡礼が、通過儀礼と共通する構造をもっていることは、約百年も前にヴァン・ジェネップにより指摘されている。通過儀礼とは、誕生、成人、結婚、出産、死などの人生の節目に際して、通民族的に行われる儀礼群のことである。例を成人になるときにとれば、世界各地で、子供から成人の状態に移行する際にかなり綿密な宗教儀礼を行う慣習がみられる。その儀礼を行うことで、子供の状態から脱皮し、肉体的にも精神的にも一人前の大人にスムーズに移行することができるのである。誕生、結婚、出産、死なども、一つの状態から他の状態へ移行する時機にあたる。

通過儀礼の第一段階である分離の状態には、しばしば死を象徴するシンボルが用いられる。通過儀礼を受ける者（修練者）は、土中に一時埋められたり、しばらくの間動くことを禁ぜられて横たわっていたり、あるいは死を象徴する神の仮面を被った大人たちと暮らすことを強制されたりする。これらは死すなわち修練者が古い状態から死別することを象徴していると考えられる。このように象徴的に死んだ修練者は、そののち、胎児ないし新生児のごとく扱われるというのも、またしばしばみられる象徴的表現である。これらは多く通過儀礼の第二段階から第三段階にかけて現れる。これらは修練者が新しい状態へ向かって再生したということを表現している。すなわち通過儀礼には死と再生の双方のモチーフが連続的に現れるのが一般的な形式である[(49)]。

巡礼と通過儀礼の両者を宗教儀礼として細部にわたって検討してみると、両者があらゆる面でパラレルな関係にあると断定するわけにはいかない。両者には根本的な差異も存在する。しかし比較の範囲を限定してみると、共通面が存在する。

四国遍路には遍路者独自のスタイルがある。頭には菅笠を被り、笈摺を着て手甲脚絆を身にまとい、首から納札入（札ばさみ）を掛け、手には金剛杖を持つ。これが全体的には白を基調とした色調であるから白装束と呼ばれ、それはまた死装束であるともされる。仏式葬儀に死者がまとう衣装も遍路装束も、ともに僧の修行姿が基本であるから、両者が酷似していることは当然ともいえる。遍路装束は死装束であるから、遍路経験者が死んだ時、その装束を着せて野辺の送りをする習俗も生まれる。

しかし遍路装束は単に肉体上の死だけを意味するだけではない。それは、遍路者が有していた自らの社会的地位などをも抹消する象徴的意義をもつ。これはユニフォーム一般がもつ意味に通ずる。共通の衣服を着用することで、社会的上下関係はすべて背後のものとなる。また男女や年齢の差といった肉体的区別すら曖昧なものとなってしまう。菅笠は、顔の識別を不可能にする。このように遍路装束は、遍路者のそれまでのあらゆる外面的社会的特性からの「死」を生ぜしめる。このような装束を身にかためたのち、遍路者はひたすら四国を歩くこと、すなわち苦行をすることにより、さまざまな功徳を得ることができるのである。多くの病人遍路者が四国を順拝するのは、病気からの〈死〉を求め、健康への〈再生〉を目指しているからにほかならない。

現在の四国遍路では全遍路者が白装束に身をかため巡るわけではない。しかしそうした「正装」の巡拝の仕方こそ「本物」の遍路だとも強く主張される。そうした遍路こそ弘法大師の奇跡的はからいを受ける資格があるとされる。特別なそして強い祈願内容をもつ者ほど「本物」の遍路の形式を踏襲しようとする。すなわち一度象徴的に「死ぬこと」が、功徳を受け「再生する」可能性を高めるのである。これは単に現世利益の側面でなく、より抽象的な宗教的覚醒を求める場合でも同様である。

このように考えるならば、巡礼は構造的に死と再生の両方のイメージを内包していることがわかり、それは四国遍路にも本質的に内在しているものであると考えることができる。

第四節　大師信仰の構造

四国遍路の中核に大師信仰があることはいうまでもない。本節ではその全体像を具体的に明らかにすることで、四国遍路を支える伝統的信仰の構造的基盤を明らかにしようとするものである。

1　大師号と日本仏教の祖師

大師とは本来、高僧に与えられる称号である。それも諡号《おくりな》、つまり高僧の没後、おもにその弟子たちからの申請を受けた朝廷がその高僧に贈るものである。諡号が始まったのは中国であるが、大師号ばかりでなく菩薩号、国師号なども また諡号のなかに含まれている。

日本で最初に朝廷より大師号を賜わった高僧は貞観八（八六六）年の最澄と円仁で、最澄には伝教大師、円仁には慈覚大師が与えられた。いうまでもなく二人とも比叡山における天台宗草創期の傑僧である。二人が大師号を賜わるに当たり、それを朝廷に上表したのは円仁の弟子の相応和尚であった。相応は験力に勝れ朝廷内に大きな影響力をもっていたので、その力が最澄、円仁への大師号贈号に大きくものをいったとも考えられる。

空海が弘法大師号を賜わったのは延喜二十一（九二一）年であり、それは東寺長者と金剛峯寺長者の両要職を兼任した、当時の真言宗の実力者、観賢の力に依るものであった。

以上の三人に、延長五（九二七）年に智証大師を賜わった比叡山第五代の座主、円珍を加え、この四人を四大師と称する場合もある。四大師のうち三人までが比叡山天台宗系の高僧であることは、当時の天台宗と真言宗との力関係を表している。

ちなみに天台、真言両宗以外の仏教各宗の宗祖の大師号をあげるとつぎのようになる。

道元……承陽大師
法然……円光大師
親鸞……見真大師
日蓮……立正大師
一遍……円照大師

宮崎忍勝によれば、日本の高僧のなかで大師号を贈られた僧の数は二十二人にのぼるという(50)。ところで興味深いことのひとつは、ひとりでいくつもの大師号を贈られた僧がいることであるが、これは中国にも例のあることとされている。一人の高僧の法脈を継承する別々の弟子たちが、各時代ごとに自分たちの宗祖の大師号を望んだ結果である。

日本の場合もっとも多くの大師号を賜わったのは法然上人である。法然は元禄十（一六九七）年に円光大師号を贈られたのを始まりに、宝永八（一七一一）年に東漸大師、宝暦十一（一七六一）年に慧成大師、文化八（一八一一）年に弘覚大師、万延二（一八六一）年に慈教大師を与えられ、さらには近代になって明治四十四（一九一一）年に明照大師、戦後の昭和三十六（一九六一）年には和順大師号が下賜されている。下賜年号をみると、宝永八（一七一一）年以降の大師号下賜は、ちょうど五十年ごとになっていることがわかる。これは、法然の五十年ごとの御忌に当たっているのである。つまり五十年忌ごとに、浄土宗僧侶たちが祖師のため大師号下賜を願い出ているのである。

ちなみに宮崎忍勝によると、日本仏教史上で大師号を贈られた二十二人のうち、宗派別構成は、天台宗七人、真言宗七人、禅宗三人、時宗一人、浄土宗一人、浄土真宗二人、日蓮宗一人、となっている。

このように、日本の仏教史上には大師が数多くいるのであるが、そのなかで大師といえば即座に弘法大師空海を指すほどに、空海の場合が著名である。なぜ空海だけが著名になったのであろうか。

この問いにただちに答えることはなかなか困難であるが、総括的にいえば弘法大師空海への信仰や共感のあり方がきわめて多面的、多義的であるからにほかならない。それらの多様性は長い歴史の時間的経過のなかで、ある時期にはひとつの様相が明瞭になり、また別の時期にはいまひとつの様相が強く浮上したりしてきた。ここではそうした時間的経過を通しての類型的特徴を把握することを目指したい。

大師信仰は大別して、以下の通り六つの類型に分けることができると考える。

1　真言密教確立者としての弘法大師空海への信仰あるいは讃仰
2　伝統的祖師信仰としての弘法大師信仰
3　入定信仰
4　民俗信仰と大師信仰の関連
5　先祖祭祀と大師信仰
6　救世主としての大師信仰

これらのことを以下に順次論じていくことで、大師信仰の多様性を解明したい。

2　真言密教確立者としての弘法大師空海

まず第一の真言密教確立者としての弘法大師への信仰あるいは讃仰とは、もっともオーソドックスな弘法大師空海への信仰ともいえる。空海を思想的関心から評価する見地もここに含むことにする。空海は三十一歳のとき留学生として入唐した。そして長安で恵果阿闍梨に邂逅し、正統な密教を継承したことは周知の通りである。ところが、空海は恵果より授かったものをただ受け入れ、そのまま日本に伝えたわけではなかった。彼自身によって独自の密教思想が体系化されたことは、近年の綿密な仏教学的研究が明らかにしている通りである。[51]密教は、インドはもちろんアジア大陸のほとんどの地域で消えてしまったのであり、その意味で空海は日本密教だけでなく密教全体の祖師的立場にあるともいえる。

戦後に盛んになってきた密教思想や空海への関心の増大も、また、このタイプに含めることができる。真言宗外の人々の密教への注目は、もちろん狭い意味や厳密な意味でいう「信仰」ではない。ジャーナリズムや芸術家のそれは、時代の変化を鋭敏に嗅ぎとった感覚的姿勢である場合が多い。また哲学者や社会思想家のそれは、近代思想や近代文明のいきづまりから思想的脱却をはかろうとする営みからの関心の示し方ともいえる。このような宗門外の「一般人」による密教や空海への関心は、「信仰」というよりもむしろ「共感」といったものであるといえる。しかし、空海のもつ思想的特徴や哲学的特徴を強調するという意味においては、教学者や密教学者の姿勢と共通の一面があるともいえる。

3　伝統的祖師信仰としての弘法大師信仰

つぎに、第一にあげた密教の開祖、確立者としての大師信仰とは必ずしも無縁とは言えないものの、その内容や信仰態度が大きく異なっている大師讃仰の一形態がある。ここではとりあえずそれを伝統的祖師信仰としての大師信仰と名づけておきたい。

この信仰は、第一の形態がおもに知的で思索的であるのに対して、むしろ行動的で実践的であることが特徴である。あるいは民衆的といってもよい。具体的な例をあげておこう。

この代表例は四国遍路の伝統的大師信仰である。四国遍路は江戸時代に入って民衆も参詣するようになり、その性格が大きく変化するのであるが、その変化を表す具体的指標のひとつに、江戸時代における数多くの参拝記、案内記の出版がある。そのうち、真念の著した『四國邊路道指南』（一六八七年）はとりわけ有名で、後世の類書の基本になった。著者の真念の四国遍路に対する態度は、文字通り大師の苦難に満ちた修行の道を追体験し、その功徳を改めて確認しようとするものである。四国遍路における「伝統的」弘法大師信仰は、この時期に確立したと考えられている。近藤喜博のいう「遍照金剛一尊化」である。(52) 遍路にみられる大師信仰については本書でも何度も触れるが、ここで独立した類型として取り上げる実践的な大師讃仰信仰は、先の第一の形態の大師信仰とは異なった形態であると考えたい。

さらに、この伝統的祖師信仰と名づける形態に属するいまひとつの例に、村落などで行われている大師講がある。ただし、この大師講は、民俗学者によってしばしば指摘される霜月大師講と呼ばれるものとは別種のものである。柳田国男をはじめとする民俗学者の大師信仰起源説はきわめて興味深いものなので、それは後に詳しく述べることにする。

ここでいう大師講とは、具体例をあげればつぎのようなものである。

〈事例①〉

和歌山県日高郡南部川村滝では、三つの組に分かれて大師講が行われている。現在は、講員の家を輪番制にして毎月巡回する方法がとられている。

毎月二十一日に各自夕食をすませた後、その月に宿となっている家に集まる。弘法大師の掛け軸を掛け、その前で講がそろって般若心経を唱えるのである。集まってくる講員には女性が多い（東洋大学民俗研究会編『南部川の民俗―和歌山県日高郡南部川村旧高城・清川村―』、一九八一年）。

〈事例②〉

三重県熊野市磯崎では大師講があり、二十一日の晩はお大師といわれ、御詠歌・般若心経を上げる。同市新鹿《あたしか》では旧三月二十一日は大師の命日とされ、木本という場所にある弘法大師へついた餅を持って参る（大谷大学民俗学研究会編『紀伊熊野市の民俗』、一九八〇年）。

〈事例③〉

岡山県下では今でも全域で大師講が行われている。通例は毎月二十日の晩に、当番の家や大師堂に集まって簡単な飲食をする。吉永町大又などでは毎月二十一日に集まり、そのときにいくらかずつの金を集めて貯金し、医療費など困ったときに、講員はその金を借りることができる（岡山県史編纂委員会編『岡山県史』15〈民俗1〉、一九八三年）。

以上は、数多くの同種大師講の事例の一端に過ぎない。紀伊半島や岡山県など、いずれも真言宗や大師信仰が盛んな地方ではあるものの、こうした大師講は西日本を中心に各地に見られる。

これらの講は、大体毎月二十日の晩か二十一日に開催される。これは大師入定の日が三月二十一日であることに由来する。それゆえ先の事例にもあったように、二十一日は大師の命日であるといった表現をするのである。

近世の講のうち、ひとつの特徴的な類型は参詣講である。遠方にある霊山や有名寺社に参詣することを主たる目的とした講集団である。伊勢講、三山（出羽三山）講、三峰講、成田講、富士講、大山講、善光寺講、伏見稲荷講、金毘羅講、大社講、彦山講などいろいろある。

しかしここであげる大師講は基本的にはこうした参詣講ではない。ただし和歌山県下諸地方のように高野山に近い地域では、何年かに一度、大師講の講員が高野山登山を行うという例も報告されている。ここでの大師講は、いわば村内の信仰的講という性格をもつ。四国にも大師講は多いが、それはたとえば四国遍路をめぐることを主たる目的にしているという意味での参詣講ではない。元来四国遍路は、伊勢講による伊勢参宮などと比較すると、参詣講による巡礼の少ないケースであると指摘されているのである(53)。

いずれにせよ大師講は、村落における伝統的祖師崇拝的大師信仰の一形態であると考えたい。ここで注意すべきは、このような大師講には、その発生時はともかく現在の活動にはほとんど真言宗僧侶といった聖職者が介在しないという点である。これは必ずしも大師信仰だけにみられるものではないが、仏教と一般人の関わり方の実際を考えるうえで大切な点のひとつである。すなわち聖職者の関わる民衆的仏教信仰と、聖職者の関与しないそれ、の二類型である。

付け加えるならば、大師講は太子講とは異なる。太子とはいうまでもなく聖徳太子であるが、ただしここでいう太子講は日本仏教の原点である聖徳太子の遺徳を鑽仰する法会ではない。ここでの太子講は同じように聖徳太子を祀るのであるが、より民間的な太子講である。この講の一大特色は職人たちの講であるという点である。大工、左官、鍛冶屋、桶屋、樵夫などの講である。正月と八月、あるいは三月などに講の集会（お籠り）が行われ、聖徳太子の掛け軸を拝んでから、飲食を行ったりする。このときにはその年の職人たちの賃金がとり決められたりする。[54]

4　入定信仰

ここでいう入定信仰とは、端的にいえば「ありがたや高野の山の岩蔭に大師はいまだおはしますなる」と御詠歌にもうたわれる、弘法大師空海は今も生きて民衆の救済にあたっているという民衆的信仰のことである。

入定とは本来、真言密教のみに特有な語ではない。一般には禅定に入ることを意味する。弘法大師空海自身もその語を用いている。もっとも有名なものは、彼が朝廷に対して高野山の下賜を願い出たその請願文「紀伊国伊都郡高野の峯に於て入定の処を請け乞うの表」（弘仁七（八一六）年の作、『性霊集』および『高野雑筆集』所収）である。「禅経の説に准ずるに、深山の平地、もっとも修禅によろし」、あるいは「上は国家の奉為《おんため》に、下は諸の修行者のために、荒藪《こうそう》を芟《き》り夷《たいら》げて、いささか修禅の一院を建立せん」といった用法からみて、空海がここで用いた入定の語は、密教的修行を行うことを指していると考えられる。

しかし空海の時代以降、入定という語は次第に特殊な意味をもつようになってくる。つまり、それは空海は承和二（八三五）年、高野山において生きたまま仏となり（つまり入定し）死んだのではない。それゆえ、今に至るまで生き続け、衆生をさまざまな形で守り続けているという高野山独特の信仰である。

空海の死に対していつごろから入定という語を用いるようになったか、その背景は何かといった研究はかねてより行われ、またそこからさまざまな論争も生じてきた。そのなかで、松本昭は今までの研究成果を踏まえつつ綿密な分析を展開している。(55)

松本昭をはじめ歴史学者の多くにとって、入定信仰とは「高野山において空海が生身のまま入定し、五十六億七千万年後の弥勒菩薩の下生を待つ」ことである。すなわち入定と弥勒下生信仰とは密接な関係にある。入定と弥勒下生との繋がりが説かれるのが、空海作と伝えられる『御遺告《ごゆいごう》』である。しかし『御遺告』が弘法大師空海の自作でないことはほぼ認定されており、大体十世紀に作成されたものであろうという。歴史学者たちの多くは、おおよそ十世紀には、大師は今も高野山に生き続けているという入定信仰が生まれ、それが十一世紀初頭にかけて広範囲に広まっていったと推測している。

『御遺告』のような、いわばおもに真言宗僧侶を対象にしたもののなかで入定信仰が説かれている限りは、その描写はあまり修飾された表現ではない。しかしそれが次第に人口に膾炙してゆき、広範囲の人々に対して語られるようになると、入定をめぐる描写は大仰なものになっていく。

以下は『平家物語』巻第十「高野巻」の有名な件《くだり》である。勅使中納言資隆が、弘法大師の諡号とともに醍醐天皇より下賜された檜皮《ひはだ》色の御衣をもって、僧観賢をつれて高野山奥之院を訪ねる場面である。

……御廟（奥之院）の扉をひらいて御衣を（大師に）着せ奉らんとしけるに、霧あつくへだたって、大師をが（拝）まれさせ給はず。……（そこで観賢がさらに懇請すると）……やうやう霧はれて、月の出づるが如くして、大師をがまれ給ひけり。時に観賢随喜の涙をながいて、御衣を着せ奉る。（大師の）御ぐしのながくおひさせ給ひたりしかば、そり奉るこそ目出たけれ。……（さらにそのとき同席した観賢の弟子淳祐には大師の姿が見えなかったので）……僧正（淳祐の）手をとって大師の御膝におしあてられたりければ、其手一期《いちご》が間かうばしかりけるとかや。

天皇より下賜された衣を持って奥之院の扉を開け中へ入ると、霧が消えて雲間から月が出るごとくに、大師を拝むことができた。観賢は随喜の涙を流しながら衣を大師に着せ、また大師の毛髪が長く伸びていたのでそれを剃った。御供の弟子の淳祐の手をとって大師に触れさせたところ、そのときに淳祐に移ったかぐわしい香りは一生消えることはなかった、というわけである。

『平家物語』よりも、その成立はやや古い『今昔物語』にも同様の話が載せられており、ある部分はより細かい描写となっている。たとえば、大師の衣はすでに朽ち果てて粉末状になっていたので、観賢が扉を開けたとき塵が吹き立てられたごとくになった。あるいは大師の髪は一尺ほどの長さになっていた。また、念珠の緒が切れて球が大師の前に散らばっていたので、それを拾い集めて念珠に作り直して大師の手に再び掛け直した、といった描写がみられる。

なかなかリアルな描写であり、もしこれらのストーリーが琵琶法師などによって語られたとしたら、物語としての迫真性がかなり高かったのではないかと推測できる。

観賢（八五三〜九二五）にまつわるこの物語がいつ成立したかということについてはさまざまな議論があるが、経範の『弘法大師行状集記』には載っているから、十一世紀には少なくとも成立していたことになる。

さらに『栄華物語』にも、治安三(一〇二三)年十月の高野詣のとき藤原道長が大師入定の様子を覗きみたところ、大師は「御髪《ぐし》青やかにて、奉りたる御衣いささか塵ばみ煤けず、鮮かに見えたり」という状態であったという。『栄華物語』も十一世紀の成立とされている。

即身成仏を説き入我我入をその信仰上の極地と唱える真言密教だからこそ、空海入定はまた教学上の論理の帰結として当然のことではあるが、しかし先にあげたように、頭髪が一尺も伸びていたとか、あるいは青々としていたといった描写は、きわめて具体的な入定説明である。

この奥之院と観賢の話のほかに、空海が周囲の人々の眼前でたちまち仏になることができたという話が「清涼殿の八宗論」である。この話はもともとは『孔雀経音義』に出てくる。ストーリーの大意はつぎの通りである。

唐から帰朝した空海が真言宗を立宗しようとした。そのとき他宗の僧たちが朝廷に集まり、即身成仏の教義そのものに疑いを述べた。そこで空海が南方に向かって智拳の印を契ぶと、たちまちに金色に輝く大日如来となった。それを目撃した諸宗の僧侶たちは驚きひれ伏した、というのがこのストーリーである。十四世紀後半の作という『弘法大師行状絵詞』(中央公論社、一九八二年)にも、このときの様子が絵筆巧みに描かれている。『孔雀経音義』は天暦十(九五六)年に書かれたといわれるが、この話もまた時代を経るにしたがってその模様が誇張されて表現されるようになった。それはたとえばつぎのようである。

この論争に在席した八宗の僧侶のうち、法相宗僧の護命は唯識観に入ることによって宮中に大波濤を生じさせた。三論宗の玄叡は八不中道の観に住して大火を起こし、天台宗の義真は一心三諦の観に入って、季節はずれの橘の花を咲かせることに成功した。そして華厳宗僧の普機は、床に鈴を投げたところそれが獅子となって暴れまわった、といった内容にエスカレートしたのである。

その結果、このストーリーは、「奇術師が奇術くらべのようになって終ったのは滑稽至極噴飯の至り」であると、真摯な教学者にはきわめて不評である。(56) いかなる形式にせよ、このような論争が行われたということすら歴史的には証明されないのである。

しかし民衆の間にはこうしたミラクル・ストーリーの拡大により大師入定信仰が定着していったのであり、そのことがさらに奇跡物語の数を空海伝記のなかに増やしていくことになった。ただし、そうした数多くの奇跡のなかでも入定をめぐる空海のミラクルは特別な意味をもっていたに違いない。

大師入定信仰を構成する要素とはなにか。それについてはいくつかの立場がある。すでに紹介したように、弘法大師が承和二（八三五）年三月二十一日、高野山の奥之院でこの身このまま仏になった、という信仰を指すという立場がある。それに加えて大師は五十六億七千万年後には弥勒菩薩とともに再びこの世に姿をあらわし衆生済度を行うという、いわゆる弥勒下生信仰をも入定信仰の重大な要素と考える立場もある。さらに民衆のあいだの大師入定信仰を考える際にはいまひとつ欠かせない点がある。つまり、大師は今も毎日、日本国中を歩きまわり、さまざまな場所や人々の前に現出し、日々救済を行っているという側面である。

たとえば宮田登が引用するところの、十六世紀のキリシタンの耶蘇会神父がヨーロッパに伝えた『日本通信』にもつぎのようにある。(57)

コーボダーシと称へたる一人の坊主に欺かること多大なり、之に付語る所に依れば、悪魔の化身即ち肉体を取りたるものの如く、又多数の壮麗なる寺院を建築し、甚だ老いたる時、地下に穴即ち家を造らしめ、自ら内に入り、既早現世に在るを欲せず、然れども死するに非ず、休息するものにして、一億年の後、日本に大学者出づべく、其時再び此世に出演すべしと云ひ、穴を被はしめて其処に留り爾来八百年なり、庶民は坊主を大に崇敬し今尚生存し多数の人に現はると信じ、毎日彼に祈り、其穴に入りたる日参拝するもの無数なり」（傍点は引用者。『耶蘇会士日本通信』より）。

言語が不自由だったせいか、それとも情報そのものが不完全だったのか、細部をみればこの日本通信の内容は誤りがあるが、当時の奥之院入定信仰のおおよそのありさまを推し測ることはできる。

この『日本通信』のなかにもあるように、大師信仰には入定と弥勒下生だけでなく、大師が日々活動しておりさまざまな形をとってその姿を人々の前に現すという、いまひとつの重要な点がある。

この面の大師信仰については、『御遺告』以来のさまざまな空海伝記にも、あまり見られないようである。生前の奇跡については、時代が下るにしたがって数、内容ともにエスカレートするものの、観賢や藤原道長が入定した大師と奥之院の石室の中で邂逅したことには触れても、入定後に奥之院を出て日々活動する大師といった姿は管見の限りほとんど見かけない。

ところが、四国遍路の同行二人の考え方は、まさに弘法大師が今でも活動しているという信仰に基づいている。あるいは全国津々浦々にみられる大師伝説などに現れた弘法大師も、やはりただ墓の中に坐して弥勒下生まで待っている空海とは別のイメージである。また「大師送り」といい、大師を描いた絵姿や大師像そのものをかついで村々の霊場を歩いて巡拝する習俗も、同じ信仰の現れといってよい。アクティブな弘法大師空海への信仰である。

そして、このイメージこそ民衆の大師信仰のなかにあるもっとも普遍的なものということができると思う。この面の大師信仰は、文献に依拠する歴史学的アプローチからだけではなかなか解明できない。この分野を今まで研究してきたのは、おもに柳田国男をはじめとする民俗学者たちである。

そこでつぎには、大師信仰を形成する第四のカテゴリーとして、民俗信仰と大師信仰の繋がりについて考えてみることにしよう。

5　民俗信仰と大師信仰―遊行する弘法大師―

弘法大師空海のライフ・ヒストリーについては今でも謎になっている部分が少なくないが、いわゆる大師説話ないし大師伝説といわれるものの豊富さはこれまた際立っている。各種の伝説集や民俗調査報告書などから大師伝説を収録している斉藤昭俊によれば、三千二百八十二話が集まっているという。[58]

さてその厖大な数の大師伝説の分布を見ると、それは文字通り全国各都道府県にくまなく伝播している。[59] 都道府県により収録数の多寡がみられるが、それは収録作業進行状況の違い、基礎資料の渉猟の徹底、不徹底の問題もあると思われる。

たとえばわずかな数とはいえ、北海道にさえ大師伝説は伝わっている。これはおそらく明治以降の北海道移民が持ち込んだものであろう。北海道には、四国遍路の移植版である新四国霊場いわゆるミニ四国も、大小とり混ぜて十か所以上は少なくとも存在していた。ちなみに、明治以降、和歌山県や徳島県など大師信仰の盛んな地域からかなりの人々が北海道へ移住しており、おそらくそうした人々が大師伝説やミニ四国霊場の伝播に貢献したに違いない。

史実からいえば、弘法大師空海が北海道に渡っていないことはもちろんである。関東、東北、北陸方面に足を運んだということも歴史学的にはまったく是認されていない。史実の空海の行動半径が西日本以西であることはほぼ間違いなかろう。しかし今まで収録されたものだけに限ってみても、東日本から数多くの大師伝説が採録されている。それらのほとんど全部が、かつて空海が各地に足跡を残したごとくに語っている。

誰がこれらの伝説を伝えたか。今までもっとも人口に膾炙している説明では、かつて全国津々浦々を歩き巡り高野山納骨の習俗を広めた高野聖が、この伝播の担い手であろうという。(60)

実際、全国各地の大師伝説は、史実に基づく真言密教の開祖、弘法大師空海とは明らかに無縁であると思われるものばかりである。柳田国男はかつてつぎのように大師伝説について述べている。

伝説の弘法大師は全体に少し怒り過ぎ、また喜び過ぎたようであります。そうして仏法の教化とは関係なく、いつもわれわれの常の生活について、善い事も悪い事も共に細かく世話を焼いています。杖立て清水をもって百姓の難儀を救うまではよいが、怒って井戸の水を赤錆にして行ったり、芋や果物を食べられぬようにしたということなどは、こういう人たちには似合わぬ仕業であります。(61)(「大師講の由来」)

あるいはまた別の個所で、柳田は次のようにも言っている。

一人の老女の好意と不親切、単に或場合の個人的な社会の当否が、賞罰共に余りに痛切なる反応を与えて居ることは、我々にはどうも仏法らしく無いように感じられます。(62)(「女性と民間伝承」)

つまり弘法大師伝説には、庶民に対する即決的な信賞必罰、それもかなり身勝手で高僧らしからぬ振舞いが目立つ、というわけである。柳田をはじめ民俗学者の多くは、大師伝説の大師は弘法大師でなく、むしろ日本古来の来訪神なのだという解釈をとる。それゆえ大師ではなくダイシである。この説明はたいへん興味深いものであるが、それらの問題に立ち入る前に、まず大師伝説の典型例をいくつか紹介してみよう。

大師伝説もそのモチーフからいくつかの類型に分けることができる。民俗学者の宮田登は以下の五類型に分類しているので[63]、とりあえずそれを紹介してみよう。

まず第一は神樹由来型である。これはさらに（A）箸立伝説と（B）杖立伝説の二下位類型に分類される。（A）の箸立伝説とは、村を通りかかった旅僧姿の大師が、そこで昼食をとる。そのときに用いた箸を地面に挿したところ、それが成長して神樹となった、というモチーフである。（B）杖立伝説は、（A）箸立伝説の箸が杖に置き換えられて、その杖がやはり神樹に生長するというものである。

第二の型は弘法清水型である。大師が水の乏しい地域に錫杖や独鈷で地面を突いて水を湧出させるというモチーフである。あるいは逆に村人が大師に対して不親切な態度をとったために、それ以降その村では水が不自由になるといったモチーフである。つまり旅僧である弘法大師が村人の態度に応じて、きわめて即決的に水をコントロールできたということがこの伝説の中心となっている。

この伝説は、弘法大師伝説のなかでも、もっとも数多く全国に流布しているタイプのひとつである。弘法大師と水とがなぜ伝説のなかで結びついたのか。これは、水が農民にとってきわめて重要な意味を持っていることと、弘法大師は生前より水のコントロールに対して多くの業績および伝説を豊富に持っていることが、両者を結びつけたのであろう。空海が、讃岐の灌漑用池の万濃池修築のリーダーとして活躍したのは史実であるし、また京都神泉苑において大師自身が請雨の祈禱儀礼を行い効験があったという話も、史実か否かは別として、雨や水のコントロールに力をもつ弘法大師のイメージを形成し増幅するには大きく役立ったはずである。ただし、これだけの説明ではなぜ多くの弘法清水伝説で、大師が高僧としてではなくむしろ諸所を遍歴する旅の僧、それもしばしばみすぼらしい身なりをした旅僧として描かれているのかはわからない。そこで民俗学的見地に立つ来訪神信仰と大師信仰との関係が推測されることになる。

さて第三の大師伝説タイプは、ここでは禁忌食物型と名づけられるものである。芋や大根、大豆などの畑作物、栗、柿、柚子、桃などの果実、あるいは魚などに対して、大師の奇跡が行われたというものである。大師がそれらの食物を欲する。もし村人がそれを拒めばその食物はそれ以降食べられなくなる、あるいは逆にそれを大師に分け与えると、それ以降何倍も増産されるようになるというモチーフである。不喰芋《くわずいも》とか三度栗《みたびぐり》といわれる伝説である。

モチーフそのものは弘法清水型と同じで、ごく単純な勧善懲悪のたとえのようであるが、興味深いことは物語の対象となる食物群である。宮田登は、それらの食物がいずれもハレの日の代表的食物、すなわち神を饗応する際の代表的食物であると指摘している。

いまひとつ興味深いことは、それらの食物に稲が入っていないことである。対象になるのはもっぱら畑作農作物や果実である。このことは戦後の日本文化論をにぎわしている、基層部分としての畑作文化の重要性を主張する立場とも、どこかで繋がっているように思える。

さて第四の類型は大師講型と名づけられている。これは民俗の年中行事のなかにある霜月大師講といわれる行事のことである。旧暦十一月二十三日夜から二十四日にかけて行われた民俗行事で、東日本を中心に広い地方に分布していたとされる。

五来重は「仏教と民俗」と題する論文の中で、この霜月大師講について八つの特徴を抽出している。[64] この行事の概要は地方によって多少ヴァリエーションがあるが、おおむねつぎの通りである。

この日は大師様が各家を訪問する日といわれ、小豆粥を作り風呂を沸かして待つ。この日は必ず雨が降る。訪れてくる大師は足が不自由だとも、あるいは一本足だともいう。大師にはたくさんの子供がいるともいう。雪が降るのは畑の作物を盗みに入った大師の足跡を残すためだともいう。あるいは来訪してきた大師をもてなそうと、畑に大根などを盗みに入った老婆の足跡を消すための雪である、ともいわれる。いずれにせよ、この大師講は高野山で三月二十一日に入定した弘法大師を祀るものでないことは確かである。

柳田国男は霜月大師講の大師は本来は大子と書き、オオイコと呼んだものであるという。大子とは「神の御子」のことで、毎年秋に里を訪れたのであるという。つまり新嘗の行事と深い関係をもつのである。これが仏教僧の弘法大師と結びついたのは、歴史上の実際の人物と同一視されることで、そのストーリーがより、リアリティを持つことになるからである、と説明される。つまりここでの大師は古来よりの訪問神であるということになる。この点は、他の大師伝説類型にも多少とも関連する。

さて第五の大師伝説類型は奇跡強調型と名づけられる。モチーフとしては今までの一から四までの類型に属してはいるものの、ことさら大師の行為の奇跡を強調するものである。あるいは村を襲う災害に対して大師の奇跡が強く説かれる伝説もまた、ここに入る。

新四国霊場開創縁起などには、村のさまざまな困難を救う弘法大師という側面がきわめて濃厚に出ているものも少なくない。そこでの大師は文字通り救世主であり、単に伝説上の主人公といったレベルではないように思う。

この点についてもまた後で考えてみることにしよう。

以上五つの大師伝説類型を紹介してきたが、やはりこの分類の基準にある見方は、民俗学的な視点である。岡村圭真は四国における弘法大師説話のタイプとして、まず弘法清水伝説、不喰芋伝説をあげ、それに加えて大師が一夜にして一寺を建立したという伝説や大師手造りの仏像の伝説といったものをあげている[65]。これらは確かに民俗学者の大師信仰への関心からはあまり注目に値しないものであるかもしれない。しかしいわゆる大師伝説と呼ばれているものには、このような大師自身による寺院建立や仏具鋳造、仏像・仏画等の製作に関する伝説の数が、他のモチーフの伝説より圧倒的に多いのである。この伝説こそ真言宗僧侶や高野聖たちによって広められていったであろうことはまず間違いない。

この事実を確認したうえで、いまいちど民俗信仰と弘法大師信仰との関連について考えてみよう。大師伝説の「大師」の原型は、日本古来からの（少なくとも仏教に影響を受ける前からの）来訪神であるというのが、民俗学者たちの主張である。

柳田はすでに紹介したように、大師はもともと大子と書き神の御子のことであったと述べている。その神の御子とは、毎年、秋の新嘗のとき里に下って人間からの祭りを受けに来た存在なのである。霜月大師講と呼ばれる民俗行事の大師はまさにそれに当たる。

堀一郎は、古代日本人の宗教には三つの重要な特徴があるとする。ひとつは言霊信仰、つぎはタマまつり、タマシズメなどの宗教的アソビであり、そして第三には遊幸、遊行、巡行する神の観念であるという[66]。新嘗祭といえば、今では皇室や神社など一部の場所だけで行われる特殊な行事となっている。しかし堀一郎によれば、『常陸国風土記』の「富士山と筑波山」の話にもあるように、古い時代のわが国では各戸ごとに新嘗が行われていた。

その日の夜は農作を守ってきた神が各家を訪れるため、家人は家の中に忌み籠り謹んで神を迎えたのである。しかしこれらの神事は長い間にはその由来が不明になり、かつ当初の信仰上の厳粛さも失われるようになった。そこで神の来訪といった抽象的な表現ではなく、より現実的な歴史上の人物、すなわち弘法大師のような存在にそれを結びつけ、「合理性」を付与しようとしたのである、と堀は言う。

民俗学者は、ダイシが大師になる場合、必ずしも弘法大師でなければならない必要はなかったという。確かに弘法大師ばかりでなく慈覚大師、元三大師、理源大師に結びつけた大師伝説、あるいは親鸞聖人、日蓮聖人などに結びつけた高僧伝説も少なくない。その伝説の内容も弘法大師伝説と軌を一にしている。ただしそれらの伝説の分布は地域が限定されている。慈覚大師伝説は東北地方に、親鸞聖人伝説は北陸地方に多い。それに対して弘法大師伝説は全国に分布している。そして大師伝説、高僧伝説の約八〇パーセントがその主人公を弘法大師としている。他の大師ではなく弘法大師偏重というこの点については解明が必要である。

また神の御子といった、いわば高貴なる輝かしい存在が、なぜ「みすぼらしい格好をした修行中の僧侶」に簡単に置換されたのであろうか。というのは大師伝説の多くは、弘法大師を一目みて高僧とわかるような立派な袈裟を身につけた仏僧とは描いていない。むしろあまりにその身なりが貧弱なので、村人が乞食坊主と見まちがったという伝説ばかりである。

堀一郎は「遊幸する神」の側面を強調したが、大師伝説のなかの大師は確かに「遊行する仏僧」という形が多い。史実の弘法大師が日本の高僧といわれるほかの人々と比較して、とくに「遊行する高僧」としての側面が顕著であったかどうか。それよりも行基菩薩とか一遍上人といった人がむしろ頭に浮かぶ。しかし民間ではそれは弘法大師だったのである。堀は折口信夫のマレビトに関する所説などを引用して、そうした遊幸神は、古来より蓑笠をつけ杖（錫杖）をついて村々を訪れるというイメージがあったという。蓑笠と杖は、来訪神、すなわち幸福や富をもたらしてくれる非日常的存在のシンボルにほかならないのである。

大師伝説のなかにある大師のイメージは、これと根本的な類似点をもっている。蓑笠ではないが菅笠をかぶり、錫杖を持って遊行する僧である。それは四国の遍路姿であるし、また近年、真言宗寺院にしばしば見られる修行する弘法大師の像（修行大師像）にも共通している。こうして考えてみると、民衆のなかのもっとも普遍的な弘法大師イメージは、「修行し遊行する大師」ということになりそうである。

民俗学者が言うような、古来からの遊幸神、訪問神が伝説において大師に置換されたという説を、とりあえず肯定してみることにしよう。その置換のさい大勢の大師、高僧の中から弘法大師空海が「選ばれた」のは、仏僧の中ではもっとも「修行性」「遊行性」が強いと、民衆からは思われていたからだと推測することも可能であろう。

さて大師伝説のうち食物伝説に関するものについて、いまいちど立ち帰ってみよう。大師伝説のなかでももっとも多いものが弘法清水であることは、すでに指摘した通りである。しかしここでいう食物伝説とは、宮田登のいう禁忌食物型大師伝説で、不喰芋とか三度栗と呼ばれる伝説のことである。それぞれの典型例をあげてみよう。

弘法大師が行脚の途中、芋を洗っている老婆に芋を乞うたところが、石芋だといって与えなかった。後で食べてみると堅くて食べられなかった。(67)

愛知県北設楽郡の吹上峠一帯に三尺ぐらいの若木にも実をつける栗がある。昔、この峠に栗の大木があって、少年たちが樹に登っていたが、幼い子たちが登れないで泣いていると、通りかかった旅僧が、来年からお前たちにも採れるようにしてやろうといって去った。翌年からはどんな若木にも実がなるようになった。一メートル以下の若樹にもたくさん実をつけさせて、幼い子供を喜ばせたという。その僧は弘法大師であったので、弘法栗と名づけたという(68)。

モチーフは同様であるが、禁じられたり増殖されたりする食物はほかにもいろいろある。大師伝説を収録した斉藤昭俊によると、食物伝説のなかでもっとも頻繁に出てくるのは芋であり、ついで栗、蕨、柿といった順序である。それら以外で、この型の大師伝説に出てくる食物を列挙してみると、食物では大豆、大根、茶、菜類、蓮、瓜などとなる。加えて木の実としては、桃、胡桃、やまもも、梨などである。芋の場合、具体的な芋の種類を明らかにしている伝説もある。里芋、長芋が多いように思えるが、とくに芋の種類を特定していないのが一般的である。

この禁忌食物型大師伝説のモチーフは、弘法清水伝説に類似している。すなわち大師が水（芋）を所望する、村人がそれを拒む、大師が水（芋）を飲めないようにする（食べられないようにする）。もし村人が貴重な水（栗）を大師に提供すれば、逆に水（栗）を豊富にする。

しかしひとたびモチーフの類似性を離れて物語の具体相に着目すると、大きな違いも存在している。一方において水は人間の生活には不可欠のものである。その意味で、ふらっと村へ立ち寄った大師がたまたま出会った村人の軽率な行動だけで、それ以降、重要な水を止めてしまうというストーリーは、柳田国男が言うように、高僧らしからぬヒステリー症状も感じさせ、あまり好感がもてない。

また弘法大師空海自身も神泉苑での雨乞い祈禱や万濃池修築など、水にはたいへん結びつきの強い僧侶である。だから水のコントロールと弘法大師との繋がりが大師伝説のなかで大きな部分を占めていても、とくに不思議はない。ところが食物伝説の場合はどうであろうか。里芋、蕨、大豆、梨、桃、胡桃といった食物が食べられなくなること、栗が一年に二度も三度も収穫できるようになること、これらのことは、水のコントロールに比べれば人間の生活にとっての重要性、緊急性はずっと低い。

もし水に匹敵するような重要な食物といえば、主食それも米であるべきである。しかしこの種の禁忌食物型大師伝説には管見の限り、不思議に米や稲に関するものは見当たらない。

弘法大師と稲との関係を語るものには、大師が唐より帰国するとき稲の穂を盗んで持ち帰ったとする伝説がある。また、とくに稲とは特定していなくとも、大師が唐より五穀の種子を持ち帰り蒔いたという縁起を持ち、寺名にもそれが表現されている寺が、四国遍路第三十四番札所、種間寺である。

あるいは同じく四国の第一番霊場、霊山寺近くにあり、その奥の院として番外札所にもなっている東林寺には種蒔大師がある。弘法大師が四国を修行中ここに留錫し、自ら稲や麦の種を蒔いて農事を奨励したという。大師はさらに祈念して疫病、旱害を除き、いよいよ立ち去るとき等身大の自像を刻んで残していった。それが種蒔大師である。

しかし、いわゆる禁忌食物型の大師伝説のなかには稲や麦は出てこない。そこに出てくる食物はいわゆる雑穀類や根菜類、それに加えて果実類であり、田よりも畑、里よりも山に関係の深い食物が多いように思われる。つまり稲作を中心とする生活においては中心的役割を果たしていない食物ばかりなのである。

この種の伝説のモチーフを見ればわかるように、弘法大師の側が村人に対してまずそれらの食物を所望するのである。なぜ大師は米でなく、そのような畑作物である雑穀、根菜、果実をほしがるのであろうか。

この点は、最近の日本文化論の議論と関連させて考えると興味深い。従来、日本文化の基層を論ずる場合、多くの人々のなかで一種の大前提となっていたものが、日本文化の真髄イコール稲作文化という考え方であった。ところが四十年ほど前から植物学者や人類学者を中心に、縄文時代の後期ごろに畑作を中心とする文化が日本に大きな影響力を与えたのではないか、という説が唱えられるようになった。照葉樹林文化説である。この文化帯は東南アジア一帯から日本の西日本地帯まで広く分布しており、そこには食物や農作業の方式などにも共通のものがみられる。すなわち焼畑耕作による畑作物を主食とする文化である。

基本的にはこの照葉樹林文化の日本文化への影響の大きさを、日本の民間習俗のなかに見出そうとする民俗学者もいる。坪井洋文は、正月に餅を食べずに芋を食べる習慣に注目し、これこそ畑作文化が日本に大きな影響を与えている具体的例であるという(69)。そしてこれらの文化は平地の里に住む稲作民ではなく、山で畑作を営む山民によって担われてきたのである。

霜月大師講の行事などでも、そこで食べられたり供えられたりする食物は大根とか小豆粥であり、やはり畑作系のものである。いずれにせよ禁忌食物型の伝説に現れる食物は、畑作系あるいは山に関係した食物（たとえば蕨などがその典型）や果実であることは明らかである。

山民にとっては山の神が守護神となっていた。坪井も正月儀礼などに、遠い昔に山の民であったが今は里の住人となった人々を、山の神が訪問し祝福するというモチーフの残存形態を読みとることができるという。

禁忌食物型の大師は旅の修行僧、それもみすぼらしい旅僧と描かれている場合がほとんどである。先述のように、もしこれが古代の来訪神を継承しているものであれば、それは山の神なのであろうか。柳田国男も、「大師

講の由来」のなかで大師と山の神との関連性を示唆している。(70)

さらに弘法大師伝説を通読してすぐに気がつくいまひとつのポイントは、その伝説に登場する人物には男性よりも女性が圧倒的に多いということである。弘法清水型伝説にせよ禁忌食物型のそれにせよ、村落に立ち寄った旅僧姿の弘法大師に対応するのは、ほとんどのケースが女性、それも老婆というケースが多い。柳田国男はこの大師と姥との繋がりを、民俗における姥神との関連で考えるべきだと示唆している。

しかし、大師と女性との繋がりが見られるのは決して民間の伝説ばかりではない。大師のライフ・ヒストリーに関する伝説のなかにもいくつかある。そのうちの著名なものがつぎのものである。大師が修行中の青年時代、播磨の国のある家に一夜の宿を乞うた。一人の老婆が出てきて、鉄鉢に盛った飯を大師に接待しながらつぎのように語ったという。わたし（老婆）は実は、行基菩薩の弟子のひとりの、いまだ出家していない頃の妻である。その夫は老婆に「自分が死んだ後、某年某月某日に菩薩がこの家で宿をとる。そのときはこの鉄鉢で供養するように」と言い残していった。いま指折り数えてみると、今日がちょうどその日に当たることがわかった。まことに幸せなことで心より喜んで接待させてもらいたい。

このストーリーは大師が行基の衣鉢を継ぐ人物なのだということを強調しているとも考えられる。これはすでに『御遺告』や『弘法大師行状集記』にも見えているから、遅くとも十一世紀には語り伝えられていたものだろう。

そのほかにも大師と女性との繋がりの例はいくつもある。大師が高野山に初めて登嶺したとき出会ったのが、この山の神である丹生津比売神であるが、これは女神であるとされている。

また大師とその母の物語も有名である。母（玉依御前）が大師を高野に訪ねてくるが、高野山は女人禁制のために山上に登ることができなかった、という物語である。これは高野山の女人禁制や女人堂の由来にも関連しており、この点については日野西眞定の興味深い論考がある。日野西によれば、女人禁制や女人堂の伝承がその霊山の開基の母公と結びついている例は、高野山以外にもみられるという(71)。ただし、女人禁制や女人堂との関連は別にしても、なぜ霊山に籠もり修行中の息子を訪ねるのはいつも母親であるのか、父親でないのはなぜなのかという疑問は残る。

江戸時代の四国遍路には、他の遠隔参詣と比較して女性の巡礼者の数が多いという。大師講の講員には女性が多いこと、四国地方や瀬戸内海地方には嫁入り資格をとるために若い女性が四国遍路を行う習慣があったことなど、女性と大師信仰は特別な親近関係にあるのではないかとの考え方もある(72)。

これ以外にも弘法大師と女性との親縁性を暗示する事例はまだまだあるのだが、他方、高野山には明治初期まで女人禁制が敷かれていたという、いわば大師と女性との関係の断絶ないし疎遠を示唆するような事例もまた存在する。

高野山の女人禁制については、とくにそれが明治期になって廃止されていった経緯に焦点を当てた日野西眞定の論考がある。そのなかで日野西は、高野山の女人禁制の根拠は仏教や真言密教の教義などにあるのではなく、日本の民俗信仰に根強い女人不浄観に起因するものである、と結論づけている。しばしば指摘されているように、古代より日本人は死と血に対する不浄感覚が鋭敏である。女人の不浄とはいうまでもなく後者の血との関連である(73)。

6　死者祭祀、先祖祭祀と大師信仰

高野山は、元来、密教修行の最適地として弘法大師が朝廷に懇請して入手した聖地である。そして大師はそこで入定している。つまり初期の高野山には死者供養、先祖祭祀の色彩は稀薄なはずであった。

古代以来、日本人は死を穢れとみて忌避する観念が強かったことはよく知られている。そして死霊や祖霊に対する態度も、近代や現代のそれとは大きく異なっていたのである。高取正男、橋本峰雄によれば、平安時代中期の貴族ですら、葬儀は盛大に行っても、先祖の墓それも自分の祖父といった近い先祖の墓参りに対してさえ、ひどく無関心であったことが指摘されている。(74) それゆえ奥之院に大師が生けるがままに入定しているという入定信仰と、一方における先祖祭祀とは本来別のものであった。

高野山の先祖祭祀の中核はいうまでもなく納骨習俗である。納骨というからには正確には火葬した死者の遺骨のことであるが、土葬の場合には遺髪や遺爪であった。

文献上の初見は、『中右記』にみられる堀河天皇（一〇七九～一一〇七）の遺髪を高野山に納めたという記事だとされる。天皇崩御の折、天皇元服の髪の毛が発見された。近臣たちが協議の結果、天皇が生前より大師信仰を有していたことなどから、高野山に納めることが適切であろうということになった。そこで天皇崩御の翌年、内大臣雅実が遺髪を捧持して高野に登り、天皇が生前より所持していた法華経とともに奥之院の前に埋葬したという。この記事の中で高野山が〈清浄の地〉と記されていることから、そして遺骨ではなく遺髪であることから、当時はまだ高野山は死穢を避ける土地と考えられていたのではないか、と推測される。(75)

さて遺骨の高野山納骨が文献上に表れるのはそれより四十年ほど後で、『兵範記』仁平三（一一五三）年十二月八日のケースであるという。すなわち覚法法親王が死後、嵯峨野で火葬に付されたのち、その遺骨が生存中に高野山に建立していた塔の中に納められたのであった。このように十二世紀初頭から始まった高野山納骨は次第にポピュラーになってゆき、それが習俗として確立するのが鎌倉時代であり、江戸時代にそれが遠く東北地方まで広がっていった。

さて死穢を嫌う清浄なる入定の地が遺骨（遺髪）の納骨を許容することになった最大の理由は、平安末期の高野聖たちによる高野浄土信仰宣布の結果とされる。中世後期になると、高野聖はもっぱら高野山納骨習俗を全国に広める先鋒となった。すなわち笈を負って諸国を托鉢し、有縁無縁の死者の骨を集めては高野山奥之院に回向して歩く人々のことである。その結果、高野聖の名は下級聖職者として蔑視のニュアンスを持つようになり、俗謡に「高野聖に宿かすな、娘とられて恥かくな」とまでいわれるようになったのである。

こうした下級聖職者たちの活動の具体的側面については、かれらがエリートでなく社会の底辺部を徘徊していたという、まさにその理由により、歴史的資料のなかに体系的に書き残されていることがきわめて少ないので、その全貌を明らかにすることはたいへん難しい。しかし大師伝説の全国的広がりとともに、高野山が〈日本総菩提所〉となった経緯には、中世以降の高野聖の活躍が大きく関与していたであろうことは、広く認められる仮説である。

さて高野山が納骨の場所となった理由はいまひとつあるという見解もある。つまり日本古来の山中他界観である。日本人には古くより死者の魂は山中に行くという観念があり、日本にはそうした死霊の赴く山が全国にいくつもみられる。そのなかで山形県の立石寺、長野の善光寺、伊勢の金剛証寺、奈良の室生寺や長谷寺、四国の弥谷寺や岩屋寺などが有名である。これらの寺々では高野山と同様に納骨、納髪が行われているところが多い。民俗学者たちの研究によれば、これらの山には仏教伝来以前より死霊の山としての信仰が存在していたのであり、それをいわば仏教が後になってうまく取り込んだということになる。

高野山周辺地帯では今でもコツノボセ（骨登せ）あるいはコツノボリ（骨登り）といった習俗がある。これは和歌山県の紀ノ川流域つまり伊都郡、那賀郡から有田郡方面および奈良県の一部にまで根強い習俗である。たとえば那賀郡の山村では、死者が出て葬式がすみ、しばらく経過すると、遺骨か遺髪の一部を高野山へ納めに行く。遺骨・遺髪は、必ず血族と姻族から二人が連れだって高野山に持って行く。そのとき、小さい草鞋一足と飯に塩味噌を入れた藁づとを持って出かけ、途中で、一つの谷または川を越したところで、これを捨てて山へ登るならわしがあった。[76]

あるいは高野山に隣接する花園村では、死者が出ると、その翌日、遺族、親戚の者の中から二、三人の者が高野山へ行く。途中、村はずれの沢で、藁づとに包んだ死者への弁当と草履を供える。花園村では土葬なので、死者の髪の左右の鬢《びん》を切り取り、一方は菩提寺へ、他方を高野山へ納める。この村と天野村とでは、お骨を持った人は傘をさす。こうして高野山へ登り、山内の諸堂を参拝し、また位牌屋や位牌を注文する。そして弘法大師のもとで成仏するよう奥之院に納める。[77]

以上のふたつの事例からだけでも、狭義の大師信仰や仏教の教義からだけでは説明のつきにくい習俗や儀礼が、これらのコツノボセの慣行に見られることは確かである。たとえばこうした納骨習俗は、民俗学でいう両墓制と呼ばれる墓制とも関連づけて考えていかなければならないはずである。大師信仰と祖先崇拝、死霊崇拝は、四国遍路のなかにも濃厚である。また先に山中他界と納骨習俗のところで触れたが、四国遍路札所のなかには、もともと祖霊の集まる霊山とされていた寺がいくつも含まれている。

さて、以上、長い歴史を持ち複雑多岐にわたる大師信仰について、それを支えているであろうと思われる基本的構成要素、ないし基本的形態について論じてみた。それは、第一には真言密教の開祖としての大師信仰、第二に民衆的な祖師信仰としての大師信仰、第三に大師入定信仰、第四に大師伝説を通してみた民俗信仰と大師信仰との関係、そして第五には死者崇拝と大師信仰の関係、であった。

これらの五要素は現実の面では相互に交じり合い、ひとつの具体的な大師信仰儀礼ないし習俗を成立させていることは言うまでもない。そこで次に、具体的に大師信仰が生きているケースあるいは生きていたと考えられるケースをとりあげて、いまいちど大師信仰の特質を考えてみることにしたい。

そのひとつはハワイ日系移民における大師信仰であり、いまひとつは江戸中期から幕末ごろにかけて盛んに開創された新四国霊場にみられる大師信仰である。まずは両者の実態を報告することにしよう。

7　救世主信仰としての大師信仰

ハワイ日系人の歴史において、とくにその初期においては、強烈な大師信仰が濃厚に広まっていったことは、関係者のなかでよく知られた事実である。苦難を強いられた日本人労働者たちに、救世主としての大師への信仰が強く機能したのだった。その調査全容についてはすでに小論で明らかにしたので[(78)]、ここでは必要だと思われる範囲でその概要を紹介してみよう。

日本からハワイへ組織的移民が開始されたのは明治十八（一八八五）年であった。ハワイの砂糖キビ耕地主は安くて勤勉な労働力を求めていた。他方、当時の日本は近代化促進のために厖大な外貨が必要であった。農村は地租改正に起因する農業構造の変化により、現金が必要であった。すなわちハワイの耕地主と日本政府および農民の利害が一致したのであった。このように、海外移民は日本政府が推進したところの、一種の国家的プロジェクトの観があった。官約移民という呼称にもそれが表れている。そののち移民業務を政府から委託された移民会社の斡旋による私約移民の時代（一八九四〜一九〇〇）、さらに自由移民の時代（一九〇一〜一九〇八）と続いた。しかし次第にハワイ側が日本からの移民を歓迎しなくなったため、移民の数は減少し、ついに大正十三（一九二四）年には新排日移民法が成立し、移民は中止された。しかしこの間、約十数万人の日本人がハワイに渡航し、ハワイ各島で主に砂糖キビ耕地の労働者として入植した。

これらの移民にはいくつかの特徴があった。移民という語から受ける印象とは裏腹に、初期の移民はとくに農家の長男が多かった。先にも触れたように、農村において地租の比重が大きくなり、地租滞納者が急激に増加していった。借財がかさみ田畑を失うことにもなりかねない、という窮状にあった農民も少なくなかった。この悪循環を脱出するためには、一時農業を家族にまかせても借金を返済する必要があった。そのための移民が多数を占めたのである。換言すれば、当時の移民は移民先に骨を埋めようという永住組よりも、あくまで給料のよい海外で一時働いて再び日本に帰ろうという出稼ぎ組だったのである。結果的に永住することになった移民も相当数にのぼったのであるが、それは後の話である。

出稼ぎ意識組が多かったことは、当時の新聞『中外物価新報』（現在の『日本経済新聞』の前身）の一面トップに掲載された移民勧誘のつぎの記事からも明らかである。

「横浜よりアメリカ桑港へ至る海路に島あり。その名をサンドウィッチといい、この島の王国をハワイという。

……その国は景色もよく物価も安く、誠に住居よき国なるうえ、季候《ママ》は年中わが国の春から秋にて暑さもなければ寒くもなく、夫婦共稼ぎに稼がば、月々余程の給金をえられるうえ、わが国より彼地に渡る一銭の旅費もいらぬとは、誠に世にいうぬれ手でアワのつかみ取りならめ。わが農家の多きうちには、近年米価下落にて随分お困りの方もあらんか、その方々はなんと一奮発なされ、四、五年ハワイへ出稼ぎして長者となられては如何」(79)(傍点は引用者)。たとえば山口県大島郡では、ハワイに行けば旅費は先方持ちで当時の日本の賃金の二倍から三倍が得られ、かつ米代は別に支給される、というわけで、「布哇《ハワイ》出稼人」志望者の気運が高まったという(80)。ちなみに大島郡からの移民は、ハワイの大師信仰伝播に大きな力となったのである。

　移民の特徴の第三としては、移民の日本での出身県には偏りがあったことがある。なかでも広島県、山口県は移民輩出県として双璧である。ついで熊本県、福島県、新潟県などからの移民が多い。この事実は、ハワイの仏教界の宗派構成にも結果として大きな影響を与えることになった。広島、山口両県は浄土真宗が有力な地方として知られている。安芸門徒といった呼称もある。

　ハワイでは、真言宗はむしろ例外としても、他の日本仏教各宗各派は、移民たちの日本での所属宗派をたどりながら開教を行った。その結果、ハワイでは真宗寺院が多数を占めることとなったのである。ただしこれは、東西本願寺が他宗より海外布教に強い熱意をもっていたことも無視できない。

　何年か後の錦衣帰郷を夢みてハワイへ渡った移民たちは、ホノルルに上陸したのち、ハワイ各島の砂糖キビ耕地へと振り分けられた。耕地主が提供する長屋式の宿舎に住み込んだので、そこはまるで日本の小さな村がいっそう凝縮した形で移転してきたかのごとくであった。独身あるいは単身赴任の青壮年が主で、女性の数は圧倒的に少なかった。

実際のハワイでの生活は、移民たちが考えていたよりもはるかに苛酷なものであった。まず厳しい暑さという自然条件があった。言葉の不自由さは言うまでもなかった。

労働条件の違いもあり移民たちにとっては予想外なことであった。渡航時の契約書には一日十時間労働とあり、農民にとっては容易なことに思えた。なぜならば日の出から日の入りまで田畑で作業するのが、当時の日本の農民にとっては当たり前だったからである。それは単純計算ではゆうに十時間を越えている。しかしハワイでの十時間とは、文字通り正味の労働時間であることがわかったのである。昼食時間はもちろんその時間外である。日本の農作業は一日に何回も小休止し、煙草を喫い茶を飲む。あるいは昼寝をする。しかしハワイではそれらはすべて労働時間外とされ、定められた休憩時間以外は喫煙・喫茶のための小休止は認められなかった。炎天下で休み時間なしに働くことになり、これは移民たちに大きな試練となったようである。畑の両端には耕地主側の監督《ルナ》が配置されていた。

砂糖キビの手入れ作業では、その葉先が鋭利なため切り傷が絶えることがなかった。医師は耕地主側の派遣ということになっていたが、きわめて辺鄙な耕地も多かったので、医師・医薬の補給は十分ではなかったらしい。そして耕地キャンプが僻地であったため、厳しい労働の息抜きとなる娯楽設備等は皆無だった。

出稼ぎ意識を持ち続けハワイ同化に関心のない日本人が固まって居住していた耕地キャンプには、当然のことながらさまざまな日本の風習や習慣が持ち込まれたのであった。耕地の多くには日本の農村と同じように頼母子講が結成された。他にも、一日の労働からの解放感と気晴らしを楽しむために、いろいろな寄り合い的集会が催されるようになった。このような集会のひとつに大師講があった。

正確に何年ごろからこの大師講が耕地キャンプの中に形成されたのかは不明である。それに関する文献的資料は一切ないし、またその当時のことを知る移民一世はすでに他界してしまっている。しかし移民開始のかなり早い時期、おそらく一八九〇年代ごろから、すでに大師講が形成されていたと考えられる。大師講の行事の内容もよくわからないが、現在もわずかに残っている大師講の集会から類推して、おそらくつぎのようであっただろう。集会は毎月一度、原則として二十一日の晩に行われた。移民のうちの誰かが日本から帯同してきた弘法大師の御影か座像を、宿となった家に祀り、参会者一同でお勤めを行う。そのあと、参加者が銘々持ち寄ったお供えを分け合って食べる。世間話、自慢話、愚痴話、故郷の話などが出て愉快なひとときを過ごす。私がインタビューした移民のなかにも、大師講の毎月の集会がいかに楽しいものであったかを強調する人が何人もいた。日本の大師講と同じように、毎月の集会の宿は講員の家を巡回していたらしい。のちに大師堂が建てられたところでは、そこが会場となった。

このような大師講が最盛時にハワイでいくつぐらいあったか、正確な数は不明である。しかし古老、開教師たちへのインタビューおよび若干の断片的資料によって[81]、大正末期から昭和初期すなわち一九二〇年代ごろの大師講の数は、ハワイ全島で少なくとも合計で百十五か所存在していたことがわかった。その内訳は、ハワイ島五十六か所、マウイ島十二か所、オアフ島十七か所、カウアイ島二十九か所、ラナイ島一か所である。実際にはこれ以上あったことが予想されるが、それにしても往時の大師講の隆盛を十分に推測させる数である。

なぜ大師信仰がこれほどまでにハワイで広まったのであろうか。第一に、移民の日本での所属宗派との関連で考えてみよう。大師講を基盤に布教を開始したのが現在のハワイ高野山真言宗であるが、現在のハワイ真言宗寺院の中核メンバーには山口県大島郡出身の移民の系統が多い。大島郡つまり周防大島は移民の島として名高いが、今の大島郡の寺院の宗派別統計をみると、本願寺派十九か寺、浄土宗十六か寺、曹洞宗十か寺の順で、真言系は五か寺しかない。ところが周防大島には明治二十三（一八八九）年に開創された周防大島八十八か所があり、戦前の一時期には年間数万人の巡拝者を迎える賑わいであった。(82) また大島対岸の柳井市には大師縁日で有名な金剛寺があり、さらに西には周防八十八か所霊場、秋穂八十八か所霊場が連なっている。換言すれば大島郡近辺は、寺院数の上で表される以上に大師信仰が根強いともいえる。その点では、大島郡からの移民がハワイの大師信仰の中心の一角を担った可能性は十分にある。ちなみにハワイにも新四国霊場が移植された。筆者の調べた範囲では四か所のミニ四国があった。そのうちのカウアイ島のものはかなり本格的で、小高い丘のなかに八十八か所が配置されており、一巡するのに一時間あまり要したという。ただしその四か所とも今は消滅してしまったといってよい。

ハワイで大師信仰が盛況をみた理由はほかにもある。先述のように毎月一度の大師講は移民たちにとって娯楽と慰安の時であったが、実はそれ以上の魅力が大師講にはあったのである。単に娯楽と慰安といった機能だけであるならば、頼母子講でもそれは代用できたはずである。その魅力とは大師講リーダーによる加持祈禱であった。ハワイの初期大師講の最大特色は、正規の真言宗僧侶がまったく介在しない、在家講員だけの集団だったことにある。正規の真言宗僧侶がハワイの開教に着任するのは大正三（一九一四）年の関栄覚が嚆矢であるから、それ以前、百か所以上あった大師講はまったく在家主導であったことになる。

ハワイにおける大師講の発端は先述のごとく娯楽と慰安のためであったに違いない。しかし大師講は単なる世俗的な集会ではない。御影ないし大師像の前での勤行がある。勤行には必ず読経をリードする者がいる。そうした役割を、日本で多少とも勤行の経験のあった人が果たしたに違いない。大師講の勤行のリーダーを毎月勤めるうちに、かれらは大師講そのもののリーダーとなっていったのである。正規の聖職者がいなかったので、一般講員たちはそのリーダーたちに、祖国の真言宗僧侶や修験者たちが勤めている役割と同じものを期待したのであった。すなわち大師講のリーダーたちが講員たちに加持祈禱を施すことを期待したのであった。

移民たちの関心はまず健康であった。健常者にとっては無病息災を祈ることであり、病人や怪我人にとっては傷病平癒であった。耕地での日常生活はたいへん厳しいものであった。病気や怪我はしばしばであった。移民の多くはいまだ近代医学の恩恵に浴していない日本の農村地帯出身であった。近代西洋医学が定着する前の日本の農村では、病気平癒を祈禱師や山伏たちに依頼することはごく自然のことだった。それゆえ移民たちが健康祈願や傷病平癒を大師講リーダーに依頼しても、そのこと自体かれらにとってなんら不自然ではなかったのである。ただそこで留意しておきたいことは、なぜ他の祖師や仏菩薩でなくて弘法大師が選ばれたかである。

こうした大師講には本来の講員の枠を越えて、一般の人々が加持祈禱の依頼に来るようになった。そして移民としての本来の渡航目的を変更して、自らの祈禱力、霊能力を武器に祈禱師として独立する人が現れるようになった。かれらの祈禱は健康祈願、病気平癒から始まって、あらゆる悩みごとの解決を一手に引き受けることになった。極端な例としては憑きもの落としの祈禱もあった。犬神信仰は初期の移民の中ではかなり関心を集めていたらしい。

大師講リーダーのもとに殺到したのは病気がちの人々ばかりではなかった。錦衣帰郷の夢破れた人々もまた〈お大師さん〉にすがったのである。出稼ぎとしての当初の目的を達成できないことにはさまざまな理由があったが、そうした人々は二重の意味でハワイ社会にも同化できなかった。ひとつには言語をはじめとする文化的障害のため、アメリカ社会ないしハワイ社会そのものに適応しえなかったのである。ふたつには、かれらは主に永住組によって構成されているハワイの日系人社会にもまた適応同化できなかった。日系人社会の組織は異国における落伍者の集団ではなく、多少とも成功した者のそれだったからである。大師講にはこのような社会的に順応しきれない移民たちも殺到したのであった。その結果、種々の意味でマージナルな移民が大師講に集まり、あたかも一種の宗教運動のような雰囲気を濃厚に帯びていたこともあったようである。[83]すなわちそこには、さまざまな苦難から移民たちを救ってくれる救済者としての弘法大師のイメージを読みとることができ、大師講リーダーたちはその「お使い」だったのである。

このような大師信仰や大師講リーダーたちに対して、在ホノルル日本領事館筋や日系人社会からは下品な信仰として「淫祠邪教」のレッテルが貼られ、「喧々囂々たる世の非難攻撃」[84]が浴びせられたのであった。高野山真言宗が一九一四年に正式開教を開始するようになった経緯の一端には、あまりにも行き過ぎた大師信仰を修正させるために監督の派遣を申し入れてきた外務省筋の要請にこたえる、ということもあったようである。[85]

真言宗にとって淫祠邪教といった非難は、決して捨て置けないことであったはずである。しかしそのことから、当時のハワイの大師信仰が、それだけ民衆への強いアピール力をもっていたと考えることもできるのである。

その場合、ハワイの大師信仰における「弘法大師」とは、社会的にも精神的にも肉体的にもきわめて困難な状況にあった移民たちを、かれらのもっとも切迫した問題（たとえば病気とか怪我）から「救済」してくれる弘法大師、救済者弘法大師という側面が非常に強かったのである。

ハワイの場合ばかりではない。日本の大師信仰にもそうした面がないわけでない。そのひとつが江戸期における新四国霊場の縁起のなかにみられる。

新四国霊場とは四国八十八か所遍路を移植したもので、ミニ四国とも称される。巡礼の移植版は西国巡礼にもあり、坂東巡礼、秩父巡礼にみる通りである。

新四国霊場は全国各都道府県にほとんどまんべんなく存在している。もちろんその規模もさまざまで、小は一寺院の裏庭に祀られたものから、大は一郡、一県全域に及ぶものまである。新四国霊場のほとんど全部が江戸中期以後の開創であるが、そのすべてが今も巡拝されているわけではない。一方には年間百万人以上の巡拝者があると豪語している所もあれば、今や地元の人すらその存在を知らない新四国霊場もある。

新四国霊場の開創のきっかけのひとつは、すでに指摘されているように遠忌との関連である。[86] そしてここでの文脈で注目したいのは、天災などの具体的問題（苦難）から民衆を救済しようという目的の新四国霊場が存在していることである。千葉県印西地方には「印西大師めぐり」があり、今も盛んに巡拝されているが、この新四国霊場は享保六（一七二一）年に天台宗僧侶、臨唱によって開創された。[87] その開創縁起にはつぎのようにある。

（この霊場は）当山先住臨唱法印の勧請する所なり、抑も印西の地は、田園広袤、地味沃穣なりと雖も、利根、印旛の間に在り、古往、今来水旱の災禍数に致り、庶民堵に安ずる事能わず、唱師、夙に之を憫れみ、除災与薬の大願を発し、日夜苦慮して息まず、如かず仏天の冥護を祈らんにはと勇猛精進、丹精を抽して、祈誓を籠む る事久しき矣、一夜夢に異容の僧形を拝して、宿願成就の妙諦を聴聞し、踊躍歓喜して忽ち篤信檀徒数氏を招き、其の壮図を告げ、一枚一鉢単身にて四国の霊地に渡り、具さに遍路修行の辛酸を嘗め、親しく霊跡を巡錫し、各々に其の霊砂を収め満願帰山ののち……。

とあり、以下、連綿と新四国霊場開創の苦労が語られている。すなわち印西地方は利根川と印旛沼の間にはさまれて水害や旱害が多く、民衆は悩まされてきた。臨唱法印は民衆をその苦悩から是非救いたいと日夜念じていたが、あるとき夢枕に僧が立ったのを機会に四国遍路を巡り、札所の砂を持ち帰り、この地にミニ四国を開いたというわけである。

弘法大師は先に述べた祈雨の修法などの物語に現れているように、水のコントロールとはとくに縁が深いのであるが、その弘法大師の力を印西の地に招き、この地の水害、旱害を除き、民衆を救おうという意図が、この印西大師開創の契機である。そこには、さきほどの日系移民の場合と同様に救済主（者）としての弘法大師のイメージが、鮮明に浮かび上がってくるのである。こうしたイメージは、現在の日本でもっとも活発な新四国霊場である福岡県篠栗霊場の場合にも現れているのであり、それは第四章第七節で触れることにする。

8　大師信仰の比較宗教学的視座

宮田登は弘法大師信仰のなかに救済者的要素、メシア的要素を読み取っているが[88]、この視点からさらに展開すると、弘法大師と他の宗教伝統の類似信仰との比較が可能になる。この関連から是非注目してみたいものは、他宗教における聖者ないし聖人（saints）崇拝との比較である[89]。

大師信仰と聖者崇拝との比較の可能性については、すでにジョセフ・キタガワによって示唆されている。彼によれば、ドイツの神学者ディベリウスは、聖者のパーソナリティや教説は個々に異なるのであるが、その伝説の「形式」にはきわめて類似したパターンが見られると主張する。ディベリウスはこれを神聖伝説の法則と名づけている。それによれば、聖者のステレオ・タイプとは、まずその生涯が数々の超自然的出来事に彩られていること、それに加えて、その誕生には奇跡が伴っていること、若い時に早くも自らの天命を見抜いていること、などが挙げられる。そしてさらに、聖者は自らの死の時を予見し、[90] そしてなんらかの方法でその肉体的死を克服したと信じられているのである。これらの特徴は確かに弘法大師にも当てはまるのであるが、いま少し他宗教の聖者崇拝の具体相をみてみよう。

キリスト教の聖者崇拝はカトリックに著しい。キリスト教における聖者崇拝の歴史は古い。キリスト教で聖者となる者の代表例は殉教者である。あるいは必ずしも殉教しなくとも、その信仰のゆえに迫害にあった証聖者（confes-sors）もまた聖者として祀られた。P・ブラウンらの研究によれば、古代キリスト教末期にはすでに聖者信仰の痕跡が認められる。[91] その聖者信仰が頂点に達する時代がヨーロッパ中世であった。中世の聖者崇拝の中核をなす信仰は聖遺物崇拝であった。聖遺物とは聖者の遺骸ないしその一部あるいは遺髪、ゆかりの品のことをいい、それらの聖遺物が特別な霊力を持ち、病気治しをはじめさまざまな呪術的効果を顕すとされたのであった。ヨーロッパ中世は巡礼が隆盛を極めた時代であったが、それらの巡礼地の魅力とは聖遺物の魅力にほかならなかった。それゆえ教会同士では、聖遺物の売買はもちろんのこと、それらを盗み合うといった事態まで生ずるほどであった。[92] そさらに聖者そのものの奇跡も広く語り継がれたのであった。墓から甦った聖者の話、聖者の棺の蓋を取ったところ芳香が広がった話など、[93] 弘法大師にまつわる奇跡譚に類似したストーリーは少なくない。死者が甦える話そのものはキリスト教ではそれほど特殊なものではない。イエス・キリストの復活がまずそうであるし、またイエス自身もマグダラのマリアの弟ラザロを、その死後四日経ったのち墓から甦らせている（「ヨハネによる福音書」11）。

聖者信仰が中南米諸国では今でもきわめて強いことは、さまざまな形で報告されている。また構造論的立場から聖者を聖と俗との仲介者と捉えるならば、聖母マリアも聖者と同じ構造的意味を持つ存在といえる。聖母マリア信仰が近代以降もヨーロッパのカトリック信仰を活性化させるのに、きわめて大きな役割を果たしてきたことは第一章で述べた。(94)

さてイスラームにおいても聖者崇拝は盛んである。(95)とくにスーフィズムの修行者がその中心となる。八世紀末から九世紀にかけて生まれたイスラーム神秘主義スーフィズムは、神と自己（人間）という二元的対立を超越し、神と一体となることを最終目標とする。そのため現世への執着を断つための禁欲的修行を行う。それは断食、不断のコーラン読誦、礼拝、瞑想などさまざまである。こうして修行のいくつかのステップを通過すると、ズィクルの段階に到達する。ズィクルは一切の雑行や雑念を避け、ひたすら神の名を唱えて思念を神に集中することである。そして目指す最終段階であるファナーを体験しようとする。ファナーとは「死滅」であり、神によって主体の心がまったく包摂されて自己を意識しない状態をいう。正統スーフィズムによれば、このファナーは失神や無意識とはまったく違う。意識が存在しないのではなく、自己についての意識がない状態がファナーである。しかしあまりにも主観的なこの体験は一種の異常体験として、一般信者が呪術性の高いものとして解釈することが少なくない。つまりスーフィーたちは特別な霊的能力をもつ聖者として崇拝される傾向がある。(96)

実際インド・イスラームのスーフィーの墓は、そこに埋葬されているスーフィーの呪的能力を信ずる民衆たちの巡礼の場となっているし、それはまたイスラーム教徒を政治的社会的に連帯させることにも役立っている。(97)スーフィーをめぐる民衆の聖者崇拝はインド・イスラームにのみ特別な現象ではなく、他のイスラーム地域にもみられる。そうしたスーフィーたちは変身の能力、空を飛ぶ能力、予知能力、死者を甦らせる能力といった特別な能力を持つ存在と考えられる。そして聖者の墓を参拝することによって、病気、貧困、不妊などから解放されるという、いわば「現世利益」がしばしば強調されるのである。地域によっては聖者墓所への参拝は、メッカ巡礼

にも比肩しうる高い功徳があるとされ、メッカのカーバ神殿を礼拝する場合と同じ礼拝方式がとられる場合すらある。(98)

以上のように、キリスト教とイスラームの聖者崇拝をごく概略的に見てきたが、その範囲だけでも弘法大師信仰と他宗教の聖者崇拝との比較研究が興味深い課題であることは、明らかになったはずである。ここではその点をとりあえず示唆するに留め、詳細なケース・スタディは今後に期することにしたい。ただし本節を終えるに際して、聖者崇拝そのものがなぜ出現するのかという点について、いささか考究して結びとしたい。

イスラームの場合について、たとえば英国の著名なイスラーム学者H・A・R・ギブは、その要因として、一方における神学と他方における民衆の直接的な宗教的欲求充足との乖離を指摘する。つまり高度に発展した神学大系においては、論理的概念を用いての抽象的非人格的な論議が中心となっているため、『クルアーン（コーラン）』が示すような神と人間とのあいだの生き生きとした人格的関係を表現できない。教義はウラマー（イスラーム法学者）の独占物であり、民衆の欲求とは無縁である。そこで民衆は「スーフィーの一層直接的な人格的・情緒的な宗教的アプローチのなかに、心の悩み」の解決を思い出すということになったのだという。(99)

ハンガリー生まれのイスラーム学者I・ゴルツィーハーは、聖者崇拝の意義についてより直截につぎのように述べている。

　イスラームにおいても信者たちは、聖者という概念を使用することで、自分たちと全能なる唯一神とのあいだの仲介者を求めているのである。……ここでまたカール・ヘイズが聖者崇拝そのものの特徴としているものが当てはまる。すなわち聖者崇拝によって、唯一神教の信者たちは、かれらが以前からもっている多神教

的欲求つまり人と神とのギャップを埋め合わせたいという欲求を満足させるのである。(100)

イスラームの教義によれば、スーフィーのごとく神と人間との一体化を理想とする宗教行動は根本的に誤謬である。神アッラーと人間との一体化を理想とする宗教行動は根本的に誤謬である。神アッラーと人間との断差は決定的で、人間と神とが同等の次元に共存するとかあるいは一体となるといったことは、教義上ありえない。ムハンマドですら神がかってに選んだ「使者」にすぎず、あくまでも人間である。このような教義にもかかわらず、ギブやゴルツィーハーの指摘するような背景のなかで、イスラーム聖者崇拝が出現した。

同様のことは真言教学と民衆の大師信仰との関係にもいうことができないであろうか。法身大日如来と衆生（俗人）との「距離」の問題である。もちろん教学的には真言八祖を通じて法の継承については説明がなされている。しかし問題は、ギブがイスラームの場合に指摘するように、それで民衆の宗教的欲求を満足しうるか、ということである。教義的にはどのように説明し尽くされていようとも、出家するわけでもない一般民衆にとって抽象的論理の世界がどこまで真のリアリティを持ちうるかは、また別の問題である。そのとき、「自ら即身成仏をしてみせた」弘法大師空海の偉大さへの賛美が生ずるのは当然である。弘法大師は大日如来と一般在家信者との「ギャップ」を埋める仲介者の役割を果たしているといえる。だからこそ大師信仰は、同様の構造的特徴をもつ他の宗教の聖者崇拝と類似しているともいえる。

ただし当然のことながら、仏教の聖者とイスラーム、キリスト教のそれとには違いもまた認められる。(101) 一方における仏教、他方におけるキリスト教、イスラームとでは、超越者の観念がまったく異なる。安易な類比に終始することは十分慎まなければならない。また仏教においてもマックス・ウェーバーのごとく、聖者崇拝を大乗仏教の特徴とする説もある。[102] あるいはインド仏教、中国仏教と比較すると、日本仏教においては祖師信仰への信仰がとりわけ強いという指摘もあり、[103] 考察すべき問題は山積している。今後の研究課題としたい。

註

(1) A・ヴァン・ジェネップ著、秋山さと子・弥永信美訳『通過儀礼』思索社、一九九七年、二〇〇頁。
(2) 桜井徳太郎『日本民間信仰論・増補版』弘文堂、一九七〇年、二二七頁以下。同『講集団成立過程の研究』吉川弘文館、一九六二年、二五九頁以下。
(3) たとえば藤井学「近世仏教の特色」(日本思想大系『近世仏教の思想』所収)、岩波書店、一九七三年。桜井徳太郎「結衆の原点」(鶴見和子・市井三郎編『思想の冒険』所収)、筑摩書房、一九七四年など。
(4)『四国遍礼霊場記』巻二(近藤喜博編『四国霊場記集』所収)、勉誠社、一九七三年。
(5) 岩村武勇編『四国遍路の古地図』KK出版、一九七三年。
(6) 高群逸枝「巡礼行」(『高群逸枝全集』第九巻所収)、理論社、一九六六年。同『お遍路』厚生閣、一九三八年。同、堀場清子校訂『娘巡礼記』朝日選書、一九七九年など。
(7) 小林雨峯『四国順禮』中央仏教社、一九三二年。
(8) ただし、最近では札所の集まりである四国霊場会を中心に四国遍路全体のさかざまな試みや行事などの共同作業がますます盛んになっており、今後は状況が変化するかもしれない。
(9) 高群逸枝『娘巡礼記』四六頁。
(10) 河内屋武兵衛『四国遍礼名所図会』(久保武雄複製)、一九七二年。
(11) 新城常三『新稿・社寺参詣の社会経済史的研究』塙書房、一九八二年、七九五頁など。
(12) 新城常三「鎌倉時代四国辺路の一史料」雑誌『伊予史談』二〇七・二〇八合併号、一九七三年。
(13) たとえば玉置弁吉編著『回想　山本玄峰』春秋社、一九七〇年、などを参照。
(14) 尾関行応『四国霊場巡拝日誌』一九三六年。
(15) 新城常三前掲書、七二四頁。
(16) 真野俊和「「同行二人」の遍路道―四国霊場」(『日本の聖域』一〇「四国遍路」佼成出版社、一九八一年、一一〇頁以下)。

(17) 広江清『近世土佐遍路資料』土佐民俗学会発行、一九六六年。

(18) 四国遍路と接待の繋がりについてはかなり多く論ぜられている。私もかつてその意味について小論を発表したことがある。拙稿「四国遍路における接待の意味」、『宗教研究』二一七号(一九七四年)。

(19) 新城常三前掲書、七九五頁以下。

(20) 素九鬼子『大地の子守歌』筑摩書房、一九七四年、さらに『旅の重さ』筑摩書房、一九七二年。

(21) 宮崎忍勝『遍路 その心と歴史』小学館、一九七四年、一七四頁。また浅川泰宏によれば近代四国遍路では、遍路者を「純粋な遍路」と「乞食類」の二極に分けて類型化して考えるようになったという。これは近代以降の特徴であるという(浅川泰宏「四国遍路空間とその社会的認識の変容」慶大大学院メディア研究科修士論文、一九九九年提出、七三頁など、未刊)。

(22) 四国霊験譚については、真野俊和「四国遍路霊験譚考」、河合正治編『瀬戸内海地域の宗教と文化』(雄山閣、一九七六年)二五九〜二七九頁所収。同じく「巡礼」桜井徳太郎編『日本民俗学講座3 信仰伝承編』(朝倉書店、一九七六年)一二一〜一三六頁所収。

(23) 新城常三『新稿・社寺参詣の社会経済史的研究』塙書房、一九八二年、第六章(六九九〜八五二頁)。

(24) 同書、六七六頁。

(25) 同書、七〇一頁。

(26) 平尾道雄『近世社会史考』(高知市立図書館発行、一九六二年)一五一〜一七一頁、二九五〜三一〇頁。

(27) この記事は従来、広江清編『近世土佐遍路資料』(土佐民俗学会発行、一九六六年)での表記に従い、明治九年五月九日掲載とされた。しかし浅川泰宏の検証によって明治九年は広江清の誤記であり、明治十九年五月が正しいことがわかっている(浅川、前掲修論、四九頁および六一〜六三頁参照)。

(28) 真野俊和『日本遊行宗教論』吉川弘文館、一九九一年、二五頁以下。

(29) 真野俊和同書、二五〜二七頁。浅川、前掲修論、六一〜六三頁。

(30) 高群逸枝「巡礼行」『高群逸枝全集』第9巻「小説・随筆・日記」(理論社、一九六六年)所収。

(31) 平尾道雄前掲書、三〇二頁。

(32) 新城常三前掲書、七九〇〜七九三頁。

（33）富田斅純『四国遍路』、小池長之「民衆の社寺参詣について」（『仏教と民俗』四、一九五九年所収、八～一三頁）。
（34）前田卓『巡礼の社会学』ミネルヴァ書房、一九七一年、二二二頁。
（35）図2－2は、ターナーの構造・コミュニタス論から強い示唆を受けた図式であることは否定すべくもない。筆者もまた、現実の四国遍路においては、民衆側でさえも、遍路者の一部を受け入れがたい存在として忌避してきたという状況があったことを承知している。そうした遍路者が家々の門口に立つと、地元の人々は「お通り」といって拒んだのである。病人遍路者についても、後に見るように、宮本常一の聞き取り調査によれば、病人遍路者のみが通る遍路道があった。こうした事実にもかかわらず筆者が図2－2をあえて掲げる理由は、まず遍路者をめぐる関係性に関する、いわば〈理念型〉を措定し、それを出発点として多様な諸現象の分類や整理を行おうという意図である。
（36）桜井徳太郎前掲書、二二三頁以下。
（37）今尾哲也「市川団蔵の堕地獄願望」（大法輪閣編集部編『巡礼・遍路——こころの歴史』大法輪閣、一九九七年、二〇八～二一二頁）。
（38）「遍路旅・息子に会えた」（『朝日新聞』記事、一九九六年一月十九日）。
（39）板東眞砂子『死国』角川文庫、一九九六年。
（40）前田卓前掲書、一九七一年、第四章。
（41）武田明『巡礼の民俗』岩崎美術社、一九六九年、第三章。
（42）藤井正雄『祖先祭祀の儀礼構造と民俗』弘文堂、一九九三年、五六五～五九二頁。
（43）たとえば四十五番岩屋寺など。
（44）新城常三前掲書、一九八二年、七五四頁他。
（45）高群逸枝「巡礼行」（『高群逸枝全集』第9巻所収）、理論社、一九六六年、九一頁。
（46）宮本常一「土佐寺川夜話」（『宮本常一著作集』第10巻「忘れられた日本人」未来社、一九七一年所収）、一二〇～一二一頁。
（47）三宅一志『差別者のボクに捧げる—ライ患者たちの苦闘の記録—』晩声社、一九七八年、二四八頁以下。
（48）宮田登『ミロク信仰の研究』未来社、一九七〇年、第二章および第三章。
（49）M・エリアーデ著・堀一郎訳『生と再生』東大出版会、一九七一年、V.Turner, *The Forest of Symbols*, Cornell Univ. Press, 1967, などを参照。

(50) 宮崎忍勝「空海をめぐる伝説と民間信仰」(『講座密教』3、春秋社、一九七七年所収)、二四二頁。
(51) 勝又俊教『密教の日本的展開』春秋社、一九七〇年。
(52) 近藤喜博『四国遍路』桜楓社、一九七一年、二〇頁、および同『四国遍路研究』、三弥井書店、一九八二年、一五頁。
(53) 新城常三『新稿・社寺参詣の社会経済的研究』塙書房、一九八二年、一〇四九頁以下。
(54) 林幹弥『太子信仰――その発生と展開』評論社、一九七二年。
(55) 松本昭『弘法大師入定説話の研究』六興出版、一九八二年、とくに二一九頁以下。
(56) 守山聖真編『文化史上より見たる弘法大師伝』森江書店、一九三三年、五九八頁。
(57) 宮田登『ミロク信仰の研究』未来社、一九七〇年、一三五頁。
(58) 斉藤昭俊編著『弘法大師伝説集』3、国書刊行会、一九七六年、四頁以下。
(59) 斉藤昭俊同書、一九七六年、四頁以下。
(60) 五来重『増補・高野聖』角川選書、一九七五年、四八頁以下。
(61) 柳田国男「大師講の由来」(『柳田国男集』26、筑摩書房、一九七一年所収)、一六〇頁以下。
(62) 柳田国男「女性と民間伝承」(『柳田国男集』8、筑摩書房、一九七一年所収)、四〇九頁。
(63) 宮田登『ミロク信仰の研究』未来社、一九七〇年、一一一～一二五頁。
(64) 五来重「仏教と民俗」(『続・仏教と民俗』角川選書、一九七九年所収)、二七二～二七九頁。
(65) 岡村圭真「弘法大師と四国遍路」(徳島新聞社『四国霊場の美』一九七二年所収)、二一二頁。
(66) 堀一郎「古代伝承および信仰に現われたる遊幸思想」(『堀一郎著作集』4、未来社、一九八一年)、三三頁以下。
(67) 千葉県匝嵯郡の伝説『日本伝語名彙』所収、一九六七年、六八頁。
(68) 斉藤昭俊編『弘法大師伝説集』1、国書刊行会、一九七四年、一三四頁。
(69) 坪井洋文『イモと日本人』未来社、一九七九年、四一頁以下。
(70) 柳田国男前掲書「大師講の由来」、一六〇頁以下。
(71) 日野西眞定「高野山の女人禁制」11～21、雑誌『東方界』50以降に連載、一九七一年。
(72) 新城常三『新稿・社寺参詣の社会経済史的研究』塙書房、一九八二年、一〇四八頁。
(73) 日野西眞定、前掲論文。
(74) 高取正男、橋本峰雄『宗教以前』ＮＨＫブックス、一九六八年、二九頁。

(75) 田中久夫『祖先祭祀の研究』弘文堂、一九七八年、一四四～一六三頁。
(76)『日本の民俗・和歌山』第一法規、一九六八年、一二〇頁。
(77) 日野西眞定『日本の聖域2・空海と高野山』の日野西眞定による解説、佼成出版社、一九八二年、一一三頁以下。
(78) この調査は一九七七年と一九七九年の二年にわたって、文部省科学研究費海外学術研究「ハワイ日系人に関する宗教調査」と題して行われた。調査結果は『ハワイ日系宗教の展開と現況』（一九七八年）と『ハワイ日系人社会と日本宗教』（一九八〇年）の二冊の報告書としてまとめられた（ともに東大宗教学研究室刊行）。拙稿「ハワイにおける大師信仰の展開と真言宗寺院の活動」は、後者の報告書に収録されている。
(79) 土井弥太郎『山口県大島郡ハワイ移民史』マツノ書店、一九八〇年、二二二頁。
(80) 同書、三〇頁。
(81) ハワイ真言宗別院編『創立十周年に際して』一九二七年。
(82) 大野春夫『周防大島八十八ヵ所札所案内』瀬戸内物産出版部、一九七六年、および大島郡在住河村保郎氏のご教示による。
(83) Masako AGENA and Eiko YOSHINAGA, 'Daishido—A Form of Religious Movement' *Social Process in Hawaii* vol. 7, 1941, pp.15～20.
(84) 真言僧湯尻法眼の発言（前掲書『創立十周年に際して』、一一三頁）。
(85)『創立十周年に際して』、五六頁。
(86) 後藤洋文「関東地方の新四国霊場」、『仏教と民俗』16（一九八〇年）所収、一三～三六頁。岡山市大内田周辺民俗文化財調査委員会編『地場大師八十八ヵ所調査報告』一九八一年。
(87) 青田賢之「印西大師巡礼の歴史と現況」（未刊）。
(88) 宮田登前掲書、一三四頁。
(89) カトリックでは教義上、聖者に対しては「崇敬」（veneration）、神に対しては「崇拝」（worship）の語を使い分け、決して混同しない。しかしここでは便宜上、崇拝の語を用いる。
(90) J.kitagawa, 'Master and Savior' 高野山大学編『密教学密教史論文集』高野山大学、一九六五年、一三頁。
(91) Peter Brown, *The Cult of the Saints*, Univ. of Chicago Press, 1985.
(92) 渡辺昌美『巡礼の道』（中公新書）一九八〇年、一八六頁以下。
(93) R. C. Finucane, *Miracles and Pilgrims—Popular Beliefs in Medieval England*, J. M. Dent & Sons, 1977, p.22.

(94) 関一敏「十九世紀フランス聖母出現考　ルルドとポンマン」、『民族学研究』48―3、一九八三年、二五一〜二七四頁。
(95) 私市正年『イスラム聖者』講談社現代新書、一九九六。
(96) 中村廣治郎『イスラム』東大出版会、一九七七年、一九五頁以下。
(97) 荒松雄『インド史におけるイスラム聖廟』東大出版会、一九七七年、七九頁以下。
(98) I. Goldziher, Veneration of Saints in Islam ; in *Muslim Studies*, G. Allen and Unwin, 1971, p.256. さらに東長靖「「多神教」的イスラム――スーフィー・聖者・タリーカをめぐって」、歴史研究会編『社会的結合と民衆運動』(地中海世界史5)、青木書店、一九九九年、一九二〜二二〇頁、および鷹木恵子『北アフリカのイスラーム聖者信仰――チェニジア・セダダ村の歴史民族誌』刀水書房、二〇〇〇年、などが参考になる。
(99) H・A・R・ギブ著、加賀谷寛訳『イスラム文明』紀伊國屋書店、一九六七年、一四二頁以下。
(100) I. Goldziher, ibid., p.25.
(101) 荒松雄前掲書、七〇頁。
(102) M・ウェーバー『ヒンドゥー教と仏教』日貿出版社、一九八三年、三二五頁以下。
(103) 中村元『東洋人の思惟方法3　日本人の思惟方法』春秋社、一九六二年、一七二頁。

第三章　近代の四国遍路［1］

第一節　四国遍路の成立と近代までの展開

1　四国遍路の草創と展開

本節ではおもに四国遍路の歴史的展開のなかで、その草創期から近世までを概観してみよう。

四国遍路とはおもに四国海辺の道を辿りながら、八十八か所の寺院を順番に巡る日本最長の巡礼である。八十八の寺はいずれも四国讃岐の出身である弘法大師空海ゆかりの寺院である。ただし八十八寺院の現在の所属が、すべて空海が確立した真言宗だというわけではない。八十八寺院の所属宗派は以下の通りである。

真言宗系……八十か寺
天台宗系……四か寺
臨済宗系……二か寺

曹洞宗系……一か寺
時　宗系……一か寺

弘法大師信仰に超宗派的色彩が濃厚であることはかねてより指摘されており、四国遍路においてもその特徴が現れているということもできる。ただし、所属宗派の固定化は江戸初期以降に徐々になされてきたものである。

四国遍路は八十八か寺を巡り終えると、その巡礼道の軌跡がほぼ楕円形となることが特徴であり、第二章でも述べた通り巡礼の比較研究から見ても個性的なものである。なぜ円ないし楕円の長大な巡礼路なのかを明らかにすることはたいへん難しい。一四〇〇キロメートルにものぼる巡礼路に八十八か寺を配置する遠大な巡礼を、特定の人がある意図を持ってプランし作り上げたとは、少なくとも経験的には考えにくい。ただし円ないし楕円の巡礼路は日本にはなじみのあるもので、四国遍路と並んで日本を代表する西国三十三か所観音巡礼が同じく円周型である。しかし両者が決定的に異なる点の一つは、西国巡礼が札所本尊の観音菩薩を礼拝する巡礼であるのに対して、四国遍路が各寺院の大師堂、つまり弘法大師を巡る巡礼であることである。四国遍路の各寺の本尊は、それゆえさまざまである。

これ以外にも四国遍路と西国巡礼は対照的な側面が少なくない(1)。西国巡礼の札所は歴史的由緒のある大寺院が多く、歴史的資料も残っており、個々の札所寺院への歴史的研究も盛んである。それに比して四国遍路の札所は規模が小さく記録も少なく、歴史的研究の対象としては困難を伴う。西国巡礼が三十三寺院からなることは、すでに平安末期の記録にあるが、四国遍路に関しては八十八寺院が明確に記録されている現存の史料は、承応二(一六五三)年の僧澄禅『四國遍路日記』が初出である。また西国巡礼では伝統的な巡礼習俗等はかなり以前に消滅してしまっているが、四国遍路には接待などをはじめかなり存続している。これ以外にも西国巡礼と四国遍路の比較はさまざまなところでなされている。現在の両巡礼における対照的なあり方もまた関心の持たれるところであり、伝統的な姿を保持しつつある四国遍路も、さまざまな理由から西国巡礼化の道を辿るか否かの議論もなされている。(2)

四国遍路の起源についてはいくつかの説がある。そのうちのいくつかを紹介しよう。

(1) 弘仁六(八一五)年、空海四十二歳のときに空海自身が現霊場の一つひとつを修行しつつ歩きながら開創した。

(2) 空海入定後、高弟の真済がその遺跡を遍歴した(寂本著『四国偏禮霊場記』元禄二年)。

(3) 愛媛松山の豪族衛門三郎が自らの非を悟って遍路を行ったのに始まる。

(4) 嵯峨天皇の子で空海の弟子になった真如親王が始めた。

これら以外にも俗説ふうの起源譚があるに違いない。そのうちで信仰上からもっとも尊ばれているのは、当然のことながら、弘法大師空海開創説である。しかし、この説をいつごろ誰が唱え始めたのかはまったく明確になっていない。また空海研究史上からいっても、この時期に四国遍路を行ったという史実もないし、またその活動状況からいっても、その年に四国遍路を行ったと考えることは不可能である。この説以外はさらに史的信憑性は低い。つまり信仰上はともかく、四国遍路の始まりは不明なのである。

聖地としての四国遍路の一部が文献に現れてくるのは平安時代初期である。まず空海二十四歳のときの書『三教指帰』には、徳島の大滝の嶽(現二十一番札所太龍寺)あるいは土佐の室戸の岬(現二十四番最御崎寺)にて修行をしたことが明記されている。しかし、他の札所のことは触れられていない。このときの弘法大師空海は私度僧的な山岳修行者だったと推測されており、その意味で大滝の嶽、室戸の岬がそうした山岳修行者たちの修行場であったと考えることもできる。

ついで史料に四国遍路が触れられるのが、ともに平安末期の文献である『今昔物語』、『梁塵秘抄』である。

まず、『今昔物語』ではつぎの記述に現れる。


今は昔、佛の道を行《おこない》ける僧三人伴いて、四國の邉地《へんぢ》と云うは、伊豫・讃岐・阿波・土佐の海辺《うみのほとり》の廻《めぐりなり》也。

（本朝、付雑事）


この話の内容自体は四国遍路とはまったく関係がないのであるが、この記述から当時、四国の海のほとりを歩いていた僧がいたことは確かで、かれらが修行者であったことは間違いなかろう。

ついで『梁塵秘抄』はつぎの通りである。


我等が修行せし様は、忍辱袈裟をば肩に掛け、又笈を負い、衣は何時となく潮垂れて、四国の邉道《へち》をぞ常に踏む。

四方の霊験所は、伊豆の走湯、信濃の戸隠、駿河の富士の山、伯耆の大山、丹後の成相とか。土佐の室生門、讃岐の志度の道場とこそ聞け。


つまり、前者では、平安末期には四国の海辺の道を修行して歩く修行僧がいたことが明確に記されている。そして、それらの修行地であったであろう場所として、『三教指帰』にも出てきた室戸岬、そして志度の道場（現八十六番の志度寺か）が言及されている。

これらの史料から、平安末期には四国の海辺の道を経巡りながら修行をして歩く僧侶がいたこと、つまり聖《ひじり》や持経者のような存在がいたこと、そして現在霊場となっている寺のいくつかは当時から聖地として修行する場所となっていたことは明らかである。しかし、八十八か所の霊場をめぐる四国遍路が成立していたとはとても断定できない。つまり四国遍路の札所は、平安期の聖など修行者の聖地だったと推測することができるだけである。

鎌倉時代の京都醍醐寺文書には、修験者の修行地として四国遍路（ただし表記は四国邊路）が明記されている。(3)しかし、先に記したように西国巡礼に比べると文献史料の乏しさはいかんともしがたく、平安期から中世に至る時代の四国遍路の姿はきわめて茫洋としている。

現在のような八十八の寺を巡る四国遍路が成立したのは、かなり下って室町末期であろうと推測されている。(4)八十八という数が何に由来しているのかについても諸説あるが、いずれも牽強付会の感が強く客観的説得力に欠ける。むしろ、四国あるいは四国遍路が熊野信仰や一遍や時宗との関係が深いことから、熊野詣の、京都から熊野までの参道にあった九十九王子を模倣して、八十八という数を当てたのではないか、という推測は大胆ではあるが、興味深いように思う。遍路も江戸時代までは辺（邉）路の字を当てていて、熊野の参道が仲辺路《なかへじ》、大辺路《おおへじ》と呼ばれていることも、熊野と四国遍路との関係を暗示しているのではないかという。(5)こうした説はいわば情況証拠に立脚しており、厳格な文献史学者には受け入れがたいことであるかもしれないが、しかし、四国遍路のように文献の少ない民衆の宗教儀礼の歴史研究には、こうした推測も必ずしも不適当とはいえないと思われる。

以上のように、四国遍路の歴史的古層には平安期の聖《ひじり》的な宗教伝統、つまり山岳修行をも含めた非制度的な宗教伝統が色濃く見られるのであり、それがまた同じく山岳修行者の聖地であった熊野との関連などにも繋がっていくと考えられる。いずれにせよ八十八の寺院が固定すること、弘法大師空海開創説が流布していくことなどは、室町末期あるいは江戸時代になってからと推測してもよいであろう。

さらに史学者近藤喜博によれば、それまでは広い意味での修行の空間であった四国遍路が濃厚な弘法大師空海信仰に色づけられていくのも、八十八か寺が固定化していく中世末期から近世初頭にかけてであるという。高野山との関連が確立されたのもこの時代と推測される。近藤喜博はこれを大師一尊化、遍照一尊化（遍照は空海の灌頂名）と名づけている[6]。後世の四国遍路案内記のモデルとなった真念『四國邊路道指南』などの真言僧の案内記が近世初頭である。真念は十数回にわたり江戸初期の四国遍路を巡ったと伝えられ、巡礼道の整備も精力的に行った[7]。実質的な意味で真念は、四国遍路の中興者あるいは大衆化の祖ということすらできる。

このように近世以前の四国遍路関係史料は極端に乏しいが、そのなかでできる限りの直接的史料に依拠しながら、さらに傍系史料も利用しながら、四国遍路の中世以前の姿を再構成しようとする近藤喜博らの尽力は敬服に値するものである。

こうした文献史学の厳密な態度とは別に、筆者はいまひとつ八十八か所の成立に関して可能性を挙げてみたい。図2―1の四国遍路札所の地理的配置をみて気づくことは、札所が一四〇〇キロメートルの遍路道に、ほぼ均等の距離で配置されているのではないことである。むしろ、地域的に密集しているところとまばらな地域とが存在する。つまり、距離的に不均等に札所が配置されていることである。これをどのように考えたらいいのだろうか。

ここで注目したいのは、四国遍路の寺院を参詣する人々は霊場八十八か所を全部巡拝するタイプばかりではないことである。そもそも巡拝の方法にいくつかあり、さらに交通手段が多様化した現在、その方法はさらにいろいろある。根本的には一度に全部巡る方法といくつかに分けて巡拝する方法の二つである。後者の代表例は一国参り、すなわち阿波、土佐、伊予、讃岐と四回に分けて巡る方法である。

加えてまた別の霊場巡りの方法がある。ここではそれに注目してみたい。図2―1の中で札所が密集している地域には、それらのまとまった札所だけをめぐる七か所参り、十か所参りなど、当該地域の人々のみが巡拝する参り方がある。徳島では阿波十か所（一番から十番まで）参り、阿波五か所（十三番から十七番まで）参り、阿波十七か所（一番から十七番まで）参り、高知では七か所参り、愛媛には二つの十か所参り（四十四番から五十三番までと、五十四番から六十四番まで）、讃岐では七か所（七十一番から七十七番まで）などとなっているが、これ以外にもまだある可能性は高い。これらは一日あるいは一泊二日程度で巡れる距離にあり、毎年のように巡る地域的習俗であり年中行事化した巡拝であったため、その実態を捉える史料は少ない。この地域的な札所巡りの実態については、昭和初期の宿帳データを利用してのちに詳しく分析していくが、ここでの筆者の仮説は、これらの数か寺詣をある期間をかけて一定の人々、たとえば中世末期の真言系修行僧グループなどが、八十八か寺にまとめ上げたのではないかということである。

この数か所参りの成立と四国遍路の成立という両者のあいだの時間的先後関係については、もちろん有力な史料があるわけではない。ただし前田卓によれば、この地域参りの歴史はかなり古いという。五十二番札所には、承応年間（一六五二〜一六五四）の札ばさみに「七ケ所参り」と書いたものが保存されている。あるいは八十八か所参りが広く知られる前から、こうした地域的札所参りがあったのかもしれないと推測している。なぜならば、西国三十三か所観音巡礼などよりも、京都の七観音詣のほうが古く、それを基盤に西国巡礼が成立していったからである。(8)

厳密な史料批判を旨とする史学者には叱正を受けるかもしれないが、しかしあの膨大な空間をひとつの巡礼路にまとめ上げるには、それに先行する形態がないと不可能であるという感が強い。

2　近世の四国遍路

日本の巡礼が大きな転換点を迎えるのは江戸時代である。日本を代表する巡礼史研究者であった新城常三は、つぎのように表現する。

江戸時代には、各種の社寺参詣が未曾有の盛況を記録するに至り、その数量は、前代の中世をはるかに凌駕するようになったのである。その原因はもちろん多様であるが、まず参詣の参加する階層・身分の拡大が挙げられねばならぬであろう。すなわち、古代の参詣が、国民の一握りにも価しない少数の貴族を中心とするに過ぎなかったのに対し、中世に入り、武士・有力農民がこれに代わり、さらに畿内では、中小農民までも参詣したという階層の拡大により、中世の参詣量は飛躍的に上昇したのである。(9)

新城はこれを遠隔参詣の民衆化とも呼び、これがもたらされた原因を以下の諸点に求めている。

（1）民衆の生活とりわけ経済生活が著しく向上したこと。自立農民の増加、貨幣経済の進展など。

（2）都市の発達、町人層、商人層の成長、増大。江戸、大坂、京都などの大都市の町人、商人層の発達は、時間的にも経済的にも余裕のある庶民を生み出し、旅全般が盛んになった。

（3）遊楽一般の出現。遊里や劇場が多数出現。旅に出ることが遊びと結びついた。

（４）交通環境の改善。船、馬、駕籠などの輸送手段の飛躍的改善。宿屋の充実、治安の安定などが挙げられる。これらは参勤交代制度の実施が促した点でもある。

（５）封建体制下における遠隔参詣の例外的扱い。基本的に封建諸藩は藩を超えての旅行や外出を厳しく制限したが、藩によっては遠隔参詣（典型は伊勢参り）や巡礼についてはそれを例外的に認めるという特例を設けたりした。(10)

こうして江戸中期以降、日本は歴史上未曾有の旅ブームとなった。多くの道中記などもつぎつぎに出版されたのである。旅ブームのなか、きわめて多様な人々が巡礼に出かけることになった。新城は江戸時代の遠隔参詣者はつぎの三類型に分類できるという。(11)

１　中世的な多分に敬虔な信者。

２　遊楽を兼ね、またはそれを主眼とするもの。

３　参詣を生活手段とする乞食の類。

このような全国的な潮流と相まって、四国遍路も江戸時代になってその様相を変化させていった。先に紹介した近藤喜博がいう「大師（遍照）一尊化」といった状況も、江戸初期から中期初めにかけて生じた。旅・巡礼の一大ブームであったものの、他の巡礼や遠隔参詣と較べて四国遍路にはそれなりの特徴を指摘することができる。同じく新城の研究をまとめるとつぎのようになる。(12)

１　相対的な意味での苦行性の維持。

観光的要素が少なく、野宿の可能性もあったし、宿屋といっても木賃宿ばかりであった。また道路事情も決してよくなかった。中世的特徴を比較的維持していた巡礼であるという。苦行性は今の四国遍路にもある程度通ずることである。

2　個人参詣者が多い。

江戸期に最もポピュラーだった遠隔参詣の伊勢参りなどと比較すると、四国遍路には参詣講を基盤とする遍路者がほとんどいない。

3　伊勢参宮などと比較すると、女性の遍路者が多い。

4　他の遠隔参詣と比して、経済的余力のない者が相対的に多い。

これには接待の慣習なども大きな影響があった。また遊び場所が少なく、結果として路銀が少なくて済むということになった。

5　病人の参詣が多い。

ハンセン病患者と四国遍路の結びつきは著名である。

6　窮民、乞食が多い。

これにも接待の盛況が関係している。

7　遍路の出身地は四国一円、山陽地方、そして大坂など近畿が大半を占め、東日本は少ない。

江戸期は約二百六十年間ほどだが、その流れのなかではいくつかのピークがあった。元禄期（一六八八〜一七〇四）から遍路者が増え始めた。そして宝暦（一七五一〜一七六三）・明和（一七六四〜一七六九）期に第一回目のピークになったようである。ついで文化（一八〇四〜一八一八）・文政（一八一八〜一八三〇）期に再度ピーク、そして天保期（一八三〇〜一八四四）後半から嘉永六（一八五三）年ごろにかけて再々度ピークが来たことを、種々のデータから測り知ることができる。(13)

これらの諸事実は、別の方法で近世の遍路の実態を探求している前田卓の分析結果とも概ね一致しているといってよい。

3　近代初頭の四国遍路

明治後半以降現在に至る四国遍路については本書の主たる分析対象でもあり、本章および第五章で細部にわたり検討していく。ここでは明治維新期つまり日本近代黎明期の四国遍路について考えてみたい。

明治維新期における日本宗教界にとっての最重要事件は、明治政府の神仏分離政策であった。習合してながく日本人の宗教生活に機能していた仏教と神道が、新政府の方針により分離されることになった。この政策の内容と背景およびその実態についてここで詳論することは避けるが、(14)この政策は当然、四国遍路の札所寺院にも影響を与えた。とくに大きな影響を受けたのが、神仏習合色が濃厚な寺院であったであろうことは想像に難くない。近藤喜博は八十八札所のうち神仏習合の色彩が濃厚な寺院として十か寺を挙げている。つまり一番（霊山寺）、二十七番（神峯寺）、三十番（善楽寺）、三十七番（岩本寺）、四十一番（竜光寺）、五十五番（南光坊）、五十七番（栄福寺）、六十番（横峰寺）、六十八番（神恵院）であり、近藤はこれらの寺には古仏が伝えられていないと報告している。(15)伝承では二十七番神峯寺は、明治十七年に再興されるまで廃寺のままであったし、また三十番の札所は、明治以降三十番札所と名乗る寺が二か寺あり、戦後まで巡礼者を当惑させていた。

八十八か寺中十か寺という数が果たして多いのか少ないのかも不明であるし、神仏分離の直接的影響を受けた寺には、文献等の史料も当然残されてはいない。一般論としては、四国遍路も神仏分離政策に大きな影響を受けたであろうことは想像に難くない。たとえ八十八か寺のうちの数か寺だけが廃寺になったとしても、八十八という完結のサークルが崩れることには違いないからである。

さて遍路者はどのような影響を受けたのだろうか。このことも関連資料が今のところきわめて不足している。前田卓は、西国巡礼とは違って、四国遍路には嘉永（一八四八〜一八五四）年間や安政年間（一八五四〜一八六〇）などの江戸最末期になっても遍路者がいた記録があるという。前田は、こうした状態は明治になってからもある程度続いていたと想像しているようである。その理由として、四国地元民のなかの若衆遍路や娘遍路といった習俗が継承されていたことを、その一因として挙げている。(16)

しかし反面、近代社会全体が遍路や巡礼あるいは遊行的宗教者といった存在に対して厳しい態度をとっていたことも確かである。真野は日本近代が尊んだエトスそのものが遍路などには冷淡であったはずであり、それが前章にも紹介した『土陽新聞』の「遍路拒斥すべし乞丐逐攘すべし」といった大論調に現れていると考えている。(17)

当時の遍路者の動向を直接的に表す定量的データが今のところ未発見であるから、ある程度の推測にならざるをえないが、筆者もまた、大勢としては明治前期の四国遍路は、一部の地元民中心の遍路者を除いては低迷していたと予測されるのではないかと考えている。(18)

第二節　近代四国遍路と移動手段

1　四国遍路と交通

四国遍路のすがたが大きく変化したのは戦後であり、モータリゼーションがそのおもな原因である、という見解が四国遍路近代史の定説である。戦前までは比較的伝統的なすがたを保持してきたといわれ、その典型例に挙げられるものが「お接待」である。

「お接待」は、四国外からの大都市出身の遍路たちを、初めは当惑させ後には感激させている。現代の歩き遍路は、相当数のお接待に出会うようであるが、しかし、それも江戸時代などの遍路記の記録からみれば少ない。文政二（一八一九）年に遍路に出た土佐の新井来助の日記によれば、旧三月二十五日には七十一番札所弥谷寺に至る遍路道で「摂待ニ出ル人々夥し」く、二十八件の接待があり、さらにこれより次の七十二番札所曼荼羅寺までの道筋は「夥しき接待のある所なり」と記している。(19) 伝統的には旧三月節句ごろが遍路の最盛期といわれ、新井来助の遍路時期はそれに呼応しているが、それにしても大変な数である。

これに比すれば、現代の接待は激減しているといってよい。多くても一日に数か所というところであろう。明治・大正・昭和期の遍路日記をみても、江戸期の新井来助ほどの接待の多さを記録しているものはない。伝統的なすがたが四国遍路には残っているということも確かであるが、しかしそれが江戸期以来、同じ質と量で継承されているわけではないこともまた否定すべくもない。

四国遍路には研究上利用できる史的データが少ない。明治維新以降、戦後の復興期までの近代の四国遍路についても事情は同じである。筆者は次章で昭和十年代の四国遍路について、愛媛県山中の旧遍路宿に残されていた宿帳を手がかりに、そこに記載されている宿泊者（大半が遍路）のデータを整理することで、空白の近代四国遍路の一側面を明らかにしてみる。

その前にここでは、明治から戦後復興期までの四国遍路の全体像を把握するため、遍路者が使用する交通手段という点に焦点を当ててみよう。データ不足が根本的に解決されたわけではないが、ここでは当時の遍路記などを利用したい。

2　四国における交通網の整備

江戸幕府はごく一部の例外を除いて、街道で車を使うことを堅く禁じていた。その結果、江戸期の人々は、駕籠か馬の利用を除いて、基本的に歩く以外に移動の方法がなかった。とくに武士階級以外の一般人にとっては歩くことが基本であった。それゆえ、明治維新になって、車を使うこと、動力を利用すること、さらには大量輸送が可能な乗り合い方式が開始されたことは、日本人の生活と世界観に抜本的な変革を迫るものであった[20]。明治期以降の日本の鉄道整備は、当初は官営、私営が競合したり両立したりしていくが、明治末期より官主導に傾いてくる。鉄道の持つ政治的・経済的・軍事的意味合いの大きさを、そこに知ることができる。

さて四国の鉄道の整備については、四国鉄道七十五年史編纂委員会編『四国鉄道七十五年史』（一九六五年）、「四鉄史」編集委員会編『四鉄史』（一九八九年）などが参考になる。なかでも中川浩一は、近代四国全域における鉄道網整備の展開について手際よく整理している。四国の私設鉄道の開業は北海道、九州に先立ってはいるが、しかしその後の発展は、はかばかしいものではなかった。当初は瀬戸内海沿いにいくつかの鉄道が部分的に開通していったが、それらが県庁所在地間を相互に連絡する四国の主たる鉄道線となった時期はつぎの通りである。予讃線の高松―松山間が直接繋がったのは昭和二（一九二七）年四月であった。土讃線の高松・高知間、高徳線の高松・徳島間が繋がったのは、ともに昭和十年であった（なお阿波池田・徳島間の徳島本線の開通は大正三年三月であった）。戦後になってさらに宇和島以南と高知県須崎を結ぶ鉄道の開通などもあったが、しかし、いまだ四国海岸沿いを一周するような四国周遊の鉄道線は完成していない。四国のこうした鉄道状況を総括して中川浩一は「四国島内の鉄道路線網が粗略」であるとし、その理由としては「島内居住人口がもともと少なく、平野の規模も狭小なうえ、点在という条件のしからしめる結果と判断できるだろう。工業化のたちおくれも、鉄道建設への要求を希薄にした要素と考えられる」としている。[21]この見解は、四国において「伝統的なるもの」が保存されてきたという見解を、間接的に補強するものであるともいえよう。

日本は近代化の主要交通網として自動車ではなく鉄道を選択した。そのことがいまもって道路網整備の遅れの原因ともなっていることは周知の通りである。しかし、四国の例でもわかるように、鉄道は町から町へ、村から村へと、すべての市町村を漏らさず連携する交通手段ではない。設備投資と維持に膨大な費用と手間がかかるからである。当然、より簡便な他の交通手段が、鉄道網の行き届かないところを埋め合わせる補助的交通手段として採用された。それは、明治初期に発明された人力車であり乗合馬車であった。しかしそれらは次第に、自動車や自動車を改造した乗合自動車（いわゆるバス）に取って代わられていく。

四国の自動車、乗合自動車の歴史を行き届いた形で再構成することは、鉄道以上に容易ではない。それは、鉄道と比較すればはるかに小規模な投資と従事者数で事業を開始することができたからである。事業者数も事業体数もたいへんな多さであり、またそれらの浮沈の頻繁さもかなりで、記録に残らない部分も多いからである。

そうした限定された状況のなかで徳島県の場合を見ると、乗合自動車の事業が徳島県で最初に実際に開始されるのは大正期であったとされる。使用されたはT型フォードであった。つまり乗用車を乗合用に使用したのであり、乗車料金も当然高価で、一般人には無縁のものであったという。[22] ただし世界的にみると、フォードの大量生産方式による自動車の大衆化は、結果として新しい交通や観光の形を生み出すことになった。[23]

その後、大正期後半にはバス事業を始める者が県下に続出したという。これは、鉄道路線が開通していくことと時期的に呼応している。駅とその奥の町村とを結びつける役を、乗合自動車が担っていたことの証左である。

この乗合自動車をさらに補助する公共交通手段としてはタクシー、ハイヤーがあった。徳島県のタクシー事業の嚆矢は大正九（一九二〇）年であるとされる。もちろん一般庶民には無縁といえるほど高価なものであった。しかし、その台数も次第に増加し、昭和九（一九三四）年には徳島市内で五十五台、郡部で百二十四台のタクシー数となり、これが業界内の過当競争を呼び、警察と県が仲裁に入ったという。[24]

以上が徳島県を例にした、四国の公共輸送機関の展開の概略である。当時の四国の人々の日常生活にそれがどれほどの役割を果たしていたかについては、なかなか計りがたいものがあるが、四国にも交通機関に関わる近代化の波が着実に押し寄せていたことがわかる。

交通機関の発達はその住民の日常生活に利便を与えるだけではない。旅、旅行をきわめて容易なものにする。とくに鉄道という乗合方式を採ることで大勢の人間を早く安く目的地に運ぶことのできる交通手段は、旅行ブームを呼ぶことになった。しにせの旅行雑誌『旅』が創刊されたのが大正十三（一九二四）年春であるということは、まさにそのころに日本の交通機関の発達が一般人のものとなりつつあったことにほかならない。こうした日本全体の動き、四国島内の動きは、広義には旅であり旅行でもある四国遍路にどのようなインパクトを与えたのであろうか。

3　近代四国遍路と交通手段

ここでは資料として主に遍路案内記・体験記類を用いる。昭和六（一九三一）年から昭和十九（一九四四）年まで発行された月刊『遍路』（遍路同行会発行のニュースレターふうのもの）[25]の第一巻の十号、十一号には、近代の遍路案内書・体験記リストがある。[26]それは貴重なリストであるが、残念ながら出版社名が記載されていない。このリストをもとに、さらに筆者が他で知り得たいくつかの遍路記を加えて作ったものが以下のようである。

伊藤駒吉『八十八ヶ所四国道中記』、明治三十五年
松本善助『四国八十八ケ所道中独案内』、大正六年
丹生屋隆道『四国八十八ヶ所』、大正九年
中村浅吉『絵入弘法大師四国八十八ケ所山開』、大正十年
北村尭運『同行の栞』、大正十二年
新保清次郎『四国八十八箇所御詠歌』、大正十二年
此村庄助『四国霊場八十八ケ所遍路独案内』、大正十四年
富田斅純『四国遍路』、大正十五年

宮崎薫『四国八十八ヶ所と交通』、大正十五年
斉藤知白『俳諧行脚　お遍路さん』、昭和二年
蓮尾観善『四国霊場と大師の慈光』、昭和三年
中村雅之助『四国八十八ヶ所詠歌』、昭和三年
愛媛県農会『四国霊場遠藤農業案内記』、昭和四年
大阪わらぢ屋『四国遍路巡礼地図』、昭和五年
飯島実（島浪男）『札所と名所　四国遍路』宝文館、昭和五年
森岡鍼灸院『弘法大師道びらき付四国道中里程案内』、昭和六年
安田寛明『四国遍路のすすめ付御詠歌解説』、昭和六年
アルフレッド・ボーナー『WALL FAHRT　ZU ZWEIN』（独文『同行二人』）、昭和六年
下村千秋『遍路行』、昭和六年
小林雨峯『四国順礼』中央仏教社、昭和七年
下村宏・飯島幡司『遍路』朝日新聞社、昭和九年
高群逸枝『お遍路』厚生閣、昭和十三年（昭和六十三年、中公文庫で復刊）
高群逸枝『遍路と人生』厚生閣、昭和十四年
荒井とみ三『遍路図絵』新正堂、昭和十七年
宮尾しげを『四国遍路』鶴書房、昭和十八年
安楽寺（四国遍路六番札所）『四国中国名勝地図　四国八十八ヶ所』、発行年不詳

これらの書籍の多くが発刊からすでに七十年以上経過していること、書物の内容が一過性のものと考えられがちであるがゆえに、いまこれらの書物を再見することはなかなか容易ではない。それゆえこのリストが近代の四国遍路案内記・体験記をどの程度網羅しているのかが判断しにくい。こうした留保の上ではあるが、このリストを一瞥しただけで気づくことは、大正期後半から昭和初頭にかけて、かなりの数の遍路体験記、案内記が刊行されているという事実である。これは先に論じてきた大正期から昭和期にかけての各種交通手段の改善、旅行ブーム到来と時期を一にしている。

そこで先のリストからいくつかを選んで、その著者たちがどのような方法で四国遍路を行ったか、あるいはどのような回り方を推奨しているかを見てみよう。

まず最初に取り上げるのは、小林雨峯『四国順礼』（中央仏教社、昭和七年）である。著者は僧名を小林正盛という真言宗豊山派の僧侶であり、近代の新義系真言宗を代表する高僧のひとりである。この書物の発行は昭和七（一九三二）年であるが、実際の遍路体験は明治四十（一九〇七）年のことであり、五月から八月までの約八十日間ほどを費している。一人ではなく、友人でもあった同じ新義系真言宗僧侶で五十番札所繁多寺の住職、丹生屋隆道と一緒である。丹生屋は小林の親友でもあったし、住職地が四国札所寺院でもあり、また当時の著名な遍路研究家でもあった。いわば丹生屋が先達役を務めたのである。

二人は丹生屋の住職寺院であった五十番繁多寺を出発点にして、いわゆる逆回りで四国遍路を行った。足が痛くなったり、初めての経験であった木賃宿での宿泊に閉口したりしながらも、八十日ほどで結願している。基本的にその遍路行は徒歩であった。利用した交通機関は馬車と船であったが、それらを実際に用いたのはまれであった。乗合自動車、タクシーなどは、明治四十年の時点ではまだ導入されていなかった。公共的輸送機関としては、瀬戸内海沿岸の松山周辺、金比羅周辺の鉄道がすでに運行していたが、二人は利用していない。このことは、遍路者が真言宗の僧侶たちであったことから至極当然という考え方もできるが、昭和期に入れば車を利用してスピード遍路をした僧侶の体験談が『遍路』誌にも堂々と出てくるので、僧侶遍路イコール歩き遍路という図式がつねに成り立つわけではない。

小林の著作の最後には、遍路の全費用が記載されている。それによれば、八十日間遍路の全費用が一人当たり二十一円四十一銭五厘であったという。一日平均二十六銭の出費となる。その内訳は、二銭が納経料、平均十銭が宿賃、さらに平均十銭が宿で払う米賃、四銭が草鞋代を含む雑費であるという。ちなみに明治四十年当時の物価を見ると、公務員の初任給五十円、日雇い労働者の一日当たりの平均賃金が四十九銭、サイダー一本十銭、大工の一日当たりの平均賃金が一円、東京の風呂屋の入浴料が三銭、亀の子たわしが一個三銭であった。現在の歩き遍路は、多くの体験記によれば、大体一日九千〜一万円の費用がかかる。六十日かければ六十万円ということになる。明治四十年当時の八十日間の遍路の総費用と公務員の初任給を比較軸にして較べると、現代の歩き遍路には高額費用がかかっていることがわかる。かりに現代で観光バスでまわると、歩き遍路の場合の三分の一くらいである。かつてはつましい旅であった歩き遍路が、現代ではむしろ「贅沢な旅」と一部で囁かれるゆえんである。

つぎに、大正期中期に遍路を行った人物に高群逸枝がいる。二十四歳だった高群の体験記は、当時の『九州日々新聞』に百四回にわたり掲載された。それが後に朝日選書から、堀場清子校訂で『娘巡礼記』と題して復刻された。本書は当時の四国遍路を伝える貴重なものであるが、その内容については本章第六節に詳しく論じることにする。彼女の遍路は六か月にも及ぶ大旅行であったが、愛媛県から巡り始めて、小林雨峯同様に逆打ちであった。彼女は、熊本から四国への途中で偶然出会った老人と一緒に巡るのであるが、馬車、船はおろか乗り物を一切使用していない。熊本市と四国の往復も徒歩で通しており、形式的には江戸期までの四国遍路の方法を踏襲したといってさしつかえなさそうである。

三番目として、ここでは宮尾しげをの四国遍路案内記を取り上げたい。先のリストにあるように、宮尾しげをの『四国遍路』は昭和十八（一九四三）年刊行であるが、『遍路』誌にはそれとまったく同内容の連載寄稿が昭和十三年の第八巻一号より開始されている。また、『遍路』誌によれば、昭和七（一九三二）年晩春に、宮尾が四国遍路を行った旨の記事が載っている。つまり、宮尾の遍路体験は昭和七年であると考えられる。宮尾の遍路は先のリストからいえば、案内書もかなりの数が出版されて、当時の旅行ブームなどともあいまって四国遍路が注目されてきた頃のものであると考えられる。

宮尾しげを（一九〇二～一九八二）は岡本一平門下の漫画家であり、子供漫画の草分けとして有名な人物である。また民俗研究家、江戸小咄の研究家としても知られている人物である。その漫画家の才を利用して、『四国遍路』にも当時の遍路風俗の挿絵が多く載せられており、それはたいへん興味深く、貴重なデータでもある。

さて、宮尾の遍路行程をその記述に沿って展開図にしてみたのがつぎのものである。なお、乗合とは乗合自動車のことである。

〈第1日目〉

大阪天保山（港）―汽船―撫養―汽車―一番―歩き―二番―歩き―三番―歩き―四番―歩き―五番―乗合と歩き―六番―歩き―七番―歩き―八番―歩き―九番―歩き―十番―歩き―八幡町（泊）

〈第2日目〉

宿—歩き—十一番—歩き—十二番—歩き—寄井（泊）

〈第3日目〉

寄井—乗合—十三番—歩き—十四番—歩き—十五番—歩き—十六番—歩き—十七番—歩きと乗合—十八番—歩き—小松島（泊）

〈第4日目〉

宿—歩き—十九番—乗合と歩き—二十番—歩き—二十一番—歩きと渡し—二十二番—歩き—宿（泊）

〈第5日目〉

宿—相乗ハイヤー—二十三番—タクシー—二十四番—乗合と歩き—二十五番—歩き—二十六番—歩き—安田町（泊）

〈第6日目〉

宿—歩き—二十七番—歩きと乗合と歩き—二十八番—歩き—二十九番—相乗ハイヤー—三十番—歩き—高知市内（泊）

〈第7日目〉
宿─歩き─三十一番─歩き─三十二番─歩き、渡し、歩き─三十三番─乗合と歩き─三十四番─歩き─高岡（泊）

〈第8日目〉
宿─人力車と歩き─三十五番─歩き、乗合、渡し、歩き─三十六番─船─三十七番─中村（泊）

〈第9日目〉
宿─乗合、渡し、歩き─三十八番─歩き、ハイヤー、船─宿毛（泊）

〈第10日目〉
宿─乗合と歩き─三十九番─歩き、船、馬車─四十番─乗合─宇和島（泊）

〈第11日目〉
宿─汽車と歩き─四十一番─歩き─四十二番─歩き─四十三番─貨物自動車に相乗り─大洲（泊）

〈第12日目〉
宿─自動車─十夜が橋─自動車、歩き、乗合─久万（泊）

〈第13日目〉

宿—自動車と歩き—四十五番—歩き—四十四番（泊）

〈第14日目〉

宿—乗合—道後温泉（泊）

〈第15日目〉

宿—歩き—五十一番—歩きとハイヤー相乗り—四十六番—歩き—四十七番—歩き—四十八番—歩き—四十九番—歩き—五十番—歩き、汽車、歩き—五十二番—歩き—五十三番—汽車—今治（泊）

〈第16日目〉

宿—歩き—五十五番—歩き—五十四番—歩き—五十六番—歩き—五十七番—歩き—五十八番—歩き—五十九番—歩き、汽車、歩き—六十四番—歩き—六十三番—歩き—六十二番—歩き—六十一番（泊）

〈第17日目〉

宿—歩き—六十番—歩き、汽車、乗合—六十五番—乗合、汽車、歩き—六十八番—歩き—六十九番—乗合と歩き—六十六番（泊）

〈第18日目〉
宿—歩き—六十七番—歩き—七十番—自動車と歩き—七十一番—歩き—七十三番—歩き—七十二番—歩き—七十四番—歩き—七十五番門前（泊）

〈第19日目〉
宿—電車—金比羅—電車—七十六番—歩き—七十七番—歩きと自動車—七十八番—歩き—七十九番—歩き—八十一番—歩き—八十二番—歩き—八十番—汽車—高松（泊）

〈第20日目〉
宿—電車—八十三番—船—鬼ヶ島観光—船—高松—電車と索道—八十四番—汽車と索道—八十五番—歩きと電車—八十六番—歩き—八十七番—乗合と歩き—八十八番

この展開図からだけでは、距離の表示がないので具体的にどのくらいの距離を各種の交通機関に依拠していたのかはわからないが、これを一読した場合、現代の感覚からいえば宮尾はよく歩いているといえるかもしれない。札所が集中している地域、たとえば一番から十番、四十六番から五十三番、五十四番から六十一番、七十一番から七十七番などは基本的に歩いているが、札所がない区間、あるいはまばらな区間の遍路道は乗り物を利用している。二十三番から二十四番、三十五番から四十番、四十三番から四十四番などがそれに当たる。おそらく能率のよい遍路をしようと心がけているのであろう。そして汽車、電車、索道（ロープウェイ）などが発達していた瀬戸内海沿いの遍路にはそれらを利用しているので、二十日間で巡り終えているので、現代の歩き遍路の速いタイプの約半分の日数である。ちなみに現在のバスなどは十〜十一日間という日程が標準である。

宮尾の遍路行の特徴あるいは目新しい点は、乗合自動車（乗用車を改造したもので、現代の感覚からいえば小型マイクロバスサイズと考えることができる）の利用である。乗合自動車は交通機関としては高価なものであり、それが「民衆的」といわれた四国遍路で利用されたことは画期的なことといえる。

宮尾は書物の冒頭で「この八十八ヶ所めぐりは、信仰心の厚い人達によって行われるのであるが、私のは、申訳ないことながら、この信仰がちょっぴり隅っ子にくっついていて、大部分は見学の旅になってしまった」と言っている。[27] 著者は観光的見物の側面が強いと言いたいのであろう。しかし彼は、「遍路同行会」にも顧問のような形で名前が見えているし、それなりに遍路に関心を持ち続けていたことが窺える。それゆえ宮尾が観光本位の遍路者であったと言い切るわけにはいかない。それにしても、昭和七年ごろにすでにこうした四国遍路が可能であったことは確かである。

確かに、四国遍路を観光旅行にすることを本気で考えていた人々もいた。それが島浪男の『四国遍路』（宝文館、昭和五年）である。この本の著者の島浪男とはペンネームであり、鉄道省勤務で雑誌『旅』の記者をしていた人物であるという。彼は雑誌『旅』に四国遍路を連載するために、昭和三年二月から四年四月まで四回に分けて四国遍路を行った。その結果は、『旅』の第五巻四月号から第七巻一月号までに連載され、それが昭和五（一九三〇）年に一冊の書物として出版された。

島は、まず自分は格別な信仰心を持っているわけではないと断る。四国遍路は今までは「信仰本位の旅行者だけにしか為されていなかった」が、これを「一般の遊覧本位、観光本位の旅行者」にも勧めることができるかどうかを確かめるために、四国遍路を巡ることにしたという。遊覧にも向くようにするためには、島はまず四十～六十日かかる遍路をもっと短時間で巡る必要があるとして、「交通機関の利用は出来るだけして、日数をつめて巡った」。それゆえ、順序通りの霊場参詣にはこだわらず、汽車、乗合自動車、船などをできる限り利用し、かつ適宜タクシーなども使用している。さらに、貧弱な遍路宿は観光には向かないとして、可能なところは一般の旅館に宿泊をしている。

そしてすべてを回り終えて、「何となく双肩風を担うたように軽く、胸中春光の溶々たるがごとく長閑《のどか》なものをおぼえる」といい、また山あり海ありの自然の変化の妙も賞賛している。ただし、いまだ四国遍路では荒唐無稽なご利益話がまことしやかに語られ、奇妙な慣習が行われているのは、前時代的であると批判する。「今までのように、愚昧の善男善女達を相手として行こうというならいい。しかし、時代と共に生きて、新時代の巡拝者を迎えようと言うのには、少なくともまず第一にあまりに馬鹿馬鹿しい伝説や慣習やご利益授与の一切を抹殺し撤廃すべきだ」と強く進言している(28)。

もうひとつ、自動車遍路を推薦する事例をあげてみよう。

昭和九(一九三四)年は弘法大師空海入定千百年記念の年であった。真言宗ではこの記念年をきっかけにさまざまなイベントが組まれた。四国遍路もその流れの一環にあったことは間違いない。この年に六十八番札所観音寺から「四国八十八ケ所霊場案内及名勝史蹟交通鳥瞰図」と題する四国遍路マップが、画家吉田初三郎の絵筆により出版された。今われわれはそのすばらしい出来ばえの絵地図に、長田攻一、坂田正顕監修のＣＤ－ＲＯＭ『現代に生きる四国遍路道――四国遍路の社会学的研究』を通してじかに触れることができる(29)。その絵地図には自動車が何台も描かれているのであるが、それを描いた吉田初三郎が、その地図に「絵に添えて一筆」という文を寄せている。その文の中で車利用による遍路をつぎのように積極的に勧めている。

（まず筆者は四国遍路の風景や人情のすばらしさを誉める。約四十〜五十日をかけて歩くという方法が普通であり、費用がたいへん安く、時の相場の玄米三升の代価でいいといわれている、という紹介がなされる）。（しかし）現代のような、超スピード時代である。中には、四、五十日間という、長時日に辟易して、あたら壮快極まりない、この信仰スポーツ（引用者註・四国遍路のこと）を、惜しくも断念すると云う人たちが、可なり多い事と思うのである。そこで、そうした人々のために、少し贅沢ではあるが、筆者はせつに自動車をお奨めしたい。さすれば日数凡そ十日を以て、その全コースを巡り得べく、即ち本鳥瞰図に示すが如く、山容水態いたるところ、神秘を極めた景勝の地に、幽邃静寂な霊光を拝して眼のあたり身心ともに極楽を行く大ドライブ。そもそも四国遍路、一度び順拝の輩は、病苦、または、よろづの難をのぞき、未来成仏うたがいなし、とあり。その結構にして有意義なる、片々たる世俗的な、月並スポーツとは、全然撰を異にしている。

（中略）

（自動車遍路は）少なくとも一日三円や五円の費用はかかる事となろう。されどいやしくも現代の紳士級が、このすばらしいほがらかな信仰的大スポーツ兼観光ドライブに要するものとして、決して高い費用ではない。況んや同行五人位で、一台を利用すれば頗る安いものである。どしどし諸君の御実験あらんことを。(30)（引用者註・原文を現代仮名遣いと現代漢字に書き直した）

まさに自動車礼賛、観光遍路礼賛であり、「信仰的大スポーツ兼観光ドライブ」という表現は、戦後の旅行ブームのキャッチコピーにも相通じるものが感じられる。こうしてみると、昭和初期には四国遍路の観光化、自動車利用化を勧める動きが確かにあったのである。

こうした観光主体の四国遍路のすすめが、実際にどの程度一般社会にインパクトがあったのかは判断できない。しかし、『旅』誌にはこのほかに遍路の体験を綴った寄稿がいくつかあることから、確かに四国遍路の観光化は一定範囲で存在していたといえるのではないだろうか。[31] とにかくある程度、交通手段を利用する遍路が可能になったことは確かであった。宮尾しげをが二十日で巡ったことは、ある意味では新しい形の遍路のすがただったのではなかろうか。昭和六（一九三一）年に四国遍路の案内書を出したベテラン遍路行者、安田寛明もまた、交通機関があるところは汽車、電車、自動車とも「乗車すべきです」と強く勧めている。[32]

ただし、もちろん、これが当時の流れであったということはできないであろう。伝統的なお遍路たちにとって、乗合自動車、タクシーなどの出費は負いかねるものであったはずである。あるいは、四国を巡ることと金銭の出費を伴う旅行との間には、少なくとも一般庶民にとって、心理的乖離があったであろうことは想像に難くない。

もちろん、こうした新しい動きには当然強い反対も出る。昭和六（一九三一）年の『遍路』誌には、車利用の遍路が増えていることが嘆きを以て伝えられている。

乗物禁止の教訓を裏切って、乗物利用者が多くなったのには驚く。汽車汽船が割引をする、自動車などは袖をひいて勧める、悪魔は至る処に誘惑の網を張っておる。とくに霊場の寺院などで、是等の客引をつとめる様なものがあるのは苦々しき限りである。……遍路は大師の御修行の通りに修行するという旨意であるから……徒歩でお参りをするという事は、大切なる事ゆえ、相戒めて乗物巡拝の弊を止めたいと思います。[33]

また明治四十年に小林正盛とともに遍路を行った丹生屋隆道は、同じく昭和七年の『遍路』誌で、つぎのように信仰上の立場から諭している。

元来、四国は、吾が大師様の苦修練行された聖蹟ですから、今日のように、飛行機や自動車で旅行する時代でも、遍路をするのには矢張、徒歩で致さなければ、本当の四国遍路の味い、云いかえれば、四国を遍路なされた、その時の大師様の気持と云うものが、全然解らないのです。[34]

『遍路』誌の主宰者である富田斅純もまた車利用を批判する。

自動車を駆る、汽車に乗るは遍路の本体ではありません。金剛杖に縋りて一歩一歩を堅く踏み占めて第一番より第二番に進む所に私共の使命が存するのであります。[35]

遍路同行会自体が遍路を通じての信仰運動を目指していたと考えられるので、こうした信仰的立場を語るのは当然であるが、こうしたことを繰り返し述べること自体が、車や汽車利用の遍路が増えつつあったことの裏返しでもあろう。

しかしながら、島浪男が嫌ったご利益中心の信仰譚を信じ、衛生上問題がありそうな木賃宿に泊まりながらの遍路は、依然として四国遍路の大きな部分であったこともまた否定できない。放浪の俳人、種田山頭火は昭和十四（一九三九）年に徳島から愛媛にかけて遍路道を巡っている。それは「四国へんろ日記」と題されている。彼は四国でいう「ご修行」つまり行乞をしながら巡っている。「行乞の功徳、昨日は銭四銭、米四合、今日は銭二銭、米五合、宿銭はどこでも木賃三十銭、米五合代二十銭、米を持っていないと五十銭」といっている[36]。つまりこうした木賃宿が戦前までは四国遍路道の各所に存在していたのである。その後日本が戦時体制を一層強化していくなかで、太平洋戦争末期には四国遍路をめぐる人々もわずかになっていったに違いない。そして戦後は、昭和二十年代末から巡拝バスを利用した団体遍路が誕生し、急速に広がっていく。さらに昭和四十年代にはマイカー時代が到来し、四国から〈伝統的なるもの〉は急速にすがたを消していくことになる。それは交通手段の進歩にのみ限られるものではなく、霊場会の組織化など、四国遍路全体の規範化、近代化をも生み出すことになり、四国遍路は大きく変容するようになる[37]。

4　伝統的巡拝の変化

前節では、近代四国遍路における交通手段ということに焦点をしぼり、明治、大正、昭和二十年までという時期に、四国遍路にもゆったりとしたペースながら、近代的な旅行としての四国遍路というすがたが確かに現れていたことを指摘した。しかし、全国レベルの著名度を持つ他の聖地と比較すれば、やはり、交通機関の近代化の影響を比較的受けにくかったのが四国遍路であるといえるかもしれない。それはなぜか。先にも触れたように、四国という地域全体が、工業化といった近代化の根幹の動きと疎遠であったということもあろう。さらに交通手段ということに限れば、四国遍路自体の仕組みもまた、交通の近代化になじみにくかったといえる。つまり一か所の聖地なら鉄道の整備もまた可能である。良い例が金比羅詣であり、明治二十二（一八八九）年には金毘羅詣の電車が丸亀―琴平間に完成している。

しかし、八十八か所の寺が一四〇〇キロメートル以上の楕円状の軌跡に散在している四国遍路の札所同士を、効率よく繋ぎ合わせる鉄道を敷設することは、四国地域の工業化の遅れなどということとは関係なく、ほとんど不可能である。加えて日本の鉄道敷設計画自体が、中央とそれぞれの地方とを放射線状に連結するように進展してきている。隣り合った地方と地方を連繫しようという意図は、あくまでも二次的なものであった。柳田国男は昭和二（一九二七）年の講演のなかで次のように指摘している。

> 兎に角に今日の交通は完備に近いと言はれて居るが、其経路はどこ迄も放射線状である。即ち全国の隅々までが孤立し分散せぬのは、都府の媒介があるからであつて、其為には一段と中央集権制が濫用せられる。しかも地方と地方との相互の交流は、各藩割拠の六十年前と比べて、さまで改良する所は無いのである。（中略）今日は小学校に地理の教育はあるが、いや産物は紬であるの、馬が何千何百頭居るのといふのみで、子供は日本全国どこでも自分の村と同じ様な村落があるものときめて居る。(38)

国家優先の中央集権的近代化への柳田の批判はまことに手厳しい。四国四県の鉄道事情はまさに柳田の指摘通りである。鉄道は高松を基点とする形で完備されたのであり、四国を一周するような鉄道網計画はあるものの、いまだ完成していない。四県を面で結びつけるような交通網は道路の整備まで無かったわけである。それゆえ乗合自動車はもとよりタクシー、ハイヤーを利用しなければ、交通利用の四国遍路は可能ではなかったのである。

以上のように、四国では確かに〈伝統的なるもの〉は、その外的理由、内的構造的理由のゆえに、確保されやすい状態にあったといえよう。しかし、鉄道に代わる車利用の一般化によって、四国遍路はその様相を一変させたといってよい。そのなかで過去十年ほど、一切の交通手段を断固拒否して約一四〇〇キロメートルを完全に歩くという遍路が急増している。このことについては第五章で詳しく扱うのでここでは省略するが、この「流行」の底には、高度現代文明のネガティブな影が大きな役割を果たしていることは確かである。時代の流れには比較的鈍感であるかのようにみえる四国遍路が、意外に時代の流れに敏感に反応している点は興味深い。

第三節　大正期の四国遍路と高群逸枝の巡礼体験

1　高群逸枝の人と足跡

本節では大正期に四国遍路を巡った高群逸枝の巡礼日記や関連書物を中心に、当時の四国遍路の様子、および彼女にとっての遍路体験の意味を探ろうとする。

高群逸枝は明治二十七（一八九四）年、熊本に生まれ、ドラマチックな人生航路を歩みながら、昭和三十九（一九六四）年、東京で七十年の生涯を閉じた。彼女は女性解放運動の先駆者の一人として華々しい活躍をした時期もあったが、本質的にはデスクワークを好む女性史研究家であったといえよう。後に紹介するように彼女は猛烈な勉強家であったが、その特異な性格も災いして対外的な人間関係はきわめて不毛だったこともあり、社会的に十分恵まれていたとは決していえず、一生を在野で過ごした研究者であった。そのため、その厖大な研究成果に比して、専門研究者の間での評価は決して高くない。確かに、彼女の著作を読んでみると、歴史的事実の記述と彼女自身の価値判断とが渾然一体となって表現されていたりして、純粋な学術書とは趣きを異にしている個所が目につく。ただし本節は彼女の業績の客観的学問的評価という面には一切立ち入らない。あくまでも巡礼研究上における彼女の著作への関心である。彼女が自らの巡礼体験を客観的に他に伝達するに十分な観察力と文章力を持っていたことは、巡礼研究にたいへん幸いなことであった。

彼女はある時期、アナキストとして活発な論陣を張った。その点で表面的には巡礼のイメージとは合致しにくいかもしれない。しかし自身その著作の中で再々触れているように、彼女が二十四歳のときに行った放浪的な四国遍路の体験は、彼女のその後の人生に大きな影響を与えたのである。ある意味で、それは決定的影響と言い切れるかもしれない。その点が本節で究明しようとすることのひとつである。そして筆者にとって興味深いのは、そのように彼女に大きな意味をもった巡礼体験は、実は巡礼そのものの持つ特徴と深く関連していると思われることである。彼女の巡礼体験の考察は、巡礼研究一般の進展にも結びつく可能性を持っていると考えられる。

加えて高群逸枝の巡礼記には大正期の四国遍路の様子が克明に記録されており、この手記は、記録の少ない近代四国遍路についての貴重な地誌的データを提供してくれるのである。

高群逸枝の人となり、あるいはその足跡や業績については、彼女の没後続々と評伝や解説が刊行されてきた。筆者自身は、高群逸枝の業績全体を研究している専門家ではない。それゆえ、巡礼体験を除く部分での高群逸枝についてては、それら最近の諸研究を活用させていただくことをまずお断りしておきたい(39)。

高群逸枝はきわめて多作である。そして女性史研究、評論、詩作と、その著述活動分野も広い。『高群逸枝全集』（理論社）10巻（一九六三～一九六七）は、菊判二段組で各巻四百頁から五百頁というボリュームである。しかしこの『全集』が彼女の作品を網羅していないことも指摘されている通りである。こと巡礼にだけ限っても、『娘巡礼記』、『お遍路』、『遍路と人生』の三冊はそこに収録されていない。『全集』編集の中心人物が彼女の夫、橋本憲三であったことも大いに影響があったといわれる。

高群逸枝はその生涯の大部分を女性史研究に捧げたといってよい。その研究意欲は強烈なものだった。夫を会社に送り出したあと彼の帰宅までが彼女の勉強時間であった。毎朝夫が家を出ると家中の扉に錠をかけ「時間の空費が何より惜し」かったので、「昼食もおやつも抜きにして」一心不乱に研究活動に没頭した。「私の着物はすぐに袖口がすりきれ、たえず右側から受ける光線のため右半分が色あせてくる」ほど、それは凄まじいものであった（自叙伝『火の国の女の日記』、『全集』第10巻に所収）。ここに、彼女の異常ともいえる徹底ぶりを見てとることができる。

この結果が彼女の厖大な女性史研究の成果なのである。『母系制の研究』、『招婿婚の研究』、『女性の歴史』、『日本婚姻史』などの大著である。しかし前述のように、彼女の業績はアカデミズムの世界からはごく例外を除いてあまり評価されなかった。いずれにせよ、彼女の著作に触れて容易に気づくことは、記述のプロセスで彼女の価値判断が鮮明に打ち出されている個所が少なくないことである。その是非はともかく、これはいわゆる学術書にはあまりみられないスタイルである。また逆にそれが魅力となることも当然ありうるだろう。鹿野政直は彼女の『女性の歴史』に触れつつ「おそらく逸枝は、理想世界の招来への願望の強さゆえに、結論をいそぎすぎたのである」(40)と評している。まことに正鵠を射た評と思われる。それはまた、彼女の他の著作、ひいては彼女の人生そのものにも当てはまる評とさえ考えることもできよう。

世の評価が両極に分かれるのは高群の場合、単にその学的業績だけではない。彼女のパーソナリティについてもさまざまである。確かに、他人には理解しがたい面が多かったようである。彼女への批判の常套句は「夢遊病」であったという。昭和初期、高群と派手な論争をした山川菊栄は、夢遊病というレッテルに加えて彼女を「妄想主義」と批判した。堀場清子は、高群は「比類のない直感力に恵まれていた」女性で、「超常識人」であったとしている。夫橋本憲三は、高群は「何もさせてはいけないひとだった」と述懐していたという[41]。高群自身自らを評して「人一倍狂気じみた熱情家で有る」としている（『娘巡礼記』）。こうしてみると、それを好ましいと思うか否かは別にして、彼女のパーソナリティには確かにエキセントリックな面が存在していたようである。そしてそれは終生彼女のなかにあり続けたようである。晩年の自伝『火の国の女の日記』の中にもそれはみられる。そこにみられるのは彼女のきわめて鋭敏な感受性である。それはあるときには強烈な自責の念を生ぜしめ、またあるときはもっとも身近な人間関係すらにべもなく拒絶するといったように、終始極端から極端へと揺れ動いたのである。

さて、高群逸枝と巡礼との関わりは、その年譜や著作さらには自叙伝などからみると、おもにつぎの通りである。

（1）大正七（一九一八）年。二十四歳。六月より約半年間を費し、徒歩で四国遍路を行う。遍路旅の経験を「娘巡礼記」と題して『九州日々新聞』（現『熊本日々新聞』）に百四回にわたり連載した（これはきわめて入手困難であったが、一九七九年、堀場清子校訂『娘巡礼記』として、朝日新聞社より復刊された）。

（2）大正十（一九二一）年、詩集『放浪者の詩』が刊行される。その中に「巡礼の唄」と題する詩が収録されている。

（3）大正十一（一九二二）年、高群は評論集『私の生活と芸術』を出版したが、その中に遍路体験を記した「巡礼行」および「漂泊の旅より」の二篇が含められた。

（4）大正十二（一九二三）年、詩集『東京は熱病にかかっている』を書き上げる（刊行は二年後）。この詩集は、文明の病弊を鋭く指摘したもので、高群が初めて社会的問題に関心を示した記念すべき出版である。彼女の思想遍歴上の一大転換であると一般には評価されている。その「序」において彼女は、「私はふたたび乞食の仲間に身を投じようとする傾向が私のうちに強く芽生えている事実を否定するわけにはいかない。私は都市生活、ことに不正に満ち、阿諛と屈辱に満ちた売文生活に耐えられない」と記している。ここで彼女が憧れている〈乞食の仲間〉の世界とは、明らかに五年前に体験した遍路の世界である。

（5）大正十四（一九二五）年、東京中野での橋本憲三との結婚生活に絶望し、高群は家出をする。その家出とは、西国巡礼をすることであった。彼女はのちにそのときの心境を回顧して、つぎのように語っている。「私はあさか山の女に似た書きおきをかいて、家出することにした。私は亡児の霊（三年前に男児を死産）によばれている気もちで、西国巡礼から高野山におちつき、婦人論の著述に生涯をかけるつもりだった」（『火の国の女の日記』）。

しかし和歌山県新宮（西国霊場第一番札所近く）まで迎えにきた夫とともに、西国巡礼を果たさず帰京する。

（6）昭和九（一九三四）年、女性史研究に超人的エネルギーを注入したことから極度の疲労と栄養失調に陥り、病床に臥す。そのとき彼女は周囲のすすめもあり、再び四国遍路をすることを思い立つ。

「まだ手足の痺れはなおらず、歩行も自由でない。軽部家（高群家の大家で隣家）までさえ危ぶまれるほど足元がもつれる。しかしすっかりしたくをして、わらじをはいてしまえば、病気もかえってよくなるだろう。四国遍路のかつての経験はいまだにたのしい思い出である。あの最下層の放浪の世界こそ、私にもっとも適当な旅行圏だろう。あそこへ行ったら普通の人たちが転地したと同様の好結果をもたらすだろう。前の時は途中から七十三翁と同行したが、こんどは独り旅か、それともらいてう（平塚らいてう）さんを誘おうかと思う」（『火の国の女の日記』）。

（7）昭和十三（一九三八）年九月、著書『お遍路』（厚生閣）を出版する。これに先立つ同年四月、主著のひとつ『母系制の研究』（『大日本女性史』第一巻）が刊行された。『お遍路』の「はしがき」に彼女はつぎのように記している。

「……私は最近大日本女性史第一巻を書いて非常に疲れた。できるなら、この機会に（四国遍路を再び）実行して、心身の健康を取返したい。けれども、現在の境遇ではそれも許されない。そこで旅をするつもりで本書をつくる気になったのである。……読者が此書をもって私の生き方の見本とお考え下さろうとも、筆者においては何等の異議もない」（傍点は引用者）。

（8）昭和十四（一九三九）年、著書『遍路と人生』（厚生閣）が出版される。彼女はその中でつぎのようにいう。

「私は、生活に行きづまりを感じ、物ごとに確信を失うごとに、きまって遍路を思う。遍路は私の心の故里である。あの虔ましい遍路道――野越え山越え、ながながと、はてしれず続いている道。そこを私は、とぼとぼと、歩いたのである。……人の世のどんな不幸でも、あの道を辿る間には、心次第で、大概はいやされるという気が私にはするのである。不幸な人は遍路に出なさい。私は心からこういって、すすめたいのである」（傍点は引用者）。

以上が高群と巡礼とのおもだった関わりであるが、これら以外にも彼女は詩集や随筆等でたびたび巡礼のことに触れている。これらの事実は、少なくとも筆者には巡礼研究を進めるうえで、また高群逸枝の思想と行動とを考えるうえでも、重要な手がかりを与えてくれた。ただし他の高群逸枝研究者はどのように考えているのであろうか。

ある研究者はかつて、高群の実体験として結局最初で最後となった二十四歳のときの四国遍路は、のちに彼女の夫となった橋本憲三との出会いにショックを受けた結果の、一種の試行錯誤的行動だったかのごとくに論じた。当時のウーマンリブ運動の盛り上がりのなかで再評価されてきた、女性運動の先駆者としての高群逸枝というイメージに固執すれば、巡礼は一種の後退的退嬰的行動と考えられなくもない。巡礼に関する主要著書が『全集』からオミットされているのは、どのような理由からであろうか。

しかしその後のの高群逸枝研究はそれほど単純ではない。ある評論書は、巡礼体験は高群逸枝という人間像を解く重要な鍵であり、その体験は彼女の「内部を織りつづけた精神の核」であるという[42]。また別の研究者は、彼女の巡礼は「泥沼的な」既成の枠を一気につきやぶる意味をもっていたという[43]。筆者が彼女の巡礼体験のもつ意味を重要視するのも、同様の観点からである。そしてそれは巡礼、とりわけ四国遍路のもつ構造的特殊性と深く関連していると考えている。

いずれにせよ生涯の大半を研究と著作に費した人物が、たとえその研究分野からみてマージナルな位置にある書物の中であるとはいえ、その「序」で、「読者が此書をもって私の生き方の見本とお考え下さろうとも、筆者において何等の異議もない」と言い切る点に、筆者は高群と巡礼体験とのなみなみならぬ繋がりを感ずるのである。

2　高群逸枝の遍路原体験

高群逸枝が熊本市内から四国遍路に出発したのは、大正七（一九一八）年六月四日のことであった。そして再び熊本に帰着したのは、もう秋も終わりに近づいた十一月二十日のことである。五か月半にわたる大旅行であった。ふつう四国遍路を徒歩で巡ると四十から五十日かかるといわれる。それからすると彼女の遍路旅は、かなり余計な日数をかけている。まずは、彼女の日程の大筋を見てみよう。

六月四日　熊本を出発。
七月十四日　大分より船で愛媛県八幡浜に到着。さっそく遍路を始める。いわゆる逆打ちである。霊場を順番にそって参拝するのではなく、その逆に巡るわけである。彼女の場合、八幡浜近くの四十三番から始めて四十二番、四十一番……と巡拝したのである。一説には、逆打ちのほうが功徳が多いとされる。
七月二十三日　高知県に入る。
九月三日　徳島県に入る。
九月二十八日　香川県に入る。
十月九日（頃）　愛媛県東部に入る。

十月二十四日　遍路を終え、再び八幡浜より船で大分へ。翌日大分に着く。
十一月二十日　熊本に帰る。

この日程からわかる通り、高群が四国にいた期間は、七月十四日から十月二十四日までの約三か月半である。残り二か月は、熊本から大分までの往復に費している。大分―熊本間の復路一か月間弱については、その巡礼記にもあまり詳しい記述はない。しかし往路については、『娘巡礼記』全百四回分のうちの約三分の一をさいて、その間の模様を詳しく述べている。なにしろ、とくに定まった日程などないのであるから、歩いている最中に宿を提供されれば、まだ陽が高くともそこに一夜の宿をとるといった具合なのである。可憐な娘遍路ということで大いに関心を集め、興味本位の来客に忙殺されたり、はては恋文までもらったりしている。

ただし、この間、彼女の遍路完遂には結果的に重要な役割を果たす人物との出会いがあった。その人物は伊東宮治という七十三歳の老人で、大分県大野郡中井田村に住んでいた。彼は六尺に近い偉丈夫で村人に鍼灸や按摩を施して暮らしていた。伊東老人の家のそばをたまたま通りがかった高群は、老人のすすめによって遍路旅第六夜をそこで過ごすことになった。ところがその晩、老人はある夢を見る。彼の枕元に観音と勢至の両菩薩が下り立ち、「ここに泊まっている遍路は観音さまの化身であるから、お前はこの遍路をよく守護するように」と告げたというのが夢の内容だった。

高群の描写から推測するに、老人は一種の行者ふうの人物であったに違いない。この夢のお告げにいたく感激した伊東老人は、高群を守護して一緒に四国遍路を巡拝すると言い出し、同行することになる。老人の遍路旅の準備などがあって、高群は結局この家に一か月近く滞在することになったのである。

ふたりの遍路姿は「祖父に連れ添った孫娘遍路」といった風情であった、と高群は手記の中で述べている。この老人の同行は結果として彼女の遍路旅完遂を可能にした大きな要因となった。というのは当時の四国遍路にはさまざまな困難があり、それらのうちには、知的には勝れていても身体的にはむしろ劣っていた彼女には、おそらくひとりでは克服しがたかったであろうものもあった。この点については後述したい。

さて、彼女の遍路出発の時点に再び話を戻そう。

高群が出発した六月四日の朝の熊本は、雲が一面にたれこめていた。朝八時、手甲、脚絆、笈摺に身を固め、手には杖、頭には同行二人と書いた菅笠をかぶり、高群は遍路への第一歩を踏みだしたのである。

彼女の旅立ちを見送った人々は、当時の寄宿先の寺の僧侶、それに加えて知人の桶屋夫婦などほんの数人であった。両親には今回の企てについてなにも語ってはいなかった。旅立ちの光景としては寂しいものだったに違いない。それでなくとも遍路姿の高群は十五、六歳の少女にしか見えなかったという。通りがかりの人々は彼女を見て、こんな可憐な少女がひとり遍路に出るとはよほど深い事情があるに違いないと考えたのであった。彼女の手記には、行くさきざきでこの点を再々不審がられ、なんと世間の人は穿鑿好きなのだろう、とこぼしている個所がたびたび出てくる。

しかし周囲のこの疑問は、かれらの穿鑿好きだけにあながち帰することはできないのである。当時、若い女性が単身遍路に行くことなど、やはり稀だったからである。すなわち四国遍路は病人や社会的弱者が多い巡礼として著名だったのである。

高群が遍路に出た時節を考えてみよう。彼女が八幡浜より四国を巡拝しはじめるのは七月十四日である。遍路のハイ・シーズンは旧三月節句ごろといわれている。その時期はとうに過ぎている。四国の夏の暑さは格別である。それも夏の盛りに四国でもっとも暑さの厳しい土佐路をいく行程をとっている。

こうしたいわば「時期はずれ」の遍路には、特別な願いごとをもっていた者、あるいは職業遍路がとりわけ多かった。職業遍路になる理由はさまざまで、家庭の崩壊や社会生活上の失敗などがあった。これらのうちで四国遍路特有のものはハンセン病患者の遍路であった。

こうした病気遍路以外にも、怪しげな祈禱を行い遍路から金をまき上げることを狙っていた職業遍路も少なからずいた。とくに婦女子などがかれらのターゲットとなった。このように、遍路は高尚な信仰心を持つ人々ばかりではなかったのである。とくに時期はずれの遍路にはこうした怪しげな連中が目立ったのである。事実、高群も後で紹介するようにこの種の人々に出会っている。

このような事実があったからこそ、高群の遍路姿を見て人は訝しがったのである。

高群の場合とくに強固な信仰を持った仏教信者であるとはいえない。彼女の母は熱心な観音信者であった。母親は彼女を授かるまで三回も死産を経験していた。両親はその結果、人に教えられて筑後の子授け観音として有名な清水観音に熱心に願をかけた。その結果生まれてきたのが逸枝であった、と彼女は母からよく聞かされていた。また高群の外祖父は真宗僧侶であった。それゆえ彼女が育てられた家庭には、彼女を仏教的雰囲気に親しませるものがあったことは十分予測できる。しかしだからといって、彼女自身が篤信の仏教者であったということにはならない。

彼女の『娘巡礼記』が一般性を持ちうるのはむしろ、彼女の文章がこの種の手記にありがちな説教調ではないことにある。

このように高群逸枝は弘法大師の篤信者ではない。仏道修行を目指す尼僧でもない。観光でもない。それが習俗だったわけでもない。不治の病いを持った病人でもない。それなのに、なぜ無謀ともいえる単身の遍路旅に出たのであろうか。それも遍路をするにはきわめて不適切な季節である。高群は、友人の平塚らいてうが「あの病弱な小さな肉体」と評するほど、身体的には恵まれていなかった女性なのである。

高群自身が『遍路と人生』の中で語っているように、高群が巡礼に出た直接の動機は、一人の青年との出会いであった。その青年こそ、後に彼女の一生の伴侶となった橋本憲三である。橋本憲三は高群より三歳年下であり、二人の交際はまず文通で始まった。高群は彼に急速にひかれていくのであるが、だからといってそれがスムーズに進行していったわけではない。彼女特有の過敏な性格も災いしていた。

しかし高群を「非常な混乱」に陥れた大きな原因は、橋本憲三という人物がそれまでの彼女の人生で会ったことのない類いの人物だったからである。彼女にとって橋本の思想や行動は「悪魔主義的」と映ったのである。橋本とはどんな人物だったのだろう。高群自身の記述をみてみよう。

彼は帝政ロシア末期のゴンチャロフの『オブローモフ』（稀代のなまけ者）やアルチバーセフの『サーニン』（ローマン的恋愛を極度に軽蔑して肉欲のみが男女関係の真相だと信じている男）といったようなものにかぶれ、また日本の自然主義文学の『泥人形』（正宗白鳥）、『蒲団』（田山花袋）等以来のエゴイズム性にも共鳴し、友人には札つきの社会主義者もあるといったような境遇にあり、一種の作家志望者でもあった。（『火の国の女の日記』、『全集』第10巻、一二八頁）

これに対しては高群は、父親の儒教的エトスのなかで育てられ、彼女の教養の背景となっていたものは、おもに漢籍や日本の古典文学であった。当時の高群は彼女自身が言うように、「ロマンチックなひたむきな野生そのままのしらたま乙女」であった。そのため、橋本の「過激な」思想には大きなショックを受けてしまった。それでも橋本に強くひかれた高群は、彼との共同生活を考えて教職を棄て、熊本で新聞社への就職を試みる。しかしそれも結局うまくいかなかった。

あれこれと事件が続発して、「世間知らず」の彼女はそれらに適切な対応ができなくなってしまう。「生きているという実感が、私にはまるでなかった」（『火の国の女の日記』）、と彼女はのちに告白している。アイデンティティの危機に、高群は直面したのである。

『娘巡礼記』の冒頭に、遍路出発の三週間前に、当時の『九州日々新聞』の社会部部長宮崎大太郎に宛てた手紙が掲載されている。そこにはアイデンティティの危機に陥った高群の精神状態が赤裸々に述べられている。毎日「昼も夜も狂ほしく読書に耽溺」していること。そうしなければ「到底堪へがた」いこと。しかし自分でも何のためにそうであるのかわからないこと。気が狂ってしまうのではないかと自分でも思うこと。当時彼女はある寺に寄宿していたのであるが、その寺の墓地の中を得体の知れぬなにかが忽然と現れては消えるといった幻覚症状に襲われること。

そして彼女はその最後につぎのように述べている。

巡礼に——そは妾にとりていと容易なるわざに御座候。凡そ停滞ほど苦しきはなし。（『娘巡礼記』朝日選書、十二頁）

この最後の一文は巡礼一般の構造を考えるうえできわめて示唆的である。人類学者V・ターナーが力説する巡礼コミュニタス論とも相通ずるものである。ターナーのコミュニタス論はすでに詳しく紹介した。ターナーは人間関係のあり方を〈構造〉と〈コミュニタス〉の二つに分け、それが弁証法的に関連しつつ、社会ないし人間生活は進行するという。構造のもつ特性のひとつは日常性のなかにおける固定である。人間が集団生活を営む以上、役割分担とか地位の割りふりなど、ある程度の構造性がそこに生ずることは避けられない。しかし構造の自律運動性のゆえに、往々にして人間はそのなかで自由とか躍動といった側面を抑圧されることになる。そうした抑圧から逃れるため、人間は構造と対立する世界としてコミュニタスをつくり出したのである。コミュニタスこそ、日常社会のしがらみにとらわれず、個々の人間がその本来具有する人間性を十分に発揮できる場である。しかしその無構造性のゆえにコミュニタスは長続きしない。つまりコミュニタスの特性のひとつは、固定に対立する移行なのである。

すでに述べたように、ターナーはコミュニタスの典型例のひとつとして巡礼をあげている。高群が「停滞ほど苦しきはなし」というとき、それはターナーのいう構造の特性を言い当てているわけであり、その脱皮の方法として巡礼を選んだということは、また巡礼のもつコミュニタス的特性の一面を高群が見抜いていたことにもなるのである。

さて、停滞を脱皮して巡礼に出た高群は、そこでなにを体験し、なにを得たのであろうか。

炎天苦闘の土佐を過ぎ、侘びしい初秋の阿波路をゆき、讃岐にかかる頃には、かすかに私にも朝の光がさしてくるようであった。結婚や恋愛のことなどにしても、とにかく、人が私を愛するというならば、それだけで充分であって、自分がそれに値しないなどと取越し苦労をするのはよくあるまいという気になった。その後、私の生活は、幾起伏を辿ったけれども、それを一貫した態度としては、運命にまかせるところに、安心の境地をもつことであった。（『遍路と人生』、十八頁）

しかし、この言葉は、原体験から二十年もあとで刊行した著作の中で語られていることに注意したい。原体験を綴った『娘巡礼記』には、このように落ち着いた口ぶりの「安心の境地」などとはうらはらに、さまざまな苦痛や苦悩を訴える言葉が目につく。たしかに讃岐路に入った頃からの記述は落ち着きもあり、その点は先の言葉を裏づける。しかし、『娘巡礼記』では讃岐路あたりになると描写が平板になる。そしてなによりも、それまで毎日さいていたスペースとは比べものにならないほど少しの紙数の手記となってしまう。つまり原体験で彼女にとって印象的だったことは、むしろ遍路旅前半のさまざまな苦痛や苦悩を鋭敏に感じとっていた頃のことなのではないかと考えられるのである。ではその苦痛、苦悩はいったいなんであったのだろう。

まずは橋本憲三との恋愛の問題である。これは終始彼女の頭を離れなかったことであるが、すでにそれには触れたので、ここではいま一度その事実を確認するだけにしておきたい。

それ以外でまず目につくことは、肉体的苦痛である。七月中旬より愛媛から巡礼を始め、真盛夏を高知で過ごしている。高知の夏はとりわけ暑い。これに加えて、高群は遍路を始めて二日目から野宿を強いられる。「あゝ疲れた。遂に野宿と決定、少し上の草丘に上ってすぐに横になる……顔から手足に色々な虫が這ひ上つてゐて不快で堪らない。それに着物や髪も露でシトシトになつてゐる。……此れから何百里、かよはひ私で出来る事であらうか」。続いて三日目も野宿。四日目は宿屋に断られ、やっと善根宿に行きつく。五日目、六日目も野宿。もちろん野宿ばかりではない。善根宿の提供も受けたし、遍路宿にも泊まった。しかし遍路の最後まで野宿を避けることはできなかった。

肉体上の苦痛の第二は、歩くことそのものである。巡礼開始後三週間たったのちでも、彼女は足が痛くかつ腫れあがり、這いつくばって用を足したと記している。

ついで環境上の苦痛もある。野宿よりましだったとはいうものの、当時の遍路宿の実態も高群には初めての経験だった。季節はずれの遍路ゆえ、同宿人も老醜が顕わになった老人遍路、ハンセン病者などがほとんどで、彼女は「まるで死の勝利に出てゐる乞食の群」のようであると表現しているほどである。讃岐のある遍路宿では、あまりの汚ない風呂に驚き入らずに出てきたこともあった。

彼女の遍路費用はどうなっていたのだろうか。出発に際して『九州日々新聞』の宮崎大太郎より金十円をもらっている。巡礼記を書くという約束であった。遍路途中で宮崎より、さらに三十円を追送してもらっている。しかし五か月半を計四十円で暮らせるわけがない。彼女は手記の中で、時折、旅費の不如意に触れている。同行した伊東老人は遍路開始後二十日ほどで「ご修行」を始めている。家々をまわって行をして歩くことを四国ではそう呼ぶ。修行とはいうものの、これはやはり必要にせまられての行乞であるのが普通である。このように高群は、金銭的にも決して楽ではなかったのである。

恋愛問題以外の精神的苦悩もあった。ひとつは世間の目である。先にも触れたが、とにかく若い娘の遍路はめずらしかったから、遍路の動機を問う人々は多かった。手記の中で、彼女は世間の穿鑿好きに何回も音を上げている。一人前の人間とは見られなかったこともあった。

若い娘の遍路ゆえに、世間のひやかしの種ともなった。若い男たちに「こりゃあ可愛い、奇麗じゃ」と近寄られ、はしたないことをいわれる。工夫らしい一群の人々にからかわれる。穿鑿にせよひやかしにせよ、知的で過敏な高群にとっては辛くて煩わしいことであった。

こうした状態だったため、彼女は強い望郷の念にかられることも一度や二度ではなかった。旧七夕ごろ、巡礼開始後約一か月のとき、彼女はつぎのように手記に書いている。

ああお父さまに会いたい、お母さまに会いたい。

優しい静かな私の母さまと、秋の山べを美しく楽しく歩きたい。

（中略）

父上さま母上さま此頃は御たよりもいたしませぬ。さぞ案じてゐて下さいませう。でも決して御心配下さりますな。

私は無事に今も此海べに立つて御健在を祈つて居ります。（『娘巡礼記』朝日新聞社、一四〇頁）

二十四歳の女性にしてはやや感傷的にすぎる感じもしないではないが、彼女はこのように純朴な女性だったといえよう。

もちろん筆者は、高群の『娘巡礼記』が苦痛と苦悩への彼女の呻きと叫びだけで成り立っていると強弁するつもりはない。高知市近くでは、同じ宿に長逗留し、釣りに興じたり読書に耽ったりして、リラックスした時間を過ごしている。ただ筆者が強調したいことは、原体験後二十年経過して発表した遍路に関する本などの遍路礼賛ともいえる内容と比較すると、『娘巡礼記』に書き残された原体験には、かなり質的な違いがみられるということである。『娘巡礼記』だけを読むと、彼女の遍路は苦痛に満ちた旅だった、まさに苦行だったという感を強めるのである。

さて熊本に帰った高群は橋本と同居生活に入り、ほどなく上京する。東京で彼女の才能が花開くのはまずその詩集によってであった。とくに大正十二（一九二三）年に書き上げた（出版は二年後）『東京は熱病にかかっている』は、彼女の実質的な出世作といってもよい長編詩集であった。しかもこの詩集は、彼女の執筆生活のなかでも特別な意義をもっていた。彼女が初めて「社会的関心を示した」画期的な作品だったのである。

ところがこの鋭い社会批判の詩集の中で、彼女は四国遍路への強い憧れの念を表明しているのである。

3　遍路体験の理念化

詩集『東京は熱病にかかっている』は、二十五の長編詩およびかなり長い「序」から成り立っている。この詩集はそのタイトルからも想像できるように、東京に象徴される近代文明や国家主義などのもつ非人間性、その風潮に安住している人々の欺瞞性を鋭く指摘したものであった。

この詩集の「序」で高群はつぎのように述べている。

私はふたたび乞食の仲間に身を投じようとする傾向が私のうちに強く芽生えている事実を否定するわけにはいかない。私は都市生活、ことに不正に満ち、阿諛と屈辱とに満ちた売文生活に耐えきれない。[44]（傍点は引用者）

ここでいう〈乞食の仲間〉とは、明らかに、彼女が五年前に体験したあの四国遍路のことである。これに対して彼女は東京を「憎い東京」ときめつけ、痛烈に批判する。

わたしの言葉は都市の文法のため、はからずも原始性をうしなってしまった。いやな憎い東京、わたしは東京を侮辱する。わたしはそこにみなぎっているあらゆる風潮を憎む。(45)

私がここで注目したいのは、つぎの二つの点に集約される。

まず第一に、あれほど苦悩に満ちた四国遍路を、五年ほど経過したこの時点で高群が理念化しはじめている点である。この傾向はさらに強まり、後に触れるように二十年後に出版する二つの遍路に関する著作で、最高頂に達する。

いまひとつの点は、高群が四国遍路の世界を東京に代表される文明世界と対比的に把握していることである。この詩集の中で「憎い東京」によって代表され象徴される価値は、彼女自身の用いる言葉で表せば、つぎのようなものである。物質本位、エゴイズム、欲本位、支配―被支配の関係、制度、技巧の世界である。これらはすべて否定されるべき価値であり、それに対して高群は尊重されるべき理想社会の価値を、対照するがごとく列挙している。それを一応整理するとつぎのようになる。これらの語はすべて、高群自身が詩の中で用いているものである。

この理想社会のひとつに四国遍路を考えていることは、先に紹介した彼女の文章からも十分窺える。

このように遍路の世界を他の世界と比較して考えることは、実はコミュニタスを構造との対比で把える方向と

文明社会	理想社会
物質本位	自然本位
理知本位	情本位
個人本位	普遍本位
欲本位	愛本位
支配—被支配	平等
エゴイズム	普遍主義
制度	自然
技巧	素朴

まったく軌を一にしているのである。巡礼がコミュニタスの一例であることは、先に指摘した。ターナーはコミュニタスと構造とを価値対比的に、つぎのように対照している[46]（二二七頁）。

このターナーのリストは、用語こそ違っても内容的には先の高群のそれと一致する点が多い。このように高群の四国遍路観が、奇しくも現代社会科学者による巡礼構造の把握と軌を一にしていることはたいへん興味深い。この意味で高群逸枝と遍路の関係は、巡礼研究に非常に貴重なのである。

さて、そののち高群は少なくとも二回にわたって再び巡礼に出ようとする。

その一回は、『東京は熱病にかかっている』を脱稿した三年後の、大正十四（一九二五）年である。このとき

コミュニタス	構　造
移行	状態
全体	部分
同質	異質
平等	不平等
身分の欠如	身分
裸ないし制服	服装による識別
性別の極小化	性別の極大化
富の無差別	富の差別
非自己本位	自己本位
沈黙	言葉
愚かさ	聰明
単純	複雑

彼女は、四国遍路ではなく西国巡礼を企てる。西国巡礼はもともと彼女の念願だった。というのは彼女の母は熱心な観音信者だった。彼女も両親が子授け観音に願かけした結果の子供だった。この点についてはすでに触れた。大正七年の四国遍路のときも、最初は西国巡礼を目的としていたことが、『娘巡礼記』の中で述べられている。

しかし今回の巡礼は、その念願の巡礼の実現というよりも、彼女自身が述べているように「家出」だったのである。

「……書きおきをかいて、家出することにした。私は亡児の霊（三年前に死産）によばれている気もちで、西国巡礼から高野山におちつき、婦人論の著述に生涯をかけるつもりだった」（『火の国の女の日記』、『全集』第10巻所収）。

この家出の真の理由は、しかし夫婦関係にあった。橋本憲三との現実の夫婦関係、が彼女の理想としていたそれとは大きく食い違ったのである。このいきさつについては鹿野政直・堀場清子『高群逸枝』に詳しい。書きおきを残した高群は、夫の勤務先の友人Fと紀州の新宮までいく。新宮は、西国巡礼第一番札所の近くである。当時の新聞には「高群逸枝　家出す　夫を棄てて　情人と共に　紀州で自殺の恐れ」と書き立てられたという。しかしFとの関係は、新聞の見出しのようなものではなかったらしい。同行の理由は不明である。

しかしこの巡礼行は結局、新宮まで橋本憲三が迎えにきてケリがつき、実行には至らなかった。

このように実行はされなかったものの、このときの巡礼行もまた逼塞した状態からの脱出という意味をもっていたことに注目したい。それは大正七年の四国遍路のときと同様である。

さて第二回目の巡礼行の計画は昭和九（一九三四）年のことだった。女性史研究に没頭した結果、病床に臥す。そこで周囲のすすめもあった遍路行を企てる。このときも結局実行に至らなかったが、それを契機として彼女の「健康も頭脳も」回復したのだった（『火の国の女の日記』）。このときも、病いという肉体上の難題から脱却するために、巡礼が大きな意味をもっていたことがわかる。

さて、永年にわたる彼女の女性史研究の成果は次第に世に問われるようになった。昭和十一（一九三六）年には『大日本女性人名辞典』が、十三（一九三八）年には『母系制の研究』（『大日本女性史』第一巻）が出版された。いずれも七〇〇ページ前後の大著であった。これらによって、女性史研究家としての高群はその地歩を固めることになる。

『母系制の研究』が出版された同じ年に、高群は『お遍路』（厚生閣、本文二八二頁）を出版した。巻末には六ページにわたって、友人平塚らいてうの跋文が寄せられている。すでに紹介したように、この書のはしがきで「此書が私の生き方の見本である」と述べているわけである。この本の刊行のいきさつについてもすでに触れた。『母系制の研究』の執筆で非常に疲れた。遍路に出たいところだが諸般の事情でそれも不可能である。そこで遍路に出たつもりで本書を書くというものである。蛇足ながら、はしがきの最後に、本書が売れて印税が入れば、それで『大日本女性史』第二巻の資料を購入したい、と彼女は述べている。高群の愚直ともいえる正直な性格の一端が出ていてほほえましい。

さらに翌年には『遍路と人生』（厚生閣、本文二六五頁）を出版した。『お遍路』は、彼女の二十四歳のときの原体験の再発掘といった感じの内容である。あのときの旅程にそって筆が進められている。『遍路と人生』は、遍路は人生の縮図であるという立場で書かれており、いわば高群自身の遍路解釈論の展開ともいえる。

しかし『お遍路』にしても、原体験を綴った『娘巡礼記』とはかなりニュアンスが違っている。その理由のひとつは、高群はすでに新聞連載の『娘巡礼記』の切り抜きを失ってしまっていたので、当時の備忘録等に頼りながら『お遍路』を書いたということにある。しかし私の見るところ、理由はたんにそれだけではなさそうである。『お遍路』の文章のほうが『娘巡礼記』よりも整っていて読みやすい。二十年間の歳月は彼女の文章表現力を進歩させたのであろう。また原体験の頃に比して、高群自身の精神状態もずっと安定していたに違いない。しかしこのことは、逆に『お遍路』からは『娘巡礼記』のもつ生々しさがそれほど感じられないということにも繋がっている。『娘巡礼記』にしばしば見られる苦痛や苦悩の表現が、『お遍路』ではずっと和らげられている。

さらに、『娘巡礼記』と、二十年後の『お遍路』と『遍路と人生』のあいだの決定的違いは、後者においては原体験および四国遍路がきわめて理念化されている点である。

4　イデオロギー的コミュニタスとしての四国遍路

彼女は、四国遍路を評してつぎのように言っている。

四国を単に、迷信の国であるという人に私は同感しない。むしろ四国を霊の国といいたい。(『遍路と人生』、一〇九頁)

日本の一角に、かかる意味での自由の国、霊の国が保有せられてあることを喜ぶ。(『お遍路』、五一頁)

四国遍路が、自由の国、霊の国であるとはいったいなにを意味するのであろうか。彼女がもっとも称賛する点のひとつは、四国では遍路同士が、同行すなわち同じ目的のために行を修めるものとして、一般社会にはみられない平等の関係にあるということである。

彼女はそれをつぎのようにいう。

ここでは乞食同様のみすぼらしい人であろうが、病気のせいで不当な虐げを受けている人であろうが、勝ち誇った富家のお嬢さんであろうが、互に何の隔てもなく、出会う時には必ず半合掌の礼をする。これは淡々たる一視平等の現れで、世間的な義理や人情の所産である。（『お遍路』、五〇～五一頁）

一笠一杖に身を托すれば、私たちはすでに同行の一人であって、世間の階級性を失う。四国の人たちも、おへんどはんは、すべて平等に取扱ってくれて、貧富、賢愚、上下の差別をつけない。（『遍路と人生』、一〇三頁）

すでに『東京は熱病にかかっている』の中でみられた理想世界としての四国遍路観が、ここではさらに明瞭に打ち出されている。そしてそれをやはり世間との対比で捉えていることに注目したい。世間での肉体的差別、社会的差別などは四国にはなく、すべて平等なのだと強調する。世間イコール差別、遍路イコール平等という二項対立的な把握をしているのである。

高群は四国遍路の特性を表現するうえで三点をあげている。相互愛、平等愛、犠牲愛がそれである。『お遍路』『遍路と人生』の両者ともこれに触れている。しかしこれは高群の創意ではなく、実は彼女自身も指摘しているように、東京中野にある宝仙寺の当時の住職、富田斅純が提唱したものである。まずは富田のいう三つの愛のそれぞれを簡単に紹介してみよう。

相互愛とは、四国では遍路同士が遍路道で出会ったならば、たとえ未知の人でも必ず片手をあげて半合掌する。この挨拶の仕方は、たとえ相手が貧しい病人であろうと富豪であろうと変わることがない。東京の満員電車とは大違いである。このような見ず知らずの遍路同士の一種の連帯感を、相互愛という。

遍路には一定の決められた服装がある。ひとたび遍路姿となれば、遍路の期間中はみな平等である。宿屋では狭い部屋を分けあい食物はすべて同じである。このように遍路では衣食住すべてが平等である。また宿屋のほうも遍路によって差をつけない。こうした側面を富田は平等愛と名づける。

四国には接待という風習がある。これについては先に少しく触れた。遍路に対して沿道の人々が無償で金品を施すことをさす。あるいは無人の物売りスタンドがある。スタンドには売子がいず、欲しければそれ相応の金額を置き自由に物を持って行くのである。これらのことはいずれも「己を空しうして他を愛する」という立場になければできないことであるとし、富田はこれを名づけて犠牲愛としたのであった。

富田は真言宗豊山派の管長職にまでなった僧であるが、自坊にてもさまざまな布教活動に従事した。女子教育向上のために中野高女（現・宝仙学園）を創設したこともその一環であった。彼は弘法大師信仰宣揚のために、遍路に着目し、「遍路同行会」なる組織を作り、『遍路』なる月刊の会誌を発行した。第一巻第一号は昭和六年一月に発行され、昭和十九年四月に第十四巻四号をもって休刊に至るまで、毎月欠かさず刊行されている。遍路同行会なる組織が現実にどのような集まりであったかは、いまだ未調査ではあるが、少なくとも富田にとっては一般人向けの布教運動の一環であったことは確かである。

先の三つの愛は、富田が『遍路』の第一巻三号から五号に書いた「遍路愛」と題する記事の中に出てくる。ちなみに高群逸枝自身も、昭和十四年一月の『遍路』に「遍路の縁」という小文を寄稿している。

いずれにせよ、高群は富田の主唱する遍路愛に共鳴してそれを自著の中にも紹介し、自身それを言いかえて「四国は自由の国、霊の国」であるとしたわけである。

ターナーは巡礼はコミュニタスであるという。高群の諸著作を通して読んでみると、すでに明らかにしたように、まさにターナーの指摘と軌を一にするような遍路観があらわれているのがわかる。ここでは、高群自身の人生の推移とともに遍路コミュニタス観が徐々に形成されていく点に、私は注目してみたのである。年月が経るにしたがってコミュニタスが理念化していき、『お遍路』、『遍路と人生』ではイデオロギー的コミュニタス的な側面が濃厚になっているということができよう。

第四節　移植される四国遍路—幕末から近代にかけて—

1　聖性の移植

聖なる力はしばしば強い伝染性を有しているが、それは聖地の移植、ミニチュア版の誕生という形で表れる。日本の有名社寺や霊場は勧請という形をとって全国各地にその写しを伝播してきた。もっとも有名なもののひとつは十五世紀に数多く作られた伊勢神宮の分社であり、今伊勢、今神明、飛神明と呼ばれた(47)。

四国遍路、西国巡礼といった著名な巡礼もその写しが全国至るところにある。歴史の古い坂東三十三か所観音巡礼のように全国的に名の知られたものから、わずかな年月しか存在せず人々に広く知られることなく消滅していった無名のものまで、夥しい数に上る。

しかし聖地の移植は日本だけの現象ではない。代表的な例は、キリスト教の「悲しみの道」と呼ばれる聖地が世界各地に伝播したことである。

「悲しみの道（Via Dolorosa）」とはイエスが、エルサレムのローマ総督ピラトの官邸で有罪になってから、十字架を背負って歩いた、ゴルゴタへの道のり約五〇〇メートルのことで、〈悲しみの道〉つまりビア・ドロローサと呼ばれている。(48) ここを今も修道士たちが、イエス以下の人々の役割を演じながら、いわば一種の道行きを再現する。

この「悲しみの道」という原風景・原体験の再現が始まったのは、キリスト教がローマ帝国に公認されてキリスト教信者がエルサレムに巡礼するようになってからである。その後、イスラームのエルサレム占領により中断されるが、十四世紀にトルコ人との合意で、フランシスコ会の修道士たちがこの「悲しみの道」の行進を復活したといわれている。「悲しみの道」は、エルサレムに行くことができないキリスト教徒のために、ヨーロッパの教会の中や戸外にイエスの受難シーンを表す絵や像とともに、移植の「悲しみの道」コースを作ることになった。つまりミニ「悲しみの道」、写し「悲しみの道」である。このコースは、歩みながら十四のステージを礼拝して廻るから、ミニ巡礼である。このミニ巡礼はやがて近世にヨーロッパ中に広まり、十八世紀になってローマ法王が受難のシーンを十四段階に分ける標準モデルを設定した。

たとえば現代カトリック最大の巡礼地フランスのルルドにも、ミニ「悲しみの道」がある。ルルドの泉の洞穴の裏手にあるエスペリューグ山を利用したもので、全長約一・六キロある。一日巡礼のコースでもここを訪れる。また、今世紀にマリアが出現したポルトガルの聖地ファティマの近くにも、ミニ巡礼「悲しみの道」が設けられている。徒歩約一時間半ほどの行程である。

実はルルドの泉自体の写しもまた世界中にある。一八九一年、教皇レオ十三世は二月十一日（一八五八年、ルルドで最初にベルナデッドにマリアが出現した日）をルルドの聖母出現の祝日と定め、自らヴァチカン宮殿の奥にルルドの洞窟の模型を造らせ、その前で祈りを捧げた。これ以降、世界各地にルルドの洞窟が造られるようになった。[49] 日本では、この「写しルルド」は長崎県五島列島福江島玉の浦町にあり、一八九九年の完成で「井持浦ルルド」と呼ばれている。また東京目白のカテドラル教会などにもミニ・ルルドがある。以上のように強い霊性、聖性を持つ聖地は各地に伝播していくのである。

2　新四国霊場の特色

四国遍路の写しは、新四国霊場という呼称のほか、地四国、准四国、島四国、半島四国、ミニ四国、地場大師、などと呼ばれて日本各地にみられるし、また日本人が移住していった土地にも四国遍路ミニ版が開創された。ハワイ諸島にも少なくともミニ四国遍路霊場が四か所、開創された。[50] これは移民たちの日本の故郷が、強い四国遍路信仰を持っていたからである。

さて全国に何百、何千とある新四国霊場の規模はさまざまである。文字通りミニチュアで、寺院境内などに八十八体の石像を順に並べた小規模なもの（なかには寺院本堂の中に祀ったものさえある）から、徒歩巡拝だと十日以上かかるものまで多様である。

新四国は元来、巡拝者の便宜を考慮して人里近くに作られる場合も多く、そのため近代化、都市化に影響されやすく、土地改良政策や都市計画によって移動を余儀なくされたり、住宅に取り囲まれてしまったりした札所も多い。[51]

またミニ四国は、本四国と、さらに小さい境内や本堂内の超ミニ四国との三重構造になっている。各人の欲求に応じて霊場の選択がなされる。[52]加えてミニ四国を巡ることによって、いつかは本四国を巡りたいという欲求を生み出すという構造にもなっている。つまり、ミニ四国と本四国はステップアップしていく有機的連関関係にあると言える。

西国巡礼にもミニ版が多くあり、そのため西国巡礼のミニ版と四国遍路ミニ版とは比較されやすい対象であるが、両者にはいくつかの違いがある。新西国の半数以上は成立が中世から江戸中期までのものが多いが、新四国霊場は新西国とは異なり中世に確認できるものはなく、そのすべてが江戸時代に移植されたものである。さらには江戸時代でも、「大半が文化・文政、天保ないしそれ以降の幕末期である」といわれる。[53]また島崎博は「新四国は、その大部分が江戸時代中期から昭和にかけて成立したもの」であるという。[54]

新四国霊場は数も多く、その内容も一律ではないが、たとえば全国的にみても有数の新四国霊場集中地域である関東・利根川流域では、ミニ遍路は年中行事化し祝祭的色彩が濃厚である。[55]そのため江戸時代には抑制の通達を出しているほどである。このような廻文は関東各地に出されていたらしい。これには、新四国霊場の持つ祝祭的性格と幕末期の社会不安との関係に対する権力側の不信があったとする見方も成り立ちうるかもしれない。[56]いずれにせよ新四国霊場は、民衆とくに社会の下層階級や女性等のレクリエーションの性格が濃厚であったことは確かである。[57]

新四国霊場が開創された動機や開創者にはつぎのような例がみられる。（1）五十年ごとの弘法大師遠忌に際し記念として開創された。たとえば享保十九（一七三四）年は九百五十年遠忌、天明四（一七八四）年は九百年遠忌、天保五（一八三四）年は千年遠忌の年、明治十七（一八八四）年は千五十年、昭和九（一九三四）年は千百年遠忌となる。この記念年に開創されたミニ四国は数多い。[58]（２）本四国希望者の老齢化や経済的理由のために、本四国に行くことのできない者のために開創された。（３）僧侶の情熱によるもの。僧侶といってもより具体的に言えば修験者の場合が多い。かれらはしばしば四国遍路経験者である。また開創の方法もさまざまであるが、かなり一般的なパターンとして本四国遍路の各札所の砂を持ち帰って、さらに実景をも類似させるよう努力するという方法である。つまり海や川に面して新四国を作るといった方法である。[59]

以上のような一般的特徴を持つ新四国霊場であるが、ここではその代表例のひとつであり、現在でも、もっともアクティブな動きを見せる新四国霊場である、九州福岡県の篠栗新四国霊場のケースを詳しく見ていくことにしよう。

3　篠栗新四国霊場の成立

篠栗《ささぐり》新四国霊場は、小豆島新四国霊場、知多半島新四国霊場と並んで三大新四国霊場のひとつともいわれている。篠栗霊場は福岡県糟屋郡篠栗町にある。ちなみに篠栗町は福岡市の東側に位置している。

篠栗霊場の祖型はもちろん四国遍路である。しかしそこには篠栗独自の習俗もまた見られる。白い笈摺を身につけた巡拝者も決して少なくないが、菅笠を被った「オーソドックス」な装いの巡礼はほとんどいない。参拝のとき必ず洗米を供えるのが篠栗の特徴である。頭陀袋ふうの入れ物に洗米を入れて首から吊し、札所の本尊はもとより周囲に安置されている仏菩薩像につぎつぎに洗米を供えていく。その手つきは慣れたものである。というのは四国遍路とは違い、篠栗では毎年どころか一年のうちに何度も参拝にくる人がかなりいるからである。洗米をマヨネーズの空の器に入れ、その器を握りしめマヨネーズを押し出すがごとく手際よく供えていく人もいる。洗米供えられる洗米の量はたいへんなもので、昭和七、八年ごろで一札所で一日一俵分に当たったという。かつてはその洗米を、煎餅やおこしの原料にするため、あるいは玄米茶に用いるため業者が買い付けに来たという。もちろん米が貴重品であった時代の話である。

このように大量の洗米が供えられるひとつの理由は、札所に夥しい数の石仏が祀られているからである。ほとんどすべての札所には最低一組の十三仏の石仏が祀られている。十三仏といっても、それに弘法大師像と毘沙門天像が加えられている場合が多いから、実際には十五仏である。札所によってはこれが何組も祀られている。それに加えて札所には、不動明王を筆頭に地蔵菩薩、観音菩薩の大小の石仏が夥しい数祀られている。とくに行場となっている滝の周辺はそれが顕著である。これらの石仏はすべて信者や参拝者が奉納していくもので、寺側でもその一つひとつを把握しているわけではない。この厖大な数の石仏像をみると、アニミスティックな庶民信仰を吸い上げて包含する磁場的役割を、大師信仰が果たしていると考えることができる。

実際、篠栗霊場には庶民のご利益信仰がきわめて濃厚である。これは後述するように篠栗霊場が発祥以来保持している性格と考えられるが、現在でも祈願の場として信者の関心は非常に強い。札所の寺院のほとんどは檀家を持たない、いわゆる信者寺である。(60) さらに数多くの番外札所があるが、そのすべてがさまざまな種類の祈禱をセールスポイントにして活動している。札所寺院と番外寺院との関係はなかなか複雑なようである。昭和五十年代で約三十か所が番外札所と自称していた。ただしこの番外霊場は霊場会には加わっていない。

開創後二百年に満たない篠栗霊場にはさらに興味深いことがある。札所の権利が売買されるのである。これは現在でも行われている。もちろん正式の斡旋を通じて売買が行われるのではないから、その実態はつかみにくい。しかし非常な高額でその権利が譲渡されていることは関係者の多くが認めていることである。権利が移譲してしまうことで札所の位置まで変わってしまうこともあったという。

先に滝の行場について触れたが、滝の多いことも篠栗の特徴である。いま寺院の形態をとっている札所はほとんどが行場としての滝場を持っている。祈願や修行のために滝に打たれる信者が少なくないのである。

以上のように篠栗独自の特徴もいろいろあるわけだが、とりあえずまず篠栗新四国霊場の発祥から現在に至るまでの歴史的経緯を、資料をもとに辿ってみることにしたい。

伝説によれば篠栗はもともと仏縁の深い霊場であって、まず養老三（七一九）年、天竺の僧善無畏三蔵が日本を訪れたとき、この篠栗に立ち寄り秘法を修したという。ついで大同元（八〇六）年、弘法大師が篠栗に来て教化を行い、堂塔伽藍を建立したという[61]。善無畏三蔵は真言宗伝持八祖の第五祖であり真言宗ではきわめて重要な人物であるが、日本へ来たことはなかった。弘法大師は唐より帰国した折、確かに大同元年、九州に半年ほど滞在していたのではないかという史家の見解も有力であるが、それは篠栗ではなく太宰府の観世音寺である。このように善無畏三蔵および弘法大師空海と篠栗との関連は実証的にはない。これらは篠栗の宗教的権威を高めるために付与された縁起にほかならない。

さて篠栗霊場の開基は尼僧慈忍といわれる。慈忍は姪ノ浜（現在の福岡市西区姪ノ浜、篠栗からは直線距離にして約二〇キロメートル）に住んでいた。彼女は四国遍路を志し、天保六（一八三五）年にようやくその願いを果たし、四国からの帰路、篠栗を通りかかった。慈忍は篠栗に疫病で悩む人のあることを知り、たまたま近くに滝があることからそこで滝行を行い、疫病平癒の祈願を行った。その滝とは第一番札所南蔵院にある不動の滝であるといわれる。慈忍の滝行の結果さっそく霊験が顕れ、疫病は治ってしまった。こうして慈忍に村人の信望が寄せられ、また慈忍自身も篠栗との深い因縁を感じ、ここに新四国八十八か所の開創を決意した。彼女はとりあえず八十八所に石の仏像を造立し、それを篠栗地区に広くふり分けて配置しようとしたらしい。しかし十八体の石像を造った時点で、慈忍は忽然と失跡したという。(62)

さて、慈忍の中断を惜しんだ篠栗村中ノ河内生まれの藤木藤助は、慈忍の遺志を継いで篠栗八十八か所完成を目指すことになる。篠栗村内の若杉山は宝満山修験の峰入りの宿泊地に当たり、当時いくつかの坊があった。藤木藤助はその坊のひとつ、石井坊賢貞の弟子であったという。

藤木藤助は中断した慈忍の八十八所開創の遺志を継ぎ、篠栗八十八所完成を発願するのが嘉永三（一八五〇）年三月といわれているが、彼はすでにそれまでに四国遍路を十数回経験していたともいわれる。(63)あるいは少なくともそれまでに数度の本四国を経験していたともいわれている。(64)また別の伝承は、藤木は生まれつき病弱な身体であり、肺結核を患っていたともいう。いずれにせよ藤木藤助はただ平凡な一農民というより、修験者の坊に出入りし四国遍路もたびたび経験していたという、行者的人物であったことは間違いないと思われる。

慈忍の遺志完遂を目指す藤木は寝食を忘れてそれに打ち込み、ついに嘉永七（一八五四）年、八十八体の石仏全部を造り終えた。(65)もちろん藤木には助力者がいた。そして一年後の安政二（一八五五）年三月に、それらの石仏を篠栗の山川に配置し終えたという。時に藤木藤助は六十歳であった。彼は祈願成就の喜びと弘法大師へのお礼のため、その年の五月、五人の同志や助力者とともに最後の四国遍路に出かけた。その五人とは平井清右衛門、古屋藤三、萩原仁平、阿部又次郎、萩尾興平であった。(66)

藤木には他にも助力者がいたらしい。第四十八番札所の右脇には、高さ一メートルほどの自然石を用いた篠栗新四国建立碑があり、その建立年代は嘉永七年甲寅閏七月となっている。それには願主藤木藤助のほか桐生利平（城戸）、平井清七（田之浦）、村瀬新平（中河内）、有隅善次郎（山王）、有隅文助（丸尾）の五人が、世話人として名前があがっている。この五人は先の五人とは重複していない。

いずれにせよ農村では飢饉などが慢性化し、かつ幕府崩壊を目前にした幕末の混乱期に、篠栗でこれだけ多くの人々が新四国霊場開設に従事していた事実は興味深い。幕末期の社会的混乱と新四国霊場開創とは一見まったく無関係のように見えるが、果たしてそうであろうか。慈忍の開創動機にも病気平癒の意図があった。祈願成就のための新四国霊場開創である。当時の社会状況のなかで、藤木藤助のような人物が農村から出現し、新四国開創に身命を賭したということは、そこになんらかの祈願成就、あるいは宗教的救済を求める意図があったのではなかろうか。実際、藤木藤助に限らず彼の助力者たちにもまた行者ふうの人物がいたようである。藤木とともに満願御礼の四国遍路を行った古屋藤三について、彼の座像を祀った小堂の扁額（昭和四十二年作成）には、古屋の遺徳を顕彰してつぎのように書かれている。(67)

翁（古屋藤三）は文政十一年、今から百四拾年前に篠栗町金出陣田尾に生れ、幼少の頃より信仰心厚く、弘法大師の教法に帰依し嘉永五年二十五歳の時に藤木藤助翁ら五人と共に本四国を巡拝し、各霊場の霊土を請い八十八の袋に納めて帰国し、新霊場に其々配納し、今日の基礎を確立された大恩人です。

翁は新四国霊場の開創の企てなるや自ら進んで参加し仏体の安置運搬等、藤木藤助翁に積極的に協力し、自らも第七十番馬頭観音を奉安置し、朝夕礼拝供養し、茶、水、仏飯、香華、燈明を献じて至心に弘法大師の信仰にはげんで居られましたが、事情があって本屋に譲りこの地に下って来て、四国宿を始めて参拝者の接待をつとめ、病める人にはご祈念をして御加持を施し、迷える人にはみくじをあげて仏の教えを神意を伺って説いて導き、衆生済度を念願として数多くの信者を助け導き、人々に惜まれながら明治三十五年に七十五歳にて大往生を遂げられたのであります。

（この像は）明治三十年三月翁生前の時に翁の恩徳に感謝し信仰の力と功績を永く後生に伝えんがため、当時の随喜の信者さん達の浄財によって世話人萩尾部落井上又次郎氏が建立されたものであります。

今まで御堂が余にお粗末で勿体ない有様でございましたので心痛くして居りましたところ、はからずも今年の三月翁の夢枕のお告げにより改築を発願し今日完成した次第であります。

篠栗霊場開創の大恩人です。皆様も当時を偲び心からお参り下さいますようお願い申し上げます。

昭和四十二年十月二十一日

守堂者

〇〇〇〇(66)

この文章から、藤木藤助ばかりでなくその協力者たちも、もともと熱心な信仰者であったらしいこと、霊場開創後も希望者がいれば加持祈禱を施していたことなどがわかる。このことから、また翻って藤木藤助という人物のプロフィールも浮き彫りにされてくるように思う。さらにこの顕彰扁額の文は、明治期前半においてすでに巡礼者用宿が必要なほどの参拝者があったことを示唆している。

現在の篠栗霊場の札所は小規模なところでも必ず小堂宇があり、その中に各本尊が祀られているが、発祥当初はもちろんそれほど整ったものではなかった。石仏を道沿いや谷などに配置した程度のものであったらしい。明治初期の様相を語るための適切な資料は今のところ少ないのであるが、明治二十二（一八八九）年九月に篠栗の荒巻幸右衛門により発行された『福岡県糟屋郡篠栗金出高田田中萩尾八十八ヶ所順拝畧図』が参考になる。(68)

まずこうした地図が発行されたこと自体、篠栗に不案内な外部からの参拝者が明治二十年代にすでにある程度はいたことの証明である。この地図から、各札所は石仏であったらしいこと、それもいくつもの石仏、すなわちいくつもの札所が一か所にまとめられていたことがわかる。たとえば城戸（現在の一番札所南蔵院付近）には十五か所の札所が、そして田の浦には十二か所の札所が、それぞれまとめて配置されていたようである。ちなみに篠栗の場合、本四国遍路とは違って、第一番札所から順拝順序にのっとって八十八番まで順よく配置されているわけではない。篠栗を巡拝する順序は札所の番号とはまったく無関係である。

さて、明治初（一八六八）年に神仏判然令が布告され、廃仏毀釈の動きが活発になる。篠栗霊場も明治期にその影響を受けたという。

明治初年の太政官布告によって廃仏毀釈令が発令され、それが尾を引いて明治十九年には県令によって、篠栗霊場廃業が命ぜられました。

これに敢然として立ち向かわれたのが、時の村長藤喜一郎氏で、村の有志の方々と共に陳情や交渉、あらゆる方法で約十年間、血のにじむ努力を続けられました。その精進が報われて、内務省令によって寺院形態を取る事によって残置が許可されました。

そこで和歌山県高野山にありました南蔵院（現第一番札所）を、篠栗霊場の総本山として迎え入れ、八十八か所の堂宇境内を南蔵院の飛地仏堂、飛地境内として正式に認可を受けたのであります。時に明治三十二年三月でありました。(69)

この説明は、南蔵院初代住職、故林覚運師より語り継がれてきたものである。これを裏付ける資料は未発見である。ただし当時の周囲の状況から推測するとやや無理があるようにも見える。かりに明治十九（一八八六）年に福岡県令によって霊場廃業令が告げられたとしても、それが明治初年以来の廃仏毀釈の余波とするにはいささか時間的な間隔がありすぎるように思われる。廃仏毀釈は確かに猛威を振るったのであるが、明治十九年ごろにはすでにその勢いも沈静化していたはずである。『神仏分離資料』などからみても、神仏判然令およびその後の天台あるいは真言への帰入命令（明治五年）により壊滅的打撃を受けた修験道も、明治二十年ごろには全国的に復活の動きをみせている。篠栗地区がその峰入りの一角となっていた宝満山修験ですら、遅くとも明治二十二（一八八九）年には峰入りを復活しているのである。(70)このような事情を考慮すると、県令による廃業令が神仏分離の余波によるものと断定するには、まだ裏付ける資料が不足しているように思われる。

ただし正式の寺格をもった寺、すなわち南蔵院という存在が篠栗霊場の存続に必要だったことは確かであり、これにはまた別の解釈が必要である。現在の南蔵院は谷沿いの傾斜地に建立された堂々たる伽藍である。しかし初代住職の林覚運が入山した明治三十年代当時、そこには小さな庵があるだけであったと伝えられている。寺および正規の僧職者を篠栗霊場の中核にすえる必要が当時あったはずである。それまでの正規僧のいない期間中に、篠栗霊場をめぐる諸状況のなかでなんらかの問題になる点があったのではなかろうか。すでに紹介したように、明治二十二年には巡拝図の発行が必要だったほど参拝者がいたのである。民間修行者や行者ふう人物による霊場活動や運営には、近代社会建設に立ち上がっていた県令に象徴される社会上層部からみて、なにか好ましからざる点があったとも考えられる。ただし現段階では、それが具体的になにであったかを指摘することはできない。今後の一層の調査に委ねることにしたい。

とにかく明治三十二年に篠栗に南蔵院が移転してきて、篠栗霊場は新たな段階に入る。伽藍としての南蔵院は当時むしろ名のみに近かったが、篠栗にとって画期的だったことは、住職として林覚運という優れた布教者を得たことであった。林は奈良の生まれで、幼少時に高野山麓の神谷に養子に入り、さらにそののち高野山の本覚院住職の弟子として出家した。師僧からの派遣という形式で林が単身篠栗に来たのは、彼がいまだ二十歳代前半の時であった。現在でさえ南蔵院は十数軒の檀家しか有していないのであるから、当時の林にとっての生きる道は、篠栗霊場の信者を多く獲得することであった。彼は一か月のうちほとんどの日を九州各地の布教に費したという。彼の説教の巧みさは今も語り継がれている。また彼は幻燈や映画による「お大師さまの生涯」といった作品を自ら製作し、それを布教の武器にしたという。明治末期から大正期および昭和初期の頃の話であるから、林が近代文明に鋭敏な感覚を持った優れたアイデアマンであったことがわかる。

4　篠栗新四国霊場の展開

明治四十一（一九〇八）年に調査が完了した福岡県への報告書『篠栗村々是』には、当時の篠栗霊場の様子が触れられている。まず参拝者数については篠栗村の旅館に宿泊した人数をあげている。それは明治四十一年で年間六万七千五百人となっている。そして『村是』の「商業」の項には「旅人宿の活動は既往十年前に比し殆んど

	一ノ滝寺	山王寺
1月	567	909
2月	799	1,124
3月	6,116	4,757
4月	18,299	17,045
5月	10,733	9,806
6月	1,580	1,476
7月	1,934	1,665
8月	1,992	1,444
9月	3,505	4,626
10月	6,842	6,612
11月	1,735	2,058
12月	967	1,048
合計	55,069	52,570

表 3-1　篠栗新四国霊場の年間巡拝者数一覧（大正10年）

十倍以上の止宿者を見るに至りしは、世に知名なる篠栗新四国と称する八十八か所の仏堂参拝者多きに因るもの[71]」であると記している。六万七千五百人とは止宿した人数であるから、霊場巡礼者は当然それ以上であったはずである。「既往十年前」とは、ちょうど南蔵院が篠栗へ移転してきた頃であるし、その十年で参拝者数が十倍以上になったということは、南蔵院移転がいかに篠栗霊場にとって大きな存在であったかを物語っている。

　これより十五年ほど後の大正十（一九二一）年に第六十一番札所山王寺および第四十番札所一ノ滝寺の両札所が、当時の篠栗村長に報告した年間の参拝者数の記録が残っている[72]（表3―1）。

　先の明治四十一年の『村是』の数より合計数が下まわる事情は不明であるが、この表によれば春期に巡拝者が集中していること、ついで九月、十月の秋期がやはり多めであることがよくわかる。春期に巡礼が集中すること自体はもちろん篠栗のみの特徴ではなく、本四国をはじめ日本のいずれの巡礼においても当てはまる。旧篠栗村は当時人口三千人に満たなかったと思われるので、六万七千五百人あるいは五万五千人といった巡拝者数は、地元の人々にさまざまな影響を与えたことは確かである。

　さていったいどの地域・地方から巡拝に来たのであろうか。昭和五十年代の参拝者のそれについては資料に基づいて後述したいと思うが、今次大戦までについては今のところ適切な資料が見当たらない。聞き取り調査によってたびたび耳にするのが、飯塚、田川を中心とする筑豊地方と篠栗霊場との関連である。両者を産業的に繋ぐのは炭鉱であり、同様の関連でそれは大牟田方面さらには佐賀県や山口県へと広がっていく。筑豊地方の炭鉱は著名であるが、篠栗にもかつて炭鉱があった。炭鉱の作業自体がきわめて危険なものであること、また坑夫は炭鉱から炭鉱へと移動する傾向をもっていたとされること、などが篠栗霊場の盛況と先の地域との繋がりになんらかの関係があるのではないかと推測される。

実際そうした繋がりからであろうか、筑豊地方には篠栗霊場を模写したと明言しているミニ四国や大師堂がある。筑豊地方の嘉穂郡庄内町には庄内八十八か所がある。

「大正四（一九一五）年篠栗四国に模して、庄内にも八十八か所の景勝の地に弘法大師の像が祀られた。以来五十年、春秋の二回、千人詣りと称して町内の善男善女が三日間にわたり、その霊場を巡礼して今日に至っている。普通、土日月と日曜をはさんで行われるので、日曜日は勤め人や生徒も多くとりわけ賑やかで千人詣りの名にふさわしい光景である。

（中略）

現在は参拝やお堂の管理の都合から、深山幽谷の大師像を便利な場所に移し集めたり、観音堂や薬師堂に並べ祀っている部落もある。[73]」

このほか糟屋郡志免町では、大正八（一九一九）年ごろに篠栗霊場から勧請した子安大師が子供の守護仏として今でも祀られている。[74]

篠栗霊場の模写ないし勧請とはっきりその縁起にうたっているケースは、今のところ以上のみであるが、筑豊地方には明治末期から大正期にかけて開創されたミニ四国霊場がかなりの数みられる。町誌、市誌類を通してそれらを紹介してみよう。

（1）鎮西四国八十八か所霊場

開創は大正二（一九一三）年九月。鎮西村、二瀬町、幸袋町、飯塚町（現在の飯塚市）の四ヶ町村の有志が相談のうえ開創した。大体二泊三日の行程。春秋二回、御詠歌をあげながら団体で参詣する。(75)

（2）小竹地方四国八十八か所霊場

明治三十七（一九〇四）年春、日露戦争ならびに国家安泰、万民安楽祈願のため開創された。(76)

（3）穂波四国八十八か所霊場

開創は大正二（一九一三）年ともあるいは大正十（一九二一）年二月ともいわれるが、その準備は明治末期より始められていた。今なお春秋二回、御詠歌を唱えながら団体で巡拝を行っている。(77)

（4）田川新四国霊場

明治三十二（一八九九）年に開創。春秋の二回に分け、七日間の日程で巡拝する。開創とともに田川四国順拝団が組織され、大正年間には多数の巡拝者が出た。行列をなして夥しい数の巡拝者がいたので千人詣りといわれた。現在でもこの風習は続いている。(78)

これら以外にも筑豊地方には明治末期から大正期にかけて、帆柱四国、中国四国、六ツ岳四国（いずれもその内容は今のところ不詳）などが開創され、「筑豊の各地域はくまなくそれらの四国に分割編成された(79)」と表現されるほどであった。

以上の新四国霊場についてはいまだ実地調査を行っていないが、開創年代はいずれも軌を一にして明治末期から大正前期である。篠栗霊場はその頃すでに、毎年五万人ないし六万人という巡拝者を迎えていた。篠栗霊場では南蔵院が定着して林覚運の布教が進行しつつあった時代であった。先のミニ四国のうち篠栗との関係をはっきり明言しているのは庄内八十八か所霊場だけであるが、他の新四国霊場の発願開創にも陰に陽に篠栗霊場の影響力があったと推測することができよう。この推測が正鵠を射ているとすれば、篠栗霊場は一種の「流行神」のごとき性格をもっていたと考えることができる。

篠栗町観光協会の算定によると、現在、篠栗霊場への年間参拝者総数は百万人を下らないというが、もとより推定であって実際に数えたものではない。篠栗新四国霊場に限らず四国八十八か所遍路や西国三十三か所観音巡礼のような広範囲にわたって配置されている数多くの聖所をめぐる巡礼では、その参拝者数を正確に把握することはきわめて困難である。篠栗の例でいえば、第一番札所南蔵院のみに参拝する人々もかなりの数にのぼるはずであるが、かれらのうち八十八か所巡礼とそれ以外の人々を外面的に弁別することはほとんど不可能である。

いずれにせよ、かりに百万人には至らないとしても、ほかにこれという産物や名所がない篠栗町にとって篠栗霊場は大きな存在である。町の商工会と観光協会とが共同して毎年ポスターを作り、その宣伝および町側の巡礼受け入れ体制の整備に力を入れている。観光協会はそのため『参拝団長名簿』（以下『名簿』と記す）を作成し、巡拝講や団体とのコンタクトの維持につとめている。各参拝団長には団員数にあわせて毎年ポスターを何枚かずつ送り、篠栗町あげての巡礼歓迎の姿勢を示している。その『名簿』には団長名、住所、団員数などが記載されており、各県、郡、市別に整理されている。団長になっている人には寺院僧侶や修験道系の教会長といった聖職者も多いが、それに加えて鉄道の駅長や助役、ドライブクラブの社長、旅行社といった人々も含まれている。参拝団斡旋という意味でこの『名簿』に記入されているのである。個人参詣や仲間同士が誘い合わせての巡拝も非

県名	団長数	団員数
福岡県	195	5,939
佐賀県	119	4,073
大分県	49	1,845
長崎県	89	2,140
熊本県	81	2,981
鹿児島県	6	215
宮崎県	4	90
山口県	34	1,249
広島県	1	?
滋賀県	1	55
愛知県	9	280
福井県	1	100
総数	589	18,967

表 3-2　篠栗参拝団長・団員数一覧（昭和55年）

常に多いはずであるから、この『名簿』により巡拝者の動向をすべて網羅できるわけではもちろんない。しかし巡拝者の居住地の空間的広がりを見るためには、ひとつの適切な資料であろうことは間違いない。そこで昭和五十五（一九八〇）年三月現在の『名簿』を整理してみることにしたい。表3―2は各県ごとにまとめた参拝団長数と団員数の総計である。福岡、佐賀の両県を筆頭に熊本県以北の九州五県が群を抜いて多いことがわかる。『名簿』から市町村別に団長・団員数を整理することももちろん可能であるが、紙数の都合と煩瑣を避けて、ここでは市・郡レベルでとくに団員・団長数の多い場所の名前をあげるに留めたい。

佐賀市、久留米市、八女市、大牟田市あたりを中心にした筑後川中流・下流域の市町村は、おしなべて多くの団員をかかえている。さらに佐賀県中部から西部にかけての郡市も多くの参拝団が存在する。福岡県では北九州市に多い。それに比して飯塚市、田川市、直方市などの篠栗に隣接する筑豊地方には参拝団はあまり多くない。飯塚市は団長数二人、団員数四十五人、田川市は団長数四人、団員数七十三人、直方市は団長数二人、団員数三十三人となっている。これに対して北九州市の団長四十人、団員数千四百十八人は別格としても、大牟田市は団長数十七人、団員数三百八十人、柳川市は団長数十三人、団員数四百十人、佐賀市は団長数十一人、団員数七百五十人となっており断然多い。飯塚市などの隣接都市が少ないのは、決して参拝者数自体が少ないというわけではない。前述のごとく、篠栗とそれらの地域との関係は密接である。むしろ隣接地域のため参拝団を組むほどのことはなく、個々人で篠栗に日帰り巡拝できるからに相違ない。

このほかに人数が多く特徴的な地方は長崎県壱岐で、団長数二十人、団員数五百七十二人となっている。壱岐にはやはりミニ四国があり、今でも巡拝が行われていること、[80] 篠栗第一番札所南蔵院の五月の年中行事「鯖大師祭」（鯖供養）には、五島列島や対馬方面からとともに壱岐から大勢の漁民が参拝に来ることなど、壱岐と篠栗とは関連が深い。ちなみに対馬にも団長数十二人、団員数二百十五人が記録されている。

ついで山口県にもかなりの信者がいることが注目される。下関市が団長数二十二人、団員数六百三十四人ともっとも多く、ついで小野田市が団長数三人、団員数四百二十人となっており、山口県では両市が群を抜いて多い。小野田市の場合、石鎚本教小野田教会が毎年大きな参拝団を貸切列車で送り込んでくる。貸切列車による篠栗入りは佐賀県からもいま一例あるといわれる。篠栗町では最近こうした列車による大参拝団には、駅に町長が歓迎のため出迎えるといったサービスを行っている。

以上のような篠栗霊場の参拝者の居住地域は『名簿』に基づくと、篠栗霊場を中心に半径一〇〇キロメートルからせいぜい半径一五〇キロメートル以内ということになる（図３―１）。表３―２には愛知県からの参拝団が載っているが、愛知県は大阪府な

＊円内は篠栗霊場を中心に
半径100km以内。

図 3–1　篠栗参詣者居住地域図

ど と並んで本四国遍路そのものへの参拝団が非常に多いところである。篠栗霊場に対するガイドブックの発行などが、このような遠方からの巡拝団を迎えることになったと考えられる。

先述のごとく筑豊地方や壱岐などにはそれぞれミニ四国があり、それらと篠栗霊場とが関連のある可能性を示唆した。筑後川流域や佐賀県方面などにも同様の関連があるか否かは今後の調査課題である。

篠栗霊場の参拝者は昭和四十年以降、急速に増加したといわれる。全国的な巡礼ブーム、それに伴う手ごろなガイドブックの発行などが大きな影響を与えていると思われる。さらに自動車の普及もいまひとつの影響である。狭く複雑な巡拝路をもつ篠栗霊場では大型バスの巡拝は不向きである。その点、乗用車はもとよりマイクロバスによる巡拝者のグループが目につく。しかしこの車巡拝の普及は、逆に巡拝者用の旅館に大きな打撃を与えることになった。篠栗の巡礼用旅館はすべて小規模なものであるが、明治四十一年の『篠栗村々是』には、すでにそのころ四十軒の旅館があったと記されている。その後次第に増加し昭和三十年には六十七軒になったという。しかしその頃がピーク時でその後次第に減り始め、昭和五十五年春には四十六軒となっている。四国遍路でも伝統的な遍路宿は激減したが、そのかわり札所寺院の宿坊が増加したし、巡礼の観光化に伴い大規模な観光旅館は増加している。ところが篠栗のようなミニ四国では旅館そのものが不要になってきている。高速自動車道の整備などにより、大牟田市や熊本市あたりからでも日帰り巡拝が十分可能になってきたのである。モータリゼーションの影響はきわめて大きい。

篠栗は比較的新しい巡礼地であるだけに、札所の売買といったことに見られるように、本四国などと比べるとまだまだ流動性が高い。またご利益信仰など民衆的大師信仰がより濃厚にみられ、宗教学的立場からみるとたいへん興味深い。番外札所のご祈禱などの活動も、こうしたミニ四国を周辺から支える役割を果たしているようにみえる。

幕末という変革期にその萌芽をみた篠栗霊場は、廃仏毀釈という近代初頭の厳しい宗教状況を乗り越え、在家主導型の巡礼活動のなかに正規僧侶の指導力を加えることで大きな展開を見せた。四国遍路の伝播という一見きわめて伝統的で地味な宗教活動ではあるが、その歴史はモータリゼーションの波も含め、近現代の変化の波を好むと好まざるとにかかわらず直接間接に蒙ってきたのである。いずれにせよ新四国霊場研究は、本四国とは別に、日本の巡礼研究にとって見逃すことのできない対象であることは確かである。

註

（1）真野俊和「聖蹟巡礼の研究成果と課題」（同編『講座・日本の巡礼』第2巻「聖蹟巡礼」雄山閣、一九九六年）、三〇四〜三二〇頁。
（2）前田卓『巡礼の社会学』ミネルヴァ書房、一九七一年、九八頁以下。および長田攻一・坂田正顕監修『現代に生きる四国遍路道——四国遍路の社会学的研究』（CD－ROM版）早大文学部、一九九八年。
（3）新城常三『新稿・社寺参詣の社会経済史的研究』塙書房、一九八二年、四八三〜四八四頁。
（4）新城常三、同書、一九八二年、四七九頁以下。
（5）近藤喜博『四国遍路』桜楓社、一九七一年、二五七〜二八二頁。近藤喜博『四国遍路研究』三弥井書店、一九八二年、三三頁以下および九四頁以下。宮崎忍勝『遍路——その心と歴史』小学館、一九七四年、第四章。武田明『巡礼と遍路』三省堂、一九七九年、二五頁以下。
（6）近藤喜博前掲書、一九八二年、一九〇頁以下。
（7）真野俊和『日本遊行宗教論』吉川弘文館、一九九一年、一一八頁以下。
（8）前田卓前掲書、一九七一年、六一頁。
（9）新城常三前掲書、一九八二年、六九九頁。
（10）新城常三、同書、六九九〜八五三頁。

(11) 新城常三、同書、七五四頁。
(12) 新城常三、同書、一〇二〇～一一〇三頁。
(13) 新城常三、同書、一〇二三～一〇三〇頁。および前田卓前掲書、第二章～四章。
(14) 圭室文雄『神仏分離』教育社、一九七七年。
(15) 近藤喜博前掲書、九〇頁。しかし、実際にはこの十か寺にはとどまらない。たとえば三十五番清滝寺は明らかに神仏分離の被害を蒙っている。これらについては喜代吉榮徳『へんろ人列伝』(海王舎、一九九一年)一九〇頁などを参照。
(16) 前田卓前掲書、一二四～一二六頁。
(17) 真野俊和前掲書、一九九一年、二四頁以下。
(18) 最近の研究では、幕末(安政年間)から明治七年頃まで、遍路者は土佐に入ることができなかったのではないかと推測されている。その根拠は主に当時の納経帳の分析によるものである。当時の四国遍路は、土佐を省略した三か国遍路であったようで、遍路者は、二十三番札所で「土佐十七ケ所遙拝処」の納経印をもらったようである。土佐への遍路禁止の理由は、土佐が遍路者に対して厳しい対応をしていたことに加えて、安政元(一八五四)年、土佐で大きな地震があり、安芸地方を中心に甚大な被害が生じたことによる、と考えられている(喜代吉榮徳『へんろ人列伝』海王舎、一九九九年、一九二頁、畠田秀峰『四國へんろの春秋』(年表)、安楽寺発行、二〇〇〇年、稲田道彦『景観としての遍路道と遍路の行程の変化』科学研究費補助金成果報告書、二〇〇一年、二七～三二頁など)。
(19) 新井来助「四国日記」(『高知県史』民俗資料篇所収、昭和五十二年)。
(20) 原田勝正『鉄道と近代化』吉川弘文館、一九九八年、五二頁以下。
(21) 中川浩一「四国における鉄道網の歴史過程」(『鉄道ピクトリアル』五七四号、一九九三年、六五～七一頁)。
(22) 『阿波の交通』編集委員会篇『阿波の交通』(下)、徳島市立図書館、一九九一年、七二～一〇七頁。
(23) 北川宗忠『観光入門』近代文芸社、一九九三年、六七頁以下。
(24) 『阿波の交通』編集委員会篇『阿波の交通』(下)、徳島市立図書館、一九九一年、六二～七一頁。
(25) 遍路同行会とは昭和初期に東京中野宝仙寺住職の富田斅純によって設立されたもので、四国遍路修行を中心に弘法大師信仰興隆を目指す一種の信仰運動団体である。この同行会の機関誌が『遍路』であり、昭和六年より十九年まで毎月約八頁からなる『遍路』を発行していた。
(26) この『遍路』誌は元大正大学教員で宝福寺齋藤光純先生が保存されているのを拝見させていただいた。ご厚意に御礼申し上げる。

(27) 宮尾しげを『四国遍路』鶴書房、一九四三年、一頁。

(28) 島浪男『四国遍路』宝文館、一九三〇年、一～二頁、八〇頁、四三八頁など。

(29) 長田攻一・坂田正顕監修のCD－ROM（前掲）。

(30) この絵地図については坂田正顕氏のご厚意により閲覧することができた。

(31) たとえば、悦田喜和雄「遍路」（『旅』昭和一一年五号）、下村千秋「四国遍路礼賛」（『旅』昭和一二年三月号）など。

(32) 安田寛明『四国遍路のすすめ』宝仙寺大師堂、一九三一年（安田一雄複製、二〇〇〇年）。

(33) 『遍路』（遍路同行会発行）第一巻七号、五頁、一九三一年。

(34) 『遍路』（遍路同行会発行）第二巻一〇号、五頁、一九三二年。

(35) 『遍路』（遍路同行会発行）第二巻一号、三頁、一九三二年。

(36) 種田山頭火「四国へんろ日記」（『山頭火著作集』Ⅲ、潮文社、一九九七年、五七～八九頁所収）。

(37) 早大道空間研究会『現代社会と四国遍路道』早大文学部社会学研究室内道空間研究会、一九九四年。および早大道空間研究会『四国遍路道と遍路道に関する意識調査』早大文学部社会学研究室内道空間研究会、一九九七年。

(38) 柳田国男「青年と学問」（『柳田国男集』25巻所収）、筑摩書房、一九七〇年、一一七頁。

(39) たとえばつぎのような書物である。
秋山清『自由おんな論争』思想の科学社、一九七三年。
河野信子『火の国の女・高群逸枝』新評論、一九七七年。
村上信彦『高群逸枝と柳田国男』大和書房、一九七七年。
鹿野政直・堀場清子『高群逸枝』朝日新聞社、一九七七年。

(40) 鹿野政直・堀場清子前掲書、二三頁他。

(41) 鹿野政直・堀場清子、同書、七〇頁。

(42) 河野信子前掲書、一五頁。

(43) 鹿野政直・堀場清子前掲書、八三頁以下。

(44) 『全集』第8巻、一九六六年、二〇〇頁。

(45) 『全集』第8巻、一九六六年、二一六頁。

(46) 冨倉光雄訳『儀礼の過程』思索社、一九七六年、一四三頁以下。
(47) 真野俊和『日本遊行宗教論』吉川弘文館、一九九一年、一六二頁。
(48) 高橋正男『イエルサレム』文藝春秋社、一九九六年、竹下節子『奇跡の泉ルルドへ』NTT出版、一九九六年、立山良司『エルサレム』新潮社、一九九三年などを参照のこと。
(49) 田中博『巡礼地の世界――四国八十八カ所と甲山新四国八十八カ所の地誌』古今書院、一九八三年、五九頁。
(50) 拙稿「四国遍路における聖地性の特質」(『現代宗教』3、一九八〇年所収)、八九〜九〇頁。
(51) 田中博前掲書、八七頁。
(52) 松崎憲三『巡りのフォークロア』名著出版、一九八五年。とくに第二章「諸仏の遊行」、一三六頁。
(53) 新城常三「近世に於る地方霊場の発達――新西国と新四国――」、『民俗学研究所紀要』5(成城大学民俗学研究所)、一九八一年、一五二〜一七九頁、および同著『新稿・社寺参詣の社会経済史的研究』塙書房、一九八二年、一一〇三〜一一一四頁。
(54) 田中博前掲書、三七頁。
(55) 新城常三前掲書、一一三三頁、および小嶋博巳「新四国巡礼――いわゆる地方巡礼の理解に向けて――」、『成城文藝』一一三・一一四合併号、一九八五年、一二八〜一六四頁。
(56) 小嶋博巳同論文、一五〇〜一五二頁。
(57) 新城常三前掲書、一一三八頁。
(58) 後藤洋文「関東地方の新四国霊場」、『仏教と民俗』16(仏教民俗学会)、一九八〇年、一三〜三五頁。とくに二七頁以下。
(59) 後藤洋文同論文、一六頁以下。
(60) 篠栗霊場の祈禱師の宗教活動については藤田庄市の興味深いレポートがある(藤田庄市『拝み屋さん』弘文堂、一九九〇年、一五〇〜一六九頁)。
(61) 第五十九番札所と第八十番札所の間には、篠栗霊場開祖藤木藤助の石像および記念碑があり、後者は明治二十八(一八九五)年二月に建立されている。そこには善無畏三蔵に関する縁起が書かれている。
(62) 註(61)にあげた記念碑文および『篠栗村々是』(一九〇八年)による。南蔵院現住林覚雅師らは、慈忍が仏像彫刻の資金調達のために奔走中、いずこかで果てたのではないかという。
(63) 註(61)の記念碑文。

(64) 中野紫葉『新四国八十八ヵ所巡拝』（出版社不明、篠栗町中央公民館所蔵）、一九三五年。
(65) 嘉永五年説もある。そのとき四国の各札所から砂を持って帰り、それを篠栗開創のときに用いたという。
(66) 註（61）の記念碑文。
(67) この小堂は第八十七番札所より約二〇〇メートル下った所に建立されている。
(68) 篠栗町文化財専門委員会編『篠栗町誌』篠栗町役場、一九八二年、二四七頁。
(69) 同書、二四四頁。
(70) 宮家準『山伏――その行動と組織』評論社、一九七三年、二八四頁以下。中野幡能編『筑前国宝満山信仰史の研究』名著出版、一九八〇年、二七二頁。
(71) 『篠栗村々是』一九〇八年および前掲の『篠栗町誌』を参照。
(72) 篠栗町中央公民館所蔵『篠栗町誌』二四七頁。
(73) 『庄内町誌』一九六六年、四〇四頁。
(74) 『志免町史』一九六九年、二二〇頁。
(75) 『鎮西村誌』一九六三年、三四六頁。『飯塚市誌』一九七五年、一一一七頁。
(76) 『飯塚市誌』一一二一頁。
(77) 同書および『穂波町誌』一九六九年、六五一頁。
(78) 『大任町誌』一九七〇年、五八三頁。
(79) 『飯塚市誌』一一一七頁。
(80) 川添崇「壱岐四国八十八ヶ所巡礼について」（『仏教と民俗』16、一九八〇年所収）、五六〜六六頁。

第四章　近代の四国遍路［2］

第一節　宿帳記録からみた近代の四国遍路

1　愛媛県上浮穴郡遍路宿と昭和十年代の宿帳

本章では、愛媛県の旧遍路宿の一軒に保存されていた昭和十年代の宿帳を素材として数的データを駆使しながら、近代の四国遍路の一側面を明らかにしてみよう。

四国遍路はその遍路道沿いに無数の遍路宿を簇生せしめた。しかし、第二次大戦後、一時期ではあったが激減した遍路者数、その後の道路事情・輸送機関の変化や進歩、宿泊施設の衛生管理に関する行政指導の強化等々の理由により、現在ではそれら遍路宿はわずかかを除いて、多くが廃業ないしそれに近い状態になっている。

さて、本章が依拠する遍路宿々帳は、そうした遍路宿のひとつで、愛媛県上浮穴《かみうけな》郡久万《くま》町畑野川にある「大黒屋」に保存されていたものである。その宿帳は十冊からなっており、年代は昭和七（一九三二）年から十八（一九四三）年までの十二年間にわたっている。戦前まで、遍路宿は毎日正午までに前夜宿泊者の記録を所轄警察署まで提出する義務があったという。それゆえ、他の遍路宿にも同様の宿帳が残存していてよいはずであるが、しかし別名「遍路宿集落」と呼ばれたほど遍路宿の多かった畑野川に限れば、年代を問わず宿帳が残っているのは、昭和四十九年の時点ではこの大黒屋のみであった。

大黒屋に保存されている宿帳には、各遍路者について、その（1）投宿年月日と出発月日、（2）前夜宿泊地名、（3）行先地名、（4）特徴、（5）族籍または国籍、（6）住所、（7）職業、（8）氏名、（9）年齢、の九項目が記入されている。

宿帳は厚いもので一冊二百枚、薄いもので一冊百枚の記入用紙から成り立っている。一枚の記入用紙には片面五名、両面で十名の宿泊者が記入できる。一年ごとにまとめられているわけではない。百枚か二百枚がまとまると一冊に綴じ込んでいたのではないかと思われる。宿帳には久万警察署が枚数を確認したらしい警察署の角印が押捺されている。毎日警察署へ宿帳を届けたこととは別に、宿帳を一冊にまとめて綴じ込んだときにもまた警察の閲覧を受けたのであろうかと思われる。宿帳の記入はインクとペンでなされている。字体はいろいろあるものの同一の字体が何日も続くこともあり、各宿泊人が自分で記入した宿帳とは考えにくいが、宿泊者が自ら記入したと思われるケースも見られる。その記載内容の信憑性については、実在の町村名と字名《あざな》が記載されており、昭和四十九年当時の大黒屋当主もまた記載内容の信憑性を保証していたので、とくに問題はないと判断できる。

この宿帳がカバーする年代は昭和七年から十八年までの十二年間であるが、しかしその十二年間のうち、昭和七〜九年、昭和十四〜十五年の五年間については本章でのデータ整理対象年から除外した。というのは、その五年間については宿帳の一部が、すでに昭和四十九年の時点で大黒屋から散逸していたからである。つまりその五

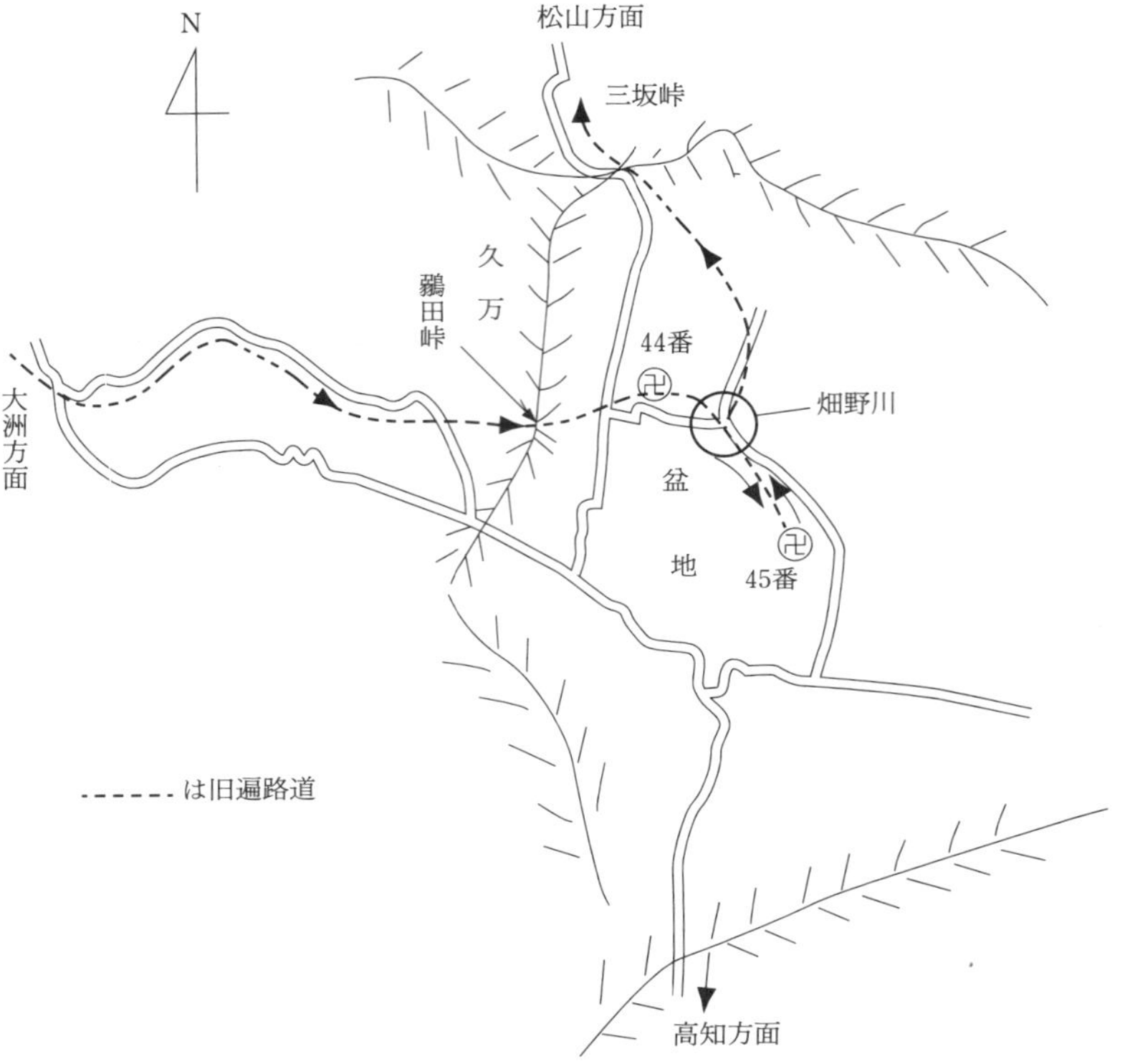

図 4-1　愛媛県久万町畑野川集落の地理的位置

年間については年間を通じてのデータが確保できない。本章の主たる考察目的は年間を通じてのデータを整理し、それを各年ごとに比較することにあるのだが、年間データが確保できない上記五年についてはその試みが不可能となる。そのため、本章で対象とする年代は昭和十〜十三年と十六〜十八年の計七か年間である。基礎データにこのような断絶があること、とくに十四〜十五年の欠落はまことに残念であるが、たとえこのような限定があったとしても、この種の基礎データの少ない四国遍路研究においては、依然としてこのデータの持つ意味は十分にあると考えられる。

さて、具体的分析に入る前に、この宿帳が保存されている大黒屋のある愛媛県上浮穴郡久万町畑野川の地理的位置について少しく述べておきたい。

久万町は松山市の中心から約三〇キロほど南下したところにあり、四方を山々に囲まれた典型的な盆地である（図４―１）。この久万町には四国遍路四十四番札所大宝寺と四十五番札所岩屋寺の二霊場がある。図４―１にみられるように、畑野川はその二霊場のおおよそ中間地点にある。

遍路者はこの久万盆地の二霊場を参詣するために鶸田《ひわた》峠（標高七八九メートル）と三坂峠（標高七二〇メートル）の二つの峠を越えなければならず、そのため両札所参詣はかなりの難所であった。さらに四十四番から四十五番への参詣道もまた、小さな峠を越えていったん平地の畑野川に出て、さらに岩屋寺の名の通り岩山の頂上付近にある四十五番へ詣るので、これまたかなりのエネルギーと時間を必要とするのである。それゆえこの両札所間を徒歩で行くと片道数時間は要する。そのため中間地点にある畑野川集落は多くの遍路者の休憩地ないし宿泊地点となったのである。さらに畑野川から四十五番への遍路道は、「打ち戻り」、つまり往復とも同じ道を用いるため、畑野川集落の「遍路宿集落化」はますます拍車がかかることとなった。しかし、戦後、畑野川集落の西方を通る国道33号線（松山市←→高知市）が完全舗装され、かつ車利用の遍路者が圧倒的となったため、最盛時には十数軒あったといわれた遍路宿も、昭和四十九年当時でわずか一軒が行商人宿として細々と営業しているにすぎなかった。

以上が畑野川の地理的概要である。宿泊者の圧倒的多数は遍路者であるが、しかしまた行商人などその他の人々にも宿を提供していた。久万盆地の冬季は厳しい気候が続くため、冬季の遍路には不向きな土地である。そのため、宿帳の冬季宿泊者の大部分は遍路以外の目的の人々であろうかと思われる。しかし以下にみるように、冬季宿泊者数の全体に占める割合は非常に低いので、宿帳の大勢には大きな影響がないものと判断した。

分析に入る前に、当時の社会状況を国民生活に焦点を合わせて少しく触れておこう。

昭和初期以降、日本人の食糧費の割合は低下し、住宅費、光熱費、保健衛生費、交通費、教養娯楽費が増加していく。つまり生活内容の高度化・近代化が進んでいった。しかし昭和十二年の日中戦争勃発後はその事情が一変し、国民生活は戦争遂行政策のもとに統制経済という耐乏生活を強いられるようになる。昭和十五年には奢侈品等製造販売制限規則が制定され、国民精神総動員運動のなか、「贅沢は敵だ」、「華美な服装は慎みましょう」、「指輪は全廃しましょう」、「パーマネントはやめましょう」といった消費統制政策が実施された。「7・7禁令」と呼ばれるものである。昭和十六年四月からは六大都市で米穀配給通帳制、木炭配給通帳制、酒切符制、外食券制が始められ、翌年には塩、みそ、醤油、衣料などにも切符制が導入された。(1)このことは四国の人たちの一般生活にも大きな影響を与えた。(2)

この推移は当然四国遍路にも大きな影響を与えたはずであるが、それを示す資料はなかなか見当たらない。ただし旅行をめぐる当時の日本の状況は、間接的にではあるが、戦前の四国遍路を考えるうえで役に立つかもしれない。大正期の終わりから昭和にかけて、日本には一種の旅行ブームが到来する。たとえば昭和三年には月刊誌『旅』が年間二十四万部も発行されている。加えて汽車利用者数も空前の数になる。この傾向はさらに続き、昭和十一年には日本人の旅行は盛況をきわめたという。しかし、昭和十二年を境にこのブームは下降気味となる。そして昭和十五年には「不要不急の旅行は遠慮して国策旅行にご協力下さい」というスローガンを書いたポスターが、鉄道省各駅に貼られたという。ちなみに国策旅行とは「皇祖」ゆかりの地、あるいは皇国史上の「遺跡」

への旅を指す。これは先の「7・7禁令」と連動するスローガンであった。(3)つまり昭和十年から十八年にかけて、日本人の生活は高い水準から急激に窮屈な生活レベルへ変容していったことになる。この時代状況は宿帳記録にも当然反映されている。遍路総数が次第に減少していったことは当然である。こうした点を踏まえて、以下において具体的考察を行いたい。

七か年の総遍路者数、つまり本章が対象とする遍路者の総数は一万百七十五名である。本宿帳には前述のように九項目が記入されているが、その中から記載内容が画一的であったりブランクになっている場合が多い項目を除外すると、考察対象として可能かつ重要なものは、(1)投宿年月日、(6)住所、(7)職業、(8)氏名、(9)年齢、の五項目である。(8)の氏名欄は性別判定に用いる。

以下まず(1)投宿年月日と(6)住所の二項目によって、遍路者の出身地とその変遷の諸相を明らかにしたい。通常のデータ処理の場合、より基本的な項目つまり性別から年齢、職業といった順序でデータ処理をしていく方法が順当であろうが、ここではあえて、(1)投宿年月日と(6)住所の二項目の考察から始める。その理由は、四国遍路に限らず巡礼研究の場合には、巡礼者の地域的広がりがもっとも強い関心である場合が多いからである。

2　遍路者の出身地構成とその変遷

まず、総数一万百七十五人の出身地の構成を地方別に集計した結果が、図4―2である。その他とは東北地方、北海道、海外地の合計値である。

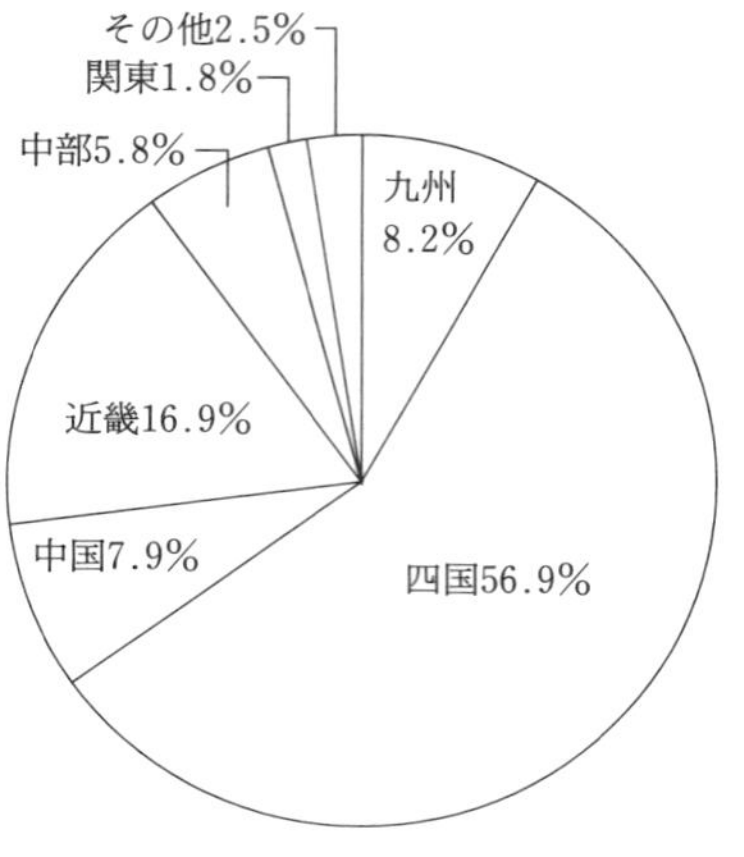

図 4−2　遍路者総数の地方別出身地構成

四国地方が全体の半数以上を占め、圧倒的に多い。これは地元という点で当然の結果ともいえよう。これについで近畿、九州、中国地方の順となる。この三地方のうち、畑野川から地理的にもっとも遠いのは近畿地方である。しかし少なくとも近世以降、近畿地方と四国遍路との関係はきわめて深い。第一番霊場が徳島県に定められたのも、近畿地方からの交通の便という面が強いのではないかといわれるほどである。ちなみに近世においては、藍・塩の売買を通じて、近畿地方は阿波と密接な結びつきをもっていた。

さて、以上の四地方に続いては、中部、関東、北海道、海外地、(4)東北の諸地方の順となる。北海道が東北などよりも多いが、これは四国遍路との特殊な歴史的関係によると思われる。つまり明治期における四国からの大量の屯田兵の北海道派遣である。それゆえ、北海道居住者の四国遍路は、「原初の場所への回帰」といった側面がある。

ではつぎに遍路者の出身地の構成を各府県レベルで調べてみよう。図4—3がそれであるが、まず第一の特徴は遍路者の多い府県が西日本に偏在している点である（海外地はいずれも五十人以下）。これは新城常三が報告する江戸時代の場合と同様である。(5) さらに第二の特徴としては、西日本のなかでも四国および四国と海をはさんで対向している府県が総じて多いことである。

これらのうちとくに数の多い府県を具体的にあげてみると、まず愛媛県が四千二百四十四人と全体の約四一パーセントを占め圧倒的に多い。ついで高知県七百二十八人、大阪府六百八十二人、徳島県五百六十八人の順となり、以上が四百人以上の遍路者を送り込んでいる府県である。これら四府県のうちでは大阪府のみが四国外であり、改めて近畿地方との結びつきの強さが再確認される。

ついで二百人以上の府県は、福岡、香川、山口、広島、兵庫、京都、和歌山、愛知の八府県であり、百人以上は、大分、岡山、島根、東京、北海道の五都道府県である。つまり合計十七都道府県が百人以上の遍路者を送り込んでいることになる。

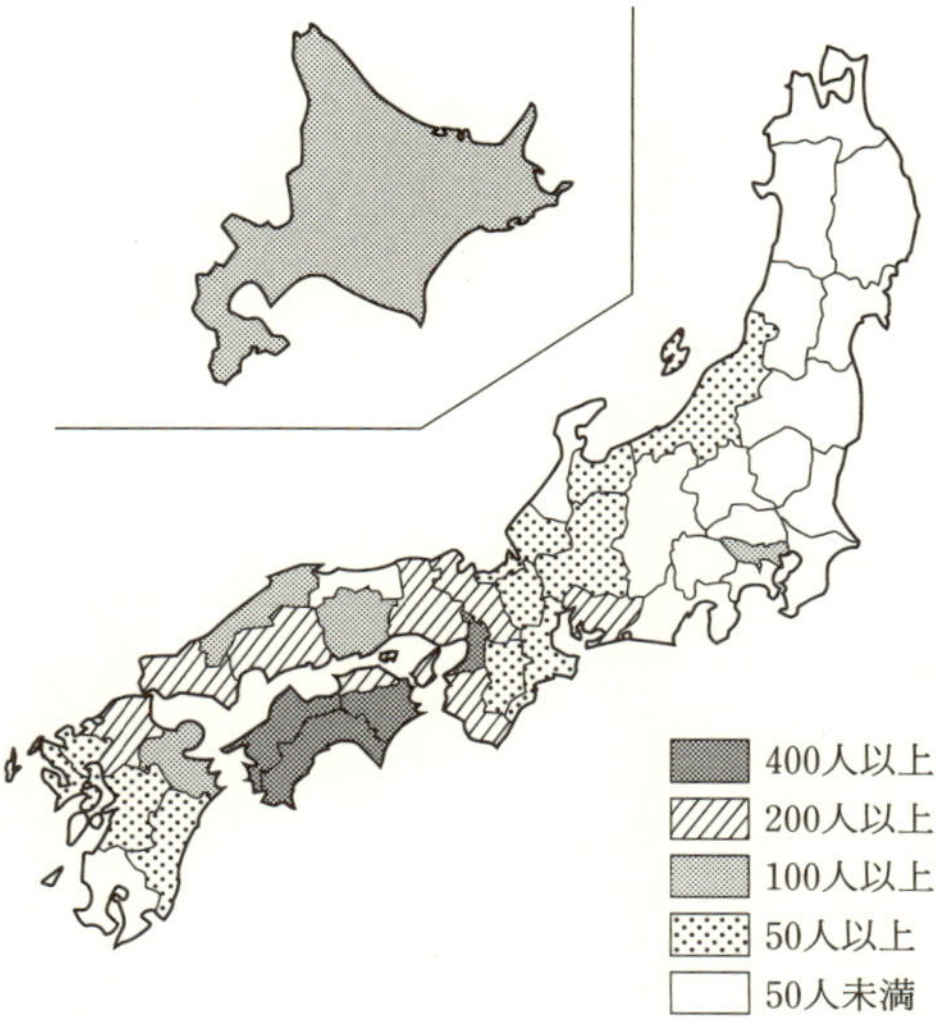

図 4-3　遍路者総数の府県別出身地構成

四国四県および海を隔てて対向する諸府県からの遍路者が多いことはすでに概観したが、以上の十七都道府県のうち、実質的にこの枠外にあるのは愛知、東京、北海道のみである。北海道と四国との特殊な関係はすでに指摘した。愛知県の場合は、現在の四国遍路者のなかでも非常に多いという報告もある[6]。また愛知県には「遍路ミニチュア版」としてはもっとも盛んなもののひとつである知多半島新四国霊場がある。東京の場合にもまた同様の御府内八十八か所があることも参考になろう。また先の分析にもあったように、大正末から昭和初期ごろの旅ブームも影響して、東京から四国遍路への関心が増えた様子も窺えるが、客観的に把握

	n	九州	四国	中国	近畿	中部	関東	その他
昭和10年	2,097	7.6	52.3	7.7	22.9	5.6	1.9	2
昭和11年	2,061	8.5	52.2	8.5	20.4	6.6	1.9	1.9
昭和12年	1,772	10.6	51.2	8.2	17.5	7.1	2.4	3
昭和13年	1,646	11.6	54.9	8.9	15.7	5	2	1.9
昭和16年	1,080	5.1	66.3	6.6	10.7	6.4	1	3.9
昭和17年	807	6.1	68.7	6.7	9.9	4.3	0.9	3.4
昭和18年	712	2.7	75.8	7	6.9	3.5	1.3	2.8

(%)

表 4-1　遍路者の出身地方別分布

することは不可能である。

以上、昭和十年代の四国遍路者の出身地構成をみると、全体としては四国を中心とする関西以西がその主力をなしていることがわかる。しかし府県別レベルでみると、同一地方内においても結びつきの強い府県と弱い府県があること、また北海道、愛知、東京のように必ずしも地理的遠近関係だけが決め手ではなく、その他の理由で四国遍路との結びつきの強弱があるなど、多様性も同時にみられるのである。

つぎに地方別、府県別の双方にわたって、昭和十年から十八年にかけての変化の側面を考察してみよう。昭和十年代は、先に記したように日本人の生活において年々大きな変化が生じた時代であった。そのことは、当然のことながら、この宿帳記録のうえにも反映している。

すなわち全般的な傾向としては遍路者の数は年々減少しており、かりに十年と十八年の年間遍路者総数を比較してみると、前者の二千九十七人に対し後者の七百十二人と、九年間で実に約三分の一に減少している。ただし経年的変化においては、資料的に十四年と十五年が欠如しているため、十三年と十六年との段差がとりわけ顕著に表れている。

なお以下の分析においては、地方別では九州、四国、中国、近畿、中部の五地方を中心に、また府県別では七年間の総数が二百人以上の前述の十二府

	n	福岡	香川	徳島	高知	愛媛	山口	広島	兵庫	京都	大阪	和歌山	愛知	その他の府県合計
10年	2,097	4.2	2.4	6.4	7.9	35.5	1.4	2.8	5.3	3.4	8.7	2.7	2.5	16.8
11年	2,061	3.0	2.5	6.9	8.3	34.4	2.3	2.6	5.0	2.5	7.2	3.0	3.0	19.3
12年	1,772	4.2	2.9	4.2	8.4	35.8	2.7	2.8	4.2	1.8	8.1	2.2	2.3	20.4
13年	1,646	4.7	2.4	4.4	7.9	40.1	2.6	3.4	3.8	1.3	6.8	2.7	2.2	17.7
16年	1,080	1.8	3.4	6.6	5.7	50.6	0.9	2.3	1.9	1.6	4.4	1.1	4.2	15.5
17年	807	2.0	2.2	4.1	2.5	59.9	2.7	1.2	2.4	0.7	4.2	2.2	2.5	13.4
18年	712	0.7	0.8	5.6	4.1	65.3	3.2	1.4	1.3	1.1	2.0	1.4	2.3	10.8

（%）

表4-2　遍路者の出身府県別分布

県を中心に、考察を進めることにしたい。つまり福岡県、香川県、徳島県、高知県、愛媛県、山口県、広島県、兵庫県、京都府、大阪府、和歌山県、愛知県の十二府県である。これら以外の地方・府県は総数が少なすぎて、統計上の比較としては意味をなさないので、主たる考察対象からは除外する。

さらに分析上のいまひとつの問題は、実数上は各地方・府県とも全体傾向に準じて年々減少しているから、単なる実数上の変遷を追求しても意味がないということである。そこで本稿では、（1）各年における各地方・府県の遍路者数がその年の総数に対して占める割合を算出し、その割合の変遷を考察すること、（2）各地方・府県ごとに昭和十年の総数を基準として、各年の実数の減少率を把握すること、の二方法を採用し、おもに（1）の方法を中心に、（2）の方法を補助的に用いながら資料を検討していくことにする。

まず最初に地方別の年々の変遷を表4―1によってみることにしよう。数値は各年の総数に対する各地方の総数の占める割合（%）である。

まず注目される点は、四国地方と近畿地方とがまったく対照的な動向を示していることである。つまり、近畿の割合は年々確実に減少しているのに対し、四国のそれはまったく逆に年々上昇している。

残りの三地方は横ばい傾向を示しているが、これは前二地方の実数の合計が高いため、表にその傾向が表れにくいことにもよる。しかし四国以外に上

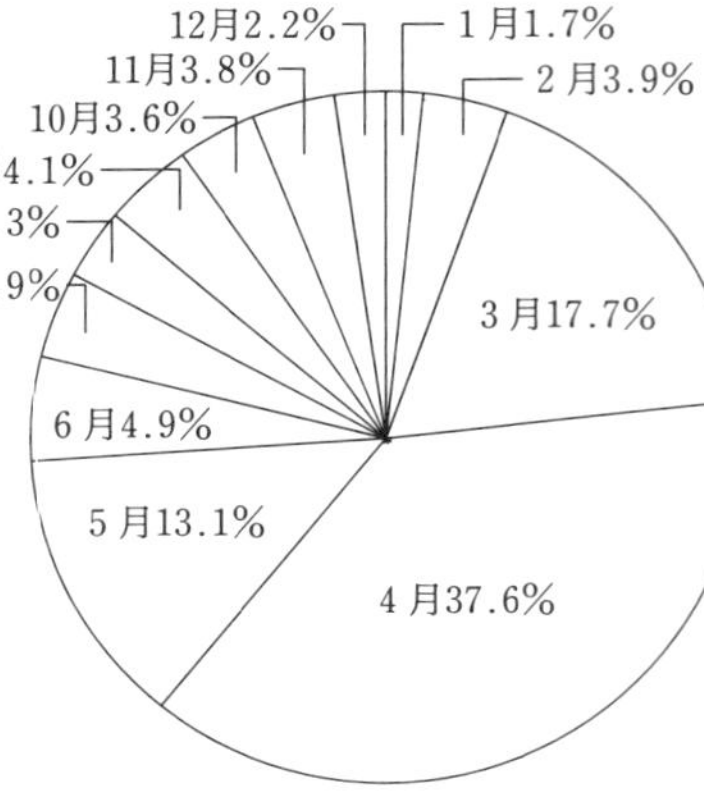

図 4-4　遍路者総数の月別構成

	愛媛県	大阪府	全国統計
昭和10年	100	100	100
11年	95	81	98
12年	85	79	85
13年	88	62	78
16年	73	26	52
17年	65	19	38
18年	62	8	34

表 4-3　愛媛県・大阪府遍路者数の減少

昇線を示す地方はない。

さて、この傾向を十二各府県の推移を表した表4―2で見てみると、表4―1の四国地方の上昇傾向と同様の動向を示すのは愛媛県のみである。それに対して他の十一府県は、大阪府が表4―1の近畿と同様、はっきりした下降傾向を示すのをはじめとして、いずれも下降線あるいは横ばい傾向を示している。

以上の結果から、本宿帳記録に関する限り、昭和十年代の四国遍路における愛媛県の動向はきわめて特徴的なものといえよう。巡礼という不要不急の宗教行動が、当時の社会状況から直接的な影響を受けたであろうことは容易に理解できる。

もちろん愛媛県の場合も、遍路者数そのものは減少している。しかしその減少率は、たとえば大阪府のそれと比較すると非常に低いのである。表4―3は、昭和十年の愛媛県、大阪府、全国総数のそれぞれの遍路者数を一〇〇とした場合の各年の指数を求めたものである。

愛媛県の減少率が大阪府や全国総数のそれよりもはるかに下回っていることがわかる。この事実こそが、先に指摘した愛媛県のみが年々上昇傾向を示すことに直結していることにほかならない。この

	n	1月	2月	3月	4月	5月	6月	7月	8月	9月	10月	11月	12月
10年	2,097	2.8	4.0	18.4	33.4	12.4	4.7	3.6	4.4	5.6	4.4	4.1	2.2
11年	2,061	0.7	5.0	18.3	30.4	11.7	7.7	4.3	4.0	5.6	4.7	5.0	2.6
12年	1,772	2.6	4.8	17.1	37.0	13.7	3.2	4.9	2.5	3.2	3.8	5.0	2.2
13年	1,646	2.2	2.9	15.0	31.8	12.9	6.8	4.7	4.3	5.6	5.0	4.5	4.3
16年	1,080	0.9	4.6	22.4	47.5	8.4	2.4	3.7	3.4	2.3	1.6	2.3	0.5
17年	807	0.2	1.4	12.4	51.0	24.3	1.7	2.5	1.0	1.1	1.4	1.4	1.6
18年	712	1.5	2.7	21.2	55.3	12.8	3.8	1.5	0.6	0.3	0.3	0.0	0.0

（%）

表 4-4　遍路者の月別分布の推移

数字をより具体的な姿に還元して表現すると、昭和十年においては十人のうち三・五人であった愛媛県遍路者が、昭和十八年には十人のうち六・五人までを占めるようになっているのである。

これを四国遍路の全体像から捉えなおすとつぎのようになろう。すなわち昭和十年代における四国遍路は、当初ある程度全国的ないし超府県的スケールで参詣者を迎えていたが、年々社会状況が変化するにつれ、限定された地域、それもおもに地元からの遍路者が主体となる地方的遠隔参詣となっていったのである。

以上、遍路者の出身地別に昭和十年代の四国遍路の様相を追求してみた。ではつぎに、月別集計に基づいて当時の遍路のありさまを捉えてみよう。

〈月別集計による諸特徴とその変遷〉

図4―4は、七か年の総遍路者を月別に集計した結果である。

遍路者のもっとも多い月が四月で、ついで三月、五月の順となる。逆にもっとも少ない月は一月と十二月であり、残りの七か月はいずれも三～四パーセント台を上下している。

このように三月、四月、五月の三か月（以下この三か月を「春季」と称する）への集中率は顕著である。ちなみに春季への集中率は七か年の総数で六八パーセントにものぼり、全体の三分の二を占めている。

つぎに各月の遍路者総数が年間総数に占める割合を算出し、それの年々の推移を表したものが表4—4である。

まず着目すべきは四月の動向の特異性である。四月のみが上昇傾向を示している。三月、五月はやや一貫性を欠いてはいるものの上昇と下降の折衷的動向である。他方、九月をはじめとする残りの九か月は一様に下降傾向を示している。

ここでかりに四月と九月の双方を例にとり、それぞれの昭和十年の遍路者数を一〇〇とした場合の各年の指数を求めたのが表4—5である。

	4月	9月
昭和10年	100	100
11年	90	99
12年	94	50
13年	75	79
16年	73	21
17年	59	8
18年	56	2

表4-5　4月と9月の遍路者数の推移

表4—5では指数が高いほど減少率が低いわけであるが、四月と九月は十六年を境にはっきり差が出てくる。ただし、昭和十二年九月の減少の事情は、ここだけの資料ではよく分からない。

これをより具体的に表現すると、昭和十年には遍路者十人のうち六人が春季に集中していたにすぎないが、十八年には十人のうち九人までが春季に集中しているのである。「遍路」は俳句の春の季語に定められているように、春季と遍路者の結びつきはかねてより強いのであり、そのこと自体とくに目新しい事実ではない。

しかしここでの問題点は、とくに十六年以降において四月を中心とする春季の遍路者の占める割合が上昇するのに対し、なぜ他の月のそれは激減していくのかという点である。なぜ当時の社会状況の影響が各月に平均して表れないのであろうか。

これに対するもっとも適切な回答をただちに提示することはできないが、それへの一段階として、春季三か月が四国遍路のカレンダーにおいて特殊な意味をもつのではないか、と仮定してみることは可能であろう。そこで

	n	九州	四国	中国	近畿	中部	関東	東北	北海道	海外地
昭和10年	1,345	55.0	68.0	58.0	67.0	49.0	33.0	75.0	72.0	42.0
昭和11年	1,244	45.0	68.0	60.0	53.0	59.0	26.0	0.0	60.0	35.0
昭和12年	1,200	64.0	74.0	66.0	58.0	60.0	50.0	67.0	72.0	56.0
昭和13年	982	63.0	69.0	44.0	47.0	29.0	38.0	20.0	60.0	64.0
昭和16年	845	60.0	84.0	75.0	63.0	75.0	55.0	67.0	50.0	80.0
昭和17年	708	86.0	90.0	83.0	86.0	69.0	71.0	100.0	81.0	100.0
昭和18年	639	89.0	94.0	80.0	69.0	60.0	100.0	0.0	88.0	100.0
7年間合計	6,963	59.0	76.0	62.0	60.0	56.0	42.0	50.0	70.0	59.0

（％）

表 4-6　地方別春季集中率

	n	昭和10年	11年	12年	13年	16年	17年	18年	7年間合計
福岡県	202	60.0	48.0	61.0	62.0	42.0	38.0	80.0	59.0
香川県	191	84.0	63.0	75.0	63.0	95.0	72.0	67.0	75.0
徳島県	469	87.0	79.0	85.0	72.0	82.0	88.0	95.0	83.0
高知県	492	68.0	62.0	70.0	64.0	56.0	85.0	90.0	68.0
愛媛県	3,226	63.0	67.0	74.0	70.0	86.0	91.0	94.0	76.0
山口県	128	48.0	55.0	55.0	40.0	60.0	91.0	83.0	58.0
広島県	177	69.0	61.0	82.0	46.0	84.0	100.0	60.0	67.0
兵庫県	238	68.0	58.0	51.0	43.0	70.0	95.0	78.0	60.0
京都府	119	70.0	52.0	48.0	38.0	65.0	33.0	75.0	58.0
大阪府	389	57.0	58.0	62.0	46.0	75.0	85.0	50.0	57.0
和歌山県	181	91.0	60.0	77.0	70.0	25.0	100.0	100.0	75.0
愛知県	163	51.0	66.0	51.0	31.0	76.0	85.0	75.0	60.0

（％）

表 4-7　府県別春季集中率

	徳島県	大阪府	愛媛県	全国総計
昭和10年	100	100	100	100
11年	96	72	100	92
12年	54	86	99	89
13年	44	50	97	73
16年	50	35	99	69
17年	25	28	93	53
18年	32	7	93	48

表 4-8　春季遍路者数の減少の推移

春季が遍路者の出身地域とどのような関連をもつかを調べてみよう。

表４—６は七年間の合計遍路者数における各地方の遍路者の春季集中率、つまり春季三か月間の遍路者数が全体数に占める割合を調べたものである。全国合計の春季集中率は六八パーセントであるが、これを上回るのは四国、北海道の二地方のみである。四国についで遍路者数の多い近畿地方は四国より十六ポイントも低い。そして年々の変遷を見ると、四国地方を典型例としていずれの地方もとくに十六年以降、春季集中率が上昇している。

つぎに春季集中率を府県別レベルで見てみよう（表４—７）。徳島県がもっとも高く、ついで愛媛、香川、和歌山の諸県が続く。

表４—７との関連では、四国地方では高知県のみが七〇パーセントを下回っているのが目立つ。逆に近畿地方では和歌山県のみが、兵庫、京都、大阪諸府県より際立って春季集中率が高い。この場合、和歌山県が純農漁村を主体にしているのに対し、他の近畿三県が大都市をその背景に有している、という違いが参考になるかもしれない。

つぎに各府県の春季集中率の年ごとの推移をみると、先の地方別の場合と同様に、おおむね十六年以降、春季集中率が上昇している。そのなかでは、愛媛県の上昇傾向がやはり顕著である。

ところが、この推移の側面を年々の実数の推移のレベルで捉えなおしてみると、府県によってかなりの差がみられる。十二府県のうち、春季集中率のもっとも高い徳島、もっとも低い大阪、もっとも遍路者の多い愛媛の三府県をとりあげ、春季遍路者の実数の減少率を調べてみよう。表４—８は、三府県の昭和十年の春季遍路者数を一〇〇とした場合の、各年の春季遍路者数の指数を求めたものである。

表4―8でもっとも顕著な事実は、愛媛県の指数が常に九〇以上を示している点である。つまり九年間（十四、十五両年も大きな変化はないと思われる）のあいだ、愛媛県の春季遍路者の数はほとんど変わらないということである。これは再々指摘しているように、当時の社会状況は、愛媛県の春季遍路者数のうえにはほとんど影響を与えていないことを示している。愛媛県の場合も年間総数が減少傾向にあることは確かである。それゆえ逆に、愛媛県においてすら春季以外の遍路者は年々かなり減少していたと考えることができる。大阪府、徳島県の場合は愛媛県とは対照的に年間遍路数同様に年々減少していく傾向を示しており、これは他の府県も同様である。この点から見ても愛媛県の春季遍路者の動向はきわめて特異である。

以上、昭和十年代の遍路宿帳を資料に当時の四国遍路のすがたを浮き彫りにしてみた。そして四国遍路の統一的イメージとともに、多様性をもあわせて明らかに抽出しようと試みた。

その結果を要約してみると、おおよそつぎのようになる。

（1）遍路者は四国内を筆頭に西日本に偏在している。

（2）四国外の府県では、四国と海を隔てて対向している諸府県からの遍路者が多い。

（3）昭和十年代の日本の緊張した社会状態は、全般的レベルにおいて四国遍路にも着実に影響を与えている。とくにそれは四国外からの遍路者の場合に著しい。つまり当時の四国遍路の基盤は年々地方的なものとなっていった。

（4）遍路者は春に集中する傾向があり、とくにそれは十六年以降著しい。

（5）一般に四国内の遍路者は、四国外のそれよりも春季参詣への集中率が高い。

（6）愛媛県は数的に最優位にあるばかりでなく、年々の遍路者数の減少率の低さ、とりわけ春季遍路者数の不変性など、他の地方・府県にはみられない特色をもっている。

（7）大阪府を筆頭に近畿地方は、愛媛県とは正反対に当時の社会変化の影響をもっとも直接蒙っている（ただし和歌山県はやや例外）。

（8）数的比重はやや少ないが、北海道地方の動向には特異な面がみられる。すなわち、経年的にみても数的減少が鈍い。四国からの移住者の「故郷帰り」の側面があることはすでに指摘した。しかし数的減少があまりみられないことに関しての理由は不明である。

一応右のように整理することができるが、しかし個々の点はそれぞれさらに詳しく論ずる必要がある。冒頭に述べたように、本章が依拠する宿帳記録には、ここで用いた項目のほかに職業年齢欄等があり、それらを整理分析することで、以上の諸点をさらに掘り下げて検討することができると予測される。それらについては引き続き次節以下に詳しく論ずることにしたい。

ここでは、とりあえず次節への接点のひとつを示唆しておきたい。当該宿帳記録において愛媛県の遍路者数が圧倒的に多いのは、いうまでもなく当宿帳が愛媛県内の遍路宿のものだからである。しかし、本来四国四県にまたがる八十八の寺院を巡拝する四国遍路に、そうした地理的条件が影響するのはなぜであろうか。少なくとも、愛媛県が、他の四国三県や四国外の他府県に比して四国遍路自体に対して特別な関係をもつという点は見当たらない。

この点も今後の分析において具体的に明らかにしていくつもりであるが、端的にいえば、これは四国遍路巡拝にはいくつかの方法があることによるのである。

四国遍路八十八か寺は、四国一円に均等距離をもって配置されているのではない。札所が地域的に集中している部分と過疎の部分がある。そしてその集中地域の多くは、集中している札所だけを参詣する習俗がある。七か所詣、十か所詣、十七か所詣などと通称されている、数か寺詣がそれである。

本宿帳記録において愛媛県遍路者が圧倒的に多いのも、この愛媛県の十か所詣の習俗によるところが大きいし、先にあげた愛媛県遍路者の動向の特異性もそれに負うところが多いと推測される。これらの点を念頭にさらに次節、次々節で引き続き宿帳データ全体を分析検討していく。

第二節　宿帳記録からみた遍路者の性別・年齢・職業

第一節と同じデータを用いながら、昭和十年代の四国遍路者一万百七十五名について、遍路者の性別構成、年齢別構成、職業別構成を順次考察していくことにする。今までの分析では、地方別・府県別という空間的基準と、昭和十年から十八年までの九年間における変化という時間的基準の二基準を、その分析の骨子とした。しかし、前節での分析の結果、遍路と春季（三月、四月、五月）とは特別な関連をもっていることが判明したので、本節では前節での二基準に加えて、通年の集計と春季のみの集計の比較という、いまひとつの基準を併せて用いることにする。

さらに府県別レベルの分析では前節同様、七年間の遍路者総数が二百人以上の府県を対象とする。

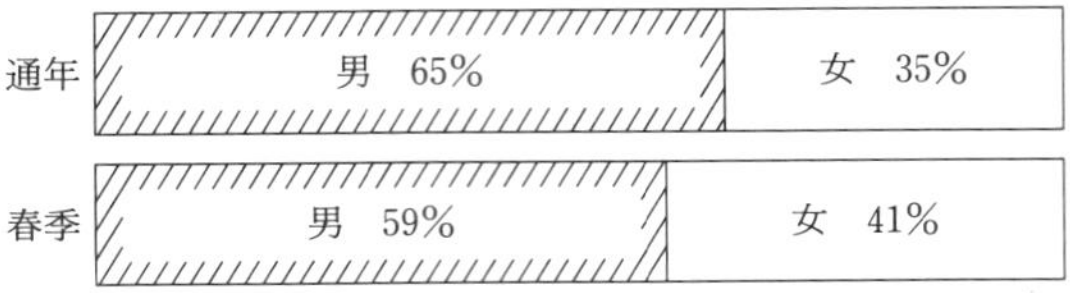

図 4-5　遍路者総数の男女比

	昭和10年	11年	12年	13年	16年	17年	18年	7年間合計
通年・男	66.0	67.0	66.0	68.0	59.0	59.0	61.0	65.0
通年・女	36.0	33.0	34.0	32.0	41.0	41.0	39.0	35.0
春季・男	60.0	61.0	60.0	61.0	54.0	58.0	59.0	59.0
春季・女	40.0	39.0	40.0	39.0	46.0	42.0	41.0	41.0

(%)

表 4-9　各年遍路者の性比率

1　遍路者の性別構成

本論で用いる宿帳記録には性別欄はとくに設けられていない。そのため氏名欄をその依りどころとした。

図4―5は、七年間の合計遍路者数における男女比を、通年の場合と春季のみの場合の双方について図にしたものである。

通年の場合に男性の割合が六五パーセントであるのに対し、春季のみにはそれが五九パーセントとなる。つまり春季には他の時期より女性の数が増加するわけである。また男女それぞれの春期集中率つまり年間総数に対する春季総遍路者数の割合は、男性が六二パーセント、女性が八〇パーセントとなり、女性の場合は十人のうち八人までが春季に巡拝していることになる。

つぎに男女比の年々の変遷をまとめたのが表4―9である。

まず、通年、春季の双方とも十六年以降には女性の割合が上昇している。そして十六年以降には通年と春季の男女比の格差がなくなっていく傾向がみられる。これは前節で指摘した事実、つまり十六年以降四国遍路者は春季のみに限定されていく傾向と、符合してい

	九州	四国	中国	近畿	中部	関東	東北	北海道	その他
通年・男	63.0	63.0	68.0	69.0	71.0	68.0	73.0	61.0	62.0
通年・女	37.0	37.0	32.0	31.0	29.0	32.0	27.0	39.0	38.0
春季・男	56.0	58.0	62.0	64.0	64.0	61.0	54.0	59.0	57.0
春季・女	44.0	42.0	38.0	36.0	36.0	39.0	46.0	41.0	43.0

(%)

表 4-10　地方別遍路者の性比率

	福岡県	香川県	徳島県	高知県	愛媛県	山口県	広島県	兵庫県	京都府	大阪府	和歌山県	愛知県
通年・男	65.0	58.0	59.0	61.0	64.0	65.0	72.0	68.0	71.0	71.0	60.0	65.0
通年・女	35.0	42.0	41.0	39.0	36.0	35.0	28.0	32.0	29.0	29.0	40.0	35.0
春季・男	58.0	53.0	55.0	57.0	57.0	59.0	68.0	63.0	63.0	68.0	56.0	60.0
春季・女	42.0	47.0	45.0	43.0	43.0	41.0	32.0	37.0	37.0	32.0	44.0	40.0

(%)

表 4-11　府県別遍路者の性比率

ると考えられる。

以上が遍路者全体における男女比とその変遷であったが、つぎにそれを地方別レベルで考察してみたい。

表４―10が七年間の総数における地方ごとの男女比を示すものである。

まず通年の場合を見ると、男性の割合が最高であるのは東北地方であるが、総数が少なすぎるので（七年間合計で二十六人）比較資料としては不適当であろう。そこで東北地方を除くと男性比率が最高であるのは中部地方であり、ついで近畿、中国、関東となる。逆に、四国、九州、北海道、海外地は、上記諸地方より約五ポイントほど男性比率が低くなっている。

さて、これを春季の場合と比較すると、おおむね各地方とも先の図４―５の全体傾向に一致して春季には六ポイント前後男性比率が低下する。つまりそれだけ女性の割合が上昇している（ただし東北地方以外の遠隔地は例外である）。さらに図化してはいないが、各地方の男女比の七年間における変遷を考察してみると、大体先の表４―９にみた全体傾向に相応している。

つぎに以上の諸点につき府県別レベルにおいて考察してみよう。

表4―11は七年間の総数における十二府県の男性比率を示したものである。

まず通年の場合をみると、大阪、京都、兵庫の近畿三府県と広島県の計四府県の男性比率が七〇パーセント前後と高い。それに対し四国四県および和歌山県が他に比して男性の割合が低い。和歌山県は前節における春季集中率の考察においても、近畿地方の他府県よりその集中率が高く、四国四県と同等値を示していた。男女比においても再び和歌山県は四国四県にその動向が近似していることになる。

さて、これを春季の男女比と比較してみると、両者間にもっとも差がみられるのが京都府で、逆にもっとも差が僅少であるのが大阪府である。しかしこれも他府県に比して際立った格差とはいえない。総じて全体傾向に相応しているといえよう。

以上、男女構成の特徴を地域別、年代別、通年と春季との比較において考察した。その結果を要約してみるとつぎのようになろう。

(1) 昭和十年代の四国遍路は約六五パーセントは男性である。

(2) 春季には男性の割合が六ポイントほど下り、それだけ女性の比率が上昇する。

(3) 女性遍路者のうち八〇パーセントは春季に集中するが、男性の春季集中率は六〇パーセントほどである。

(4) 十六年以降は通年の男女比と春季のそれとの格差が減少していく。つまり女性の割合が高くなっていくのである。

(5) 四国地方と近畿地方を比較すると、前者のほうが平均して六ポイントほど女性の割合が高い。

(6) ただし和歌山県は例外で、四国四県の数値に等しい。

(7) 北海道地方の男女比も、四国四県のそれに近似している。

2　遍路者の年齢別構成

遍路者の年齢は宿帳の年齢欄の内容に基づき、それを年齢層に区分して整理した。一区分は原則的に十歳ずつとしたが、十歳未満および八十歳以上は総数がそれぞれ二十五人未満と非常に少ないため、それぞれ十歳代、七十歳代と併せて二十歳未満、七十歳以上とした。すなわち本稿での年齢区分は以下の八区分である。A—十歳未満（〇～十九歳）、B—二十歳代（二十～二十九歳）、C—三十歳代（三十～三十九歳）、D—四十歳代（四十～四十九歳）、E—五十歳代（五十～五十九歳）、F—六十歳代（六十～六十九歳）、G—七十歳以上いH—不明。「不明」とは年齢欄に記載のなかったものを指す。

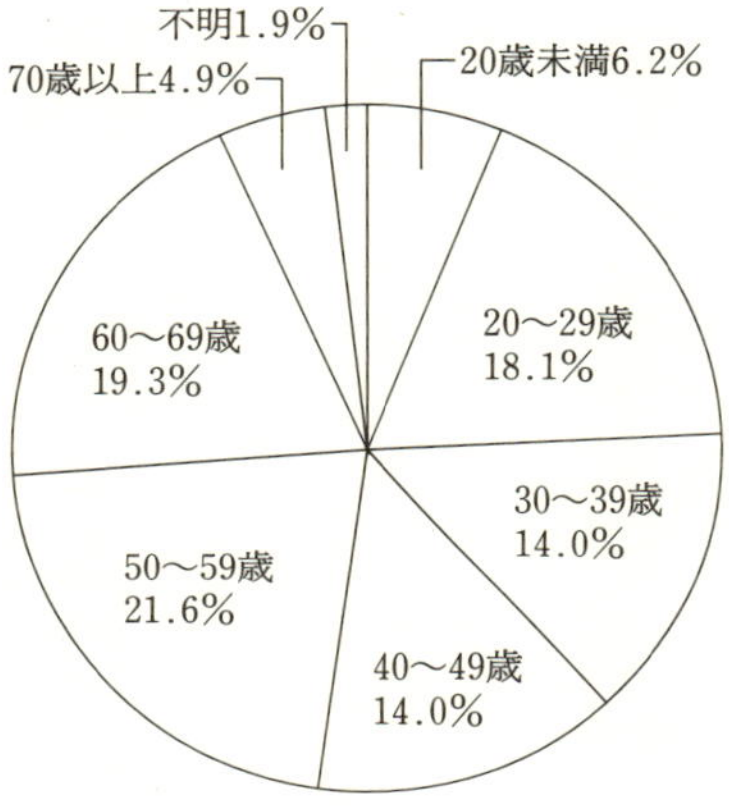

図 4-6　通年遍路者総数の各年齢階層構成

まず七年間の総数における各年齢区分の比率を調べると図4—6のようになる。通年の場合をみると、もっとも割合の高い年齢層が五十歳代で、ついで六十歳代、二十歳代、三十歳代、四十歳代の順となる。

以上の五年齢層の割合の合計は八七パーセントで、遍路の主力年齢層であることがわかる。一般に寺社参詣には老人層が主力であるとされ、四国遍路についても同様の報告もあるが(7)、当該資料による限り二十～四十歳代の割合も決して低くはない。

	20歳未満	20〜29歳	30〜39歳	40〜49歳	50〜59歳	60〜69歳	70歳以上	不明
昭和10年	5.0	19.2	15.7	15.0	21.9	18.8	3.9	0.5
11年	4.9	18.6	14.8	13.8	23.1	18.9	5.0	0.9
12年	5.0	16.7	15.6	15.3	23.0	19.0	5.1	0.3
13年	3.8	19.7	14.6	15.4	21.8	19.1	5.0	0.6
16年	9.2	15.8	11.4	11.7	17.2	22.9	5.4	6.4
17年	9.3	16.6	9.9	12.0	23.4	19.8	5.3	3.7
18年	14.3	19.0	9.2	10.4	17.0	17.7	5.2	7.2
7年間総数比	6.2	18.1	14.0	14.0	21.6	19.3	4.9	1.9

(%)

表 4−12　各年齢階層の推移

	昭和10年	11年	12年	13年	16年	17年	18年
20歳未満	100	95	84	60	95	71	97
30歳代	100	92	84	73	37	24	20

表 4−13　20歳未満と30歳代の遍路者数の推移

ついで各年齢層の七年間の推移の様相を探ってみよう。表4—12は、各年における各年齢層の占める割合の推移を抽出したものである。

第一の特徴は、七十歳以上を除く各年齢層とも、十六年以降、その動向にかなりの変化を示していることである。その中で対照的であるのが、一方における二十歳未満と他方における三十歳代および四十歳代である。前者が十六年以降その割合を上昇させているのに対し、後者はそれとは正反対に割合を減じている。

両者の減少の程度を表4—13によって示す。表4—13は二十歳未満と三十歳代の二つの年齢層をとりあげ、それぞれの昭和十年の総数を一〇〇とした場合の各年の指数を求めたものである。指数が高いほど減少率が低いわけであるが、両年齢層が十六年以降、差が生じていることがはっきりと表れている。

表4—12のうちの残りの三つの年齢層、つまり二十歳代、五十歳代、六十歳代はやや動向が一定していないが、少なくとも実数上でみる限り減少している。

	20歳未満	20～29歳	30～39歳	40～49歳	50～59歳	60～69歳	70歳以上	不明
四国地方	8.5	20.6	14.4	13.7	19.5	16.4	4.1	2.8
	(10.1)	(20.6)	(12.3)	(13.2)	(19.0)	(17.4)	(4.0)	(3.4)
近畿地方	3.5	15.3	13.2	14.6	24.6	23.7	4.7	0.4
	(3.7)	(11.5)	(9.4)	(14.0)	(27.7)	(28.7)	(4.5)	(0.5)

(%)

表 4-14　四国地方と近畿地方の各年齢階層構成　(　)内は春季の数値

すなわち二十歳未満の上昇傾向は他の年齢層にみられない特異性といえる。昭和十年代の社会状況を考慮すれば、十六年以降は下降傾向ないし横ばい傾向をとると理解しうるからである。二十歳未満の年齢層のみが他の年齢層よりも社会的影響を受ける割合が少なかったと考えてもさしつかえないのであろうか。

以上が通年の場合であるが、春季の場合の変遷についてはおおよそ通年の傾向に相応しており、とくに特徴ある傾向があるようには思えない。

以上が七年間の合計における年齢別構成の特質であったが、ついでこれを地方別に考察してみよう。

各地方の七年間の総遍路者における各年齢層の占める比率をみると、そこでは地方によってかなりヴァラエティがみられる。総数の多い九州、四国、中国、近畿、中部の五地方の年齢別構成を比較してみると、そこでは四国と近畿とがもっとも対照的な年齢別構成を示している。

両地方を各年齢層ごとに比較してみると、まず通年の場合、二十歳未満および二十歳代の割合では四国地方は近畿地方より圧倒的に多い。三十歳代、四十歳代においては両者とも一三、一四パーセント前後で、あまり差がみられない。しかし五十歳代になると、近畿は四国より五～七パーセントほど割合が高くなっていく。表４―14は四国地方と近畿地方における各年齢層の割合を示したものである。

すなわち、表４―14からも明らかなように、四国地方は、その主体が二十歳代と五十

	昭和10年	11年	12年	13年	16年	17年	18年
愛媛県	57人	58人	51人	34人	81人	69人	89人
大阪府	7人	8人	4人	1人	1人	0	1人

表 4-15　20歳未満の遍路者数の変化

歳代、六十歳代であるが、近畿地方は明らかに五十歳、六十歳代の、比較的高年齢層が主体となっていることがわかるのである。

これを春季の場合と比較してみると、四国地方の場合は通年と春季とのあいだにあまり際立った差はみられない。近畿地方では春季には、通年の高年齢層主導型がますます顕著になっていく傾向にある。

さて、九州、中国、中部の三地方は、いずれも近畿地方の動向に類似しており、この点からも四国地方の特異性が確認される。

これを十二府県の年齢別構成の場合も考察してみると、表4－14の四国タイプ、つまり三十歳未満と五十歳、六十歳代の三年齢層を主力とする府県は愛媛県のみである。つまり、表4－14の四国地方の特徴はなかんづく愛媛県のそれであるといえる。香川、広島、和歌山の三県が愛媛県に一部類似する動向を示すが、いずれも二十歳未満の割合が低く同型とはいいがたい。つまり逆にいえば、愛媛県を除く十一府県はすべて表4－14の近畿タイプ、すなわち高年齢層主導型といえる。

この高年齢層主導型は、愛知県の場合にみるように四国より遠距離の地域の特徴といえそうで、関東地方以遠の諸地方はいずれもはっきりとこの型を示している。

さてこれを春季にのみ限ってみると、四国四県は表4－14の四国地方の例に似て、通年の年齢別構成と春季のそれとに大きな差がみられない。他方、近畿諸府県をはじめ残りの府県は、春季には、五十歳代、六十歳代の高年齢層主導型の傾向がさらに強まるようである。

以上のように愛媛県の動向はとりわけ特徴的であるが、その中でも二十歳未満の占める割合の大きさは注目に値する。表4―15は、愛媛県と大阪府とをとりあげ、両府県の七年間の二十歳未満の年齢層の遍路者の実数を比較したものである。

これからも明らかなように、愛媛県はむしろ十六年以降には二十歳未満の遍路者の数が増加しており、これは愛媛県の他の年齢層にもみられない現象である。このことが表4―12の十六年以降の、二十歳未満層の割合上昇を支えている事実なのである。

以上、年齢別構成の特徴を地域別、年別に考慮してきた。その結果を要約するとつぎのようになろう。

(1) 七年間の合計においては、遍路者の年齢層でもっとも比率の高い層は五十歳代で、ついで六十歳代、二十歳代の順となる。
(2) 春季に限ってみると、二十歳未満、六十歳代の遍路者の割合が増大する。
(3) 七年間の変遷をみると、二十歳未満の遍路者の割合は十六年以降急増するが、逆に三十歳代、四十歳代のそれは減少する。これは後者の年齢層の人たちが当時の社会状況の影響をもっとも直接的に受けたと解釈できる。
(4) 愛媛県の年齢別構成では、五十歳以上の年齢層とともに三十歳未満の年齢層も大きな比率を占めている。
(5) 愛媛県以外の地方、府県は総じて五十歳以上の人たちが遍路の主力となっている。
(6) 愛媛県の年齢層構成のうちとくに特徴的なことは、二十歳未満の遍路者の割合が他地方・府県に比してきわめて高いことで、かつ昭和十六年以降、逆に実数上も増加する傾向がみられる。それゆえ、全国集計において二十歳未満の数が七年間不変を保つのは、おもに愛媛県の動向の影響が大である。

（7）愛媛県以外の高年齢層主導型の傾向をとる地方・府県は、春季になるとその傾向がさらに促進されるが、他方、愛媛県の場合、通年、春季ともに年齢層構成には変動が少ない。

	農業	その他	無職	不明
通年	53.9	26.8	12.2	7.1
春季	64.3	18.7	10.2	6.8

(%)

表 4-16　遍路者総数の職業別構成

3　遍路者の職業別構成

本節においては職業分類を、農業、その他の職業、無職、不明の四カテゴリーとした。いうまでもなくこの分類は変則的であるが、それはもっぱら以下に述べるような資料上の制限のためである。

当該宿帳においては、今日では常識である産業と職業の区別など当然のことながらなされていない。ましてやそれらの細分類など論外である。

本節で「農業」に分類したものは、宿帳職業欄に農業あるいは農などと記入され、明らかに農業従事者であると思われる場合である。ところがそれ以外では、多くは非常に曖昧な表現しかなされていない。一例をあげると「織物」あるいは「雑貨」とのみ記入されている場合が頻繁にみられる。これはいったい製造工程に従事しているのか販売業務に携わっているのか、まったく判断不能である。あるいは「商」とか「工」とかのみ記入されている場合もしばしばである。そこで本節では、それらを包括して「その他の職業」とせざるをえなかった。

本節でいう「農業」とは、広い意味で「農業に従事している人びと」を指す。「その他の職業」とは概念的には農業以外のあらゆる職業を包摂していることになるが、しかし実際には漁業、林業の占める率は僅少である。そこで「その他の職業」とは、もっぱら農、林、漁業以外の業種と理解してもさしつかえない。「無職」とは職業欄に「ナシ」、「無」などと記入されていたものである。「不明」とは、職業欄が空欄になっているものと、さらには、「順（巡）拝」等いわば目的を記入してあるものも、そこに包含した。「順（巡）拝」と記入された遍路者は、いわゆる職業的遍路者の場合もありうるのであるが、数の上でも僅少であることもあり、「不明」と処理した。以下においてその具体的分析を行うことにする。

表4―16は、農業、その他の職業、無職、不明の四カテゴリーが七か年の総数において占める割合を表したものである。

	農業	その他	無職	不明
昭和10年	48.0	31.6	14.7	5.7
	(56.2)	(24.4)	(13.9)	(5.5)
11年	51.3	29.1	12.8	6.8
	(61.9)	(18.8)	(10.9)	(8.4)
12年	54.1	28.2	12.6	5.1
	(62.6)	(20.7)	(12.1)	(4.6)
13年	52.6	27.5	14.0	5.9
	(65.9)	(17.7)	(12.1)	(4.3)
16年	57.3	20.4	8.0	14.3
	(61.1)	(15.0)	(8.6)	(15.3)
17年	60.6	20.9	10.2	8.3
	(64.5)	(17.7)	(8.9)	(8.9)
18年	68.2	17.7	6.4	7.7
	(70.9)	(17.5)	(5.8)	(5.8)

(%)

表 4-17　職業従事者の比率推移

(　)内は春季の数値

まず圧倒的に多いのが農業で、全体の半数以上を占めている。ついで、その他の職業の割合が農業のそれの約半分、さらに無職がその他の職業の約半分という順になる。さて、これを春季のみに限ってみると農業の比率が上昇し、同程度だけ逆にその他の職業の比率が下降する。春季の遍路者と農業者との強い結びつきを感じさせる。

さて、これの年々の推移の側面を数値で表したものが、表4―17である。グラフ中の数値は、各年における各カテゴリーの占める割合である。

第一の特徴は表からも明らかなように、年が進むにつれ「農業」と「その他」の動向がまったく対照的になり、年々両者間の格差が拡大していくことである。ついでいまひとつの特徴は、十六年以降、両カテゴリーとも通年と春季との格差が漸減していくことである。これは前節で指摘した事実、十六年以降に遍路者が春季のみに限定されていく傾向がここにも表れたものと解することができる。無職と不明は、十六年以降、前者の割合は減少していくのに対し後者は増加する傾向にあるといえよう。

	農業	その他	無職	不明
九州	42.6	28.1	18.7	10.6
	(46.4)	(24.8)	(18.1)	(10.7)
四国	66.9	22.7	5.4	5.0
	(74.3)	(15.2)	(5.1)	(5.4)
中国	49.6	25.3	15.2	9.9
	(58.7)	(16.1)	(14.5)	(10.7)
近畿	28.0	37.4	26.6	8.0
	(33.7)	(31.9)	(26.1)	(8.3)
中部	42.9	31.7	13.4	12.0
	(48.2)	(24.7)	(14.6)	(12.5)
関東	12.3	38.5	34.6	14.6
	(17.1)	(28.9)	(40.8)	(13.2)
東北	53.9	11.5	11.5	23.1
	(38.4)	(15.4)	(15.4)	(30.8)
北海道	49.6	25.2	15.6	9.6
	(47.9)	(24.5)	(17.0)	(10.6)
海外地	15.8	44.2	26.3	13.7
	(14.3)	(44.7)	(21.4)	(19.6)

(%)

表 4-18　職業従業者の地方別比率

(　)内は春季の数値

ではつぎに、地方別に職業別構成の特徴を調べてみよう。その動向は表4―18に表されているが、これは大きく二つのタイプに分けることができそうである。

第一のタイプは、四国地方にみられるように農業の割合が非常に高く、ついでその他の職業、無職、不明の順という「農業従事者主導型」である。第二のタイプは近畿地方にみられるように、その他の職業の割合がもっとも高く、また無職もかなりの割合を占める「その他の職業従事者主導型」タイプである。ここで九地方を両タイプに分類するとつぎのようになる。

「農業従事者主導型」……四国、九州、中国、中部、東北、北海道
「その他の職業従事者主導型」……近畿、関東、海外地
第二タイプには三地方が分類されているが、関東、海外地は総数が少ないため、とくに近畿地方の存在が注目される。

さてこれを春季のみに限定してみると、東北、北海道、海外地の遠距離三地方を除いたほかの六地方は、すべて春季には農業の比率が上昇している。たとえば近畿地方ですら、春季においてはわずかながらではあるが農業の比率がその他の職業のそれを上回り、「農業従事者主導型」に変貌している。

	農業	その他	無職	不明
福岡県	32.3	32.3	24.2	11.3
	(40.6)	(25.2)	(23.3)	(10.9)
徳島県	74.3	14.1	7.4	4.2
	(76.8)	(11.7)	(7.2)	(4.3)
大阪府	11.0	46.6	34.8	7.6
	(14.9)	(41.7)	(36.2)	(7.2)

(%)

表 4-19　福岡、徳島、大阪各府県の職業別構成　(　)内は春季の数値

これを見ても、春季遍路者が農業と強い結びつきを有していることがはっきり確認できる。農村社会の諸行事のサイクルが農繁期・農閑期などの農作業サイクルと密接に関連していることは周知の通りであるが、四国遍路にもその側面があることがここにみられるのである。それゆえ逆に、東北地方以下の遠隔三地方では、春季においてもことさら農業の割合が上昇しない事実も、その距離的隔りが大きすぎて遍路が農業者の生活サイクルと結びつきえないためとも考えられる。

つぎにこの結果を、十二府県の職業別構成の特徴と照らし合わせてみよう。表4―19は特徴的な動向を示す三府県である福岡県、徳島県、大阪府の数値をあげたものである。数値は各府県における各職業カテゴリーの占める割合である。

徳島県は第一タイプつまり「農業従事者主導型」である。大阪府は第二タイプすなわち「その他の職業従事者主導型」である。福岡県は第一タイプと第二タイプの折衷型的な存在で、農業とその他の職業の割合がほぼ等しく、かつ無職も第一タイプよりは多い型である。他の府県を以上の三タイプに分類してみるとつぎのようになる。

「農業従事者主導型」……徳島、香川、高知、愛媛、山口、広島、和歌山

「その他の職業従事者主導型」……大阪、京都

折衷タイプ……福岡、兵庫、愛知

以上の分類の特徴として指摘できることは、第一タイプに属する諸県はいずれもその主産業が農業であり、第二タイプは大都市を有する諸府県であり、折衷タイプは大都市を有しながらもまた農村部をも兼ねて有している諸県である、という点である。

全体総計では表4―16でみた通り農業の占める割合が圧倒的に多いが、これは遍路者数の圧倒的に多い四国四県に大きく影響されているためである。かりに全国集計から四国四県を除いた場合の遍路者の職業別構成を調べてみると、つぎの通りである。

農　業……………三六・七パーセント（千六百六人）

その他の職業……三二・二パーセント（千四百十五人）

無　職……………二一・一パーセント（九百二十五人）

不　明……………　九・九パーセント（四百三十五人）

これをかりに先の三タイプに当てはめてみると、第二タイプあるいは折衷タイプに近い型となる。

すなわち四国遍路者の職業別構成においては、四国の内と外とでは大きな違いがあると考えてさしつかえなか

ろう。

四国外の府県の一例として、愛媛、高知両県についで多くの遍路者を送り込んでいる大阪府の場合を検討してみよう。先にみたように、大阪府は典型的な「その他の職業従事者主導型」である。ここで大阪府の遍路者六百八十二人（七か年合計）の府内居住地を調べてみると、大阪市内居住者は五百四十二人で全体の約八〇パーセントを占めている。ところが『昭和十年国勢調査報告』（内閣統計局編）によれば、昭和十年の大阪府全体の人口のうち大阪市内居住者は約七〇パーセントである。(8) すなわち大阪府からの四国遍路者は、その居住地が市内に偏っている傾向がみられる。

この都市部偏重傾向は、同じ「その他の職業従事者主導型」の京都府の場合に一層著しい。京都府からの七年間の総遍路者数二百六人のうち、京都市内出身者は八一パーセント（百六十九人）である。ところが前出『国勢調査報告』によれば、昭和十年当時の京都市の人口は京都府全体の人口の六三パーセントである。(9) 遍路者に限れば、大阪府の場合より一段と市内出身者の数が偏っているのである。

このような都市部偏重傾向が、大阪府と京都府の「その他の職業従事者主導型」を生み出し、農業の比率の低さを生み出す背景となっていることは確かであろう。

費用や時間的余裕等において、四国内（本節の場合はとくに愛媛県）と四国外とでは遍路を行う場合に大きな差がある。そのため四国外からの遍路者には、比較的金銭的余裕があり時間的に外在的制限の少ない非農業者が多いことは当然であろう。しかしそうした基盤は、また昭和十年代のような急激な社会変化の時代には、より敏感にその影響を蒙りやすいことも事実であろう。近畿地方のうちとくに大阪府や京都府が九年間のあいだに急激に遍路者数が減少する理由は、その社会的経済的基盤に一因があったと考えられる。表４―17におけるその他の職業の減少とは、こうした側面が影響しているのである。それゆえ逆に、同じ近畿地方でも農業者の占める割合の高い和歌山県が、他府県に比して年々の減少率が低いという事実も理解できるのである。

なお十二府県の春季の職業別構成は、おおむね全体傾向に相応して農業者の割合が上昇し、その他の職業のそれが下降する動向を表している。

以上、職業別構成上から昭和十年代の遍路者の実態を明らかにしようとした。その要点はつぎの通りである。

（１）総数でもっとも多い職業は農業で、全体の半数以上を占める。

（２）春季にはさらに農業者の割合が高まり、逆にその他の職業の割合が下降する。

（３）昭和十年代では年々農業者の割合が高くなる。これはおもに年々四国外からの遍路者が減少した結果と考えられる。

（４）地方・府県をその職業別構成上の特徴からいくつかのタイプに分類できる。

（５）職業別構成上もっとも好対照をなすのは地方の場合では四国地方と近畿地方であり、府県では徳島県・愛媛県と大阪府・京都府である。

（６）春季の遍路は農業者の生活サイクルと密接に結びついている。

4　むすび

本節では前節から引き続いて、旧遍路宿の宿帳記録の分析を通して、昭和十年代の四国遍路の諸相を明らかに

	遍路者の性別	遍路者の主年齢層	遍路者の主職業	居住地の性格	巡拝の季節	社会的影響
愛媛県	男女の割合が近い	30歳未満と50歳以上	農業	農村	春季集中の傾向	受けにくい
大阪府	男性主体	50歳以上	農業外の職業	都市	分散的	受けやすい

表 4-20　愛媛県と大阪府の遍路者の特徴比較

しようとした。ここでは前節の分析結果とも併せて総まとめを試みたい。

本宿帳記録の分析を支える関心は大きく分けて二点あった。第一点は四国遍路の多様性を具体化しようとすることである。四国遍路はその背景に長い歴史と厖大な空間的拡がりを有している。それゆえ四国遍路の統一的性格の把握ももちろん大切なことであるが、その多様性をも明らかにする必要がある。性別構成、年齢別構成、職業別構成等の各項目において、年代、地域によるさまざまな特徴を指摘したのもその意図からであった。

第二は、昭和十四、十五年の中間二年間の資料上の欠落があるとはいえ、昭和十年から十八年という激変する社会状況に直面した四国遍路がどのように変化していったか、ということへの関心である。より具体的にいえば、四国遍路という一宗教儀礼においてどの部分が社会的影響を受けやすく、どの部分が受けにくいかということである。

以上の二点に関する具体的分析結果はすでに前節、本節に列挙してあるので、ここで再び個々に取り上げて論ずることは避けたい。

ただしそれらの分析結果を相互に有機的に結びつける枠組みとして考えられることは、本稿の職業別構成の部分で触れたところの、四国内からの遍路者と四国外からの遍路者という区分である。これを具体的な府県に当てはめてみると、前者の典型としては愛媛県、後者のそれとしては大阪府であるといえる。かりに両者の違いを整理すると表４―20のようになる。

もちろん表4—20は、統計上の結果から整理した場合に系統づけられる両府県の諸特徴である。当然、愛媛県遍路者のなかにも大阪府的特徴をもつ人々がいたであろうし、またその逆も考えられる。

それゆえ、これは地理的区分を根底にした類型ではなく、当時の四国遍路者すべてを対象にしたひとつのタイポロジーと考えることも可能であろう。もちろん今後さらに資料的裏付けを得て、タイポロジーの基準となる項目を増加し、より一層精密化することが必要である。

前節の結論部分で、本宿帳記録に愛媛県遍路者が圧倒的に多いのは、松山周辺の十か所詣の地方習俗に負うところが大きいことを示唆した。本節でわれわれが触れた愛媛県遍路者の動向にみられる諸特徴も、おそらくそれによる面が多々あると思われる。次節においては、この点に焦点を当てて分析してみたい。

第三節　四国遍路と十か所詣

1　十か所詣参加者の地域別分布

四国遍路は、巡拝寺院数が多いこと、それらが広く四国一円に散在していることから、その巡拝形式にいくつかのパターンが生ずることとなった。そのうちのひとつが数か寺詣と呼ばれるもので、一定地域に密集している札所のみを参詣する形式である。(10)

さて、この数か寺詣は、七か所詣（遍路）、十か所詣（遍路）、十七か所詣（遍路）などといわれ、四国各地に

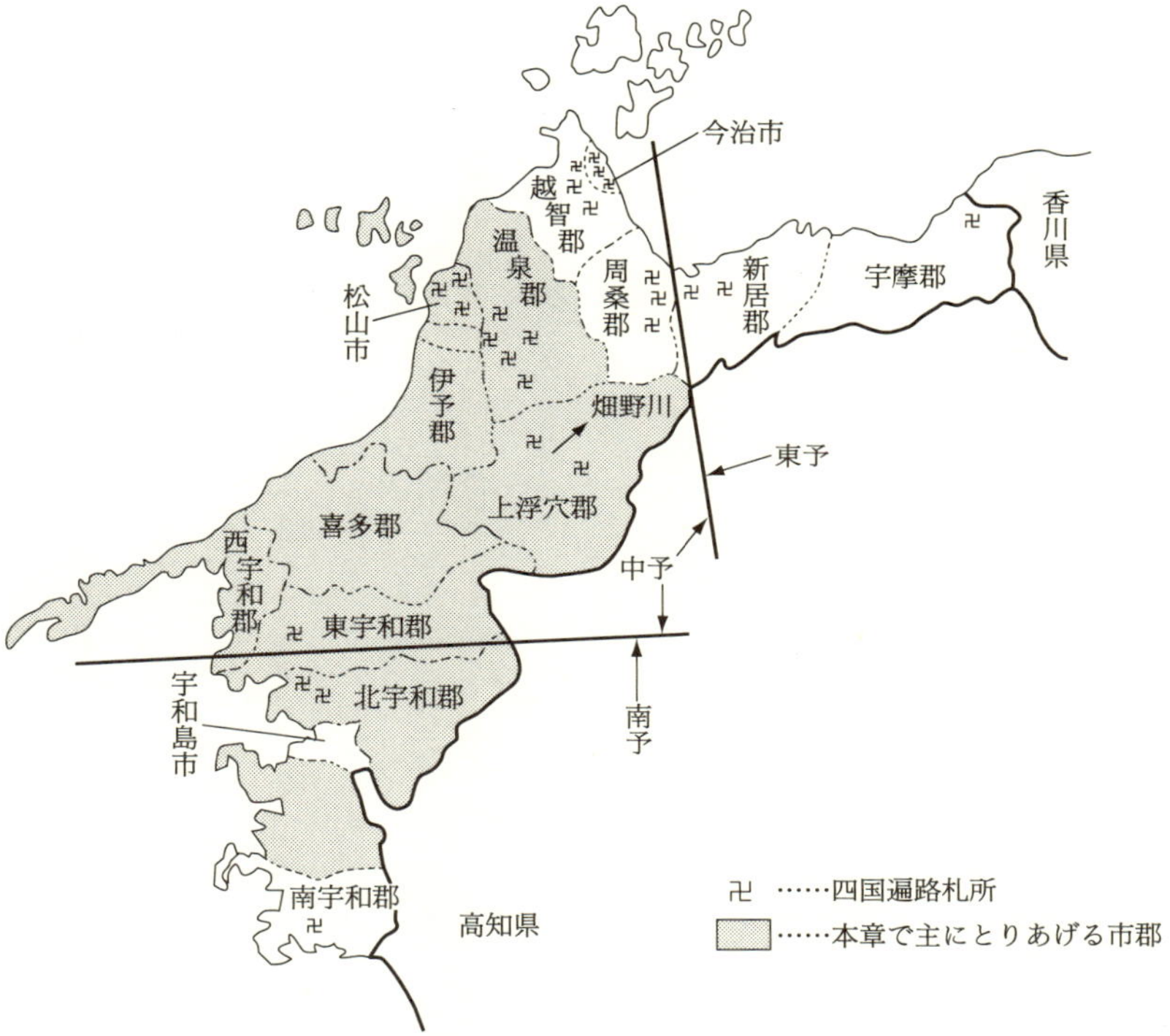

図 4-7　昭和10年頃の愛媛県管内図

みられる。あるいはむしろ、札所が密集している地域にはほとんど必ず存在している、といっても過言ではないほどである。それゆえ参拝する寺院数は地域によって、七か寺、十か寺、十七か寺とさまざまである。この数か寺詣の歴史はかなり古く、すでに室町後期から江戸時代初頭にはその名称があらわれている。[11] あるいはまた、数か寺詣はしばしば成人式儀礼と関連しているという指摘もある。[12] このように数か寺詣は、歴史的にも民俗的にも興味深い側面を有している。

しかし翻ってみると、断片的報告や指摘はあるものの、数か寺詣に対するまとまった研究報告は、管見の限りいまだなされていないようである。

前二節における遍路宿帳の分析の結

果、愛媛県遍路者の動向には多くの特異性がみられたのであった。それは、愛媛県遍路者数が圧倒的に多いこと、昭和十年代の社会状況の影響は、愛媛県遍路者においては他府県のそれほど著しくないこと、とくに春季（三月、四月、五月）の遍路者数には十年から十八年まで変化がみられないこと、などであった。

このような愛媛県の特異性は、結論的にいうならば、当該宿帳の当時の保持者も証言するように、愛媛県の地方習俗である十か所詣によるところがきわめて大きいのである。以下においては、地域的分布、性別構成、年齢別構成、職業別構成等の諸レベルにおいて、十か所詣の実態を把握してみよう。

愛媛県は古来より、山脈の走向、河川の流域等の自然環境により、慣習的に、東予、中予、南予の三地方に区分されてきた。図4―7のように、高縄半島以東を東予、それ以西で石鎚山脈とのあいだを中予、石鎚山脈以南を南予とすることができる。

さて、本章が依拠する宿帳のある旧遍路宿では、昭和十〜十三年、十六〜十八年の計七年間に宿泊した遍路者総数は一万百七十五人であるが、そのうち愛媛県内の遍路者数は四千二百四十四人で、実に全体の約四二パーセントを占めている。愛媛についで多い高知県が七百二十八人、大阪府が六百八十二人であることを考えると、愛媛県の遍路者数がいかに多いかがよくわかる。

ではまずその四千二百四十四人の居住地がどこであるか、市郡別に分けてみよう。その場合、昭和十（一九三五）年一月一日現在の愛媛県の市郡別行政地域区分を用いることにする。すなわち三市（松山市、今治市、宇和島市）十二郡（宇摩郡、新居郡、周桑郡、越智郡、温泉郡、伊予郡、上浮穴郡、喜多郡、西宇和郡、東宇和郡、北宇和郡、南宇和郡）である（なお、昭和十年二月には八幡浜市が西宇和郡より、同十二年十一月には新居浜市が新居郡より、同十六年四月には西条市が新居郡より、それぞれ分離して市制施行されたが、本節においては、それら三市は旧所属郡に所属したままとした)。

さて、四千二百四十四人を居住地の市郡別に整理し、そのうち、数のとくに多い市郡を列挙してみるとつぎの通りとなる。

①喜多郡　千五百八十人　②伊予郡　五百三十五人
③温泉郡　四百十八人　④松山市　三百七十一人
⑤上浮穴郡　二百八十一人　⑥西宇和郡　二百七十五人
⑦東宇和郡　二百三十一人　⑧北宇和郡　百九十八人

これら以外の市郡はいずれも八十人以下で、前記八市郡とは大きな差がみられる。ちなみに前記八市郡の合計数は三千八百八十九人で、実に愛媛県全遍路者数の九〇パーセントを越えているのである。

この上位八市郡の地理的位置は図4―7に明らかなように、おおむね中予地方に集中している。

この中予集中傾向を生み出した主たる要因が、たびたび言及している十か所詣の習俗なのである。愛媛県には従来より二つの十か所詣があるとされる。ひとつは松山市周辺の第四十四番から五十三番までで、いまひとつは今治市周辺の五十四番から十か寺を参拝するものである。本節では、畑野川の地理的位置や遍路者の中予集中傾向からも明らかなように、松山市周辺の札所を参拝する十か所詣が研究対象となる。

この十か所詣が少なくとも戦前まで根強く行われていたことは確かで、宿帳の「特徴」欄あるいは「職業」欄に十か所詣と明記してあるものすらある。また宿帳の保管者の言によれば、毎春大勢の十か所詣（あるいは七か所詣と称する人々もいる）[13]の人々が、当「大黒屋」に宿泊したという。保管者によれば、そのおもな地域は喜多郡、伊予郡を中心にして宇和地方にまで及んだということである。この点については筆者も、昭和四十九（一九

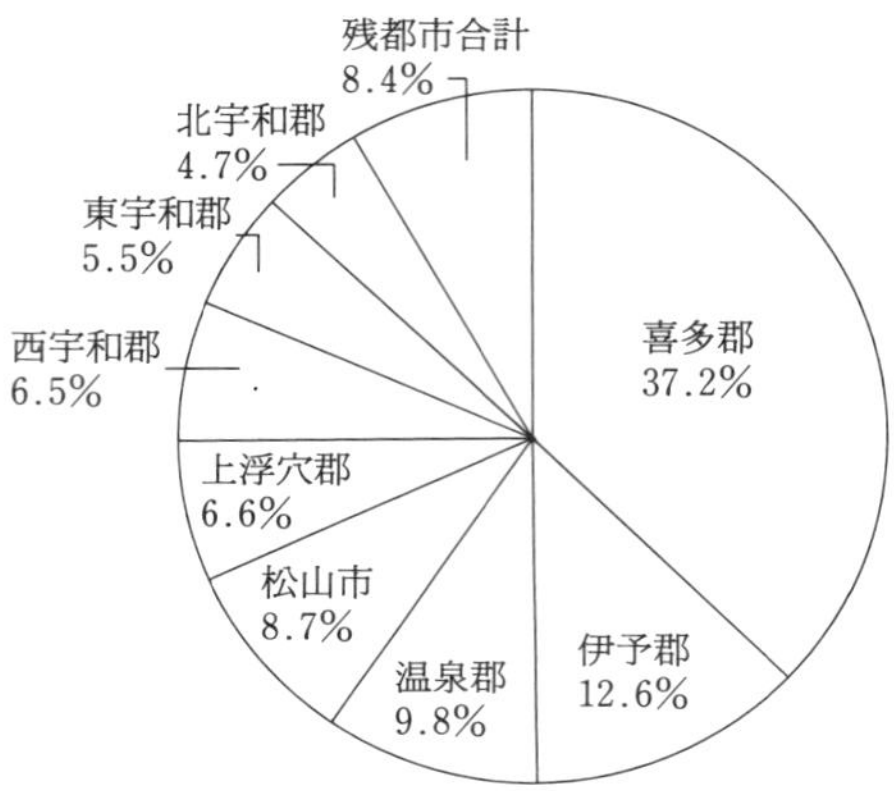

図4-8　愛媛県遍路者の市郡別構成

七四）年夏、実際に喜多郡の内子町方面の諸村落を調査してみた結果、多くの人々が戦前には近隣誘いあって毎春のように十か所詣に出かけたことを確認できた。たとえば、それは、かれらがそのたびに携帯して歩いた納経帳にはっきり残っている。つまり、その納経帳には四十四番から五十三番までの札所の寺院が繰り返し記載されているのである。

このような十か所詣の隆盛が、そのまま先にみたように喜多郡の遍路者が県総数の約三分の一を占めるという結果に現れているのである。そしてこの十か所詣は限定された地域の習俗として成立しているのであるから、県内のいまひとつの十か所詣の基盤である東予地方からの遍路者は、本宿帳には非常に少ないのである。

なお以下の分析においては、資料整理の方法は、前二節に用いたそれにおおむね沿ったものとする。つまり地域別分布と年別変遷と通年・春季の比較の三つの方法を根幹とする。その場合主たる対象とする市郡は、遍路者数の多い前掲の八市郡とし、残りの市郡は「残市郡合計」として一括して扱うことにする。それはおもに統計上の理由からである。

	n	昭和10年	11年	12年	13年	16年	17年	18年	7年間合計
喜多郡	1,580	31.9	32.1	38.7	32.0	44.3	46.6	40.9	37.2
松山市	371	7.4	9.9	10.1	15.7	5.5	8.9	1.1	8.7

表 4-21　喜多郡と松山市の遍路者数割合の推移

	昭和10年	11年	12年	13年	16年	17年	18年
喜多郡	100	95	103	89	101	95	80
松山市	100	127	116	189	55	78	9

表 4-22　松山市、喜多郡の遍路者数の推移

２　参詣者の年別変化

図４―８は遍路者数の、愛媛県総数に対する各市郡の占める割合をグラフに表したものである。ここから、十か所詣参拝者の主たる地域といわれる喜多郡、伊予郡が、県全体の約二分の一を占めていることがわかる。つぎに昭和十年から十八年にわたる年々の遍路者数の動態を捉えてみよう。この時期、日本社会は大激動期を迎えていた。そこで当然、その間に遍路者数そのものは年々減少していく傾向にある。それゆえ、各年の実数の動向のみを追跡することは無意味である。そこで本稿では、各市郡の遍路者数が各年の全体数に占める割合を算出し、その年々の変遷をみることにする。

各市郡のうち、データ上、とくに対照的な動向を示す喜多郡と松山市の二市郡をとりあげたのが表４―21である。

比率上の高低ではなく、その変遷のプロセスを比較してみると、両市郡は昭和十六年以降、対照的な動向を示している。すなわち十六年以降、喜多郡はたとえば昭和十年と比較してみると上昇気味であるのに対し、松山市は下降線を示している。この結果は、十六年以降、愛媛県の遍路者においては、喜多郡の人々の割合が増加しているのに対し、松山市のそれは減少している

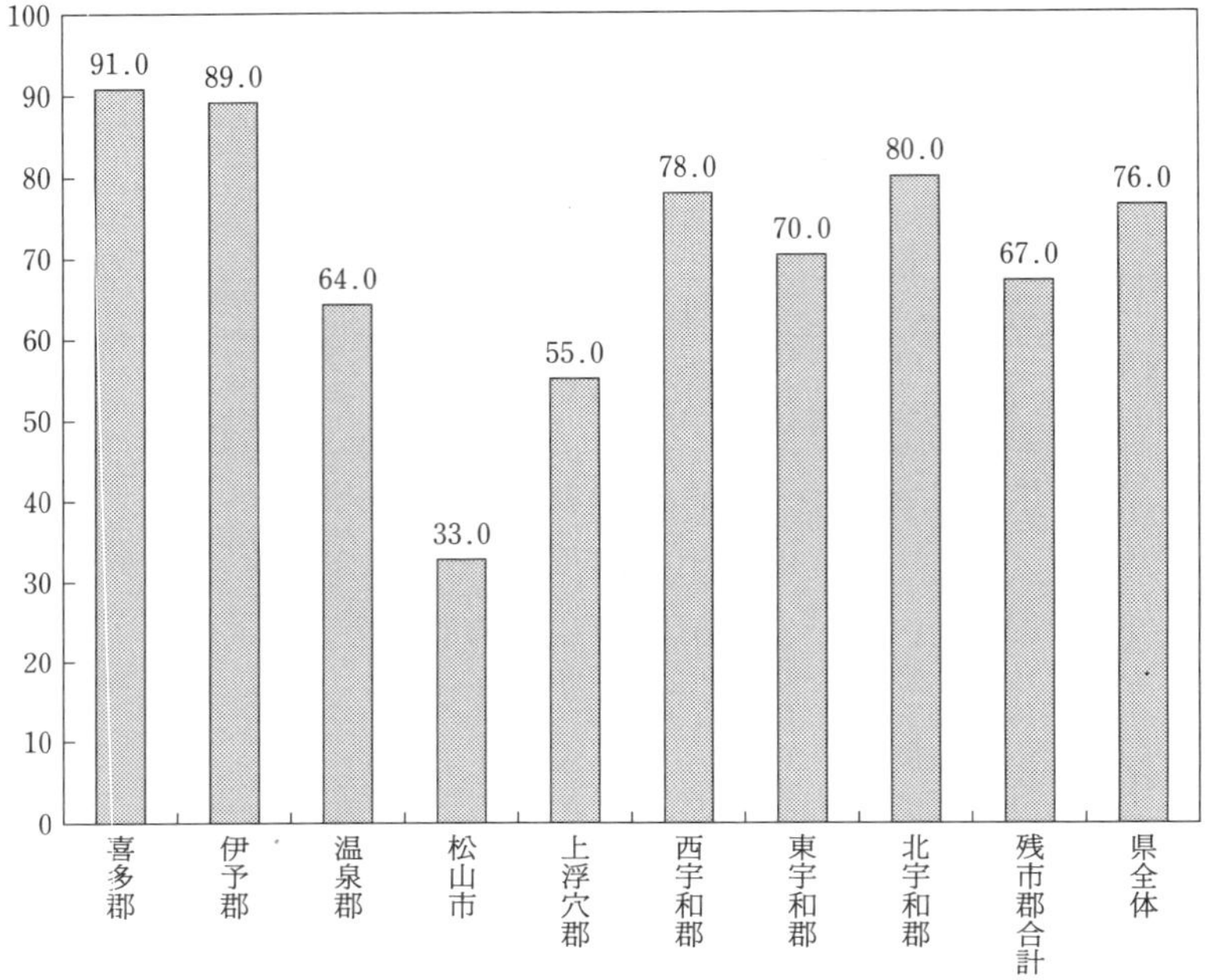

図 4-9　愛媛県市郡別遍路者春季集中率（%）

ことを表している。喜多郡と同様の動向を示すものに伊予郡がある。逆に松山市と同傾向のものが残市郡合計である。あとの温泉、上浮穴、西宇和、東宇和、北宇和の五郡は一貫した動向はややつかみにくいものの、七か年を通じて一応、横ばい気味と考えられる。

すでにわれわれは、前々節、前節において昭和十年代においては、他地方、他府県の傾向に反して愛媛県のみが、とくに十六年以降、比率が高まっていくことをみてきた。この愛媛県全体の動向を大きく左右しているのは、おもに喜多郡、伊予郡の遍路者たちであったことを表4―22から知ることができるのである。

昭和十年代の社会状況を顧慮した場合、比率が減少していくことは理解できないことではない。むしろそれが減少していかない喜多郡、伊予郡の動向こそ興味深いものがある。いったい十六年以降比率が上昇していくということは、他市郡の実数が減少していくのに対し、喜多、伊予両郡の実数が減少していかないか、あるいは増加していることを意味している。表４―22は、松山市、喜多郡のそれぞれの昭和十年の遍路者総数を一〇〇とした場合の、両市郡の各年の指数を求めたものである。

指数が高いほど、実数の減少が低いわけであるが、十六年以降の両市郡の指数上に、はっきりと差が表れていることが判明する。伊予郡の場合も喜多郡と同様に、十六年以降の指数はあまり変化していない。

喜多、伊予両郡の主体は十か所詣習俗であるが、この結果は十か所詣習俗が社会的影響を直接的には受けにくかったことを物語っているのではなかろうか。

十か所詣が比較的社会の影響を受けにくい理由は、まずその地理的優位性が考えられる。しかし、畑野川集落から松山市と喜多郡とを比較した場合、地理的に喜多郡がことさら至近距離にあるとはいいがたい。それゆえ、地の利のみが十か所詣を残存させた理由とはいい切れない。この点は、さらに続けて検討してみることにしよう。

さて、春季三か月間（三月、四月、五月）が、四国遍路のカレンダーにおいて特別な意味をもっていることは前節までに指摘した。そこで、愛媛県各市郡の春季への集中の割合を調べてみよう。図４―９は、各市郡の七年間の合計遍路者数のうち、春季に遍路を行った人々の割合を算出してグラフにしたものである。

ここでも、表４―21と同様に、一方における喜多・伊予両郡の動向と他方における松山市とのそれが非常に対照的である。西宇和、東宇和、北宇和の宇和三郡はかなり春季への集中率が高く、七〇～八〇パーセントのあいだである。逆に畑野川の属する上浮穴郡は五五パーセントと松山市についで春季集中率が低い。

すでに前節においてわれわれは、一般に四国四県は春季集中率が高いこと、さらには農村的性格が強い府県ほど春季集中率が高いこと、などを指摘した。それを愛媛県各郡に当てはめてみると、喜多・伊予両郡と松山市と

	男性・通年	男性・春季	女性・通年	女性・春季
喜多郡	62.0	61.0	38.0	39.0
伊予郡	65.0	62.0	35.0	38.0
温泉郡	61.0	55.0	39.0	45.0
松山市	91.0	85.0	9.0	15.0
上浮穴郡	69.0	55.0	31.0	45.0
西宇和郡	49.0	40.0	51.0	60.0
東宇和郡	56.0	45.0	44.0	55.0
北宇和郡	58.0	55.0	42.0	45.0
残市郡合計	60.0	54.0	40.0	46.0
県全体	64.0	58.0	36.0	42.0

(%)

表 4-23　愛媛県市郡別遍路者の性比率

のコントラストには、たしかに妥当性をもっていることがわかる。しかし上浮穴郡の場合は、農村的性格が非常に濃厚であるにもかかわらず、春季集中率が低いのである。ただし上浮穴郡の場合は、畑野川集落のいわば「地元」であり、その点で遍路宿が他市郡とはやや異なった役割を果たしていたのかもしれない。

喜多・伊予両郡の十か所詣は、先に触れたように、毎春の恒例のごとくに行われたといわれる。それゆえ、喜多・伊予両郡の春季集中率の高さは、その事実が如実に表れたものと考えてさしつかえなかろう。ちなみに全国集計においてもっとも春季集中率の高かった徳島県のそれが八三パーセントであったことから考えると、喜多郡九一パーセント、伊予郡八九パーセントの数値がいかに高いものであるかがわかる。

以上、愛媛県全体のながれのなかで捉えても、喜多・伊予郡方面の十か所詣習俗のもつ特異性が顕著であった。さらにこの点を追求するため、性別構成、年齢別構成、職業別構成等の諸角度から愛媛県の遍路者を分析してみよう。

3　参詣者の性別・年齢別・職業別構成

前節にみたように愛媛県遍路者の七年間合計における男女比は、男性六四パーセント、女性三六パーセントであった。表4―23は愛媛県の市郡ごとの七か年総数における男女比率を表したものである。

まず顕著なことは、松山市の場合、男性が九〇パーセントを越えて圧倒的な点である。ついで上浮穴郡が続く。ちなみにこれら二市郡は、先の春季集中率が低かったことが共通している。

逆に男性率の低いのは西宇和郡で五〇パーセントを下回っている。そのほか一般に宇和地帯は男性率が低い。

十か所詣の基盤である喜多・伊予両郡は六二パーセント、六五パーセントと、松山市と西宇和郡とのちょうど中間的数値である。

〈年齢別構成〉

年齢は前稿にならい八年齢層に区分した。(1)二十歳未満、(2)二十～二十九歳、(3)三十～三十九歳、(4)四十～四十九歳、(5)五十～五十九歳、(6)六十～六十九歳、(7)七十歳以上、(8)不明、である。

前稿までの分析から、愛媛県全体としては七年間の総数において、もっとも割合の高かった年齢層は二十歳代(二二・二%)で、ついで五十歳代(一七・八%)、三十歳代(一六・〇%)、四十歳代(一三・九%)、六十歳代

	20歳未満	20歳代	30歳代
昭和10年	7.7	21.6	19.6
11年	8.2	24.5	18.7
12年	8.0	22.4	20.0
13年	5.2	21.2	16.5
16年	14.8	19.8	11.7
17年	14.3	21.1	11.0
18年	19.2	24.7	10.1

(%)

表4-24　市郡別・年齢層の推移

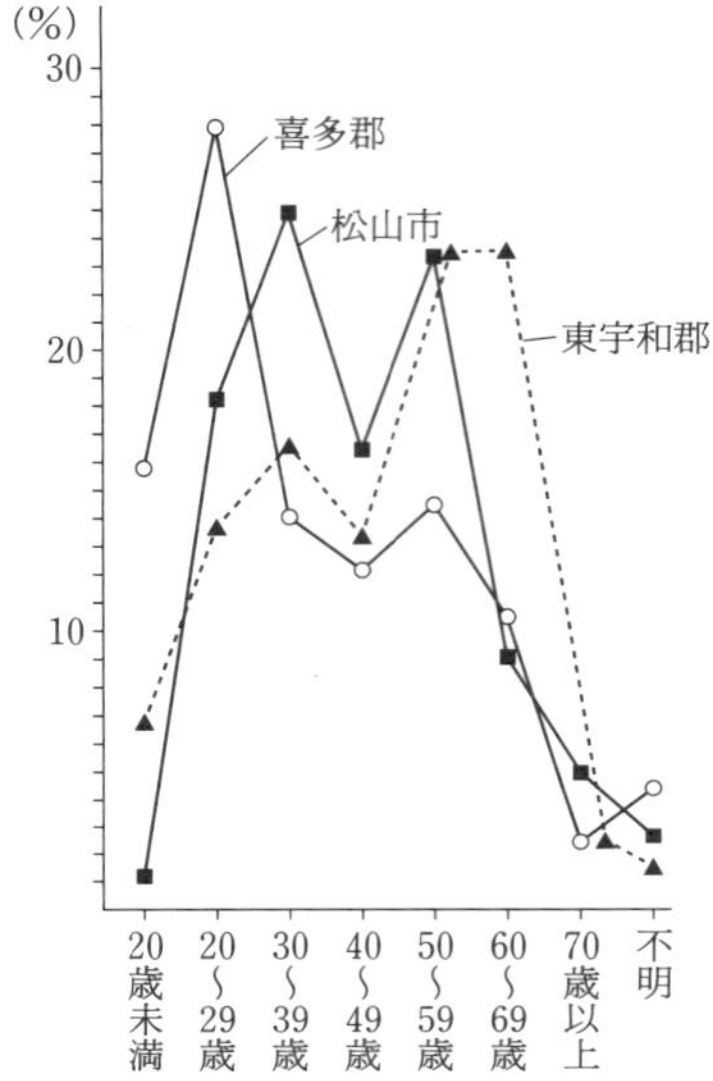

図 4-10　愛媛県市郡別遍路者の年齢階層構成

（一三・二％）となる。そして他地方、他府県にはない愛媛県の特徴は、二十歳未満の遍路者の多いことで一〇・三パーセントを占めている。

さて、これを年々の変遷の側面で捉えたのが表４―24である。表には相互に対照的な動向を示す三つの年齢層を掲げてある。なお数値は通年の各年総数に対する各年齢層の占める割合である。

まず二十歳未満は上昇傾向をとり、十六年以降はそれ以前の約二倍の数値を示している。ついで二十歳代はおおよそ横ばいといえる。最後に三十歳代はちょうど二十歳未満の正反対で下降傾向を表している。

これらの三タイプに、残りの年齢層をも含めて分類するとつぎのような特徴が読みとれる。まず上昇傾向は二十歳未満のみ、下降傾向は三十歳代、四十歳代、五十歳代の三年齢層、横ばい傾向は、二十歳代、六十歳代、七十歳代の三年齢層となる。

このうちやはり注目すべきは二十歳未満の動向である。なぜならば、総遍路者数は年々減少の傾向を示しているのであるから、横ばい傾向や下降傾向こそ納得しうるからである。

この点をさらに追求するために、市郡ごとの各年齢層の比率を調べるために、とくに対照的な年齢層構成を表わす三市郡を図にしたのが図４―10である。

喜多郡は、二十歳代がもっとも比率が高く、ついで二十歳未満となり、比較的若い年齢層が主体である。松山市は二十歳未満および七十歳以上が少なく、中間の二十〜五十歳代が多い。東宇和郡は喜多郡の動向のちょうど反対のそれで、五十〜六十歳代の比較的高い年齢層が主体となっている。

この三市郡の型に残りの市郡を当てはめてみると、喜多郡型としては伊予郡、上浮穴郡・松山市型としては温泉郡、東宇和郡型としては北宇和郡、残市郡合計となる（西宇和郡は三者の折衷型に近い）。

前掲表４―24の推移の側面において、二十歳未満の年齢層の動向が特異であるとした。図４―10で、二十歳未満の多い代表的市郡は喜多郡であることが明らかになった。そこで喜多郡の年齢層のうち三つをとりあげ、その数の変遷を把握しようとしたのが表４―25である。つまり昭和十年の各年齢層の総数を一〇〇とした場合の各年の指数を求めたものである。

	20歳未満	20〜30歳	30〜39歳
昭和10年	100	100	100
11年	112	110	100
12年	120	102	98
13年	104	103	64
16年	232	98	40
17年	168	94	44
18年	156	90	40

表 4-25　愛媛県喜多郡遍路者の各年齢層の推移

表４―24からも明らかなように、喜多郡の二十歳未満は昭和十六年以後増加している。二十歳代はおおよそ横ばい傾向、三十歳代は逆に下降傾向を表している。この事実が表４―25の諸動向に如実に表れている。昭和十年を一〇〇としたときの各年の年齢層の占める割合である。この喜多郡の動向と同様の動きをみせるのが、やはり若い年齢層の遍路者の多い伊予郡である。すなわち十か所詣の基盤となっている地域である。

このように十か所詣を習俗とした地域では若い遍路者が目立つのであるが、この事実は十か所詣が青年層にのみ限定されていたということではないようである。ただ統計上、若い年齢層が主力である、という事実は確かである。

	農業	その他の職業	無職	不明
昭和10年	55.3	33.3	7.2	4.2
11年	59.2	29.7	4.9	6.2
12年	66.2	25.8	4.7	3.3
13年	63.5	28.6	5.3	2.6
16年	70.7	14.5	4.0	10.8
17年	77.6	17.4	1.5	3.5
18年	79.4	14.2	1.7	4.7

(%)

表 4-26　愛媛県遍路者の職業構成の推移

	農業	その他の職業	無職	不明
喜多郡	82.0	12.1	3.4	2.5
伊予郡	78.3	14.0	1.9	5.8
温泉郡	54.1	35.4	4.5	6.0
松山市	14.0	75.2	4.9	5.9
上浮穴郡	53.0	38.1	4.6	4.3
西宇和郡	59.6	23.6	6.2	10.6
東宇和郡	78.4	13.0	5.6	3.0
北宇和郡	77.8	13.6	6.6	2.0
残市郡合計	47.1	33.2	13.8	5.9
県全体	66.0	24.5	4.5	5.0

(%)

表 4-27　愛媛県市郡別遍路者の職業別構成

〈職業別構成〉

職業の分類は前節と同様「農業」、「その他の職業」、「無職」、「不明」の四カテゴリーとした。この分類はきわめて変則的であるが、これは宿帳職業欄の記載内容にできるだけ忠実であることを旨としたためである。その経緯については前節に詳説してあるので、ここでは省略する。

まず愛媛県遍路者の七か年の合計における職業構成は、前節にみたように、もっとも比率が高いのが農業（六六パーセント）、ついでその他の職業（二四・五パーセント）、不明（五・〇パーセント）、無職（四・五パーセント）の順となる。

つぎにこれを各年の変遷で捉えたのが表4―26である。数値は各年における各職業カテゴリーの占める割合である。

農業とその他の職業がまったく対照的な動向を示している。これはただし、前節における全国レベルの分析でも同様の結果であったが、そこでは四国外からの遍路者が減少したためとされた。では愛媛県の場合はどのよう

	喜多郡	松山市
年々の推移	16年以降、割合が増加する（30歳未満の遍路者数減少せず）	16年以降、遍路者数が減少
春季集中率	高い（約90%）	低い（約30%）
男女構成	男　約60% 女　約40%	男　約90% 女　約10%
年齢構成	30歳未満の若年層が多い	30〜50歳の中・壮年層が中心
職業構成	農業が約80%	農業外の職業が約75%

表4-28　松山市と喜多郡の遍路者の特徴対照表

に考えることができるのであろうか。

表４―27は市郡別の職業従事者別構成である。

まず喜多郡の場合は、農業が圧倒的でそれ以外はすべて一五パーセント以下にすぎない。「農業従事者主導型」である。つぎに松山市はその他の職業が圧倒的に多く、それ以外はすべてやはり一五パーセント以下であり「その他の職業従事者主導型」である。上浮穴郡は、喜多郡タイプの亜流あるいは前記両タイプの折衷型で、農業の割合がもっとも高いが喜多郡ほどではなく、そのかわり喜多郡よりその他の職業の比率はずっと高い。

九市郡をこれら三類型に分類してみると、「農業従事者主導型」としては喜多郡、伊予郡、東宇和郡、北宇和郡、「その他の職業従事者主導型」は松山市のみで、残りは折衷型となる。

すでに前節において、「農業従事者主導型」は四国四県の特徴で、第二の「その他の職業従事者主導型」は大阪府、京都府のように大都市をかかえる府県の特徴であることを指摘した。つまり府県の社会経済的背景が、如実に遍路に反映しているわけである。

この点は、愛媛県においても喜多郡と松山市の場合に当てはめてみれば、やはり妥当性を有していることがわかる。

このように、十か所指の基盤である喜多郡・伊予郡はともに典型的な「農業従事者主導型」となっているわけである。

4　むすび

今まで昭和十年代の愛媛県遍路者を市郡別に整理し、その実態を把握することによって、喜多郡・伊予郡を基盤にもつといわれる十か所詣の諸相を明らかにしようとしてきた。表4—28は喜多郡に関するそれらの結果をまとめたものであるが、その場合、喜多郡の諸特徴をはっきりさせるために、多くのレベルで対照的な動向を示していた松山市の諸結果を比較検討した。

表4—28の喜多郡の特徴はそのまま十か所詣のそれと考えてさしつかえなかろう。

さてこれらに加えて、十か所詣に関して、統計処理上では表れなかった宿帳上の諸特徴、および筆者自身のフィールドワークから得た諸結果を整理すると、つぎのようになる。

(1) 同一人物が一生のあいだに何回も十か所詣を行っている。これは一生に一度の「お四国詣」という意識の強い遠隔地からの遍路者とは対照的である。

(2) 十か所詣を行う場合、集団を組んで行うことが多かった。宿帳にも同一村落の人々がまとまって記載されている。その数は二〜三人から、多い場合には三十人の集団までがみられる。

(3) 戦前十か所詣をした経験者たちも集団を組んで参拝したことを認めている。毎春、田植え時期の直前に近隣が誘いあって出かけたという。

(4) ただし、その集団を組む場合の規範、規準たとえば年齢・性別等に制限などがあったということはない。

あるいはそのための講組織形態があったという痕跡も皆無である。

（5）十か所詣になんらかの超自然的目的（たとえば豊作祈願）があったという事実も見出せない。ただし一部には十か所詣を十回行えば、四国遍路を一度参拝したことになるという説はみられた。

（6）他方、十か所詣経験者が強調する点は、二泊三日程度の参拝行程のうち楽しみのひとつは、最後の晩を道後温泉に宿泊することであったという点である。

この十か所詣がいつ頃から始まった習俗であるか定かではないが、戦前には非常に強固な習俗であったことは確かである。

たとえば松山市から西へ向かう予讃線は、昭和十（一九三五）年当時すでに喜多郡の中心地大洲まで開通していたし、大洲と内子を結ぶ内子線はすでに大正九（一九二〇）年には開通していた。ちなみに内子町周辺（大瀬村、五城村、立川村、満穂村等）は、当該宿帳における遍路者居住地にもっとも頻繁に現れる地域である。

このようにすでに松山に通ずるさまざまな交通機関が存在していたにもかかわらず、戦争中まで喜多郡、伊予郡の人々は多く徒歩で毎春十か所詣を続けていたのであった。

この点でとくに特筆すべきことは、昭和十年代のきびしい社会状況にもかかわらず、先の分析にもみたように十か所詣の参拝者はむしろ増加する点である。松山市の参拝者が年々激減していく傾向にあるのと、まったく対照的である。

前々節、前節において、われわれは、四国外からの遍路者の一大供給地域である近畿地方とくに大阪府が、昭和十年代には年々遍路者を減じていく傾向にあることをみた。端的にいえば、それは大阪府が当時の社会状勢の影響を直接蒙ったからである。遍路者に商工業関係の人々（つまり「その他の職業」従事者）の多い大阪府からの遍路者は、それゆえに時間的経済的に余裕を有し、四国遍路という遠隔地参拝を可能にしたのであるが、まさにその社会経済的基盤は昭和十年代の切迫した社会状勢の影響を直接的に蒙り、遍路者の激減につながったのである。

この大阪府の場合に類似しているのが、愛媛県の場合では松山市に当てはまると考えられる。ところが喜多郡等を基盤とする十か所詣は農業者が多いこと、都市部より社会状勢の影響を受けにくいこと、大阪府遍路者に多くみられる個人的参詣ではなく、地縁的血縁的つながりを基本にしたと思われる集団参詣の形態をとっていたこと、四国遍路全体の参詣より行程的に非常に短いこと、一年に一度の遊楽としての要素が強いこと、などから、当時の社会背景においても変わらず続けられたのではないだろうか。

しかしこれほど強固に続いた十か所詣も、戦後は、かつての形態はみるかげもなく消滅してしまっている。個々には自動車等を利用して参拝しているともいわれるが、十か所詣の特徴であった年中行事性、集団性はまったく消滅してしまった。

多くの民俗学者の報告にみるように第二次大戦を境に、村落の民間習俗が消滅してしまった例がしばしばみられる。その理由は結論的にいえば、文化・社会生活の大きな変化ということになるのであろう。

十か所詣についていえば、まず交通事情の変化によって八十八寺院すべてを参拝することが容易になったこと、道後温泉への宿泊が戦後の娯楽の多様化によって戦前ほどの魅力をもちえなくなったこと、などがあげられようが、そのなかでも重要なことは、講組織というような生活に構造的に組み込まれる組織を十か所詣が有していなかった点を指摘することができる。

そしてさらに見落としてはならないことは、十か所詣が参拝者たちにとってまったく習俗化されたもので、遠隔地からの遍路者の多くがさまざまな形で有していたと思われる個人的コミットメントの側面が稀薄であったことによるのではなかろうか。

戦前までの四国遍路は一周した場合、苦行性、修行性の側面がかなり強い巡礼であった。つまり「四国遍路を行う」という場合、遠隔地からの遍路者にとっては、それが弘法大師信仰であれあるいはハンセン病による苦しみであれ、なんらかの形で遍路者側の動機が必要であったはずである。換言すれば「非日常性」への希求であったともいえよう。

ところが十か所詣は毎春の年中行事であったし、また近隣・縁者のほぼ誰でもが参加できる巡拝であった。すなわち「日常性」が濃厚である。それは集団を組み温泉地に一泊するという遊楽性の強い巡拝であった。

それゆえ、生活様式の多様化によって、その日常性をより強力に確認し、遊楽性をより強く充足する手段が出現したとき、十か所詣はその存在価値をなくしてしまったのではないかとも考えられる。

現在の四国遍路は、いまや全国規模で巡拝者を迎え、それは昨今の観光資本とのタイアップもあって、文字通り盛況である。そこでもっとも多い参拝者タイプは、車を利用したグループ参詣である。修行性も薄れ娯楽性が目立ち、それはある意味で戦前の十か所詣に優先していた価値が、現在は四国外からの大量のグループ参詣者に現れているように思われる。

註

（1）『日本の歴史』20「アジア・太平洋戦争」集英社、一九九三年、一三七～二一四頁。
（2）『愛媛県の百年』山川出版社、一九八八年、二二二頁以下。

(3) 白幡洋三郎『旅行ノススメ』中公新書、一九九六年、八六〜一〇六頁。
(4) 「海外地」とは樺太、台湾等の旧日本領土および旧満州や中国諸都市などを含む。
(5) 新城常三前掲書、一九八二年、一〇二〇頁。
(6) 前田卓『巡礼の社会学』ミネルヴァ書房、一九七一年、一七二頁。
(7) たとえば前田卓前掲書、一九七一年、一七七頁。
(8) 大阪府総人口四百二十九万七千百七十四人のうち大阪市内の人口は、二百九十八万九千八百七十四人である。
(9) 京都府総人口百七十万二千五百八人のうち京都市内の人口は、百八万五百九十三人である。
(10) 前田卓前掲書、一九七一年、五九〜六二頁。
(11) たとえば、第五十二番札所太山寺所蔵の承応年間の「板ばさみ」に〈七ケ所遍路〉と書かれている（前田卓、同書、一二七頁）。あるいは土佐藩の文書にも頻繁にみられる（広江清編『近世土佐遍路資料』）。
(12) 前田卓、同書、六一頁、および宮崎忍勝『遍路』小学館、一九七四年、一六一頁など。
(13) 呼称が「七」であるか「十」であるかは人によりかなり曖昧であるが、ここでは札所が四十四番から五十三番まで十か寺であるため、十か所詣とした。しかし、松山市近辺では、山越えで参拝しなければならない四十四番、四十五番を省略し、かつ五十三番へも参拝せず、四十六番から五十二番を参詣して七か所詣と称する人々も多いようである（北川淳一郎『熊野山石手寺』石手寺発行、一九六二年、一二七頁以下）。

第五章　現代の四国遍路

第一節　戦後の社会変動と四国遍路

1　モータリゼーションの展開と四国遍路

明治維新後の仏教系諸巡礼は神仏分離、廃仏毀釈の影響をかなり受けたようである。西国三十三か所観音巡礼は壊滅的打撃を受け、一時は巡礼者がほぼ無くなるという事態だったようである。ところが四国遍路は幕末から明治にかけても巡礼者が無くなるということはなかったといわれている。(1) しかし当時の四国遍路の具体的な様子を伝えるデータがない。

近代に入ってからも基本的な姿としては、巡拝の方法に関しては近代以前の四国遍路と比較して極端な違いがあったとは考えにくい。明治末期に四国遍路を巡った僧侶小林雨峯は、ほぼ伝統的な形式で巡拝した。つまり歩き中心である。また大正期に巡った高群逸枝は完全徒歩で巡っている。しかし第四章でみたように、大正末期から鉄道利用を中心とした旅ブームが起こった。さらに昭和初期にかけて汽車、乗合自動車などの乗り物を利用した四国遍路が行われ始めた。しかし、それは歩くことより金銭的負担が大きかったため、多くの遍路は相変わらず歩き中心の遍路を行っていたと推測される。そして太平洋戦争に突入し、四国外からの遍路者は年々減少して四国地方の人々の習俗的な巡礼（七か所詣、十か所詣）になっていったことは、前章の宿帳記録の分析を通じて見た通りである。

戦後数年間は、おそらく地方習俗としての四国遍路も激減したのではないかと推測される。札所寺院のなかには檀家のない寺院もあり、厳しい事態に直面させられたことは仄聞したことがある。

しかし、昭和二十八（一九五三）年には実質国民所得が戦前の水準にまで回復した。その結果、この頃より農閑期を利用した団体旅行、職場、学校の団体旅行、老人クラブ、婦人会の慰安旅行などが全国的に増加してきたという(2)。その三年後の昭和三十一（一九五六）年七月には『経済白書』が「もはや戦後ではない」と宣言し、それが流行語になった。さらには昭和三十五（一九六〇）年、当時の池田勇人首相が十年間のうちに国民の個人所得を倍増するという所得倍増計画を発表した。こうして日本人の生活は実質的にも意識のうえでも急激に改善されていった。

これらの社会状況は四国遍路にどのような影響を与えたか。画期的なことは巡拝バスの出現である。これはその後の四国遍路のあり方を決定づける出来事であった。

四国遍路巡拝バスをもっとも早い時期から導入したバス会社は愛媛の伊予鉄バスであり、それは昭和二十八（一九五三）年であったという。奇しくも国民所得が戦前レベルまで回復した年である。昭和三十五（一九六〇）年に全国で約八千三百両だった貸切バスが五年後の昭和四十（一九六五）年には約一万四千四百両となり、バスガイドは約二万人に跳ね上がった。

さらにこのあといわゆるマイカーブームが続いた。マイカーという言葉がブームになったのは昭和三十七（一九六二）年であるが、それが現実になるのはやや後になる。すなわち昭和四十三（一九六八）年には、日本のGNPが西ドイツ（当時）を抜いて世界第二位になった。その前年の昭和四十二（一九六七）年、日本の自動車生産台数がアメリカに次いで第二位となり、さらに昭和四十四（一九六九）年には日本の自動車保有台数が千六百五十二万台に上り、アメリカに次いで世界第二位となった。そして一九八〇年代前半には、日本の家庭は希望すればほぼ一家に一台の自家用車を所有するようになった。

このモータリゼーションが四国遍路に与えた影響は計り知れないものがあった。この関連についてはすでに早大道空間研究会による優れた研究がなされている。同研究会の報告書は車社会到来を中心とした四国遍路への影響を図5―1のように図解している。(3)

鉄道に関しては、第四章にも触れたように日本の他の地域と比較しても四国への導入と展開は決して遅いわけではなかった。しかし日本の鉄道敷設の基本的構想は中央集権的発想による大都会への線的つながりを優先した。そのため四国の海岸線をほぼ一周するという四国遍路には、四国の鉄道敷設の展開は断片的な利用はあっても、決定的な影響を与えることはなかった。戦前までは一部を除いて四国遍路は江戸時代からのすがた、すなわち歩く遍路、木賃宿での宿泊といったすがたを保持していたのである。それだからこそ戦後のモータリゼーションの四国遍路への影響は一層ドラスティックなものになったともいえる。さらにこれは戦後日本社会の産業化あるいは近代化という、より包括的な流れの一環でもあったのである。(4)

モータリゼーションの四国遍路への強烈な第一撃は、先に指摘した通り団体バスの導入であった。それは昭和

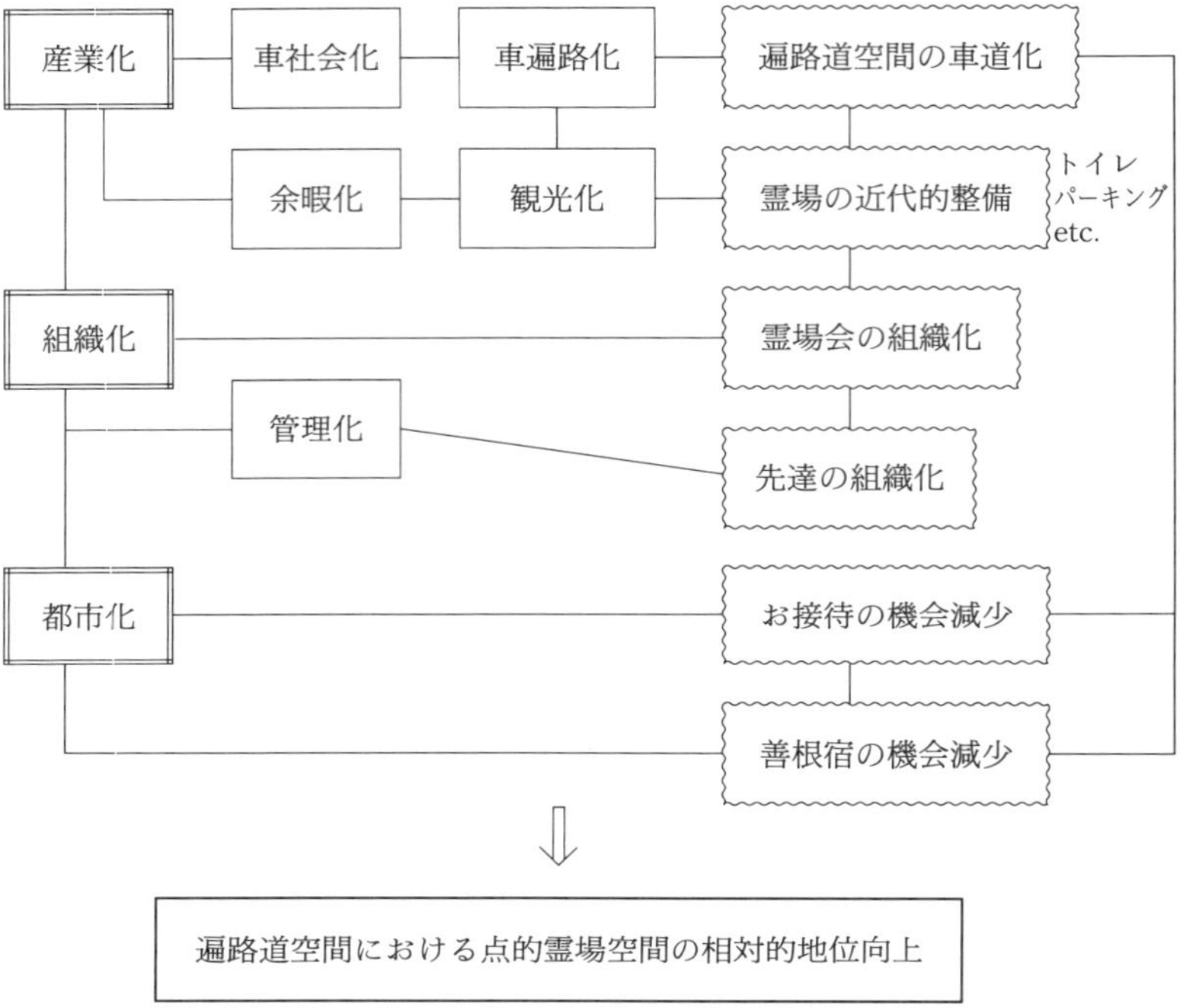

（出典・『現代社会と四国遍路道』早大文学部道空間研究会、1994年、38頁）

図 5-1　戦後の社会変化と霊場空間の変容

二十八（一九五三）年のことであった。

伊予鉄バスが昭和二十七（一九五二）年の暮れに企画を始め、翌年の四月二十六日に第一便が出発した。十四泊十五日の日程であった。しかし運行は予定通りに進行せず、もう一泊増えて最終的には十五泊十六日だった。参加者は十二人で費用は一万三千五百円であった。道路整備が不十分で歩くところもかなりあったという。最初の運行ゆえの苦労はいろいろあったが、すでに紹介されているのでここでは省きたい(5)。その後まもなく巡拝バスは四国遍路の主たる移動メディアとなっていった。

たとえば徳島県のある霊場では昭和四十（一九六五）年一年間で五千二百九十四人であった団体バス利用者が、昭和四十四（一九六九）年一年間には九千五百八十八人と約二倍になったという。もちろんこのなかには遍路者数そのものの増加が含まれてはいるが、数的には四年間で約二倍弱となっている。昭和四十五（一九七〇）年の愛媛県のある札所調査では個人巡拝者が三二・七パーセントであるのに対して、六七・三パーセントが団体バス利用者であったという。(6)

遍路数自体が増加しているので、団体バス導入の直接的な影響のみを抽出することはなかなかむずかしい。以下に紹介するのは伊予鉄バスの遍路団体バス運行の推移を示したものであるが、導入後は一貫して右肩上がりが続いている。団体バスの利用は、安い、早い、便利と三拍子揃っているので、その普及は自然であった。これに対応して札所側も寺へのアクセス道路の改良などを行ってきた。その結果、遍路宿の衰退、お接待の機会減少が生じたことは多くの人が指摘するところである。(7)

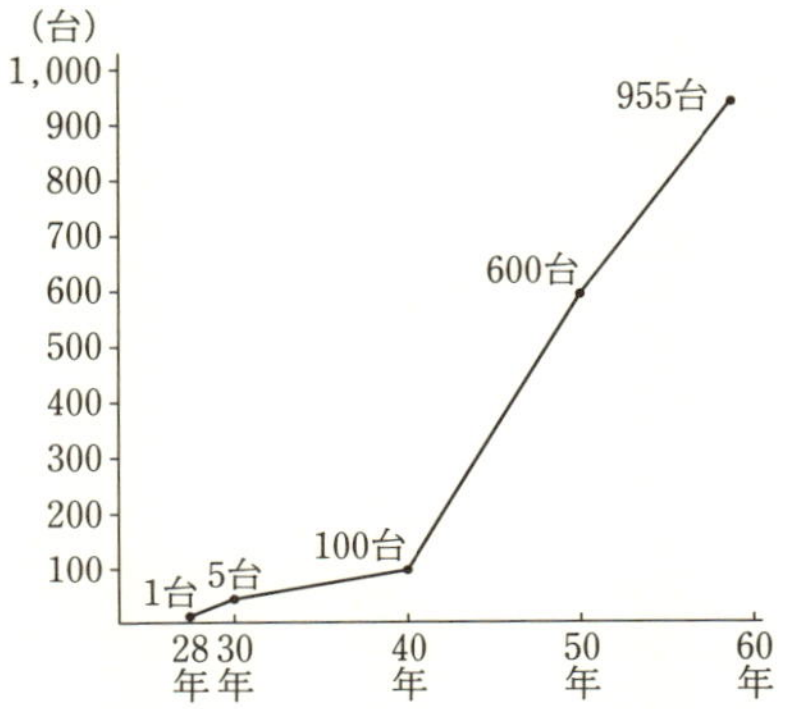

（出典・『現代社会と四国遍路道』早大文学部道空間研究会、1994年、86頁）

図 5-2　巡拝バス運行台数の推移

さらに、一九八〇年代ぐらいからは自家用車による遍路が急速に普及するようになる。そして現代の団体遍路においては、大型団体バス志向がかげりを見せ始め、マイクロバス使用の小団体、小グループの遍路が増加し始めている。(8)

2　四国遍路と遍路者の変容

さて戦後における移動メディアの変化は、遍路者たちにどのような変化をもたらしたのであろうか。あるいはさらに巨視的な視野からみて、戦後半世紀間の日本人を取り巻くさまざまな変化は四国遍路にどのようなインパクトをもたらしたのであろうか。

先にも触れたように、遍路者の数が増加してきたことは確かである。この点について、佐藤久光のデータと分析を紹介してみよう。

まず佐藤久光が示す昭和五十三（一九七八）年から昭和六十三（一九八八）年までの十一年間の年間遍路者数のデータが、図5―3のグラフである。なお集計は、愛媛県内の札所で寺印を受けた遍路者数を積算したものである。

昭和四十年代～五十二年までが年間一万人台、五十三～五十八年までが三万人台、五十九～六十三年までが四万人台で、ほぼ平均して遍路は増加している。ちなみにグラフ上の昭和四十五（一九七〇）年のデータは、前田卓『巡礼の社会学』（ミネルヴァ書房、一九七一年）でのデータを参考に加えたものである。両方の調査地は同一札所である。昭和五十九（一九八四）年がやや突出しているのは、その年は弘法大師空海高野山入定千百五十年の記念年にあたり、各地で大師信仰高揚の行事が行われたからである。いずれにせよ二十年弱の経過のなかで遍路者数は約三・三倍に跳ね上がっている。(9)

佐藤久光はこの背景には、（1）「もの重視の世相」から「こころ重視の世相」へと時代思考が変換したこと、（2）経済の発展から余暇行動への関心が高まったこと、（3）車の普及が四国遍路を容易にしたこと、の三点があると指摘している。

月別の遍路者数の集計では、全体の四四・六パーセントが三～五月に集中しており、ついで約三〇パーセントが九～十一月の秋に詣り、残りが夏、冬となっている。春の集中度が突出しているようであるが、昭和四十五（一九七〇）年のデータでは春への集中度は六三・八パーセントとなっており、秋は二一・九パーセントとなっている。つまり時代を経るにつれ、春への集中度が減じていることがわかる。夏、秋、冬への分散傾向が最近の傾向ということであろう。この理由としては、二つの要因が指摘される。まず、車遍路が主流となり自然に左右される傾向が減ったこと、少人数で小回りが利くことなどがあげられる。第二に、遍路の目的が変化し多様化したことがあげられる。「信仰心から」という目的で遍路へ出る人が減って、観光目的、納経集めが主眼といった遍路が増えたこと、をあげている。

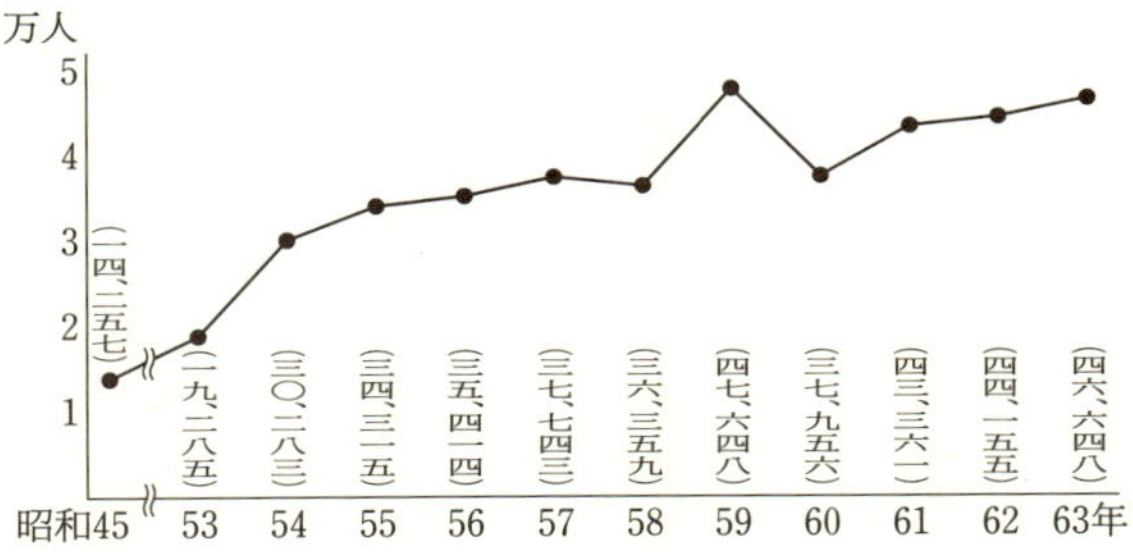

（出典・佐藤久光「四国遍路の社会学的考察」（上）『密教学』26、1990年、34頁）

図 5-3　昭和53〜63年の遍路者数の推移

年齢別では昭和四十五年と比較すると六十歳代以上の占める割合が減少して、四十歳代、五十歳代の増加が著しい。これも遍路目的の多様化、移動手段の変化などが原因とされる(10)。

つぎに遍路の目的については、昭和四十五年と比較すると「信仰心に基づいて」が三三・三パーセントと一九ポイントも下落したが、そのかわり「精神修養のため」が約一二ポイント上昇したり、「納経帳への集印」といった目的が大幅に増加している。ただし年代によって遍路の目的は変化してくる。年齢が高くなるのに比例して「信仰心に基づいて」の割合が高くなるが、逆に「精神修養」は中年層が高い。しかし全体としていえることは、純粋に「行楽のため」だけという遍路は少なく、「四国遍路は時代の変化によって多少変わってきたが、行楽的要素は少なく、信仰心や精神的な志向を求める巡拝が主流である」と結論している。

さて、車遍路が主流になることにより、伝統的な意味でいう信仰動機の遍路が減少していくという指摘は一般的に多い。つまり車主流はある意味での「世俗化」を意味するという見解も多い。この現象を早くから観光化し伝統的な巡礼方法がほぼかげを潜めてしまった西国三十三か所観音巡礼のケースをもじって、四国遍路の「西国巡礼化」と評する立場もある。(11)

西国巡礼は、江戸期に隆盛を迎えるが、幕末から明治期にかけて一時巡礼者が激減した。その後次第に復活するが、かつての勢いを取り戻してはいないといわれる。それは数だけでなく質的にも指摘できる。早大道空間研究会によれば、それは四点ほどにまとめられる。(1)札所を順番通りに巡らなくなった。それは札所の配置そのものが決して順番通りの巡りに都合がよいわけではなく、車巡礼の隆盛により一層順番無視が促進された。また四国のように島ではないので地域的独立性が薄い。一体性を維持するのが困難である。(2)一度に全部の札所を巡る「通し打ち」をする巡礼者がほとんどいなくなった。つまり西国巡礼の全体性への観念が薄くなった。(3)各霊場側札所にも巡礼者側にも、巡る寺が西国巡礼の一札所であるという意識が稀薄である。それは構成札所の多くがそれぞれ著名な大寺院であり、「西国アイデンティティ」が強く働いてはいないからである、と思われる。(4)白装束、金剛杖といった伝統的巡礼スタイルがもはや無くなりつつある。つまり巡礼としての意識が、巡る人々にも稀薄になった。

四国遍路の車遍路化、観光遍路化、快適遍路化、「通し打ち」ではなく「区切り打ち」の一般化などは、いわば四国遍路の「西国巡礼化」を促進する要素とも考えることができる。

ただし、これには別の考え方もある。四国遍路にはそれを阻止するファクターもまた数多くあるという立場である。それは、今も保持される遍路スタイル、徒歩遍路の復活気運、霊場会や先達制度といった統制、管理組織

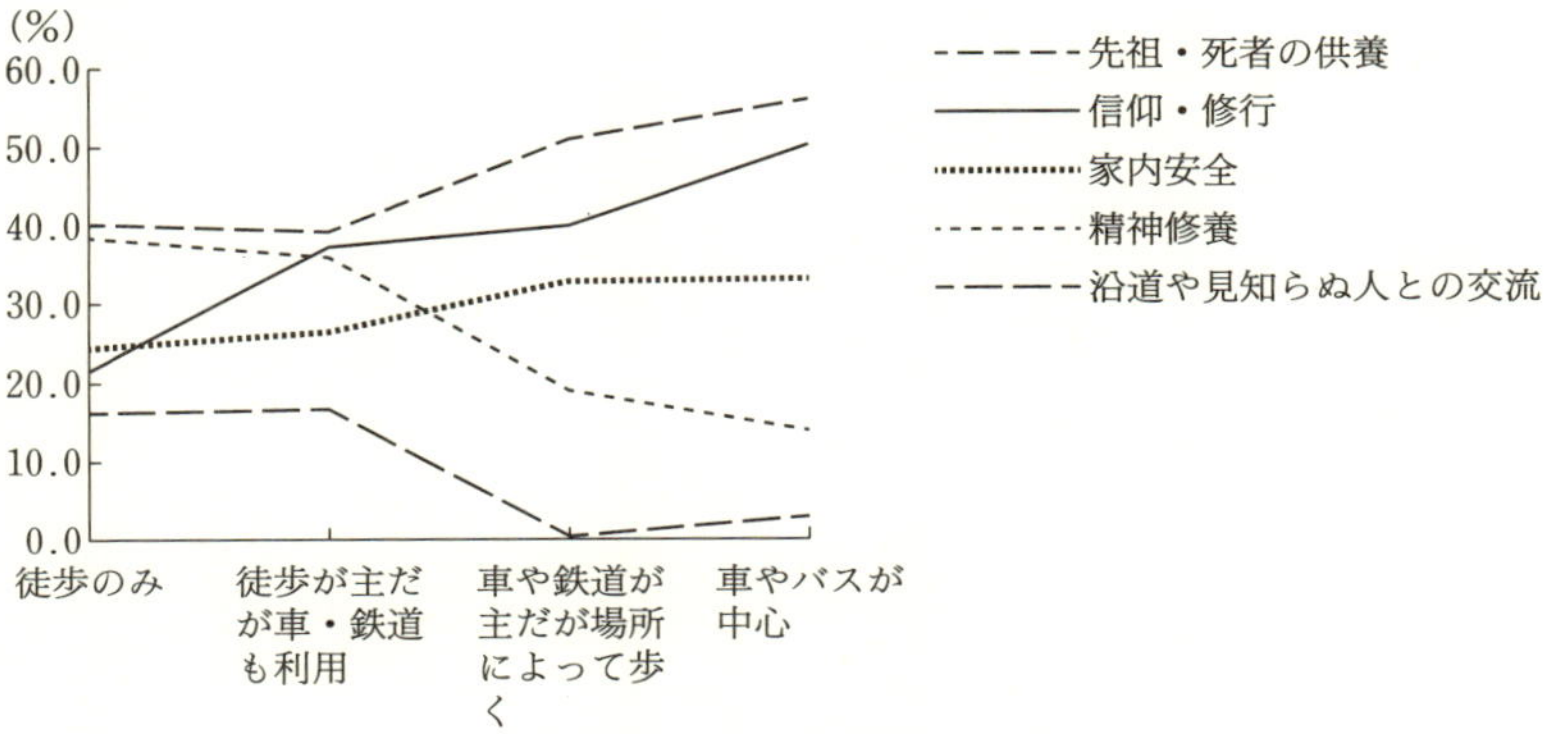

（出典・『四国遍路と遍路道に関する意識調査』早大文学部社会学教室道空間研究会、1997年、29頁）

図 5-4　遍路の動機と移動手段(1)

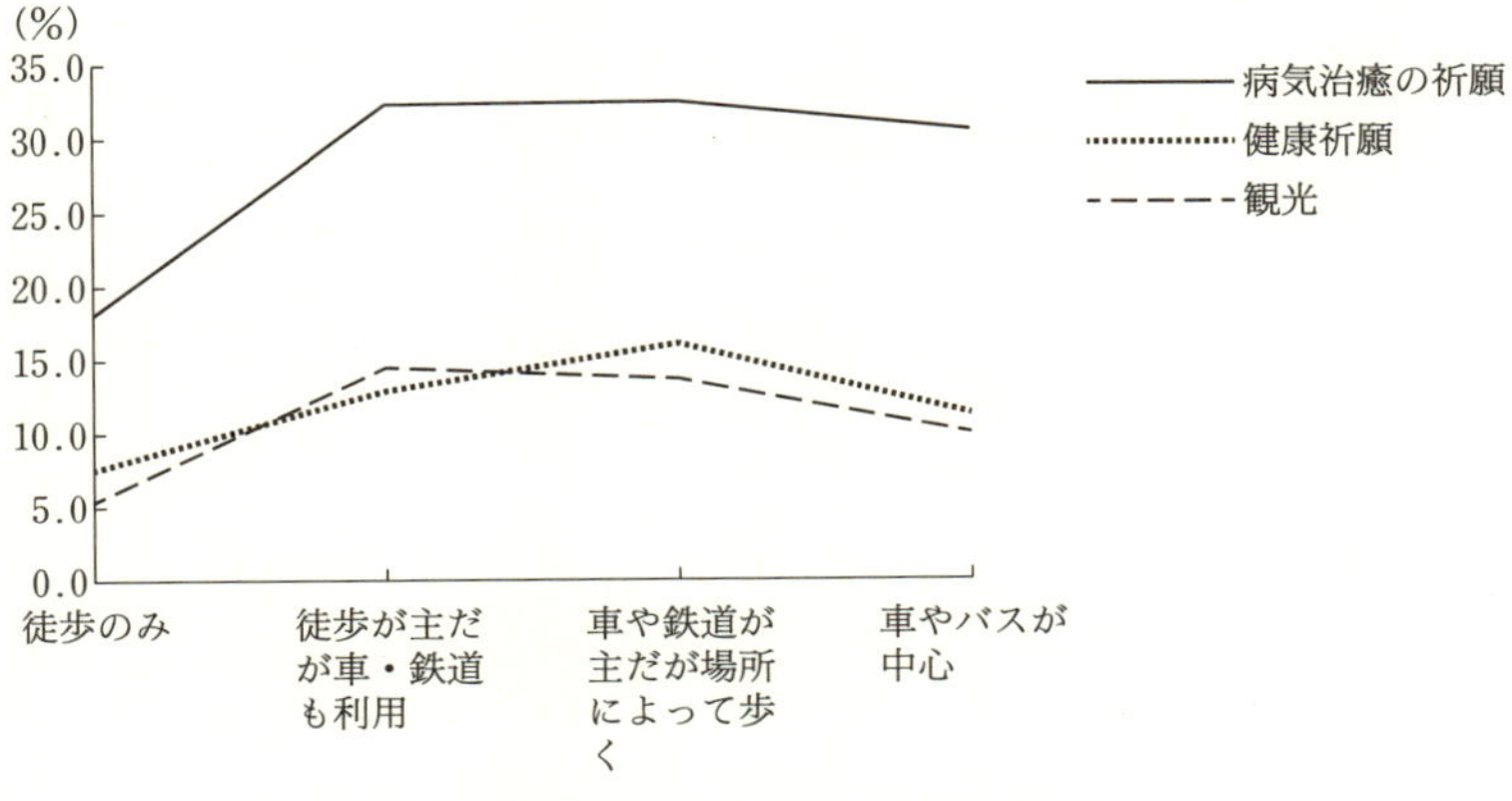

（出典・『四国遍路と遍路道に関する意識調査』早大文学部社会学教室道空間研究会、1997年、29頁）

図 5-5　遍路の動機と移動手段(2)

の活発な活動、接待慣行の持続、行政による遍路道への意識的関与、四国の人たち自身が持つ遍路への強いアイデンティティの持続、四国が独立した島であること、などによる。(12)

さらに自動車使用は必ずしも非信仰化志向とは限らないという見解もある。遍路動機と移動手段の関係を調べた早大グループの調査によれば、図5―4、5のグラフにあるように、歩く遍路より車、バス利用遍路のほうが、動機として先祖供養、健康祈願、家内安全を選ぶ人が多い。これは車遍路が「巡る」行為以上に「詣る」行為が主となっているからだという。(13)

車遍路だからといって必ずしも観光が優先するわけではないのは、先の佐藤久光の調査結果と同じである。車に乗っていること自体は安楽であるが、一四〇〇キロメートルの遍路道の運転はそればかりではない。たとえナビゲータを搭載していても自分で運転する初めての自動車遍路は、道に迷うことも多くそれなりの苦労もある。また四国遍路にはいわゆるリピーターが多いことがしばしば指摘される。二度目からは歩いて巡る、あるいは一人でゆっくり巡るという遍路も多く、体験の仕方も一様ではない。さらに歩き遍路の増加は、後に詳しく論ずるが、現在の四国遍路のもっとも先端をいく遍路方法である。

四国遍路は伝統的な姿をとどめる巡礼といわれることが多い。しかしいままでみてきたように、四国遍路には伝統的な面と新しい面とが混在しているのであり、その両者がからまった形でつねに動いているといってよい。持続と変容の弁証法的関係であるといってよい。

第二節　四国遍路の意味づけの変化

1　ご利益信仰と伝統的四国遍路

先にも論じたように、戦後の日本社会の変化、とくに車社会の到来は四国遍路にも大きな変貌をもたらすことになった。具体的には遍路道空間の車道化、トイレ、パーキングなど霊場設備の近代化、霊場寺院の組織である「四国八十八ヶ所霊場会」の組織化、先達制度の整備といった、ハード面の変化が生まれたのである。さらにはお接待の減少、善根宿の減少といった習俗面の変化をも生み出していった。

これらのおもにハード面での変化とともに見逃してはならないことは、戦後における四国遍路のソフト面での変化である。ここではそのひとつとして、四国遍路の意味づけの上の変化を考えてみたい。

なぜ遍路者は一四〇〇キロメートルにも上る距離の四国遍路を巡るのか。その動機は多様であるし、また時代によっても変遷してきたことはよく知られている。そのなかで長い間、四国遍路の動機してもっとも強い牽引力となってきたのは弘法大師への信仰、つまり大師信仰であった。とくにそのご利益への信仰は大師信仰の真髄であった。ハンセン病患者の四国遍路もそのあらわれである。

しかし、近代になりそのご利益信仰も次第に薄れていった。それは科学知識の普及、合理主義的思想の流布によるところが大きい。科学的知識と宗教的関心は現代においては必ずしも相対立すると捉えられていない。オカルト、超能力、チャネリングなど超自然への現代人の根強い関心は、科学か宗教かといった単純な二項対立では捉えられないという考え方に多くの人を傾かせている。

しかし、前近代の四国遍路のご利益信仰は科学的知識の欠如、無視といったものが大半であった。つまり迷信として科学的思考からは排除されるべきものが多かった。昭和初期に四国遍路を旅した、雑誌『旅』の記者、島浪男はその著書の中で、四国遍路にある不喰貝《くわずがい》、不喰梨《くわずなし》、不喰栗《くわずぐり》と呼ばれる迷信を批判している。これは弘法大師空海による勧善懲悪の教えを広めるためのものである。ある修行僧（実は空海）が修行中にある村で、そこの村人たちが食べていた貝（あるいは梨や栗）を所望した。ところが村人たちはそれをにべなく断った。大師はそれに対してその貝を食べられなくした。以来それは食せない貝（実は化石の貝）になったという。島浪男は、これはあまりに利己的な弘法大師イメージであると、なんでもありがたがる善男善女の無知を批判している(14)。さらに島の遍路の数年後（おそらく昭和七年）に遍路を行った宮尾しげをの遍路記には、その不喰貝を削って水に溶かして光明真言（真言宗で最重要視する真言）を唱えて飲むと「ちょっとした病気ならすぐ治ります」といって、この化石の貝を泊まりの遍路たちに売り歩く遍路宿の主婦のことが述べられている。「お信仰の人達は有難がって買求める、こうした遍路たちは衛生もなにもない弘法さまであれば良いので、無茶苦茶である」と、宮尾はあきれている(15)。

これは二十七番神峯寺の麓の遍路宿での話であるが、この不喰貝はかなり由緒のある伝説で、江戸前半期に二十数回にわたり四国遍路を巡り、道標、道案内などの整備をした真言僧真念の『四國邊路道指南』（一六八七年刊）にもすでに触れられている(16)。少なくとも二百五十年間ほど語り継がれてきた伝説であることがわかり、それなりの感慨さえ覚えるが、島浪男や宮尾はきわめて批判的である。とくに島はこの手の迷信、ご利益話がよほど気になったのか、その著書の最後で、四国遍路は旅行愛好者にもお奨めだといいながらも、これだけは申し上げたいと断りつつ、つぎのように述べている。

> お四国の寺では何と荒唐無稽な物語が真《まこと》しやかに伝えられ、何と没常識的な慣習が厳然として行われ、何と摩訶不思議な御利益がぴんぴんとして生きていることだろう……今までのように、愚昧の善男善女達を相手にしていこうというのならいい。しかし時代とともに馬鹿馬鹿しい伝説や、慣習や、御利益授与やの一切を抹殺し撤廃すべきだ。(17)

島も宮尾も東京から四国遍路に出向いたのであり、伝統的な遍路のタイプではない。昭和初期にはこうした新しいタイプの遍路が四国遍路に出没し始めていたことの証左である。そしてこうした都会タイプの非伝統的遍路者には受け入れがたいような伝説、迷信、慣習の世界が、四国遍路にはまだあったことを物語っている。

現代における遍路たちには、こうした「伝統的」な動機をもって巡る人はきわめて少ない。これは奇跡あるいは不思議なことが起きないということではない。現在でもさまざまな奇跡があることはさまざまなところで語られている。(18)ただ「荒唐無稽な」迷信などが、人々を四国遍路に駆り立てる重要な動機ではないという意味である。つまり単純な御利益信仰が四国遍路の有力な意味づけとはなっていないのである。

2　現代遍路と四国遍路の意味づけ

現代の四国遍路の意味づけはどのようなものであろうか。第二章で四国遍路は開放型巡礼の典型例としたように、動機づけについてたいへんな多様性があることは指摘するまでもないが、現代の歩き遍路の手記を読んだりあるいはインタビューしたりして気づくことの一つは、四国遍路全体を悟りへ至るプロセスと考える意味づけがかなりの説得力を持っていることである。

現代遍路体験記として代表的なものに小林淳宏『定年からは同行二人』（ＰＨＰ文庫）がある。この本が代表的という意味は、現在の歩き遍路ブームが始まったばかりの時期に出版された書物であるということである。小林は実際の四国遍路を、昭和六十三（一九八八）年の夏に通し打ちで行っている。歩き遍路の「バイブル」宮崎建樹『四国遍路ひとり歩き同行二人』（へんろみち保存協力会発行）の初版は一九九〇年六月発行であることからも、小林の歩き遍路はブームの初期であったことが確認できる。歩き遍路がブームとなった以降には数々の四国遍路体験記が出版されているが、それらを通読してみると、この小林の体験記が一つのひな型になっているようにも思える箇所が出てくる。その意味でこの小林の体験記は「バイブル」とまではいえなくとも、後発遍路者あるいは後発遍路記記述者のモデル的役割を果たしているといえるように思う。

小林の遍路体験で、かなり大きな意義づけになっているのが、四国の四県を、発心・修行・菩提・涅槃の各道場と割り振って考える方法である。すなわち徳島県が発心の道場、高知県を修行の道場、愛媛県を菩提の道場、そして香川県を涅槃の道場とする考え方である。これは一般に菩薩の修行階梯と説明されているが、まずはこの意味づけが小林の巡礼体験のなかでどのように生かされているかをみてみよう。

小林は出発に当たって、歩き通すこと、そしてできたら遍路中は禁煙、禁酒をしたいという願を掲げて遍路に出る。第四日目ぐらいから足が痛くなるなど次第に身体的な苦痛が始まる。そうしたストレスのなかビールを飲み、喫煙も再開してしまう。しかし翌朝目覚めたとき、取り返しのつかない失敗をしたと大いに反省する。「落ち込んで行くのをどうすることもできない。破戒僧という言葉が頭にうかんできた」ほどの落胆ぶりであった。そこで案内書を見てつぎのように考え直す。

そこで案内書をみると（徳島県）は〈発心の道場〉（一番〜二十三番）となっている。この〈発心〉という活字が目に入った瞬間に、私の心は決まった。まだ二十二番（札所）と二十三番が残っている。この二つのお寺を回る間に〈発心〉を固めればよいのだ。すなわちあらためて①歩き通す、②禁煙、③禁酒の三点を確認して次の〈修行の道場〉に移り、高知県の二十四番から三十九番にかけてみっちり修行すればよい。挫折し、失敗し、破戒僧のようにしょげ返っていたものの、これから進むべき道がはっきりしたので元気が出てきた。(19)

さて、徳島県最後の二十三番霊場から高知県、つまり〈修行の道場〉の最初の札所への長い単調な道を歩き始めたとき、小林は「土佐に「修行の道場」という名前がついている理由が納得できた」のである。そして「修行とは、要するに耐えることなんだな」と素直に思ったのである（八五頁）。そしてさらに高知西部で雨のなか必死に歩いて予定をしていた旅館に到着したところ、そこが閉店休業であったという出来事があり、彼は激しい怒りの感情に燃え上がるという経験をする。しかしその怒りの爆発の後に、自ら反省して次のように考え直す。

（この旅館まで行くことを勧めた霊場住職には）感謝すべきだと思い直した。おかげで強行軍に強行軍を続けることになり、修行の道場にふさわしい苦行の一日を送ることができたからである。
お遍路出発にあたって霊山寺でもらった〈十善戒〉には〈不瞋恚《しんに》〉というのがある。〈怒ってはならない〉

という戒めである。土佐の〈修行の道場〉も残すところ三十八番の金剛福寺と三十九番の延光寺しかない。もう終わりに近いのだ。明日から絶対に怒らないで、修行の道場を無事に卒業しようと決意しているうちに安らかな眠りに入った。(20)

こういいながらも、数日後、偶然出会った聞き上手の女性遍路に淡い「恋心」ふうの感情を一瞬抱いてしまったりする。あれやこれやで「〈修行の道場〉と名づけられている土佐の遍路が坦々と進むはずがない。どこかで難行、苦行しなければならないもの」と考えたのであった。

さていろいろあった修行の道場高知県を過ぎ、愛媛県に入ると心境はかなり変化して落ち着いたものになる。その変化を綴る小林の文を少し長くなるが以下に紹介してみよう。

高知県から愛媛県に入ると、やがて別の世界にきたと感じるようになる。それもそうだろう。最初の〈発心の道場〉の阿波では無我夢中であった。次の〈修行の道場〉の土佐では、長い長い道中を歩き抜くという苦しみを克服することに全力を注いできた。この二つを過ぎると、足は鍛えられて頑丈になり、歩くことになれてくる。さらにお遍路生活にすっかりとけ込み、心にかなり余裕が出てくる。こういう状態で入った南伊豫の海は、土佐の荒海に比べると池のように静かであり、ところどころでは、プールに比較したいくらいだった。土佐では、水平線までなにひとつない荒涼とした海原が続いていたのに、南伊豫では、沖合いに島が多く、屈折した入り江とともに風景が次々に変化し、旅人の目を慰めてくれる。右側も、土佐の崖ばかりの殺風景な壁と違い、色とりどりの花や草、畑などが続いている。

肉体的、精神的に余裕が出ると自然にいろいろと考えるようになる。そしてあれこれ考えに考え、やがて自分なりに〈悟りの境地〉に到達したいという願いが湧き起こるのも、これまた自然であろう。仏教心がなくとも、一日中、てくてく歩いているのだから、人生についてさまざま考えるのが人間というものだ。いわば〈思索の旅〉に移るのが伊豫の国である。そしてここは、お釈迦様が菩提樹の下で悟りを開いたことにちなんで、〈菩提の道場〉と命名されている。阿波から土佐、そして伊豫へと歩き続けると、いつの間にか自然に心境が変化していく。このように人間の心理状態が自然に変わっていく流れの奥を洞察し、四国の地形を巧みに利用して霊場を設定した先人の知恵に私はただただ感嘆するだけだった。(21)

このように、四国四県のそれぞれの意味づけが、各県における体験の解釈と理解に大きな役割を果たしているのである。そしてこの意味づけの、遍路者への影響力は一層強くなる傾向がある。(22)

四国遍路全体を〈道場〉と位置づけ、それを菩薩の修行階梯という発心・修行・菩提・涅槃に割り振るというこの意味づけは、四国遍路においてどの時代から人口に膾炙してきたのであろうか。

3　意味づけの変遷

四国遍路の全体像をどのように意味づけるかということは、古くから試みられてきたかもしれないが、それを文献から跡づけることのできるのは江戸時代からである。八十八か寺が確定されるのが江戸初期であるという推測もあるから、江戸時代初期以降に意味づけへの積極的試みが開始されたと考えることも可能である。四国遍路に多くの遍路が見られるようになるのも江戸中期以降であるし、数々のガイドブックや地図類が刊行されるのもまたその時期である。

その地図類が二十数種ほど、岩村武勇編『四国遍路の古地図』(23)として復刻されている。それらの地図は、一枚の用紙に四国全体が全部入るように描かれている。方位、縮尺、地形にあまりこだわらず、楕円形ふうに四国全体を描き、そこに札所はもちろん、巡礼の目安となる山河や名所なども記入されている。折り畳んで使用したり、また四国遍路の土産物として販売していたようである。岩村武勇の解説によると、これらの地図が各種刊行されるようになるのは宝暦年間（一七五一～一七六二）以降である。

さて、これらの地図に見られる典型的なパターンは、地図の中央に四国遍路の意義あるいは功徳を記すものである。その一例を現代漢字で書き下しにして紹介してみよう。

夫れ四国遍礼の密意を云わば、四国は大悲胎蔵の四重円壇に擬し、数多《あまた》の仏閣は十界皆成の曼荼羅を示す。所謂四重の曼荼羅は十界其身平等に各々は八葉開敷の蓮台に坐し、光明常に法界を照す。本より不生の仏なれば十界皆成の曼荼羅と冊《な》つく。仍《よっ》て八十の仏閣是れに況《きょう》す。衆生痴暗にして此の理を知らず。蓮華萎んで合蓮と成り、仏光かくれて闇夜に迷う。今遍礼の功徳に依て合蓮開けて仏光現じ、再び八葉の花台に坐し、無明の闇晴て本仏を覚る。本修（註・本生と修生）並べ示すが故に、更らに八箇の仏閣を加え八十八と定め給う。是れ併《しかしながら》 高祖大師の神変加持、衆生頓覚の直道なり。各《おのおの》 早く円壇に入り 自己の心蓮を開覚し、自心の本仏を證知し玉えと云爾《いうのみ》。(24)

曼荼羅の世界は衆生にはなかなかわかり難いが、すなわち四国は曼荼羅世界であるから、衆生は弘法大師が定めた曼荼羅世界の具現である四国遍路を行って、巡りながら修行することで、仏を感得して覚りの世界に入るべしと説いている。真言宗の修行道場としての四国遍路らしい説明である。ただし、これが遍路者の間に広く行き渡っていた意味づけであるかどうかはかなり疑わしい。この説明文は短文とはいえかなり専門的な語句がちりばめられ、一般人に理解しやすいとは思えない。またこれだけでは何十日、何か月という辛い苦行的旅を精神的にリードするような実践的機能に優れた意味づけとは言い難いのである。

明治以降の巡礼記には、この四国遍路＝胎蔵曼荼羅説を取り上げているものは、管見の限り見当たらないのである。

さて、では発心・修行・菩提・涅槃の意味づけはいかがであろうか。これもまた江戸時代の巡礼記、案内記には見当たらない。江戸期中期以降の巡礼記は、おそらく真念『四國邊路道指南』（一六八七年刊）、寂本『四國徧禮霊場記』（一六八九年刊）の両書に代表されるのであろうが、四国＝胎蔵曼荼羅説同様に、発心・修行・菩提・涅槃にも触れられていない。江戸時代ばかりか明治以降の有力遍路体験記、案内記にもなぜか見当たらないのである。たとえば、明治十六（一八八三）年に刊行された中司茂兵衛『四国霊場略縁起・道中記大成』に記載がない(25)。もっとも真念あるいは中司茂兵衛といった僧侶は学僧ではなく、何十回、何百回と四国遍路を巡り続けた行中心の生涯を送った僧侶であるから、四国遍路の教学的意味づけといった事柄に多くの関心を持たなかったとも考えられる。

さて四国遍路を明治四十（一九〇七）年に約三か月をかけて巡った真言僧に小林正盛がいる。小林は第四章でも触れたように、近代新義真言宗を代表するような高僧といってよい。またこの遍路行には小林の親友でありかつ当時の有名な遍路研究家でもあった、同じく真言僧丹生屋隆道が同行していた。しかし、その体験記にも四国＝胎蔵曼荼羅説、発心・修行・菩提・涅槃の意味づけは触れられていない。(26)

さて、小林、丹生屋の友人でもあった同じ真言僧に富田斅純がいる。第四章でも少し触れたが、富田は東京中野宝仙寺の住職であったし、また中野女学校（現・宝仙学園）の創始者であった。富田はのちに真言宗豊山派の管長職をも務めた。彼は大正十五（一九二六）年に四国遍路を体験し、その後昭和初期に「遍路同行会」を結成した。遍路同行会は四国遍路修行を中心に弘法大師信仰興隆を目指す一種の信仰運動団体だったようである。この同行会の機関誌が『遍路』であり、昭和六（一九三一）年より十九（一九四四）年まで毎月約八頁からなる『遍路』を発行していた。この『遍路』誌を利用して富田はさまざまな四国遍路鼓吹運動を展開している。相互愛、平等愛、犠牲愛の三つの愛からなる「遍路愛」の実行を広く呼びかけたりしているが、このことについては前章で詳しく述べた。さらに富田は、四国遍路を真言密教の修行地として意義づけようと試みてつぎのように述べる。

吾は此の八十八という数を、顕教より密教に入る修行の階級数とみたいのである。即ち、顕教の修行は十信、十住、十行、十回向、十地等覚妙覚の五十二位と云うのが通則である。密教の五相成信観に於ける従顕入密の次第の時は、此の最後の妙覚の位が密教の初入の行である。そこで、妙覚の位を開いて密教の金剛界の三十七尊の修行位と定むることに致したいのである。(27)

ここでは四国遍路に八十八の寺院が配置されている意味を、密教的に解釈しようとする努力が十分に感じられる。しかし逆に昭和期に入ってもなお四国遍路の教学的意味づけが確定していなかったことを図らずも顕しているようにも思う。『遍路』誌は昭和六年より十九年まで毎月発行されているが、四国＝胎蔵曼荼羅説、発心・修行・菩提・涅槃の意味づけを発見することはできない。つまりこのことは一宗を代表するような学僧の見解においても、四国遍路の意味づけについては当時定説がなかったことを物語っているのではなかろうか。

先にも触れたように、戦前までの四国遍路関係の書物をすべてチェックすることは容易なことではない。私家版が多いこと、信仰譚、御利益譚などが多いため、現在まで体系的に保存されることがあまりなかったからである。こうした制限はあるが、少なくとも管見の限りでは戦前の文献には発心・修行・菩提・涅槃の意味づけが、現代の場合のように当然のこととされたり、重視されたりしているものは見出せなかった。

戦後期になると、発心・修行・菩提・涅槃の意味づけが目に見えて多くなる。まず西端さかえ『四国八十八札所遍路記』である。同書は昭和三十九（一九六四）年の刊行であるが、著者の遍路自体は昭和三十三（一九五八）年に行われている。[28] 同書は戦後の遍路記・ガイドブックではもっとも早く刊行されたもののひとつであり、後の同種本の基本になったものといえる。ただし同書では、発心＝阿波の国、修行＝土佐の国、菩提＝伊予の国、涅槃＝讃岐の国と見られているとだけ紹介されており、三百頁余りのうち、その他の箇所でこのことに触れているところはない。これは後の遍路記とはかなり趣が違っている。加えて同書には、まず高野山を参ってから四国遍路を開始し、また終了後その足でお礼参りに高野山詣することが「本格的な巡拝のしかただそうである」とある。西端自身はまず高野山へ詣ってその足で四国遍路を開始したが、後のお礼参りは二年後に行っている。[29] 四国遍路実施前後の高野山奥の院の弘法大師空海廟詣もまた、戦前には一般的にはみられないようだ。四国遍路の起点としての高野山奥の院詣自体は、江戸時代初期の四国遍路にその例をみることができるが、[30] それは僧侶の場合である。在家の遍路にも一般化したのは戦後の展開であると思われる。

その後、昭和四十九（一九七四）年には四国八十八カ所霊場会が「弘法大師伝」付きガイドブックを刊行しているが、その大師伝の中で、弘法大師が四国遍路を開創し発心＝阿波の国、修行＝土佐の国、菩提＝伊予の国、涅槃＝讃岐の国と定めたというニュアンスの説明がなされている。この書物は昭和四十八（一九七三）年の弘法大師生誕千二百年の記念事業の一環として出版されたものである。その典拠は明確ではないが、一九七〇年代には霊場会自体もこの意味づけを正式に認めたということを意味するのであろうか。[31]

最近ではこの発心・修行・菩提・涅槃の意味づけがますます大きな意味を遍路者の間で持ちつつあることは、先に紹介した通りである。

四国遍路では発心・修行・菩提・涅槃のパターンは一般に菩薩の修行位階を表すと説明されている。しかしこれはまず基本的に、ブッダの生涯の四段階と考えるべきであるとされる。菩薩の理想像としてのブッダの生涯のプロセスがモデルとなっている。ブッダが王舎城から出奔つまり発心し、各地を修行して歩き、六年ののち菩提樹の下で悟りつまり菩提を獲得して、さらにその悟りの状態を楽しんだ、涅槃に達した、というプロセスを基本的に模しているということである。

さらに密教では、この四段階のあとに方便という段階を設けている。ブッダが菩提樹下で涅槃を十分楽しんだ後、そこより立ち上がり、衆生を救済する活動に残りの一生を費したわけであり、その最後の第五番目の段階を方便（衆生救済活動）と名づける。密教の文献にはこれが「五転」という形で登場する。そこでは発心・修行・菩提・涅槃・方便の五段階が、胎蔵曼荼羅の中心にある中台八葉院の五仏の動きと関連づけられ、動的に、つまり〈転〉的に関連させ説明されるのである。これは真言行者の修行の五段階ということで、実践的意味をも持つことになる。[32]

この時点で、胎蔵曼荼羅説と発心・修行・菩提・涅槃のパターンが重なり合う領域が出てくるともいえる。ただし、この曼荼羅理解にしても高い教義的知識と行を積んだ真言僧のレベルならば別であるが、一般の遍路者のレベルで実践的倫理的意味を持っていたとは考えにくい。事実『定年からは同行二人』の著者、小林淳宏は、発心の道場・修行の道場・菩提の道場・涅槃の道場の個々の意味を札所の僧侶に聞いてもどうもはっきりしないし、案内書にも説明がないから困るといっている。そして彼は自分自身で次のように考えた。

> 要するに〈菩提の道場〉で悟りの境地に近づき、〈涅槃の道場〉で悟りが完成し、生まれ代わるのだと考えたほうが分かりやすいらしいと見当をつけた。涅槃はお釈迦様の死んだことを意味しているけれども、真言密教では、即身成仏、すなわち生き身のまま悟って仏になり、再生するのだときわめて現世的に教えており、それが〈涅槃の道場〉だということらしい。
>
> このように〈発心〉〈修行〉〈悟り〉〈即身成仏、再生〉という順序を示してくれれば、希望と勇気が出てくるだろうに、お遍路案内書がなにも解説していないのは誠に残念である。（傍点は引用者）

この著者が遍路を実行したのは昭和六十二（一九八七）年である。そのころには、発心＝阿波の国、修行＝土佐の国、菩提＝伊予の国、涅槃＝讃岐の国という意味づけが、遍路受け入れ側にいまだ確立徹底していなかったことがわかる。そこで傍点部分のように、遍路者の体験的解釈がなされることになる。四国遍路という自由空間の特徴といえるかもしれない。

以上長々と四国遍路の意味づけの形成について論じてきたが、その要点は、今では当然のごとくになっている発心・修行・菩提・涅槃の意味づけの成立を時代的に厳密に特定することはできないが、少なくとも人口に膾炙するのは戦後期以降らしいということである。そしてごく最近でもまだその具体的内容が定かになっていなかったという事実である。戦後の四国遍路は、遍路道空間の車道化、トイレ、パーキングなど霊場設備の近代化、霊場寺院の組織である「四国八十八カ所霊場会」の組織化、先達制度の整備など、ハード面でそれ以前と比較すると、抜本的な変革がなされたのである。しかし今見てきたように、ソフト面すなわち四国遍路の意義づけというソフトの中枢部分もまた、戦後に大きな展開を見せてきたことを指摘できるのではないだろうか。

このソフト面の大展開を推進したものはなにか。それを特定することはなかなかむずかしいが、強化され組織化された霊場会との関連などを、有力要因として推測することができる。すなわち戦後確立した霊場会の役割は「霊場内遍路行為を統一規範化し、それを明文化し徹底したこと」であり、事実、遍路用具の一定化、道中修行方法などさまざまな作法の統一化、納経料の統一化などを実行してきたのである。(33)

第三節　接待講の活動—昭和四十年代の活動を中心に—

1　現代の接待

四国遍路については近年、とりわけ数多くの遍路用ガイドブックや遍路体験記が出版されている。それらの案内書の多くが四国遍路の特徴のひとつとするところは、接待の慣行である。つまり遍路に対して近隣村落民などが札所や遍路道沿いなどで金品などを与えるという慣行である。時代の変遷とともに接待の形態や内容も変化しているものの、現在でも多くの遍路がその体験談の一端として接待を受けた経験を語っている。たとえば平成八（一九九六）年に夫婦二人で歩いて区切り打ち四国遍路を行ったK夫妻は、計六十一日の遍路行程のなかで五十七回の接待を受けたと記し、各々の具体的かつ細かい内容と状況まで報告している。その内容は現金、お茶やドリンク類、果物や菓子など多岐にわたっている。(34)

接待の内容も時代によって変化するわけで、現代の歩き遍路への接待の申し出に多いのは、通りがかりの車からの同乗の誘い（接待）である。現代の歩き遍路は、歩くことに著しい執着を示す人が多い。つまり、とにかく歩き通そうという目標である。せっかくの接待の申し出を不本意ながらも断る話を、歩き遍路からしばしば耳にする。

この接待という慣行は、歴史的にみるならば決して四国遍路のみに特有な慣行ではなく、西国三十三か所観音霊場巡拝をはじめわが国の各種の巡礼にみられたのであり、またヨーロッパの巡礼においても類似の現象があったといわれる。また巡礼といった形をとらない参詣においても接待は各所で行われていたし、また現在も行われているところがあるようである。

一般に無文字社会の村落のような比較的閉鎖状態にあるところでは、異郷人に対して歓待するという外者歓待(hospitality)の習俗がみられるといわれている。わが国の信仰習俗においても、「マレビト」説に代表されるように外者歓待習俗があったことが指摘され、四国の接待についてもそうした民俗学的見地からの把握が試みられている。(35)また四国遍路における接待の歴史的変遷を、他の遠隔参詣のそれと絡みあわせて論じようとした研究もある。[36] 筆者もまた第三章で概括的な説明を行った。

しかしながら、接待の研究には、そうした民俗学的あるいは歴史学的見地とは別に、四国における実際の接待のあり方に焦点を合わせながら、その形態および意味を追求する方向も可能であると思われる。本節の目論むところもまさにそこにある。ここでは幕末に創始されて以来の伝統を持つ、ある接待講の昭和四十年代の活動をつぶさに報告しながら、伝統的形態を有する接待の意味を、構造論的、象徴論的に分析してみたいと思う。

より具体的にいえばその分析の視点は以下の通りである。まず、接待を三つの要素から構成される慣行として捉える。その三つの要素とは、接待をする者（以下「接待者」とする）、それを受ける者つまり遍路を行っている者（以下「遍路者」とする）、やりとりされる接待金品、である。そして接待金品をめぐって、行為者たる接待者と遍路者との間になにがコミュニケートされているのか、さらに、その行為者の双方が相互にどのような位置づけにあるのか、という点を主たる考察の対象とする。

現象の解釈の段階においては、近来の儀礼構造論ないし儀礼象徴論をおもにその拠りどころとしてゆくが、しかし筆者の目的は儀礼構造論・象徴論そのものの批判検討にあるのではない。逆に、従来の研究成果をふまえつつ、四国遍路における接待の意味をさぐるという範囲に限定されるものである。

以下、記述の順序はつぎの通りである。まず接待の実態を、接待講のそれを実例として紹介する。つぎに接待の意味ないし理由についての従来の説明（解釈）が検討される。この説明とは、おもに接待者、遍路者という接待当事者が従来なしてきたそれを意味する。ついで、接待講内部における役割の違いへの着目、接待に伴う儀礼行為の分析などから、行為者自身には必ずしも意識されていない接待の意味の抽出を試みる。そして最後に少しく、今までの分析結果と巡礼の一般的構造との関連などに触れる。

2　有田接待講の概要

四国遍路における接待にはいくつかのタイプがあるといわれる。[37]前田卓はその研究のなかで三つのタイプをあげている。第一は個人が銘々に行う接待、第二は各霊場札所近くに住む村落民たちが集団で行う接待、第三は接待講という形態をとって、四国以外の人々が船に接待品を積み込んで霊場に乗り込んで行う接待である。[38]第一タイプの個人接待が今でも四国各所で行われていることは確かであるが、接待する側の主体が個人であるために、その動機、目的、実施時期がきわめて多様であり、そのために把握しにくいという難点がある。第二タイプの霊場近隣村落民集団による接待は、第二次大戦を境に急激に減少した。しかし最近では地区活動の一環として復活のきざしを見せている。第三タイプも前者に似た消滅傾向を見せているものの、戦後もいくつかは活発に続行されてきた。講形態という組織を持続させてきたからかもしれない。そこでここでは、第三タイプの接待講による接待を分析対象としたい。

前田卓によれば、一九七〇年頃で、四国外からの接待講は三つが確認されている。有田接待講、野上接待講、紀州接待講である。この三者ともが和歌山県北部にその本拠を有しており、それぞれ有田接待講が有田市、野上接待講が海草郡野上町および美里町、紀州接待講が伊都郡かつらぎ町をその基盤としている。接待の期間は三者ともが毎春三月から四月にかけてであり、接待を行う場所は、有田接待講と野上接待講の二者が徳島県鳴門市の四国霊場第一番札所霊山寺境内で、紀州接待講が徳島県海部郡日和佐町の第二十三番札所薬王寺境内である。ここでは筆者が昭和四十八（一九七三）～四十九（一九七四）年に実態調査対象とした有田接待講をとりあげてい

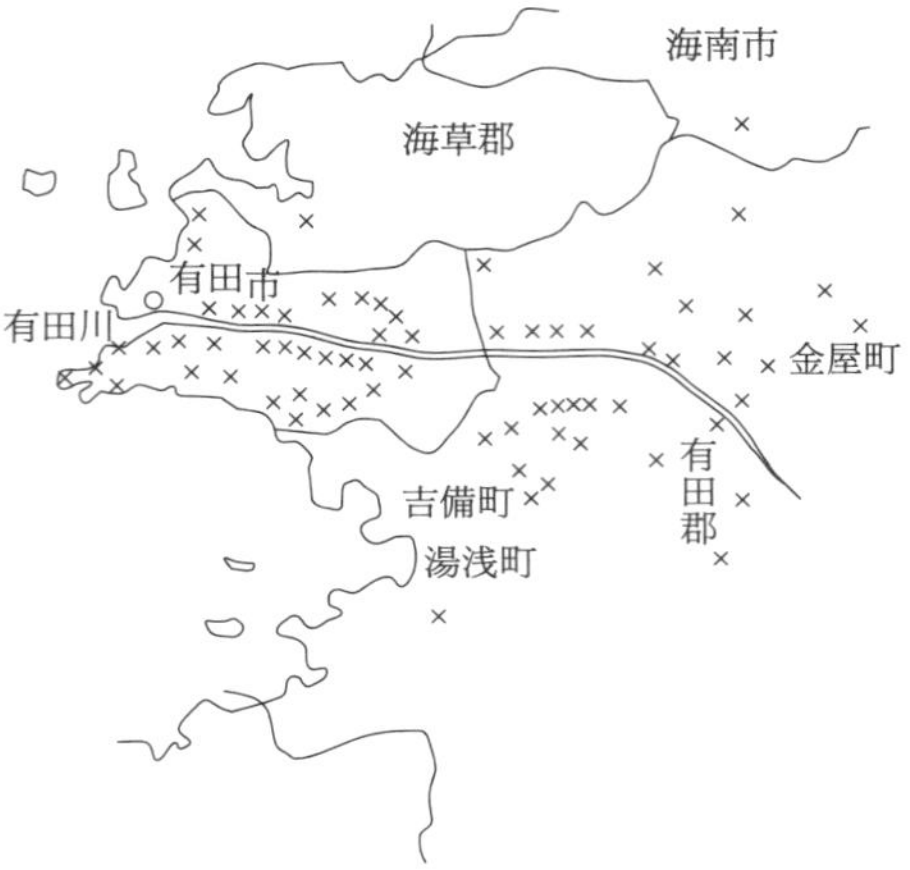

○ 天甫大師堂所在地
× 昭和47年に接待品を提供した村落

図 5-6 有田接待講分布図

くことにする。すなわち、ここでのデータは昭和四十八〜四十九年時点で蒐集され、提供を受けたものである。

有田接待講は、和歌山県有田市全域を中心に有田郡、海草郡の一部を含む地帯をその基盤としており、図5—6からも明らかなようにそれは大体有田川の中下流地域ということができる。その本拠地は有田市天甫にある天甫大師堂である。現在の大師堂々宇は、昭和五（一九三〇）年に建造され、さらにそののち多少増築がなされた約四十坪ほどの木造の建物である。大師堂の内部には本尊仏として弘法大師像が安置されている。これは明治四十三（一九一〇）年に四国第一番札所霊山寺より譲り受けたものである。

この大師堂は単立宗教法人、天甫大師堂として認可を受けている。しかし僧侶等の専従聖職者ないし宗派等の包括団体とは組織上一切無関係である。代表役員は講元が務め、責任役員には世話人のうちから二人がその任に当たっている。当時の世話人の総数は法人役員の三名を含めて二十二名（うち男子十三名）で、七十歳前後の老齢者がその大部分を占めている。その生業はほとんどが農業であるが、現在は後継者にその道を譲っている。世話人の老齢化は、のちにみるように接待講におけるその役割の大きさから時間的余裕が必要なためやむをえないことではあるものの、他方世話人の後継者不足という理由にもよるものである。ちなみに昭和四十二（一九六七）年に建立された「接待浄業開始百五十年記念」の石碑には三十名以上の世話人の名前が見られ、そののち世話人中の物故者の補充が円滑にいかないことを物語っている。

この接待講の始源ないし歴史はきわめて曖昧であり、唯一の資料としては、昭和二十六（一九五一）年に当時の講元である故宮崎直太郎が編纂発行した二十頁余りのガリ版刷りの小冊子『有田接待浄業沿革・天甫山大師之由来』以外にない。それによれば、この接待講は今から百六十〜百七十年前に開始されたといわれるが、その点も定かでないとされている。いずれにせよ、この小冊子を基礎資料にした有田接待講の歴史沿革についてはすでに紹介がなされているので、ここでは重複を避けることにする。(39)

この大師堂では、毎月二十日夕方から二十一日昼にかけて大師講の例会が開かれていて、毎回約百名ほどの人々が集まってきている。この例会では二十日夕、二十一日朝、昼と本尊前にて勤行が行われ、また二十一日昼には講側より昼食が提供される。勤行以外の時間はまったくの自由時間であり、雑談する者もあれば御詠歌を唱える者もあり、また民謡などを踊りを交えて楽しむ者もあるといった雰囲気である。かれらは各自思い思いのお賽銭を納めることで、自由に例会に出入りすることができる。集まってくる人々には老人が多く、かつ女性の姿が目立つ。世話人たちはここでは、お賽銭の整理やら食事の世話などを受け持つのである。

しかしながらこの講の最大の活動はなんといっても毎春の四国遍路接待であり、それはこの大師堂の本尊が一名「接待大師」と呼ばれていることからもうかがえる。

接待は毎年旧暦三月節句のころ、有田市とは紀伊水道を隔てた対岸の徳島県鳴門市大麻町の四国第一番霊場霊山寺で行われる。昭和初頭までは約一か月間ほども接待が行われていたと言われているが、戦後は旧節句を中日として一週間が、接待の期間とされている。昭和四十七（一九七二）年の接待は、旧三月節句にあたる四月十六日を中心にして、十三日から十九日まで行われている（旧歴節句のころが選ばれた理由は、そのころ遍路者が一番多いからだといわれる）。昭和四十七年の場合、接待品として霊山寺に持ち込まれた金品の内訳は以下の通りである。

金銭　三一六五五〇円
三宝柑　七〇函（一五キロダンボール函）
草履　五〇足
手拭い　一三〇本
靴下　一五〇足
襦袢　二三枚
下着　一七枚
軍手　八七足
チリ紙　一五束(40)

これらの物品は、有田市内を中心として、九十二集落にわたる三千六百五十七戸より集められた（昭和四十七年）。ちなみにこれらの集落のほとんどは有田川沿いの比較的平坦な農業地域にあり（図5―6参照）、生業は柑橘類栽培と稲作が中心である。

接待品の収集は、その収集範囲の広さと提供品と戸数の多さから、接待行事遂行のひとつの大きなポイントであるといえる。講世話人だけではその範囲をカバーすることができないため、集落ごとに接待品収集世話人が設けられている。この収集世話人は実質的に講世話人が兼任していることも多いが、講世話人の居住地域が偏ったりしているために、両者は組織原理上別であると考えることができる。だから接待行事に関していえば接待講は、講元（一名）——講世話人（二十一名）——収集世話人（九十二名）——接待品提供家庭（三千六百五十七戸）といったハイアラキカルな関係が指摘できる。

さて、接待品の収集、整理、運搬等のプロセスはつぎの通りである。まず二月に各集落の収集世話人に、講側より接待台帳が配布される。各世話人はその台帳をもって受け持ち区域の各戸をまわって金品を集め始める。こうして各集落ごとに集められた金品は、霊山寺での接待期間の始まる一週間ぐらい前に天甫大師堂に搬入される。それらの金品は、そこで、講世話人によって整理され荷造りされる。そして接待期間の初日の早朝、これらの金品は講世話人ならびに一般講員中の遍路希望者とともに、鳴門市へ海上輸送される。この海上輸送は例年、有田市辰ヶ浜、男浦、女浦の底引き漁船二十隻ほどが無料で引き受けている。鳴門市についた講一行と物品は、バス、トラック等に分乗して鳴戸市撫養港から約二十分ほどの霊山寺に行き、その日から接待を始める。

接待はこれより一週間行われる。霊山寺境内には山門脇に、野上接待講と共同出資で昭和十一（一九三六）年に建てた接待所があり、そこで自炊をしながら毎日朝七時頃から夕方五時頃まで接待をする。接待品は通常三宝柑と金銭である。三宝柑の上に十円玉を置き、それを接待所の縁先に並べて遍路者に接待をする。戦後は遍路も観光化され、正装しない遍路者も多いという。[41]そのため正装した遍路者をとくに〈本四国遍路〉と称し、さらに金品を接待しているようである。一週間の接待のあいだ、世話人たちは交代で近くの札所などへ参詣に出かけたりする。一週間が経過すると、再び有田市からの迎えの漁船に分乗して有田へ帰還する。

以上、有田接待講の概略、その接待行事の現在のプロセス等につき、昭和四十八〜四十九年時点での事実のみを記述した。以下はこれに基づき、接待の意味するところを追究してみよう。

3　接待の意味解釈

接待について部外者が抱く最初の疑問は、なぜ見ず知らずの遍路者に金品を無料で提供するのであろうかという点である。この疑点は先の接待の三タイプのすべてに当てはまるものであるが、とくにわざわざ船を仕立てて他県から出向いてゆく接待講の場合にはなおさらである。さらに接待講の場合には、他のタイプに比してその準備に厖大な時間とエネルギーが費されている。準備が始められて接待が終了するまで約二か月間が費される。

そのうえ、接待講接待のいまひとつの特徴は、そのプロセスの各段階がそれぞれの無償無料の奉仕によって成り立っている点である。まず各戸からの金品の無償提供、接待品収集世話人と講世話人によるそれら金品の整理、荷造り、漁船による無料海上輸送、そして最後段階の遍路者接待、これらすべてが金品の無料提供と労働の無償提供によって運営されている。

このような点を考えるならば、先の「なぜ接待を」という疑問は、接待講の場合にはますます強くなるのである。

接待をする理由あるいは動機については、遍路者への慰労のためあるいは祖先の供養のためなど、いくつかが指摘されている(42)。しかしそのなかでもっとも一般的に流布している説明は、遍路者は実は弘法大師であり、遍路者に接待することは実は弘法大師に供養していることなのだ、とする遍路者即弘法大師の考えである。これは有田接待講の場合でも部外者の疑問への回答としてしばしば用いられている。

四国では今でも遍路者の間で、「お大師さんに会った」あるいは「助けられた」という話は多い。とくにその行程で道に迷うなどの難儀に遇い、それがあるきっかけで解決した場合などがその典型例である。いわゆる「同行二人」の考え方である。この信仰が弘法大師信仰から派生した信仰であることは第二章第四節で詳しく論じたので、ここで繰り返すことは避けたい。

遍路者即弘法大師信仰を支えるいまひとつの点は、遍路者の存在そのものの特殊性である。巡礼だけでなくいわゆる遠隔参詣そのものが、日常的な生活時間、空間を一時脱却して異質な時間、空間に入るものであり、シンボルや行動の諸レベルで二領域間の興味深いコントラストが表れてくる。巡礼ないし遠隔参詣のもつ特殊空間・時間論、いうならば構造論についての包括的論議は、すでに第二章で詳述したので、ここではこの議論に関連した四国遍路のいくつかの例を掲げてみる。

遍路者は遍路中一様の服装をすることになっている。身に白い笈摺と手甲脚絆をまとい、菅笠をかぶり、手に金剛杖を持って巡拝する。これは遍路者の存在を一般人と区別する役割を持っているばかりでなく、遍路者同士の社会的差異（身分・地位）や生理的差異（年齢・性別）などの日常性を除去し、そのためまた遍路者間に平等意識ならび連帯感を強める役割を果たしている。また遍路者は第一番霊場などで遍路を開始する前に授戒を受けるのが本義という立場もある。これは遍路者を一時、日常的世界から隔離させ、仏教的世界に結縁させる。こうして遍路者は各札所で納経をし、仏教的慈悲を受ける資格を得るわけである。

以上からもわかるように、遍路者はひとたび巡拝者になると、一時、日常的世俗的世界の存在から脱却し、異質な非日常的聖的世界に近接するとともに、その世界の一員となるといえよう。こうした遍路者の存在の特殊なあり方は巡礼一般に多少とも当てはまることであり、この点ではV・ターナーの議論が参考になることは第二章で述べた。

いずれにせよ、このような遍路者の存在が本来持つ非日常性、聖性が、大師不滅信仰を軸とする四国八十八か所巡拝という特定巡礼のなかで、遍路者即弘法大師の観念を生じさせることになった一因であろうと思われる。

接待がこの遍路者即弘法大師の観念に基づいており、それは実は弘法大師を接待することであれば、接待は俗人が聖なる対象である大師へ向ける一種のoffering、仏教用語でいえば布施であるということになる。この解釈は、先に述べたように、接待する側つまり行為者自体によって十分意識されているのであり、接待者は自らの大師信仰が接待をなさしめるのであるとする。そしてかれら（とくに世話人）は、接待がまったく見返りを期待しない没功利的行為であることを繰り返し強調するのである。

この「没功利性」については、しかしながら、すでにマルセル・モースが『贈与論』の中で指摘しているように、「任意的な、いわば外見上は自由で非打算的に」みえる贈与にもなんらかの形での義務的打算的返礼が期待されていることが多い(43)。もちろん布施としての接待はofferingであるから、それは包括的には贈与の一種ではあるものの、両者間にはレイモンド・ファースの指摘するように、いくつかの重要な差異がみられる(44)。しかしながら仏教の布施も必ずしも俗人から僧侶への物品の提供という一方的関係ではないことが、タイ仏教に関する最近の実態調査研究によって報告されている。S・J・タンバイアはタイ仏教徒の布施の問題をとりあげ、つぎのように述べている。

禁欲的で現世を否定する僧は、なんらの返礼の義務をもたずに俗人の贈与を受けとる。なぜならば僧は現世にかかずらっていないからである。僧は現世に存在しているものの、この世に属しているわけではないのである。このように受け取る側が互恵的義務を認識しないという点は、（布施が）与える側の「自由贈与」であるという想定を支持するものとも言えよう。ところが互恵性についての理論上のこの二重否定のうらには、逆に厳然として互恵性の肯定が存在しているのである。俗人は物質的贈与をすることによって倫理的エネルギーの形で功徳を積むことを期待しているのである。贈与を受けとるかわりに、僧は贈与者に功徳を授けるのである。(45)

この場合、タイ人にとって〈功徳を積む〉ことの結果とは、具体的には、幸福で富裕な来世（輪廻の次段階）を迎えることや、この世での心の安らぎを得ることである。(46)

本来、仏教の布施には大きく分けて財施（物施）と法施の二種類があるとされる。財施とは仏教信者が僧に財物を施すことであり、法施とは僧がそれを受けてこれに報いるために法を説くことである。このことから両者は一種の対応関係にあることがわかる。それゆえタンバイアの指摘するタイ仏教における布施の互恵性も、あながち理解できないことではない。

「没功利性」が強調される接待についても、これに似た説明がなされている。接待者は接待すると、遍路者よりその名前や出身地などが書き込まれた納札を返礼として受けとる。接待者はそれを家へ持って帰り、戸口や梁に貼りつけ魔除けや火除けの護符とする習慣がある。つまり接待は、接待することで大師から超自然的加護を受けようとする行為なのであって決して一方的贈与ではなく、前田卓の用語によれば一種のギブ・アンド・テイクの行為なのである。(47)

納札をめぐるこうした習俗は有田接待講にも見られる。有田の場合、かつては集まった遍路者の納札を有田へ持ち帰り、それを金品提供家庭へ返礼として配った。そしてそれを受け取った家では棟木などに貼りつけ、火除けなどの護符としたといわれる。現在では遍路者より受け取った納札はすべて霊山寺に納めるが、そのかわり、霊山寺より御守（弘法大師御影）を受け、これを金品提供の返礼として各戸に配っている。

このように従来の接待についての解釈ないし説明、つまり遍路者即弘法大師説は、ある程度、接待の説明原理として妥当性を有しているようにみえる。もしこれを聖・俗のダイコートミーに当てはめれば、俗なる領域の接待者に対する聖なる領域の遍路者という位置づけになり、接待品は両領域を結びつける役目を果たしていることになるのである。

ところがこうした解釈、位置づけとは別に、接待者や遍路者の接待をとりまく実際のかれらの行動を詳細に調べてみると、今までの説明にはややそぐわない点、あるいはまったく反対の点が見受けられる。以下においては、そのような接待当事者の行動レベルをおもに分析の対象として、いま一度、接待のもつ意味を考えてみたい。

4　両義的存在としての接待者

他国から船を仕立てて四国に乗り込む接待講タイプの接待を遂行できるかどうかの一つのカギは、運搬船の調達である。第二次世界大戦を境にしてその調達が困難になった講もあるが、有田接待講の場合には、本調査実施時点では、昔からの慣わしにのっとり、有田市内の漁民が無料で金品を運搬し、また接待を実際に行う人々の有田・鳴門間の送迎を引き受けていたのである。

この無料輸送が開始されたのは明治三十八（一九〇五）年のことであるといわれる。当時接待講では、接待品の運搬費捻出に苦慮していたところ、現在の有田市男浦に住んでいたＹＡ氏が自発的に無料輸送を申し出たのに始まるといわれる（『有田接待浄業沿革・天甫山大師之由来』）。それ以来、この輸送は絶えることなく続いているのであるが、これについて接待講側が強調する点は、今まで決して講側から漁船側に無料輸送を依頼したことはなく、いつも漁船側が自発的に申し出てくるということである。それも輸送を希望する漁船が多すぎて毎年交代で受けもつほどで、こうした傾向のあることは当時の輸送漁船の世話役であるＹＳ氏によっても確認された。

このように接待講輸送の希望が殺到する理由は、接待講を運搬するとそれによって何日か休漁するにもかかわらず、そののちそれを補って余りあるほどの大漁に恵まれるといわれているからである。そのせいか、接待講一同は、有田・鳴門間の船旅（約三時間）のあいだ、漁民たちから酒や刺身等の豪勢な酒肴をふるまわれるのである。

つまり、接待金品輸送をめぐるこうした状況で注目すべき点は、まず、本来接待するべき接待講が無料輸送ないし船旅中の酒肴といった形で、漁民側に接待されているという点である。そしてまた、先の遍路者即弘法大師の観念からすれば、本来超自然的恵みや加護を求めているはずの接待講側が、ここでは逆に漁民側から大漁という超自然的恩恵をもたらす側（あるいは媒介）として処遇されている点である。

ここでは接待者の役割をめぐって完全な逆転がみられるのであり、存在領域としての聖・俗の逆転を指摘することができると思われる。この逆転あるいは先の遍路者即弘法大師の観念からすれば矛盾することがらは、なぜ生じてくるのであろうか。

この点を考えるにあたりまず第一に考慮すべきは、接待講内部においても、その役割によって接待講行事へのコミットメントにかなりの差がある点であろう。その役割の差とは、一般講員と講世話人とのそれである。先にあげたように、接待行事は二月に始まり四月に終わる二か月間あまりを要するのであるが、その二か月間のプロセスのほとんどが、実際には講世話人によって進行しているという点を見逃すことはできない。各集落にいる接待品収集世話人は原理上、講そのものの世話人とは別の役職であるが、実際には講世話人は少なくとも自分の集落の収集世話人をかねている場合がほとんどである。つまり講世話人の多くは、二月の金品収集から四月の一週間の接待、そして帰還後の霊山寺御影の配布に至るまでのほとんどの仕事を受けもっているのである。この点で、単に二月に金品を提供し四月末に御影の配布を受けるだけの一般の接待品提供家庭とは、接待行事に対する関与の程度において、大きな差がみられるのである。そしてまた、一般の提供家庭のほとんどは単に金品を提供するだけで、実際に四国へ渡ることはなく、霊山寺での遍路接待には参加しないのである。

漁船で接待を受け超自然的恵みの授与者として処遇されるのは、講世話人（および船旅を同道する遍路希望者）つまり実際に四国で接待を行う者のみである。このように同一接待講内でも、世話人たちは一般講員とは組織上だけでなく、外部的にも異なった扱いを受けているのである。

これを念頭に置いて、ここで再び接待講世話人側の接待に対する観念を取りあげてみたい。

先に何回か触れた接待講沿革に関する小冊子は『有田接待浄業・天甫山大師之由来』と題されている。接待は〈浄業〉なのである。さらにそこでは接待は〈菩薩行〉だとされ、それゆえに世話人は菩薩ないし上人の呼称をもって呼ばれている。このように世話人を菩薩ないし上人位でもって呼ぶことは、この小冊子を編集した元講元の行き過ぎだ、との批判も現在の世話人のなかには強い。

しかしその反面、世話人のなかには、接待には修業（修行）の意味があると指摘する者もある。弘法大師はかつて全国をまわって病人や貧民を助けたといわれている。その故事にならって大師の遺徳を偲びつつ接待をすることで、一時大師になって「ほどこし」をするというのがそれである。接待者が一時大師になるというこの解釈については、現世話人のなかにはこれを強く否定する者もいるので、ここで即座に一般的なものと断ずることはできない。ただし世話人レベルでは、接待の本義について必ずしも遍路者即弘法大師、接待イコール大師への布施とする解釈が唯一のものではないという点は、留意すべきと思われる。またこうした解釈上の食い違いとは別に、世話人が一様に強調することは、接待金品は各戸から「お大師さんへ」と提供されたものであるから、それらはすべからくお大師さんの所有物であり、それゆえ接待をする者はチリ紙一枚たりとも粗末にできない、という点である。そして世話人は、ある意味で弘法大師の「手先」としてそれらの金品を遍路者に与えるのだという者もいる。いいかえるならば、弘法大師と遍路者の仲介者であるというわけである。

こうした点を、先にあげた船旅中の接待者の処遇のされ方、かれらへの期待感などと考えあわせると、そこには、先に指摘した聖領域の遍路者に対する俗領域の接待者という位置づけとは食い違いがあることが、ますます濃厚となる。そこでこの点をさらに、別の視角から探求してゆくことにする。ただし繰り返しにはなるが、分析上、金品提供のみに関わる者と、実際に四国へ行き接待する者すなわち講世話人とは明確に区別すべきだと思われ、ここで対象とするのは後者であることを確認しておきたい。

今まではおもに接待行事当事者側の説明、解釈をよりどころとしてきたが、ここでは接待者と遍路者とのあいだでとりかわされる一連の儀礼的所作を探求の糸口としたい。

儀礼にはコミュニケーションの手段としての機能があること、そしてこの見解が現在多くの研究者に認められていることには異論がなかろう。この立場をさらに具体的に応用していくうえでの問題は、その伝達内容をどのような手続きで明らかにしていくかという点である。ここでは、そうした諸学説のうち、もっとも古典的ともいえるラドクリフ＝ブラウン（A.R.Radcliffe-Brown）のそれを参考にすることにしたい。

A・R・ラドクリフ＝ブラウンは、この方法を彼の主著『アンダマン島民』において用い、それはのちに彼の弟子の一人M・N・スリニヴァスによって、南インドの事例に体系的に応用されている。この方法の基本的手続きは、個々の儀礼を諸要素に分解したのち、それらの儀礼を比較することで、儀礼そのものの意味、各要素の意味を引き出そうとするものである。それは、つぎの三つの前提から成立している。

(1) 同一あるいは類似の慣習が、別々の状況で用いられている場合、その慣習はそれぞれの状況で同一ないし類似の意味をもっている。

(2) 別々の慣習が同一の状況に用いられている場合、それらの慣習のあいだには共通の要素がある。

(3) 二つの慣習が結びつけられ、それが別々の状況で用いられている場合、それらの状況には共通のものがある。(48)

これらの前提を念頭に、ここでは接待金品を受けとったとき、遍路者が接待者に対して謝礼の意味でとる儀礼行為に注目してみたいと思う。

この場合、遍路者が納札を返礼として与えることは先に述べた。それ以外に、遍路者は接待者に向かって、般若心経、御詠歌、大師宝号つまり南無大師遍照金剛を唱えることになっている。これは昭和四十八（一九七三）年四月の霊山寺での接待においてもしばしば見られた所作である。

さて、これを先のラドクリフ＝ブラウンの儀礼比較の基準に沿って考えてみると、この般若心経・御詠歌・大師宝号の唱和というパターンは、遍路者によってほかの場合にもしばしば用いられていることがわかる。遍路者は、各札所へ参詣したとき、まず本堂、大師堂等の諸堂を参拝し、そのあと納経所へ行き、札所寺院の本尊印を受けるという形をとる。そのとき、本堂・大師堂等で簡単な勤行を行うのであるが、その勤行法式の基本的構造もまた、接待を受けたときの般若心経・御詠歌・宝号とまったくといっていいほど変わらないのである。[49]つまり、遍路者が札所の本尊、大師堂大師像前にて行う儀礼行為と、接待者に向けて謝意の表明としてとるそれとは、本質的に同一である（つけ加えるならば、有田接待講の接待所は霊山寺境内の山門右脇にあり、山門から入り本堂・大師堂と順次参拝していくと、接待所前に至るようになっている）。

儀礼行動レベルでのこのような同一性は、一体なにを意味しているのであろうか。

儀礼が伝達的機能をもっているとするならば、行動主体側の儀礼パターン上での同一性は、その儀礼行動が向けられている対象に対して同一の意味づけが求められていると解釈できないであろうか。般若心経・御詠歌・大師宝号は必ずしも遍路にのみ特有のパターンではなく、むしろそれは真言宗在家用勤行法則の中で、もっとも簡明で一般に流布している形式である。しかし一般的にいって読経や勤行の意味が自らの信仰する仏・菩薩への信仰告白であるということを考えるとき、本尊・大師に対する遍路者の儀礼行為と接待者に対するそれとの同一性は、遍路者が、本尊・大師（ないし諸仏諸菩薩）、接待者の三つを同一の領域にある存在として儀礼上扱っているといえるのではなかろうか。

こうした解釈をさらに進めて、接待者に対する儀礼形式に大師宝号が欠かされることがないという点からして、[50]遍路者は接待者を弘法大師と見なしているとまで結論づけることも可能かもしれない。先に触れたように大師は遍路の最中さまざまな形で遍路者を助けると信ぜられ、それは遍路経験者や先達たちによって新遍路者に繰り返し強調されている。だから遍路者にとって、接待も大師のおかげと考えることは十分可能のように見える。

しかし、この大師即接待者の解釈での問題点は、儀礼所作の一つである宝号の意味をあまりに公式的教学的にとりあげているのではないかということである。宝号の語義そのものは、いうまでもなく弘法大師に帰依し信を捧げるということであるが、儀礼は慣習化されることにより意味の空洞化、変容、転換が生ずる可能性を有しているのであり、その点で過度に、規範的解釈をただちに儀礼のコンテクストの比較からの結論の理論的支柱とすることは、やや速断にすぎると思われる。

だからここでの結論は、儀礼レベルから解釈すれば、遍路者は本尊、大師、接待者を同一領域の存在として扱っている、という点に留めておくべきであろう。聖・俗のダイコートミーを用いれば、遍路者に直接金品を渡す接待者（有田講の場合には講世話人）は、決して俗領域にある存在ではなく、聖領域のそれとして儀礼上扱われているということである。

ところが接待者が遍路者に向ける行為はあくまでも物質的贈与のそれであり、財施以上ではありえない。しかしその行為はそれを差し向けた対象たる遍路者から、聖領域のそれとして扱われるわけであり、接待者はそこで矛盾するインターアクションの場にいるわけである。いいかえるなら、接待者は俗領域、聖領域の双方に関わっている半聖半俗的存在であるといえよう。すなわちかれらはその行動全体のあり方が聖・俗双方に関わっている「境界」的特徴を有しているわけである。この境界性は、またそのまま遍路者にも当てはまるわけで、一方では超自然的加護をもたらす存在とみなされているのに対し、他方では接待者に対してはその恵みを受けたものとしてまったく逆の行動をとる、そのあり方にみられる。

こうした点を考えるとわれわれが気づくことは、世話人ならびに遍路者の境界的性格が生ずるのは、ともに四国遍路という限定的空間のなかにおいてであるということである。このことは第二章を中心に論じてきた巡礼構造論の論議と大いに重なり合うのである。

戦後は四国遍路の「世俗化」が進み、一般的にいって接待は減少しつつある。とくにモータリゼーションが進行した結果、遍路道沿いでの接待はほとんど姿を消したといわれる。しかし、最近の歩き遍路の復活傾向は接待の一部を復活させている。

ここで論じた講組織の接待講は、個人の発意による接待と比較すれば持続性が高いのであるが、昭和四十年代後半から始まる農村部の過疎化は、こうした伝統的行事に急激かつ重大な影響を与えた。すでに遠方から出向いてくる接待講が減少したなか、紀州からの大規模接待講も存続の可能性は厳しいと言わざるをえない。

第四節　現代歩き遍路の体験分析

1　歩き遍路ブームとその背景

一九九八年春、四国遍路を空から詣るヘリコプター巡礼ツアーが営業を始めたと報道された。ところがこれとは対照的な潮流が、ここ十年ほど四国遍路で顕著となっている。いわゆる〈歩き遍路〉の増加である。戦後のモータリゼーションの波は否応なく四国遍路の性格を大きく変えた。車遍路の圧倒的増加である。

モータリゼーションは時代の流れである。いわばこうした文明全体の流れのなかで、それにあたかも抗するがごとき歩き遍路の増加は、どのように考えたらよいのだろうか。近代以前の遍路はもちろんみな歩いた。しかし、それもせいぜい戦前までである。現代の流行はアナクロニズムなのであろうか。アナクロニズムではないとすると、それはいかなる現代的意味を持っているのであろうか。単なる復古ではないとするると、それは過去の形式とどのように異なるのであろうか。なぜ、かれらは歩くのか。なにが目的なのか。そしてなにを得るのか。これらの問いを念頭に、本節では、現代歩き遍路の体験や世界観を明らかにする作業を試みてみたい。

現代の歩き遍路の実態を把握することはきわめて難しい作業である。とくに、正確な数の把握はほとんど不可能に近い。もともと遍路数の正確な把握自体が困難なのである。四国遍路の巡り方にはさまざまある。一度に八十八か寺を回る方法ばかりではない。四国を一国ずつ巡る一国参り、札所が比較的まとまった地域のみを巡る七か所参り、十か所参りなどがある。七か所（寺）巡り、十か所（寺）巡りは、厳密にいえば四国遍路ではない。しかし三者の違いを外面的に見分けるのはたやすいことではない。

さらに、最近では巡り方が一層多様化してきた。週末や連休を利用して、二泊三日といった日程で順次巡っていく方法もかなり広がっているようだ。この方法は、車遍路、歩き遍路ともに見られる。かれらは一年に何度も四国を訪れるのである。

このような事情はあるが、現代の四国遍路の数は年間約十万人といわれることが多い。このなかで歩き遍路は約一パーセントであるともいわれている。つまり千人である。しかし別のデータによれば、一〇・八パーセントという報告もある。(51) こうした数的な掌握の可否とは別に、歩き遍路の数が増加の一途であることは確かである。遍路関係者の意見も一致しており、また筆者の印象も同様である。

先に指摘した通り、かつては誰でもが歩いたのであり、それが大きく変化したのは戦後の車遍路の増加である。車と人とはいろいろな意味で対立項的な関係にある。技術文明の発達史からいえば、歩行から車利用へという方向が進化の順序である。四国遍路も当然その順序に従った。昭和二十年代にまず、団体遍路による巡拝バス利用が始まった。続いて本格的車社会が昭和四十年代前半には始まり、マイカーよる遍路が次第に主流を占めるようになった。(52) こうした流れのなかで、遍路公害などという言葉さえ生まれるほどになったのである。遍路公害とは、大勢の遍路が車で巡礼に出ることによる周辺住民へのネガティブな諸影響を揶揄した表現である。こうした変化を経ての歩き遍路の復活である。

歩き遍路復活の背景には、現代という時代背景も当然影響を与えているはずである。そのひとつにいわゆる「ウォーキング・ブーム」をあげることができるであろう。

総理府が二十歳以上の人々を対象に行った「体力・スポーツに関する世論調査」の結果が手元にある。実施は、一九九七年秋であり、有効回収数は二千二百十二人である。その中で、「過去一年間に行った〈比較的軽い運動やスポーツ〉をあげてください」という問いに対して、トップは三一・八パーセントのウォーキングである。ついで体操（ラジオ体操、職場体操、美容体操、縄跳びなど）の一九・四パーセント、ボーリングの一八・五パーセント、となる。他方、ランニング（ジョギング）は七・七パーセントにしか過ぎない。ちなみにウォーキングが同調査で一位になったのは一九九四年実施の調査からで、そのときは二四・三パーセントだったという。

ウォーキング・ブームはいつごろから始まったのであろうか。アメリカが発祥地である。とくにG・ヤンカーの著作 *The Complete Book of Exercise Walking* が一九八三年に出版されたのを機に、アメリカではウォーキングが俄然ブームとなっていったという。(53) ヤンカーはもともとニューヨークの弁護士であったが、健康維持と増進のために歩くことの効果を調べ始め、一九八〇年頃には弁護士をやめて、ＥＸＷ（エクササイズ　ウォーキング）という方法を確立した人物であるという。アメリカでは、一九八五年頃からブームが始まり、ニューヨークではスーツにウォーキングシューズという組み合わせで通勤するビジネスマンの姿が風俗にもなった。(54) ヤンカーは一九八七年に来日している。

ウォーキング・ブームの前にはジョギング・ブームやエアロビクス・ブームがあった。このブームには、ダイエット効果があるとされたことも大きく影響した。ところが、ジョギングやエアロビクスを続けることにより膝を痛めるなどの故障が指摘されるようになった。ジョギングの場合、ランニング中に両足が地面から離れるために、体重の三、四倍の衝撃を吸収しなければならず、そのため過度のジョギングにより、膝、足首、股関節などを痛める人が続出したのである。(55) このような経緯で、代わりにウォーキングへの関心が増大していったといわれる。

日本でもウォーキングが注目を浴びるようになるのが、一九八〇年代後半と推測される。日本のウォーキング運動のリーダー的運動体に社団法人「日本歩け歩け協会」がある。この協会の発足の歴史自体は、現在のウォーキング・ブームよりはるかに古い。一九六四年十月の東京オリンピック開催のときに、早稲田大学の学生数名によって設立されたという。その後さまざまの段階を経たものの、一九八三年に法人化された。その際に定められた定款には、以下に見られるように、自然保護思想の普及・啓蒙が大きな位置を占めることになった。

協会は、歩け歩け運動に関する啓発及び、各種の事業を推進することにより、広く自然に親しみ、自然を守る豊かな心の涵養を図り、もって健康な明るい社会づくりに寄与することを目的とする。

さらに、その目的を達成するための事業としてつぎのことが列挙されている。

（1）歩け運動の実践・啓蒙に関する事業
（2）自然保護・思想の普及・啓蒙に関する事業

（3）歩く環境の整備及び利用の促進に関する国及び地方公共団体の施策への協力

こうして歩きと自然保護とのリンクが鮮明になった。これは法人化に際して環境庁所轄団体となったという経過もあるようだが[56]、そこには当然、時代の要請があったはずである。こうしてエコロジーとの関わりが、ウォーキング・ブームに拍車をかけることになった。現在、同協会は、カラフルな十六頁にのぼるタブロイド版の月刊紙「あるけあるけ」を発行しているが、現在の購読部数は約三万部といわれる広がりを見せている。

このように日本、アメリカなどのウォーキング・ブームは、健康維持、エコロジーなどが絡んで関心を増大させていることがわかるが、それに加えてさらに現代的文脈のとの関わりで見逃せないのが、〈癒し〉ブームとの関連である。

ウォーキングの専門家はつぎのように指摘する。

（ウォーキングは）身体にやさしいだけでなく、ストレス社会でゆがみ苦しんでいる精神を解放するため、心の「癒し」の観点からウォーキングに取り組む動きがアメリカでもみられます。ことばを使わず、歩くときの感覚によって自分を取り戻そうとする、ボディーマインディング（体とこころの統一）の医療法として発展しつつあります[57]。

こうした流れにたつ立場として、ウォーキング・メディテーションの運動がある。この運動の提唱者のひとりに、ベトナム人仏教僧ティク・ナット・ハンがいる[58]。かれは、ブッダ以来の仏教の基本である瞑想や精神集中を、歩く行為のなかに求めようとするものである。これは、ゆっくり歩くこと、呼吸法を整えること、などからなる修行法である。その基本は、彼の書物から読みとる限り、ブッダ自身の修行法を踏襲しようとする立場である。

ブッダは出家後の生涯すべてを瞑想、精神集中の実行に傾注していた。ブッダの菩提樹下の悟りは彼が坐しているときに得たのであるが、その後の生涯はつねに遊行という〈歩くこと〉が基本となった生活であった。それゆえ、現代語における瞑想=停止、ウォーキング=動きという二元的対立とは違い、瞑想とウォーキングとはブッダの生涯のなかで一体不離のものであったといってよい。[59] こういう観点から見れば、つまりティク・ナット・ハンの立場は、ウォーキングに関するブッダの基本的立場を継承しようとしているといえる。

このように、現在のウォーキング・ブームは想像以上に多義的価値を現代人に対して与えていることがわかる。つまり、歩くことは、単にスポーツ、レクリエーション、健康維持といった意義ばかりでなく、自然に回帰するといったエコロジー運動にも関わり、さらには、それらを通じて「人間本来の完成、情緒の育成を促す」[60] という意味も、強く籠められていることがわかる。そしてこれらの表現は、漠然とした形ながら宗教への関わりも感じさせる方向である。実際、つぎに見るように歩くことは宗教でも重要な修行の一つとなっている。

宗教学者岸本英夫によれば、修行とは「理想を体験の上に実現しようとする目的をもってどれほどか組織的に営まれる身体的な行為動作」であり、「身体を通して心を鍛える営みである」と定義されている。[61] 修行に取り入れられる動作にはいろいろあるが、それらに一貫しているのは「反復して行い得るような、比較的簡単な動作に、精神を集中し、これを長時間にわたって持続することである」という。同一の単純な行為を精神を籠めて繰り返し営むということである。それらは具体的には、誦行、揺行、打行、書行、息行、観行、凝行、静行、水行、火行、断行などであるが、その一つとして歩行、つまり歩くということがしばしば修行に取り入れられてきたのであり、その具体例の一つが、山伏の山中修行とともに巡礼であることを、岸本は指摘する。[62]

こうした修行の重要性はとりわけ東洋の諸宗教に顕著であるという指摘もある。いずれにせよ日本の宗教伝統においては、古代より各種の修行が大きな役割を果たしてきた。肉体的苦しみは精神上の浄化の前提であり、「霊の救済と肉体の犠牲とは……ひとつの事実の二つのあらわれにすぎない」のである。しかし日本の伝統のなかでは、とくに険しい巡礼路を〈歩く〉ことに滅罪と浄化を含めていることが特徴である、と中村生雄は指摘する。本論の今後の展開にも重要な示唆が含まれているので、いささか長くなるが、つぎに引用してみよう。

> 王朝貴族の寺社参詣が執拗に徒詣《かち》に志向していたように、また「馬にて参れば苦行ならず」という認識が俗謡（引用者註、『梁塵秘抄』を指す）に唄われるほど万人の同意を得るものであったように、日本人は〈歩く〉ことの自己目的化とでも言うべき性向を強くもちつづけてきたらしい。そして、日本の巡礼が〈歩く〉ことを自己目的化していけばいくほど、参詣の対象である霊場そのものの意味は相対化されざるをえないし、それにかわって参詣のための路程が大きな意味をもってくる。寺社に到り着いたうえでの勤行とか参籠などではなく、そこに到達するまでの苦しみにみちたプロセスのなかでこそ、巡礼者はみずからの身心に蓄積した罪と穢れが清められ、清浄な身心がよみがえることを実感したに相違ない。〈歩く〉ことが、苦痛でありながら、それにもまして快楽でもありえたという逆説がそこにはある。[63]（傍点は引用者）

つまり中村は、歩くということに宗教的意味を強く付与し、歩くことを自己目的化した日本の巡礼は、参詣の対象である寺社よりもそこへ至るプロセスをきわめて重視したという。これは、キリスト教などの巡礼には見られないものである。それゆえ、歩くこと、参詣プロセスを重要視する心意が、西国三十三か所巡礼や四国八十八か所遍路のような複数聖地から構成される円環型巡礼を作り出したのではないか、とまで推論する。すなわち、「多数の霊場をふやすということは、結果的にその里程標の数をふやすことなのであり、それがより多くの苦しみをみずからに課し、それゆえにまた、より徹底した浄化と法悦を体験するというしくみ」を作り出したという。(64) 中村が指摘する「参詣の対象である霊場そのものの意味は相対化されざるをえないし、それにかわって参詣のための路程が大きな意味をもってくる」という指摘は、現代の歩き遍路の体験的報告や研究者の分析によっても指摘されている。(65)

以上、歩くということが日本文化の伝統のなかではかなり深い意味を持っているらしいことがわかった。つまり現代人の意識に潜んでいるであろう〈歩き〉の現在性と歴史性を考えてみた。現代の歩き遍路ブームにも、こうしたことが多少とも関係していることは否定できないであろう。これらを念頭において、以下において、現代の歩き遍路についていささかの分析と解釈を試みることにしたい。

2　歩き遍路の動機

四国遍路の巡り方にいろいろあることはすでに指摘した。まず、一度に全札所を巡る方法、これを通し打ちという。ついで何回かに分けて巡る方法、これを区切り打ちという。最近多い週末や連休利用の巡り方も区切り打ちである。巡り方にも多様化の方向がみられる。

歩き遍路の内容もまたいろいろである。(1) 完全に歩く遍路、(2) お接待の同乗申し出には応ずる遍路、(3) 歩きと列車・バス・タクシーなどを併用する遍路、など。(3) の併用型にもまた、やむを得ない場合の併用型と積極併用型などいくつかの下位類型がある。加えて一人巡礼型・夫婦巡礼型・友人同士型などいくつかのパターンを指摘することができる。これに年齢、性別といった基本的属性の違いも加味すれば、歩き遍路の多様性は目を見張るばかりである。

歩き遍路の数的把握ですらなかなか難しいことはすでに指摘した。ブームとはいえ、歩き遍路の全体像をここで明確にすることは一層難題である。そこで本稿では、歩き遍路がなにを意図して巡礼を行おうとしているのか、そして道中でなにを考え、さらに巡礼を終えたときや帰宅後になにを得たと感じるのか、という点に関心を向けて考えてみたい。端的にいえば、歩き遍路の体験の内容・仕組みへの関心である。さらにいまひとつの観点をつけ加えるなら、つぎの点がある。いうまでもなく四国遍路は巡礼の一種であり、巡礼とは宗教儀礼である。現代の歩き遍路が、宗教儀礼である四国遍路をいかなる態度で巡っているのであろうかということも、考察の対象としてみたい。

本節では、歩き遍路の体験記のいくつかと、筆者が行った歩き遍路たち（体験記著者と別の人々）へのインタビュー、さらにホームページなどをおもなデータとして用いることとする。ただしこの内容もまた多岐にわたるものであり、ここで紹介するのはそのごく一部である。

歩き遍路の形態自体が多様である以上に、歩き遍路各人の体験は一層ヴァラエティに富んでいる。まさにそのことが体験記やインタビュー内容の面白さに通じているのであるが、それだけに一律化は難しいし、無理な類型化は体験のみずみずしさを損ねる恐れさえある。(66)

そのなかで、現代の歩き遍路のかなりの人々に共通していることの一つは、四国遍路に出る動機は信仰からではないということの明言、断言である。

（1）Aさんの場合（団塊世代。区切り打ち。ホームページで自らの遍路体験を紹介している。http://www.kushima_com/henro/）

「宗教的理由によるものではなく、遍路という伝統的システムを利用した私的旅行にすぎない」。「きっかけは会社のリフレッシュ休暇であり、それも休暇の最後になって、遍路に行こうと思った。もともと歩くのが好き」。「僕は札所で般若心経を唱えるけれども、僕の遍路は基本的には趣味遍路であるから、僕自身は仏教徒ではない」。

（2）Bさんの場合（夫婦で区切り打ち。インタビュー）

「五十五歳になった。給料が七〇パーセントになった。もともと走ること、歩くことが好き。夫婦で海外旅行にとも思ったが、四国にした。信仰心がとくにあったわけではない。抹香臭いという周囲の人もいたが、それは気にならなかった。心の内側には、スポーツ気分、チャレンジ精神のようなものがあった」。

（3）Cさんの場合（『定年からは同行二人』PHP研究所、一九九〇年、の著者）

「筆者は平均的日本人であり、仏教知識がそんなにあるわけではないし、信仰心が厚いわけでもない」（三～四頁）。「仏教とか真言宗などの信仰については、無知である上に、何の希望も寄せていなかった」（三二頁）。「（定年になり）組織を離れた解放感と〈自由になった〉という気分を味わいたいため遍路にでた」（三二頁）。

（4）Dさんの場合（『四国遍路歩きの旅』MBC21、一九九六年、の著者）

「神仏に敬けんな気持ちは持っているものの、これといって特別な信仰心を持っているわけではない」（三頁）。「六十年も生きると身心に垢がたまり煩悩に汚れてしまっている。そこで遍路に出て身も心も洗い浄める必要があり、リフレッシュする必要があるのだ」（五頁）。

（５）Ｅさんの場合（二十歳代前半の独身女性。インタビュー）

「高校時代、テレビを通じて四国遍路のことを知った。短大時代に行こうと思ったが果たせなかった。就職後、会社の先輩が四国遍路を行い、その様子がテレビで放映された。その先輩にいろいろアドバイスを受け、四国遍路へいく準備をした。会社の仕事にもだんだん情熱を失いつつあった。歩くことはもともと好きだったし、自己鍛錬ということにも関心があった。なにか達成感のあることをしたかった。会社を退職して四国遍路へ」。

（６）Ｆさんの場合（営業部長を最後に五十五歳で会社を自主退職、インタビュー）

「かつて四国遍路をした上司のことが頭にあった。八十年の人生のことを考え、後の二十年をどのように過ごすか。そのために身体を鍛えておきたかった。四国遍路を行うことで自信をつけたかった。〈四国遍路ぐらいできずに後の人生どうする〉という気もあった。妻と一緒に遍路にいくことで、今まで何もしなかった家庭を省みることもできるのではないか」。

体験記という書物すなわち文字メディアを通しての間接表現と、インタビューという話し言葉のコミュニケーションを通しての直接表現とでは、質が異なることは筆者も十分承知している。そうした留保をつけた上で、六人の遍路動機をみれば、信仰の旅、求道の旅という明確な姿勢はない。またそうした思いや決意を感じさせる表現もほとんどない。もちろん日本人の信仰の特質を考えれば、「般若心経を読むが仏教徒ではない」、「神仏に敬けんな気持ちは持っているものの、これといって特別な信仰心を持っているわけではない」といった表現に、典型的な日本人の宗教観を見ることもできる。ただそれらは、神仏への熱烈な信仰、弘法大師空海への強い信仰ではないことは確かである。

ではかれらの動機はなにか。人生のリフレッシュ、チャレンジ精神(67)といった表現に集約される動機があることは窺えるし、また自己鍛錬という意味をも含めた「自分探し」といった表現に集約することも可能である。Aさんは新聞のインタビューに答えて、「あまりレッテルを貼りたくありませんが」と断りながら、「あえて言うならば『癒《いや》し』とか『自分探し』ということでしょうか」と表現している。

さて実際に歩き始めた遍路は、晴れの日も雨の日も歩き続ける。その間には思わぬ出会いもあれば、恐怖もある。お接待に喜び、マムシにおびえる。また足の痛さは多くの人が行程を通して悩むものである。

遍路中の生理的欲求も深刻な問題となる。歩き遍路のバイブルともいえる『四国遍路ひとり歩き同行二人』を著した「へんろ道保存協力会」世話人代表宮崎建樹が「歩く遍路にとって一番の関心事は、寝ること、食べること、排せつの三つです」と言い切るほど、歩き遍路の日々の生活は人間の生理的次元と密接に結びついている。先の宮崎の言葉は歩き遍路の行動世界を端的に表す表現である。足の痛さも含め、歩く遍路とはかくも身体性ときわめて密接に結びついているのである。それは、宗教や信仰を内面的な信仰あるいは教理理解とする〈信の宗教〉の立場とは正反対である。インド巡礼の研究者である人類学者A・モリニスは、巡礼において問題となるのは知的好奇心ではなく、体験そのものであるという。彼は巡礼における個人的なもの、直接的なもの、感覚的なものの重要性を指摘し、巡礼者は巡礼地で具体的に「見て、聞いて、触って、味わう」のであると指摘する。(68)巡礼と〈癒し〉の繋がりが指摘されるのはこの連関によるのかもしれない。癒しとは、弓山達也が説明するように「身体や感性に直接かつ具体的に訴えかける「感じる」「実感する」働きであり」、「人間を精神も肉体も含めて一

つの全体としてとらえ、これを回復する働き」のことである。(69)

こうして歩き遍路は約一四〇〇キロメートルを平均五十日ほどをかけて巡り続ける。もちろん通し打ちだけでなく区切り打ち遍路もいる。むしろ区切り打ち遍路のほうが多いかもしれない。

先に見た例では、具体的な信仰を動機にあげた歩き遍路はいなかった。もちろんすべての歩き遍路が同じだと強弁するつもりはない。ただ坦々と歩き、遍路を終える人もいる。文字も言葉も残さない歩き遍路も大勢いる。しかしながらハンセン病をはじめ諸病治癒のご利益を求めて、あるいは単純な勧善懲悪ふうの超人間的奇跡を表看板とした、かつての素朴な大師信仰を動機に四国を歩く遍路が、今も大勢いるとは考えにくい。とくに最近増加する一途の歩き遍路は、上記のような定年前後のサラリーマンあるいは若者たちであり、かれらが従来の遍路とは違うタイプの人々であることは、札所寺院関係者、遍路関連産業の人々がこぞって指摘するところである。

3　ある、歩き遍路の体験—SAさんの場合—

歩き遍路の体験はきわめて個別的である。ここにその体験を詳しく紹介する遍路SAさんは、それをつぎのように表現した。「歩き遍路はひとりひとりが、同じ軌道を巡っている、別々の惑星のように思います。後になったり先になったり、一瞬出会ったり、すれ違ったりです」。

同じ宿に泊まった遍路仲間でも、出発の時間が三十分違ってもまったく別の体験をすることになる。札所にとどまっている時間の長短もまた体験の違い、出会いの違いを生み出すのである。それぞれの体験は限りなく特殊個別的である。そうした限定のもとに、筆者がインタビューした歩き遍路の一人SAさんの体験内容を以下に紹介したい。参詣のための路程の意味の大きさ、札所ではなく札所と札所を結ぶ遍路道のもつ充実感の大きさ、プロセスの大切さがよくそこに表れている。その意味で、ＳＡさんのケースは、やや引用が長くなるが、歩き遍路の体験内容を理解する上で格好の事例であると考える。

ＳＡさんとのインタビューはおおよそ次のような手順で行われた。まずＳＡさんの話を筆者が整理して文章化した。それをＳＡさんに通読してもらい、加筆修正をお願いした。ここに掲載するのはＳＡさんが加筆修正したものである。そのうち本稿では不必要と思われる部分はここには掲載していないが、掲載した文章のすべてはＳＡさんが加筆修正したままのものであり、筆者は一切手を加えていない。

［ＳＡさんの歩き遍路体験］

ＳＡさんは一九九七年春、一人で全札所を一回で歩き通した。現在の仕事は旅行添乗員（インタビューは一九九七年秋）。

〈四国遍路に出るまで〉

ＳＡさんは昭和三十三年生まれの三十三歳である。東北地方の某県で高校までを過ごした。その後、仙台のある短大を卒業、郷里で就職した。しばらくして上京。最初はフリーターのような仕事をしていたが、その後、現在の職である旅行添乗員となった。すでにこの職になって七年間が経過しているが、今のところはこの仕事を続けていくつもりである。

四国遍路については、松本清張の『砂の器』で読んだくらいのイメージしかなかった。つまり暗い感じである。添乗員になってから、仕事として四国遍路札所巡りがあった。そのころは、バスの窓から歩いて巡る遍路の姿をみて、ただ単純に「大変だなあ」と思ったりしていた。そうこうするうちに、ある時、四国遍路を歩いて巡る、すごくいい顔をした遍路中の若い人（たぶん僧侶）を見かけ、その印象は後まで残ることになった。添乗の仕事では、もちろん四国遍路だけでなく、西国巡礼などの添乗も行った。このように、仕事とはいえ、バスでの巡礼を繰り返しているうちに、「バスでの巡礼は本物ではないのではないか」と思うようになった。

その後、恋愛をし、結婚直前までいったが、親同士のあいだの確執などあり、結婚自体が破談になった。もちろんショックもあったが、正直いって疲れたという感じだけが残った。こうしたこともあったのか、仕事自体にも嫌気がさしたりして、すべての面でマイナス志向が顕著になってきた。「いなかに帰ろうか」といった思いも脳裏をよぎった。そのようななかで、関東三十六不動巡礼ツアー添乗の仕事があった。そのツアーを率いていた僧侶に「お四国を巡ったら」と勧められた。四国遍路行きを真剣に考えるようになった。その僧侶には、同時に般若心経の写経もするようにと勧められた。そこで般若心経の写経を始め、コツコツと八十八か寺分の写経を書きためていった。このようなわけで、実際に出発するときには、八十八枚の写経もすでにできあがっていたので、その意味では準備も整っていた。

〈四国遍路行きの決心と出発〉

一九九七年一月、四国遍路に行こうと決心した。添乗員という仕事柄、比較的まとまった休暇を取ることができるのである。「今年いかないと未来が開けない」という気持ちがしたからである。この年は後厄の年でもあった。だからといって、「なにがなんでも歩くぞ」という大決心のもとに開始したというわけではなかった。歩きで巡ることは一応考えてはいたものの、どうしても歩けない場合は乗り物も気軽に利用しようと思っていた。またもしも身体がついていかなかった場合は、その場で止めて帰ってきてもよいと考えていた。

持ち物は、リュック、寝袋、八十八か寺分の納経、靴は歩きやすいシューズを着用した。ただし、寝袋は、たいへん重いのと野宿はしないと判断したので、途中で送り返した。実際に遍路に出たのは、三月三日であった。女のお節句で女性の日といった感じがしたからこの日を選んだ。四月十五日に第八十八番札所を打ち終えた。全部で四十四日間になる。

出発の三月三日は、東京・徳島間の飛行機の第一便を利用した。その足で第一番札所へ直行した。門前の遍路用具店で、笈摺、金剛杖、笠など遍路に必要な用品一揃えを購入した。経典は写経などを通してすでに東京にいたときに親しんでいたので、それを持参した。同時に宮崎建樹著の歩き遍路用案内書も入手した。あの本がなければ、歩き遍路はできなかった。歩いていて宮崎建樹主宰の「へんろ道保存協力会」がつけてくれたマークがあると嬉しかった。また鯖大師の案内用遍路札にも随分励まされた。

〈一度挫折しかかり、再度気を取り直し再出発〉

一度だけバスを利用したことがある。徳島県の十九番立江寺から二十番鶴林寺へ行く間である。三月八日つまり六日目のことである。前日、徳島市内のアスファルトの道路ばかり歩いてきたせいか、足が動かなくなったのである。足にマメができるようなことは遍路を通じてなかったが、そのときは左足の膝が激痛に襲われたのであった。身体の前で金剛杖を斜めにして握り、たすき掛けのようにして歩くのがやっとという状態であった。膝のお皿が割れるのではないかという恐怖に陥るほどであった。実はそのとき、かつて母親がジョギング中に膝を痛め水が溜まるようになって、一年ほど病院通いをしていたということも、自分の頭をよぎった。母親は今も完治したわけではないので、自分ももしかしたら……という気がした。そこでバスを利用した。

その晩、鶴林寺の宿坊に泊まって考えた。その結果、とにかく歩き通したいと思った。

その日、「乗り物に乗ってみて、初めてこの旅の意味は歩くことにあると意識し始めた気がします。とくに膝が痛い状態で、一キロメートル歩くことの重さが、乗り物に乗るとあまりにも軽い、これは完全に別のものだという感じが、ひしひしと感じられたのです。」（傍点による強調は本人）たとえ一日一キロメートルでもいいから毎日歩こう、できるところまで行こうと思った。それまでは、毎日計画を立て、今日はどこまで、どの札所まで行こうと計画しながら歩いていた。しかし、膝の激痛から、そうした計画は実行できないと悟った。こちらの意志通りにはいかない。すべてまかせようと思った。やはり徳島県は「発心の道場」だなと思った。後で、小林淳宏『定年からは同行二人』（ＰＨＰ研究所、一九九〇年）を読んだときに、著者も徳島で同じように挫折したことを知った。しかし、まだ発心の道場なのだからやり直せるのだと気持ちを切り替えたという個所を読んだとき、自分と照らし合わせて、「ああ、私も発心し直したんだ」と改めて思った。

〈修行の道場・高知県〉

高知県に入っても足の痛みは残った。不思議なことに歩き出すと痛みが取れる。腰を下ろして休むと、再度歩き出すときにひどく痛む。そのため、昼食のとき以外、休憩でも座らずに立ったままで取った。高知県では雨にかなりたたられた。高知県は「やはり修行の道場だな」と思った。足の痛みは相変わらず続いたが、「だめになったらそれでいいや」、「お大師さんが、いずれか良きに取りはからってくれるだろう」、「私はただ歩くだけ」というように考えていた。

足摺の近く、大岐浜を歩いていたときのことであった。ここの遍路道は海がきれいな浜道で著名である。この浜でしばらく海に見とれ、離れがたいような気持ちにすらなった。浜に金剛杖で自分の名前を書いたりして一人楽しんだ。そして宿へ入り、翌日、宿にあった書物を何気なく読んだところ、昨日の浜で「浜灌頂」という行事があることを知った。それは浜辺に名前や戒名を書いて供養をする行事であると、その書物で説明されていた。これはまさに昨日、自分が浜で行ったことである。この偶然の符合に、知らず知らずのうちに「お大師さんに動かされている」と感じた。

〈愛媛県・菩提の道場〉

愛媛県に入ったのは、三月二十五日。愛媛県の行程は晴天に恵まれた。接待などを通じて、人の心の暖かさに感動した。そうした日々のなかで、「人を信じられるようになった」と思い始めた。仕事の上ではなかなかこのような心境にはなれない。こうした心境で思い出すのは、愛媛県の内子町から四十四番札所から四十五番札所への山道を歩いていたときのこと。天気も良く、桃の花が咲き乱れ、桃源郷にいるような、すばらしい時間を経験した。

〈香川県・涅槃の道場〉

香川県の行程はたいへん順調であった。ある僧侶と相前後して何日間か行き会い、道案内までしてもらい、たいへん助かった。香川県の後半部を巡っていたときは、このままずっと四国遍路を巡り続けていたいという心境にさえなった。

〈道中で怖かったこと、嫌だったこと、大変だったこと〉

トンネルの中を歩くのは怖かった。とくに古いトンネルで、電灯のないタイプを歩くのは大変だった。中が真っ暗で自分の腰から下さえ見えず、ただ先方の出口の明かりが見えるだけである。大変な恐怖感であった。それと、野良犬に追いかけられたこともあり、これも恐怖体験のひとつであった。

女性の一人旅ゆえの不愉快ということはとくになかったが、徳島から高知への道すがら、見ず知らずの人が寄ってきて「遍路なんかやめろ」と言われた。たぶんある宗教団体の信者だと思う。これも自分にとって修行の一つであると考えた。

雨の中を歩くのは大変であった。「みすぼらしい」と感じるのである。そんなとき、「ふと、お接待がほしい」という気持ちがもたげてきたりした。

〈遍路をしながら考えたこと、遍路で得たこと〉

接待については、車の接待は丁重にお断りさせてもらった。「歩き遍路で、歩くことにこだわりたいので、すみません」。接待品は金銭（合計約二万円。最初は私用に供したが、途中から、次の札所に納めるようにした）、みかん、お菓子など。

善根宿について。三月十日の夜、徳島県日和佐のレストランで善根宿をいただいた。ライトバンを改造した善根宿を提供している。食事はレストランでいただいた。その日の午後から一緒に歩いていた鹿児島県の二十四歳の女性歩き遍路と同宿した。

〈遍路で得たこと〉

＊遍路体験は、自分の財産になったような気がする。財産という意味は自分の人生の核ができたという意味である。確固たるものができた。それまでの自分は、精神的に風船のようだった。

＊途中で会った人々にいろいろと教えてもらった。

＊ある時、ベテラン遍路らしい人から団子を貰った。重そうに見えたので、正直いって嫌だったけれど、「遍路をしていれば必ずいいことあるよ」などと言われたので、取りあえず持って歩いた。ところが昼食予定にしていた食堂などが軒並み休業であることが発覚した。つまり貰った団子が非常に役に立ったのである。こうし

たことを経験していくと、人に会うことが楽しみになる。

＊「四国遍路は、天上の世界を歩いている感じ」という感慨がした。足摺を過ぎ、愛媛を歩いているころから、こうした感覚になった。「寂しい」という気持ちはなかったし、「東京が恋しい」という感じなど一切なかった。東京はあくまでも現実の世界。四国は天上の世界である。

＊「極限状態になった時、自分はどうなるか」へは関心があったが、終わってみて、思い返してみると、「結構楽しんでいたな」と思った。あるいは極限状態にはならなかったということかもしれない。他人からみれば辛いことでも、人間はそれが日常であれば、そのなかで、よりよい方向を見つめて生きていくものだと思った。

＊四国遍路を経験して、自分の力ではどうにもならない世界があるということを知った。遍路を体験して嫌なことがあっても、それを受け入れられることができるようになった。余裕ができた。

＊四国遍路の良さが、帰ってからじわじわと迫ってきた。

＊仕事で嫌なことがあると、必ず四国遍路のことを思い出す。最後の最後というところでは、人間は信頼できるのだという確信のようなものを、お四国からもらったような気がする。

＊普段は、頭でばかり考える生活をしているが、歩き遍路をして、身体の大切さをしみじみ感じた。頭で考えたことを表現してくれる、体現してくれるのは、文字通り身体である。一生懸命に悲鳴をあげながらも歩いてくれた足、重い荷物を背負ってくれた肩、しびれながらもずっと杖を握り続けた手。毎日お風呂の中で、マッサージをしながら「明日もがんばってね」と声をかけた。

＊お四国で起こった出来事はすべて、良いことも悪いこともすべて、私にとって必要な意味あることだったと思っている。たとえ、その意味が今はわからなくても、これからの人生にとって、その意味がわかるような、

または悩みを解決してくれる道標となってくれるような瞬間がきっとくるのだと思う。そこで出会った人々との縁を大切に、そして私に手を差し伸べてくれたたくさんの人々の気持ちにお返しすることができるような人生を、これからは歩んでいくのが私にとって一番幸せなことだと思うようになった。

やはり、私はお四国に呼ばれて、歩かされたのだと思う。

〈人に四国遍路を勧めるか〉

これは縁だと思う。その人に必要であれば、いずれは縁ができるはず。時間、金銭、そして気持ちの三者が揃わなくては、四国遍路はできないから。揃うのは縁であろうということ。「私にとってはよかった」としか言えない。

〈四国遍路にまた行きたいか〉

丁寧に歩いてみたい。あるいは同じように歩いて、前の体験を確認してみたい。


このSAさんの体験は、ご本人も自覚しているように、あくまでも彼女自身の個人的体験であって、ただちに一般化されうる歩き遍路の体験では決してない。ただし、四十〜五十日という日数をかけて歩き続けるうちに生じてくる精神状態の移り変わりが鮮やかに語られているという点で、貴重な記録であると思う。巡礼体験におけるプロセスの重要性については、すでに本稿でも指摘してきた。このSAさんの体験記はまさにその表れである。

4　歩き遍路体験の結果と現代社会

さて、先に紹介した六人の歩き遍路たちの巡礼動機はあまり宗教的な意味合いは読みとれなかった。ではかれらは信仰などと無関係にその遍路行を終えていくのであろうか。かれらの手記を注意深く読み、その体験を詳しく聞いてみると、単純にかれらが無信仰であるとか信仰体験と無関係であるとは言い切れない記述や発言を、いくつも読みとることができる。

（1）Aさんの場合

（ある札所に早朝到着し、無人の境内で読経を始める）。

「いつもは周りに誰かいるので、自然と小声になり、恥ずかしいのでどんどん速くなってしまう。今日は僕一人なので、ゆっくりと大声で唱えた。わずか一～二分の読経の間に一気に異界に没入するような感覚に陥る。周りの森で鳴くせみの声が一段と濃くなる。世界に自分一人という感じ。自分が宇宙の中心のような気がする。Kさんの感じた「気」とはこういう種類のものなのだろうか。読経の快感というものを味わった」。

（傍点は引用者。ただし、これは文中にもあるように四国遍路を巡り終えた後の感想ではない）

（2）Bさんの場合

（何日も歩いていると次第に五感が鋭敏になっていく。そして精神的に浄化される。つまり、それはつぎのような意味である）。

「数キログラムの荷物を背負って毎日八時間ほど歩く生活から、人生において本当に大切なものはなにかということが、少しずつわかってくるように思う。雨、風、日照り、暑さ、寒さ、自然には逆らえない。そのまま、受け入れるのが一番いいと思う。背中の荷物を下ろせば楽になるように、自分の欲を捨てれば、楽に生きられる。食べられて、風呂に入れて、布団の中で寝ることができる。……これ以上、なにを望むのかと思う。毎日、元気に歩くことができ、人々と接し楽しく会話をする……ありがたいことである。花も鳥も、草木も私たちを楽しませてくれる。地球上の生き物に優劣は無いということが解ってくる。頭の中だけでなく、小さな虫や雑草にも生命がある。皆同じだと思う。欲を捨て、すべてに優しく、感謝の気持ちを持って生きることが大切だということが意識されてきた」。（傍線は引用者）

（3）Cさんの場合

「そして、最後の大窪寺にたどり着き、弘法大師に結願の報告をした時は思わず号泣し、初めて「法悦」という至福の瞬間にひたることができた。帰宅してからゆっくり仏教書を読んだら、お遍路は最後に「即身成仏」し、そして「再生」するのだ、と書いてあり、実際の体験と一致していることを知った」（三〜四頁）。（傍点は引用者）

（4）Dさんの場合

「〈生きている〉のではなく、〈生かされている〉のだ、という認識を得ることもできた。このことについては、ぜひとも特記しておかねばならないことがある。第八十八番結願の札所である大窪寺が確実に間近に迫ってきたことを確認できたとき、私は両眼から自然にあふれ出る涙をどうすることもできなかった。そして、これも自然に、〈ありがとう。ありがとうございました〉と繰り返し叫びながら、両手の拳を握って振り下

ろし、さらに大粒の涙を流しつづけていたのである」(六頁)。(傍点は引用者)

(5) Eさんの場合

「心がきれいになったらいいなと、遍路に出る前に思った。終わってみて、心がきれいになったとはいえないが、世の中には優しい人がいることがわかった、接待などを通じて、ここまで心の優しい人がいるのかと思った。雲辺寺で道に迷ったときに、案内してくれた人。お弁当をくれた人など」。「信仰心が芽生えた。……つまり、信じていればお大師様は見守ってくれて必ず救いの手をさしのべてくれること。危険な目に遭ってもなんとかなったのは、お大師様のお陰と思いました」。(傍点は引用者)

(6) Fさんの場合

「人間の再生の場としての四国遍路」。「人生に必要なものはわずかである、ということがわかった。歩くためには、余分なものはいらない。最低限のものだけ。今日一日歩くために必要なものだけでよい。人生にとって何が一番必要か、がわかる」。「最下層の所に身を置くこと。もしも自分が会社の人事にいたら、社員研修に四国遍路は最適だと思う。五万円とか十万円を渡して〈これで四国遍路をまわってこい〉といったふうに」。「〈今までとは違う視点でものを見る〉ことを学ぶ」。「自分を見つめる」。「価値観の組み直し」。「四国遍路をなめてかかってはいけない。しかし、努力すれば達成できる。これは会社も同じ」。「千里の行程も一歩からの実感」。「自分の足で歩けることの幸せ」。

以上の言説には、一種の劇的体験といったきわめて感性的なものもあれば、諦観とも言いうるようないわば理性的なステートメントも見られる。ただし、後者の諦観タイプもまた、もっぱら歩き遍路という体験つまり身体を通して得たものであり、概念や文字を通しての知的理解ではないところが特徴である。

そしてなによりも、かれらの体験や諦観はまさに、通常、宗教的体験と言われるものと変わりがないと考えられる。「異界に没入するような感覚」、「自分が宇宙の中心のような気がする」、「欲を捨て、すべてに優しく、感謝の気持ちを持って生きる」、「〈法悦〉という至福の瞬間」、「即身成仏」、「再生」、「私はお四国に呼ばれて、歩かされたのだと思う」、「〈生きている〉のではなく、〈生かされている〉のだ、という認識」、「信じていればお大師様は見守ってくれて必ず救いの手をさしのべてくれること」、「人生に必要なものはわずかである、ということがわかった」といった表現は、仏教語が使われている場合はもちろんのことであるが、あらゆる宗教の信仰者の語録や信仰告白などに見られるものとさほど変わりがないことに、容易に気づくのである。

ただし、この遍路者たち自身が、これらの体験を「宗教体験」であると認めているわけではないことは再度確認しておきたい。さらにいまひとつの特徴は、かれらの上記のような体験、感覚、諦観には、僧侶などのプロの宗教家の介在がきわめて稀薄であることである。これは〈民衆性が高い〉という表現でしばしば形容される四国遍路の伝統でもあろうが、また既成価値体系の形骸化が広く浸透しつつある現代の特徴と考える立場もありうる。

現代社会と宗教の繋がりはなかなか複雑である。イスラームの台頭、民族主義と宗教の結びつきを見れば、宗教は盛んな勢いである。しかし、日本では、宗教を信ずる人の割合は着実に減少しているという調査結果がある。しかし国政選挙のたびに宗教票の行方が話題になる。現代社会と宗教の関係は一筋縄ではいかないのである。

四国遍路の場合はどうなのであろうか。伝統的な「信心」を動機とした遍路が少なくなっていることは確かであろう。大きな団体が減少していることも指摘されている。ここで取り上げた遍路たちも、その身を白装束姿で固めて歩く。しかし伝統的な基準から見れば決して遍路らしくない。かれらにはどちらかといえば都会ふうの人々が多い。歩き遍路は結願するのに四十〜五十万円の費用がかかるから、団体バス遍路の十数万円と比べれば、費用と日程の点でいえば「贅沢な」遍路と一部でいわれたりする。なによりも伝統的な意味で信仰深いとはいえない。ご利益を求めることもないし、それに関心を持つこともほとんどない。「何事もお大師さん無しでは始まらない」というふうではない。昔はみな歩き遍路であった。しかし、現代の歩き遍路は自宅と四国までの往復を歩くことはまずしない。飛行機、新幹線、高速バスなど現代の先端交通機関を利用する。一事が万事、昔とはだいぶ違うのである。

ではかれらは宗教的ではないのか。かれら自身の多くが自分は信仰が動機でないという。しかし見てきたように、その体験のなかには、それを〈宗教的〉と言わずしてなにを宗教的といったらいいのかというばかりの体験も含まれている。先にも指摘した通り、遍路者本人たちがこれを宗教体験と認じているわけではない。そして、「異界に没入するような感覚」、「自分が宇宙の中心のような気がする」、「欲を捨て、すべてに優しく、感謝の気持ちを持って生きる」といった体験、感覚、諦観は宗教的であるが、宗教の世界だけでしか得られないものと言い切ることもできない。ただし、この変化の時代において、いわば「手垢にまみれた」宗教という既成概念の枠の中だけに、「宗教的なるもの」が封じ込められなければならない必要もないといえる。

このグローバルな時代において、いま政治・経済・文化などのあらゆる分野で、従来の基準、枠組みでは捉えられない事態がつぎつぎ起こっている。再び四国を闊歩しだした歩き遍路たちも、そうした新しい流れの一端にある。それは四国遍路におけるニューエイジ・ムーブメントのひそかな始まりを告げているのであろうか。

註

（1）前田卓『巡礼の社会学』ミネルヴァ書房、一九七一年、一二四頁。幕末から明治初頭についての最近の研究の動向については、第三章の註（18）を参照のこと。
（2）北川宗忠『観光入門』近代文芸社、一九九三年、一二六頁。
（3）早大文学部道空間研究会『現代社会と四国遍路道』早大文学部長田攻一研究室、一九九四年、三八頁。およびその続編としての同研究会『四国遍路と遍路道に関する意識調査』早大社会学教室道空間研究会、一九九七年。
（4）早大文学部道空間研究会『現代社会と四国遍路道』早大文学部長田攻一研究室、一九九四年、三八頁。
（5）早大文学部道空間研究会、同書、七六〜八六頁。
（6）前田卓前掲書、一九七一年、六六〜六七頁。
（7）前田卓、同書、六九〜七一頁。早大道空間研究会前掲書（一九九四年）、三五〜三九頁、など。
（8）早大文学部道空間研究会前掲書、一九九七年、五八〜六四頁。
（9）佐藤久光「四国遍路の社会学的考察」（上）（『密教学』26、一九九〇年）、二九〜六八頁。
（10）佐藤久光「四国遍路の社会学的考察」（下）（『密教学』27、一九九三年）、四一〜六八頁。
（11）前田卓前掲書、九八頁。
（12）長田攻一・坂田正顕（監修）『現代に生きる四国遍路道』（ＣＤ－ＲＯＭ）、日本図書センター、一九九八年。
（13）早大文学部道空間研究会前掲書、一九九七年、二四〜三二頁。
（14）島浪男『四国遍路』宝文館、一九三〇年、一一一〜一一二頁。
（15）宮尾しげを『四国遍路』鶴書房、一九四三年、五一頁。
（16）真念『四国遍路道指南』（伊予史談会編『四国遍路記集』、一九八一年、八七頁）。
（17）島浪男前掲書、四四〇頁。
（18）例として、http://www.happy.or.jp/home/96082900/henro/henro.htm、一九九八年一二月二六日。
（19）小林淳宏『定年からは同行二人』ＰＨＰ文庫、一九九〇年、七三頁。
（20）小林淳宏、同書、一二六頁。
（21）小林淳宏、同書、一五〇〜一五一頁。
（22）例として森春美『女へんろ元気旅』ＪＤＣ、二〇〇〇年、二九頁、一三九頁、寺門修『「百八十五万歩」の旅』文芸社、二〇〇一年、一二頁、一六頁を参照のこと。
(23)『四国遍路の古地図』(株)出版、一九七三年。
(24) 岩村武勇、同書、七頁。
(25) 鶴村松一(編)『中務茂兵衛・四国霊場略縁起・道中記大成』(一九七九年復刊、松山郷土史文学研究会)。
(26) 小林雨峯(正盛)『四国順禮』中央仏教社、一九三二年。
(27)「遍路」誌1巻十~十二号(一九三一年)。
(28) 西端さかえ『四国八十八札所遍路記』大法輪閣、一九六四年。
(29) 西端さかえ、同書、三二頁。
(30) 江戸初期の真言僧澄禅あるいは空性法親王の遍路記にみられる(近藤喜博『四国遍路研究』三弥井書店、一九八二年、一九〇頁)。
(31) 四国八十八カ所霊場会『四国八十八カ所霊場記』高野山出版社、一九七四年。
(32) この解釈については、大正大学教員小峰彌彦氏のご親切なご教示をいただいた。小峰彌彦『曼荼羅の見方』(大法輪閣、一九九七年、六八~七七頁)。五転思想と四国遍路の繋がりについては、真野俊和「同行二人」の遍路道――四国遍路」(『日本の聖域』10「四国遍路」佼成出版社、一九八一年所収、一一〇~一一四頁)も参照のこと。
(33) 早大文学部道空間研究会前掲書、一九九四年、二五~二六頁。
(34) 久保田豊・久保田久江『弘法大師空海は生きていた――四国霊場千四百キロを歩いて』なかみや出版、一九九九年、三〇五~三一二頁。
(35) 武田明『巡礼の民俗』民俗民芸双書43、岩崎美術社、一九六九年、七一~九五頁。
(36) 新城常三『新稿・社寺参詣の社会経済史的研究』塙書房、一九八二、一〇七〇頁以下。
(37) 接待の範疇に、遍路者に無料で一夜の宿を提供する、いわゆる善根宿を含める場合もあるが、ここではそれを含めず遍路者に対する金品の接待のみを扱うことにする。
(38) 前田卓前掲書、一九七一年、二三四~二四七頁。
(39) 前田卓、同書、二三九~二四一頁。
(40) ちなみに昭和四十八年の場合は次の通りである。金銭三十五万六百五十円、三宝柑七十五函、草履五十足、手拭い百五十本、靴下百五十足、襦袢二十八枚、下着十五枚、軍手九十三足、チリ紙十七束。

(41) 遍路者の正装とは、身体に笈摺、脚絆をまとい、手には金剛杖を持ち、頭には菅笠をかぶり、首から納札入（札ばさみ）をかけた姿をいう。
(42) 前田前掲書、二二二〜二二三頁。
(43) M・モース、有地亨他訳『社会学と人類学』弘文堂、一九七三年、二二三頁以下。
(44) R. Firth "Offering and Sacrifice: Problem of Organization", *Journal of the Royal Anthropological Institute*, XCIII (1963), E. Vogt and W. Lessa eds. *Reader in Comparative Religion*, 3rd edition, 1971,に収録。
(45) S.J.Tambiah, *Buddhism and Spirit Cults in North-east Thailand* (Cambridge Studies in Social Anthropology 2), 1970, Cambridge Univ.Press, p.213.
(46) ibid., pp.53〜54.
(47) 前田卓前掲書、二二三〜二二四頁。
(48) A.R.Radcliffe-Brown: *The Andaman Islanders*, 1922, Cambridge Univ. Press (paperback edition, Free Press. 1964), "Taboo", in, *Structure and Function in Primitive Society*, Free Press. 1952, pp.133〜152. M.N.Srinivas, *Religion and Society among the Coorgs of South India*, 1952. Asia Publishing House, p.72. Jack Goody, *Death, Property and the Ancestors*, 1962, Stanford Univ. Press. pp.28〜29.
(49) この三つに加えて、祈願文、懺悔文、三帰、三竟、光明真言、諸真言等を付加するときも多い。
(50) 高知県室戸周辺では、接待を受けたときは大師宝号のみを唱えるといわれている。
(51) 早大道空間研究会前掲書、一九九七年、五四頁。
(52) 早大道空間研究会、一九九四年、第三章。早大道空間研究会前掲書、一九九七年、第一章。
(53) 古藤高良『行歩曼荼羅——四国八十八ヶ所徒歩遍路』雪書房、一九九四年、三一五頁。
(54) 読売新聞、一九八七年五月三十日朝刊。
(55) 池田克紀編著『ウォーキングの本』岩波書店、一九九六年、七頁。
(56) 江橋慎四郎・木谷道宣「日本歩け歩け協会の歩み」、『ウォーキング科学』第一号（一九九七年）所収、七六〜七八頁。
(57) 池田克紀前掲書、八頁。
(58) ティク・ナット・ハン著、仙田典子訳『ウォーキング・メディテーション』溪声社、一九九五年。
(59) ブッダの生涯における瞑想とウォーキングとの一体不離の関係については、インド学者松涛誠達大正大学教授のご教示によるところが大きい。

（60）池田克紀前掲書、一〇三頁。

（61）『岸本英夫集　第3巻　信仰と修行の心理』溪声社、一九七五年、八頁。

（62）岸本英夫同書、三六頁、八六頁など。

（63）中村生雄「日本人の巡礼――〈歩く〉ことによる滅罪と浄化――」（聖心女子大キリスト教文化研究所編『巡礼と文明』春秋社、一九八七年所収）、二三～五四頁。

（64）中村生雄同論文、五〇頁。

（65）小林淳宏前掲書、一九九〇年、一六二頁など。さらに早大道空間研究会前掲書、一九九七年、九一頁以下。

（66）南アジアの巡礼研究に従事している人類学者B・アジーズは、たとえ家族や小集団で巡礼していても、各巡礼者自身の体験はきわめて個別的であり、その内容は各人で異なることが多いと指摘する。B. Aziz, 'Personal Dimensions of the Sacred Journey: what pilgrims say', *Religious Studies*, 23, pp. 247～261. なお、四国遍路と個人性という点については、I. Reader が現世利益の観点から論を展開している。I. Reader, 'Pilgrimage as the cult: the Shikokupilgrimage as a window on Japanese religion', in P. F. Kornicki & I. J. McMullen (eds), Religion in Japan, Univ. of Cambridge Press, 1996, pp. 267～286.

（67）B・アジーズによれば、インド、ネパールの巡礼者にも「冒険」という要素がかなり認められるという。B. Aziz, ibid.

（68）A. Morinis, 'Introduction', in A. Morinis (ed), Sacred Journey: The Anthropology of Pilgrimage, Greenwood Press, 1992. pp.9～21.

（69）弓山達也「日本におけるヒーリング・ブームの展開」（『宗教研究』三〇八号、一九九六年、一四一～一六二頁所収）。

結　語

1　二つの主題

本書では日本を代表する巡礼である四国遍路を、おもに二つの点に絞って論じてきた。一つは序章でいうところの構造論的アプローチによる四国遍路の構造の解明である。いま一つは時代を近代以降に絞って、そこでの四国遍路の特徴とその時系列的変遷である。結果として長い歴史を持つ四国遍路の、いまだ解明されなかった諸点について、いささかの貢献がなせればまことに幸いである。

筆者自身は次の二点において本書はその意義があるのではないかと考えている。

まず第一に、広い意味での比較のパースペクティブから四国遍路の構造を解明することの意味である。何度も本文中で指摘したが、四国遍路は教団史的にも教義的にも正統性が確立していなかった。それは八十八か寺一四〇〇キロメートルにも及ぶ長大な巡礼路ゆえに組織化が困難であったことに、その原因のひとつがあると考えられる。その結果、四国遍路は教団、教義の仕組みのなかに明確に位置づけられることがなく、それゆえに研究者サイドからさえ「民衆的」であることが特徴とされたのが四国遍路であった。「民衆的」という用語の意味するところは多義的であり曖昧であるが、非聖職者的、非教団的という意味でもある。

こうした儀礼のもつ機能や意味については、比較宗教学、宗教人類学、宗教社会学などが長い間培ってきた儀礼意味論、儀礼構造論的アプローチはきわめて有用であると考えられる。ここでいえば、V・ターナーの巡礼コミュニタス論を援用することで、四国遍路のさまざまな特徴や特殊な構造が学的に明らかになることを意味する。四国遍路に盛んな接待の慣習、遍路者へのアンビバレントな対応の問題、あるいは「民衆的」と総称される四国遍路の特質そのものなどが、〈比較〉あるいは〈儀礼意味論的アプローチ〉などの光を当てることにより、より普遍的な意味を持っていることが明らかになったと筆者は考えている。

第二の意義としては、近代の四国遍路について今まで明らかにされてこなかった諸点について、一定の解明をなすことができたのではないかということである。西国巡礼と較べて四国遍路には資料不足が顕著であることは再々指摘した。これは中世以前にのみに当てはまることではない。近世、近代においても資料不足は否めない。こうしたなかで、本書では、近代の四国遍路のすがたを、具体的資料によって多少とも明らかにすることができたのではないかと考えている。その現れの最たる例が第四章の宿帳記録の分析である。

それが昭和十年代という日本の激動期であることも手伝って、そこには四国遍路のさまざまな面が明らかになったと考える。全国的レベルの知名度を持つ信仰行動としての四国遍路と、地方的な信仰習俗としての四国遍路（十か所詣）という、かなり性格の異なる二種の四国遍路があったこと、それらは性別、職業別、年齢層別などさまざまな次元で対照的な面を持っていたこと、などが数的データによって初めて明らかにされたのである。現代においても、遍路者数を正確に把握することすらなかなかできないほど「拡散している」巡礼である四国遍路を、たとえそれが愛媛県のとある遍路宿に残された昭和十年代の宿帳であっても、近代遍路の実態を定量的に捉えることに一定の貢献をなしたと考えている。さらに現代四国遍路の最大の話題である歩き遍路についても、最新の報告をすることができたと考えている。

2　今後の課題

四国遍路は「伝統的」といった形容詞を冠されることが多く、社会や文化の主流からは周辺的な領域にあるように思われてきた。しかし昭和初期には車遍路が出現していたことが明らかになったように、また現代の歩き遍路の意識のなかに最も先鋭的な現代の価値観が垣間見えるように、実は四国遍路も時代の変化に鋭敏に反応している。大変革の時代といわれる四国遍路の変化については、今後ともたいへん興味ある研究対象である。

他方、「民衆的」といわれ、正統性の確立のシステムが強固ではなかった四国遍路においても、ある意味での組織的整備の動きが明確になってきている。それはたとえば四国霊場会のさまざまな試みであるし、また環境庁や建設省などの行政サイドによる四国遍路道の整備などである(1)。なかなか組織的な動きのとれなかった四国遍路史において、これはほぼ初めての動きではないかと考える。それは霊場のトイレや遍路道の全体的整備といったハード面だけに限られてはいない。第五章第二節で論じた四国遍路の意味づけの変化の問題、すなわち発心・修行・菩提・涅槃というステップアップする四国の仏教的意味づけの確定の問題のように、ソフト面にも関わってきているように思う。このような動き自体は、社会の分化とか専門化といった人類社会全体の流れとも結びついた動きとも捉えることが可能であろう。

いずれにせよ、もしこうした組織的行政的働きかけが今後とも強化されていくようであれば、「民衆的」四国遍路にも大きな変化がいずれ訪れる可能性は高い。組織的行政的整備の行き届いた四国遍路という側面も、その特徴となるかもしれない。もしそういう傾向が続くとなると、本書の立場の一つである〈構造論的アプローチ〉の有効性もまた、再考、修正されなければならないかもしれない。なぜなら、本書で採った〈構造論的アプローチ〉による宗教行動という研究領域は、非組織的、非聖職者的、非教義的な宗教行動の理解の積み重ねによって確立されてきたものだからである。

四国遍路の資料（史料）については、新たに体系的に利用できる資料が発見される可能性がないわけではないが、それがどのようなものであるかを予測することはまったく不可能である。現代のデータについては、遍路者数の確定も含めて、さらに地道なフィールドワークを重ねていくこと以外に方法はないと考える。

註

（1）この間の事情は早大道空間研究会の『現代社会と四国遍路道』早大文学部長田攻一研究室、一九九四年、および同『四国遍路と遍路道に関する意識調査』早大文学部社会学教室道空間研究会、一九九七年、に詳しい。

参考文献一覧

青木保『御岳巡礼―現代の神と人―』筑摩書房、一九八五。

青木保「現代巡礼論の試み―御嶽登拝を中心にして―」、同著『境界の時間』、一〇七～一七四頁、岩波書店、一九八五。

赤田光男「講とお遍路」、木村礎編『江戸と地方文化』(二)(地方文化の日本史七)、二二九～二五〇頁、文一総合出版、一九七八。

阿川文正「『円光大師御遺跡二五箇所案内記』と法然上人諸伝記の関係について」、藤堂恭俊博士古稀記念『浄土宗典籍研究』(研究篇)、七一一～七八四頁、同朋舎、一九八八。

朝倉昌紀「真宗における祖師信仰の展開」、『真宗研究』(真宗連合学会)四〇、一四～二七頁、真宗連合学会、一九九六。

荒松雄『インド史におけるイスラム聖廟』東大出版会、一九七七。

荒松雄『ヒンドゥー教とイスラム教』岩波書店(新書)、一九七七。

荒井英子『ハンセン病とキリスト教』岩波書店、一九九六。

『阿波の交通』編集委員会篇『阿波の鉄道』(下)徳島市図書館、一九九一。

五十嵐一「イスラームの巡礼」、聖心女子大キリスト教文化研究所編『巡礼と文明』、八三～一〇三頁、春秋社(講演録)、一九八七。

池田克紀(編著)『ウォーキングの本』岩波書店、一九九六。

伊藤太一(彫画と文)『四国へんろ風景』読売新聞社、一九九七。

伊藤唯真「伝承上の法然遺跡と巡拝」、同著『仏教と民俗宗教』、二一三～二七七頁、国書刊行会、一九八四。

稲田道彦『景観としての遍路道と遍路の行程の変化』科研費報告書、二〇〇一。

井上靖『日本紀行』岩波書店、一九九三。

伊予史談会（編）『四国遍路記集』伊予史談会、一九八一。

岩田慶治『創造人類学入門』小学館、一九八二。

岩村武勇（編）『四国遍路の古地図』ＫＫ出版、一九七三。

Ａ・ヴァン・ジェネップ『通過儀礼』（秋山さと子・彌永信美・訳）思索社、一九七七。

植島啓司『聖地の想像力―なぜ人は聖地をめざすのか』集英社新書、二〇〇〇。

愛媛県生涯学習センター『四国遍路のあゆみ』愛媛県生涯学習センター、二〇〇一。

Ｍ・エリアーデ『生と再生』（堀一郎・訳）東大出版会、一九七一。

大隅和雄、中尾堯「祖師信仰と日本仏教」、『仏教と日本人（六）因果と輪廻』月報、一～五頁、春秋社、一九八六。

大塚和夫『異文化としてのイスラーム―社会人類学的視点から』同文館、一九八九。

大塚和夫『イスラーム的―世界化時代の中で』ＮＨＫブックス、二〇〇〇。

大稔哲也「中世エジプト・イスラム社会の参詣・聖墓・聖遺物」、「巡礼と民衆信仰」（『地中海世界史』四）、二二四～二六一頁、青木書店、一九九九。

大村英昭「ポスト・モダンと既成教団」、国学院大日本文化研究所編『近代化と宗教ブーム』、一七九～二二七頁、同朋舎、一九九〇。

岡村圭真「弘法大師と四国遍路」、徳島新聞社『四国霊場の美』、二〇一～二二二頁、徳島新聞社、一九七二。

小川正子『小島の春』長崎書店、一九三八。

長田攻一（早大道空間研究会）『四国遍路と遍路道に関する意識調査』早稲田大学文学部道空間研究会、一九九七。

長田攻一（早大道空間研究会）『現代社会と四国遍路道』早稲田大学文学部道空間研究会、一九九四。

長田攻一『「巡礼の道」の社会学的意味に関する調査報告書―秩父三十四ヵ所札所時の道を事例として』早大第一文学部社会学研究室、一九九八。

長田攻一「現代「四国遍路」の巡り方とその社会学的考察」、『社会学年誌』四〇、五～二五頁、早稲田社会学会、一九九九。

長田攻一「現代「遍路道」と遍路の多様化の意味」『善通寺教学振興会紀要』六、八六～一〇五頁、善通寺教学振興会、一九九九。

長田攻一・坂田正顕（監修）『現代に生きる四国遍路道―四国遍路の社会学的研究』早稲田大学文学部、一九九八。

長田攻一『現代社会における四国遍路道を巡る経験と社会・文化的装置の関係に関する研究』早大文学部社会学教室・道空間研究所、二〇〇〇。

小田匡保「聖ヴォルフガング没後千年祭にみるドイツ南部のカトリック巡礼」、『駒澤地理』三一、三九～六八頁、一九九五。

小田匡保「山岳聖域大峰における七五霊地観の成立とその意義」、『人文地理』四一―六、二四～四〇頁、一九八九。

小田匡保「巡礼類型論の再検討」、『京都民俗』七、七七～八七頁、一九八九。

小田匡保「一外国人研究者からみた日本の巡礼」、『京都民俗』一四、三九～五二頁、一九九六。

小田匡保「ギスベルト＝リンシェーデの巡礼研究について」、『駒澤地理』三〇、一二九～一四一頁、一九九四。

小野寺節子「伊勢詣りと伊勢音頭」、旅の文化研究所編『落語にみる日本の旅文化』、八一～一〇七頁、河出書房新社、一九九五。

オベーセーカラ、ガナナート『メドゥーサの髪』（渋谷利雄・訳）言叢社、一九八八。

懐徳堂友の会編『道と巡礼―心を旅するひとびと』和泉書院、一九九三。

加賀谷寛「南アジアにおける民衆宗教スーフィズム―聖者崇拝を中心に」、中牧弘允編『神々の相克』、一四一～一七一頁、新泉社、一九八二。

柏原祐泉「近世真宗遺跡巡拝の性格」、圭室文雄編『論集・日本仏教史』七（江戸時代）、二〇一～二二一頁、雄山閣、一九八六。

片山佳子「巡礼＝遠隔参詣考―比較研究のための一試論」、『園田学園女子大学論文集』二〇、五九～六六頁、一九八六。

勝又俊教『密教の日本的展開』春秋社、一九七〇。

金児暁嗣『真宗信仰と民俗』永田文昌堂、一九九一。

鎌田茂雄「中国の巡礼」、聖心女子大キリスト教文化研究所編『巡礼と文明』、五五～八二頁、春秋社（講演録）、一九八七。

上岡弘二「イラン人の宗教世界―イラン・イスラム革命に関連して」、上岡（他）編『イスラム世界の人々　1総論』、一四九～一九〇頁、東洋経済新報社、一九八四。

上岡弘二（他）『イスラム世界の人々　1総論』東洋経済新報社、一九八四。

カレル、アレクシー『ルルドへの旅・祈り』春秋社（原著は一九〇二年）、一九八三。

川添崇「壱岐四国八十八ヶ所巡礼について」、『仏教と民俗』一六、五三～六八頁、一九八〇。

河内屋武兵衛『四国遍礼名所図会』私家版（複製）、一九七二。

神崎宣武『物見遊山と日本人』講談社（現代新書）、一九九一。

私市正年『イスラム聖者―奇跡・予言・癒しの世界』講談社（現代新書）、一九九六。

岸本英夫「信仰と修行の心理」、『岸本英夫集』三、渓声社、一九七五。

北川宗忠『観光入門』近代文芸社、一九九三。

喜代吉榮徳『四国遍路道しるべ―付・茂兵衛日記』海王舎、一九八四。

喜代吉榮徳『へんろ人列伝―行基菩薩より中司茂兵衛まで』海王舎、一九九九。

喜代吉榮徳「『お山開全』考」、『善通寺教学振興会紀要』六、五～二三頁、善通寺教学振興会、一九九九。

喜代吉榮徳『遍路の大先達　中司茂兵衛義教』正林書院、二〇〇〇。

ギブ、H・A・R『イスラム文明』（加賀谷寛・訳）紀伊國屋書店、一九六七。

木間瀬精三「西欧世界の巡礼―聖人崇拝の経路」、聖心女大キリスト教文化研究所編『巡礼と文明』、一三五～一六二頁、春秋社（講演録）、一九八七。

クネヒト、ペトロ「巡礼―信徒の心身全体的体験」、南山宗教文化研究所編『密教とキリスト教』、六六～九二頁、春秋社、一九八六。

黒田悦子「巡礼の社会的、象徴的意味—ラテン・アメリカの場合」、『民族学研究』四六—一、一〇五〜一一四頁、一九八一。

黒田悦子「中米の巡礼—その功罪」、聖心女子大キリスト教文化研究所編『巡礼と文明』、一〇五〜一三一頁、春秋社（講演録）、一九八七。

小池長之「民衆の社寺参詣について」、『仏教と民俗』四、八〜一三頁、仏教民俗学会、一九五九。

河野眞「西ヨーロッパの巡礼慣習にたいする基本的視点について（一）—特に日本でおこなわれている通念の修正のために」、『愛知大学文学論叢』一〇二、一〜二〇頁、一九九三。

河野眞「西ヨーロッパの巡礼慣習にたいする基本的視点について（二）—特に日本でおこなわれている通念の修正のために」、『愛知大学文学論叢』一〇四、一〜二六頁、一九九三。

小嶋博巳「巡礼・遍路」、圭室文雄他編『民間信仰調査整理ハンドブック』上・理論編、一五八〜一六九頁、雄山閣、一九八七。

小嶋博巳「地方巡礼と聖地」、桜井徳太郎編『聖地と他界観』（仏教民俗学大系三）、二四九〜二六四頁、名著出版、一九八七。

小嶋博巳「新四国巡礼—いわゆる地方巡礼の理解に向けて」、『成城文藝』一一三・一一四合併号、一二八〜一六四頁、一九八五。

後藤明「イスラム巡礼総論」、「巡礼と民衆信仰」（『地中海世界史』四）、一九四〜二二三頁、青木書店、一九九九。

後藤明「イスラーム世界の巡礼」、樺山紘一他『岩波講座・世界歴史』一九、二九九〜三二一頁、岩波書店、一九九九。

後藤洋文「関東地方の新四国霊場」、『仏教と民俗』一六、一三〜三五頁、仏教民俗学会、一九八〇。

小西正捷「遊行と巡礼—インドの場合」、『ユリイカ』（旅のフォークロア…異次元へのトリップ特集）、一四六〜一五三頁、一九八七。

小林淳宏『定年からは同行二人—四国歩き遍路に何を見た』ＰＨＰ研究所、一九九〇。

小林雨峯『四国順禮』中央仏教社、一九三二。

小峰彌彦『曼荼羅の見方』大法輪閣、一九九七。

五来重『遊行と巡礼』角川書店、一九八九。

五来重『四国遍路の寺』上・下、角川書店、一九九六。

五来重『増補・高野聖』角川書店、一九七五。

五来重『続仏教と民俗』角川書店、一九七九。

近藤喜博（編）『四国霊場記集』勉誠社、一九七三。

近藤喜博『四国遍路』桜楓社、一九七一。

近藤喜博『四国遍路研究』三弥井書店、一九八二。

今野國雄『巡礼と聖地―キリスト教巡礼における心の探求』ペヨトル工房、一九九一。

西郷信綱『古代人の夢』平凡社、一九九二。

齋藤昭俊『弘法大師伝説集』一～三、国書刊行会、一九七四～一九七六。

齋藤昭俊『インドの聖地考』国書刊行会、一九八五。

坂田貞二「神の導き、民の導き―ヒンドゥー教の巡礼」、松本宣郎・山田勝芳編『信仰の地域史』、九四～一四二頁、山川出版社、一九九八。

坂田貞二・田中多佳子他「地上の天界を歩く人びと―北インドにおけるクリシュナ信仰と集団巡礼」、『アジア・アフリカ言語文化研究』三七、六九～一二一頁、東京外大AA言語文化研究所、一九八九。

坂田貞二・橋本泰元（解説と翻訳）「一六世紀北インドの巡礼案内書に見られるブラジュ地方の聖地」、『拓殖大学研究年報』一六、一七九～二一二頁、拓殖大学、一九八九。

坂田正顕「現代遍路主体の分化類型としての「徒歩遍路」と「車遍路」―現代遍路調査によるその実像」、『社会学年誌』四〇、二七～四六頁、早稲田社会学会、一九九九。

坂田正顕『現代における「板東観音巡礼と巡礼の道」に関する調査報告書―現代社会における巡礼習俗と巡礼の道に

おける社会学的研究』、早稲田大学第一文学部社会学研究室、二〇〇〇。

坂本勉「メッカ巡礼とイスラム改革運動」、「巡礼と民衆信仰」（『地中海世界史』四）、二六二～二九〇頁、青木書店、一九九九。

坂本勉『イスラーム巡礼』岩波新書、二〇〇〇。

桜井徳太郎『講集団成立過程の研究』吉川弘文館、一九七二。

桜井徳太郎「結衆の原点」、鶴見俊輔・市井三郎編『思想の冒険』、一八七～二三四頁、筑摩書房、一九七四。

桜井徳太郎『日本民間信仰論・増補版』弘文堂、一九七〇。

桜井徳太郎「聖地と他界観」（『仏教民俗学大系』三）名著出版、一九八七。

佐藤久光「現代の巡礼―西国巡礼について―」、前田卓（編）『家族社会学ノート』、一八三～二二二頁、関西大学出版部、一九八九。

佐藤久光「納札からみる四国遍路」、仲尾俊博先生古稀記念論集『仏教と社会』所収、四三七～四五九頁、永田文昌堂、一九九〇。

佐藤久光「四国遍路の社会学的考察」上、『密教学』二六、二九～四七頁、一九九二。

佐藤久光「四国遍路の社会学的考察」下、『密教学』二七、四一―六八頁、一九九三。

佐藤久光「秩父巡礼の動向・推移」、『密教学』二九、一九～五一頁、一九九五。

佐藤久光「平成期における西国巡礼の動向と実態」巡礼研究会編『巡礼研究の可能性』、一二五～一五四頁、岩田書院、二〇〇〇。

篠田浩一郎「四国遍路のコスモロジーを求めて―コスモロジー論の視点から」、『国文学解釈と観賞』三二（七）、五二～五九頁、一九八七。

島岩・坂田貞二（編）『聖者たちのインド』春秋社、二〇〇〇。

島浪男『四国遍路』宝文館、一九三〇。

島薗進「教祖と宗教的指導者崇拝の研究課題」、宗教社会学研究会編『教祖とその周辺』、一一～三五頁、雄山閣、一九八七。

島薗進「カリスマの変容と至高者神話―初期新宗教の発生過程を手がかりとして」、中牧弘允編『神々の相克』、五一～七七頁、新泉社、一九八二。

清水谷孝尚『巡礼と御詠歌』朱鷺書房、一九九二。

寂本『四国徧禮霊場記』（村上護・訳）教育社新書、一九八七。

巡礼研究会（編）『巡礼研究の可能性』岩田書院、二〇〇〇。

白井優子『空海伝説の形成と高野山』同成社、一九八六。

白木利幸『巡礼参拝用語事典』小学館、二〇〇〇。

新城常三『新稿　社寺参詣の社会経済史的研究』塙書房、一九八二。

真野俊和「巡礼研究の現況」、『日本宗教史研究年報』一、二三～三二頁、佼成出版社、一九七九。

真野俊和「巡礼」、桜井徳太郎編『日本民俗学講座　三　信仰伝承編』、一二一～一三六頁、朝倉書店、一九七六。

真野俊和（編）『講座・日本の巡礼』全三巻、雄山閣、一九九六。

真野俊和「講と霊場参詣―巡礼講をめぐって」、宮家準編『民俗と儀礼』（『大系・仏教と日本人』九）、二九五～三三五頁、春秋社、一九八六。

真野俊和「巡礼の行者―その宗教的意義」、萩原龍夫・真野俊和編『聖と民衆』（『仏教民俗学大系』二）所収、一七三～一九六頁、名著出版、一九八六。

真野俊和「四国遍路霊験譚考」河合正治（編）『瀬戸内海地域の宗教と文化』、二五九～二七九頁、雄山閣、一九七六。

真野俊和「〝同行二人〟の遍路道―四国霊場」、『日本の聖域』一〇「四国遍路」、一〇五～一三六頁、佼成出版社、一九八一。

真野俊和『聖なる旅』東京堂出版、一九九一。

真野俊和『日本遊行宗教論』吉川弘文館、一九九一。

杉山二郎・栗田勇・佐々木宏幹「聖地のコスモロジー」、『現代宗教』三　特集「聖地」、一〇四～一三二頁、春秋社、一九八〇。

鈴木正崇『スリランカの宗教と社会―文化人類学的考察』春秋社、一九九六。

鈴木無二「四国遍路における「正統性」の特質」、『早大大学院文学研究科紀要』四三、一一三～一二一頁、一九九八。

聖心女子大キリスト教文化研究所編『巡礼と文明』春秋社、一九八七。

関一敏「十九世紀フランス聖母出現考―ルルドとポンマン」、『民族学研究』四八―三、一五一～一七四頁、一九八三。

関一敏『聖母の出現―近代フォーク・カトリシズム考』日本エディタースクール出版部、一九九三。

関三雄「四国遍路と移動メディアの多様化―遍路再考」、『社会学年誌』四〇、六五～八〇頁、早稲田社会学会、一九九九。

V・ターナー「社会過程としての巡礼」(梶原景昭・訳)、同著(同訳)『象徴と社会』、紀伊國屋書店、一九八一。

V・ターナー『儀礼の過程』(冨倉光雄・訳)思索社、一九七六。

大法輪閣編集部『全国霊場巡拝事典』大法輪閣、一九九七。

大法輪閣編集部(編)『巡礼・遍路―こころの歴史』大法輪閣、一九九七。

鷹木恵子「チュニジアにおける聖者崇拝の機能と変化―文化的レベルと社会的レベル」、『民族学研究』五〇―三、二九四～三一三頁、日本民族学会、一九八五。

鷹木恵子『北アフリカのイスラーム聖者信仰―チュニジア・セダダ村の歴史民族誌』刀水書房、二〇〇〇。

高木啓夫「弘法大師釘抜祭文―弘法大師とその呪術・その四」、『土佐民俗』五一、一～一三頁、一九八八。

高取正男・橋本峰雄『宗教以前』NHKブックス、一九六八。

高群逸枝『お遍路』厚生閣、一九三六。

高群逸枝『遍路と人生』厚生閣、一九三九。

高群逸枝『娘巡礼記』(堀場清子・校訂)朝日新聞社、一九七九。

竹下節子『奇跡の泉ルルドへ』NTT出版、一九九六。

竹下政孝「預言者と聖者―イスラームにおける聖なる人びと」、板垣雄三監修・竹下政孝編集『講座イスラーム世界四』イスラームの思考回路、一七五〜二一〇頁、悠思社、一九九五。

武田明『巡礼と遍路』三省堂、一九七九。

武田明『巡礼の民俗』岩崎美術社、一九六九。

立山良司『エルサレム』新潮社、一九九三。

田中智彦「近畿地方における地域的巡礼地」、『神戸大学史学年報』一、四五〜六三頁、一九八六。

田中智彦「愛宕越えと東国の巡礼者―西国巡礼路の復元」、『人文地理』三九―二、六六〜七九頁、一九八七。

田中智彦「昭和三〇・四〇年代の秩父巡礼」(二)、『大阪女子短大紀要』一六、二一〜三七頁、一九九一。

田中智彦「巡礼と社寺参詣」、講座「日本の民俗学」七『神と霊魂の民俗』、一一九〜一三二頁、雄山閣、一九九七。

田中智彦「大坂廻りと東国の巡礼者」、『歴史地理学』一四二、一〜一六頁、一九八八。

田中智彦「石山より逆打と東国の巡礼者―西国巡礼路の復元」、『神戸大学紀要』一五、一〜二三頁、一九八八。

田中智彦・北川央「大阪寺町および周辺寺院に遺る巡礼供養塔」、『大阪女子短大紀要』二一、一三〜四二頁、一九九六。

田中智彦「近世社寺参詣道中記にみる渡船・航路の利用」、科学研究費研究成果報告書、一〜六一頁、一九九六。

田中智彦「近世大坂における巡礼」、『大阪商大商業史研究所紀要』三、九七〜一一一頁、一九九五。

田中智彦「葉室組三十三度行者宿帳の分析(補遺)」、『大阪女子短大紀要』一八、一三五〜一四四頁、一九九三。

田中智彦「金力比羅宮所蔵「金堂寄進帖」にみる摂津国の寄進者」、『大阪女子短大紀要』二〇、七一〜八一頁、一九九五。

田中智彦「昭和三〇・四〇年代の秩父巡礼―関東地方からの巡礼者」、『大阪女子短大紀要』一五、一三〜二八頁、一九九〇。

田中智彦・北川央「大阪寺町に遺る近世都市巡礼関係資料」、『大阪女子短大紀要』一九、一九九四。

田中博『巡礼地の世界―四国八十八カ所と甲山八十八カ所の地誌』古今書院、一九八三。

谷口廣之『伝承の碑―遍路という宗教』翰林書房、一九九七。

谷原博信「四国遍路の世界観―説話と巡礼の構造をめぐって」、『四国民俗』二八、四～二三頁、四国民俗学会、一九九五。

種田山頭火「四国へんろ日記」、『山頭火著作集』Ⅲ所収、潮文社、一九九七。

旅の文化研究所編『落語にみる日本の旅文化』河出書房新社、一九九五。

玉置弁吉『回想・山本玄峰』春秋社、一九七〇。

圭室文雄「民衆仏教としての霊場信仰―相模大山不動信仰を中心として」、同著『日本仏教史　近世』、二七一～三〇二頁、吉川弘文館、一九八七。

圭室文雄『神仏分離』教育社、一九七七。

中近東文化センター『シンポジウム　巡礼』part 2、中近東文化センター、一九八七。

澄禅『四国遍路日記』（宮崎忍勝・解説・校注）大東出版社、一九七七。

鶴村松一『四国遍路―二百八十回中務茂兵衛義教』松山郷土史文学研究会、一九七八。

鶴村松一『四国霊場略縁起・道中記大成』松山郷土史文学研究会、一九七九。

鶴村松一（編）『中務茂兵衛・四国霊場略縁起・道中記大成』松山郷土史文学研究会、一九七九（復刻）。

ティク・ナット・ハン『ウォーキング・メディテーション』（仙田典子・訳）渓声社、一九九五。

寺戸淳子「聖地のスペクタクル―ルルドにおける奇蹟・聖体・傷病者」、『宗教研究』三〇六、七三～九七頁、日本宗教学会、一九九五。

寺戸淳子「「患者」からの自由―医師の活動から見たルルド巡礼」、『東京大学宗教学年報』一四、一三～二六頁、東京大学宗教学研究室、一九九七。

寺戸淳子「被る人々―宗教の、非暴力の、奇蹟のことば」、栗原彬他編『越境する知　二・語り：つむぎだす』、七九～一〇四頁、東大出版会、二〇〇〇。

藤堂恭俊「浄土宗内における祖跡巡拝について―とくに『霊沢案内記』以降」、藤堂恭俊博士古稀記念『浄土宗典籍研究』（研究篇）、六四七～六八二頁、同朋舎、一九八八。

東長靖「「多神教」的イスラム―スーフィー・聖者・タリーカをめぐって」、歴史学研究会編『社会的結合と民衆運動』（「地中海世界史」五）、一九二～二二〇頁、青木書店、一九九九。

外川政彦「ヒンドゥー教徒とイスラーム教徒がつどう聖者廟―ベンガルのモノモホン・ドット廟」、季刊『民族学』九一、一〇〇～一〇九頁、二〇〇〇。

中尾堯「鎌倉時代の民衆宗教―祖師信仰の伝統」、村上重良編『民衆と社会』（『大系・仏教と日本人』一〇）、七七～一一五頁、春秋社、一九八六。

中尾堯「聖者崇拝と祖師信仰」、大隅和雄編『因果と輪廻』（『大系・仏教と日本人』四）二七〇～三〇六頁、春秋社、一九八六。

中尾堯『日蓮信仰の系譜と儀礼』吉川弘文館、一九九九。

中川浩一「四国における鉄道網の歴史過程」、『鉄道ピクトリア』五七四、六五～七一頁、鉄道図書刊行会、一九九三。

中村生雄「日本人の巡礼―〈歩く〉ことによる滅罪と浄化」、聖心女大キリスト教文化研究所編『巡礼と文明』、二三～五四頁、春秋社（講演録）、一九八七。

中村廣治郎『イスラム』東大出版会、一九七七。

中村元「日本人の思惟方法」、『東洋人の思惟方法』三、春秋社、一九六二。

中山和久「巡礼と現代―関東三十六不動霊場を中心として」、『日本民俗学』二一一、三二～六五頁、一九九七。

中山和久「巡礼による「健康」―高齢者の巡礼生活から」、『健康文化』五、九〇～九九頁、明治生命厚生事業団、一九九九。

中山和久「巡礼という個人的な祝祭―都市の巡礼模様」、日本生活学会編『祝祭の一〇〇年』（『生活学』二四）、二一八～二三六頁、ドメス出版、二〇〇〇。

成田俊治「霊場めぐりの一環としての宗祖遺跡めぐり」、藤堂恭俊博士古稀記念『浄土宗典籍研究』（研究篇）、六八三～七一〇頁、同朋舎、一九八八。

西垣晴次『神々と民衆運動』毎日新聞社、一九七七。

西垣晴次『ええじゃないか―民衆運動の系譜』新人物往来社、一九七三。

西垣晴次『お伊勢まいり』岩波書店（新書）、一九八三。

西端さかえ『四国八十八札所遍路記』大法輪閣、一九六四。

能登路雅子「ディズニーランドの巡礼観光―元祖テーマパークのしかけ」、山下晋司編『観光人類学』、九三～一〇三頁、新曜社、一九九六。

能登路雅子『ディズニーランドという聖地』岩波書店（新書）、一九九〇。

野町和嘉（写真）、S・H・ナスル（文）『メッカ』集英社、一九九七。

萩原龍夫・真野俊和（編）『聖と民衆』、「仏教民俗学大系」二、四～五〇頁、名著出版、一九八六。

橋本和也「「聖なる旅」と観光」、『観光人類学の戦略』、五六～八五頁、世界思想社、一九九九。

橋本初子『中世東寺と弘法大師信仰』思文閣出版、一九九〇。

華園聰麿「「巡礼」研究の多元的視座―「まいり」の宗教学の一構想として」、『東北大学文学部研究年報』四七、九九～一三二頁、一九九七。

華園聰麿「東北の霊場その「まいり」の形と心―観音札所巡礼の「納札」の分析を中心にして」、『東北文化研究室紀要』四一、一～一八頁、二〇〇〇。

濱田正美「聖者の墓を見つける話」、『国立民族学博物館研究報告別冊』二〇、二八七～三二六頁、国立民族学博物館、一九九九。

早坂暁（編）『日本の名随筆』別巻二一「巡礼」作品社、一九九二。

林幹弥『太子信仰――その発生と展開』評論社、一九七二。

速水侑『観音・地蔵・不動』講談社（現代新書）、一九九六。

速水侑『観音信仰』塙書房、一九七〇。

原田勝正『鉄道と近代化』吉川弘文館、一九九八。

ハラム、エリザベス（編）『聖者の事典』柏書房、一九九六。

板東眞砂子『死国』角川文庫、一九九六。

日野舜也「メッカをめざして―スーダンにおけるフェラータ社会」、『季刊民族学』四六、四〇～五〇頁、一九八八。

日野西眞定『日本の聖域2・空海と高野山』佼成出版社、一九八二。

日野西眞定（編）『弘法大師信仰』、「民衆宗教史叢書」一四、雄山閣、一九八七。

平尾道雄『近世社会史考』高知市立図書館、一九六二。

広江清（編）『近世土佐遍路資料』土佐民俗学会、一九六六。

藤井正雄『祖先祭祀の儀礼構造と民俗』弘文堂、一九九三。

藤井正雄「祖師信仰の形成と展開―鎌倉新仏教の成立とその制度的連関をめぐって」、『大正大学大学院研究紀要』六、二三～三九頁、一九八二。

藤井正雄「聖域とその境界」、『聖地と他界観』（「仏教民俗学大系」三、二七～三六頁、名著出版、一九八七。

藤井学「久美浜本願寺と法然上人伝承について」、藤堂恭俊博士古稀記念『浄土宗典籍研究』（研究篇）、九六五～九八二頁、同朋舎、一九八八。

藤井学「近世仏教の特色」、日本思想大系『近世仏教の思想』、五七四～五八六頁、岩波書店、一九七三。

藤沢真理子『風の祈り―四国遍路とボランタリズム』創風社出版、一九九七。

藤田庄市『四国八十八ヵ所』学研グラフィックブックス、一九九五。

藤野豊（編）『歴史のなかにおける「癩者」』ゆるみ出版、一九九六。

文化財保護委員会（編）『四国八十八箇所を中心とする文化財』文化財保護委員会、一九六二～一九六六。

星野英紀「四国遍路にニューエイジ?―現代歩き遍路の体験分析」、『社会学年誌』四〇、四七～六四頁、早稲田社会学会、一九九九。

星野英紀「巡礼―その意味と構造」、聖心女子大キリスト教文化研究所編『巡礼と文明』、三～二二頁、春秋社（講演録）、一九八七。

星野英紀「構造と反構造の弁証法―V・ターナーをめぐって」、『国際宗教ニューズ』一五―三～四、六五～七七頁、国際宗教研究所、一九七六。

星野英紀「四国遍路における聖地性の特質」、『現代宗教』三、八九〜九〇頁、春秋社、一九八〇。

星野英紀『巡礼—聖と俗の現象学』講談社現代新書、一九八一。

星野英紀「歩きと巡りの宗教性—西国巡礼と四国遍路」、山折哲雄編『遊行と漂白』(『大系・仏教と日本人』六)、二三一〜二七一頁、春秋社、一九八六。

星野英紀「既成仏教教団の構造と民衆仏教」、『東洋学術研究』二五—一、東洋哲学研究所、一九八六。

星野英紀「日本仏教を支えるもの—祖師信仰」、『東洋学術研究』二六—一、東洋哲学研究所、一九八七。

細谷広美『アンデスの宗教的世界—ペルーにおける山の神信仰の現在性』、明石書店、一九九七。

堀一郎「古代伝承および信仰に現われたる遊幸思想」、『堀一郎全集』四、三一〜一八一頁、未来社、一九八一。

堀内正樹「現代モロッコの廟参詣—「聖者」を「偉人」とする提案を添えて」、「巡礼と民衆信仰」(『地中海世界史』四)、三一九〜三四八頁、青木書店、一九九九。

堀内正樹「モロッコのイスラーム—聖者崇拝の概要と事例」、『民族学研究』五〇—三、三二二〜三三三頁、日本民族学会、一九八五。

マーンハム、パトリック『ルルドージャーナリストがみた現代の聖地』日本教文社(原著は一九八〇年)、一九八七。

マイヤーホフ、B「ウィリクタへの回帰—ウィチョル・インディアンのペヨーテ狩りにおける儀礼的逆転」B・バブコック編、岩崎・井上共訳『さかさまの世界』、二二一〜二四一頁、岩波書店、一九八四。

前嶋信次『メッカ』芙蓉書房、一九七五。

前田卓「巡礼の社会学—西国巡礼・四国遍路」ミネルヴァ書房、一九七一。

前田卓「西国巡礼と四国遍路の今昔」、懐徳堂友の会編『道と巡礼』、一八九〜二三五頁、和泉書院、一九九三。

前田卓・佐藤久光「百観音巡礼(西国、坂東、秩父)の社会学考察—坂東巡礼と秩父巡礼を中心として」、関西大学経済・政治研究所研究双書『現代社会の断面』、一〜八八頁、関西大学、一九九五。

松井圭介「日本における宗教地理学の展開」、『人文地理』四五—五、七五〜九三頁、人文地理学会、一九九三。

松尾剛次『鎌倉新仏教の成立―入門儀礼と祖師神話』吉川弘文館、一九八八。

松木栄三「ロシア人の東方聖地「巡礼」―中世の旅行記から」、「巡礼と民衆信仰」(『地中海世界史』四)、一六〇～一九二頁、青木書店、一九九九。

松坂義晃『空海の残した道―現代歩き遍路がそこに見たもの』新風舎、一九九七。

松崎憲三『巡りのフォークロア』名著出版、一九八五。

松永知海「二十五霊場関係文献目録」、藤堂恭俊博士古稀記念『浄土宗典籍研究』(研究篇)、九八三～一〇一二頁、同朋舎、一九八八。

松本昭『弘法大師入定説話の研究』六興出版、一九八二。

松本宣郎・山田勝芳(編)『信仰の地域史』山川出版社、一九九八。

松山市教育委員会(編)『おへんろさん―松山と遍路の民俗』松山市文化財協会、一九八一。

マルコム・X『マルコム・X自伝』(浜本武雄・訳)河出書房新社、一九九三。

丸谷仁美「利根川下流域の女人講―観音巡行・巡拝習俗を中心に」、『日本民俗学』二〇六、一九九六。

三木英「巡礼の創出、聖地の出現」、同編著『復興と宗教』、一三五～一七二頁、東方出版、二〇〇一。

宮尾しげを『四国遍路』鶴書房、一九四三。

三宅一志『差別者のボクに捧げる―ライ患者たちの苦闘の記録』晩聲社、一九七九。

宮家準『山伏―その行動と組織』評論社、一九七三。

宮崎忍勝『神話と遍路―密教思想入門』東洋文化出版、一九八〇。

宮崎忍勝『四国遍路―歴史とこころ』朱鷺書房、一九八五。

宮崎忍勝「空海をめぐる伝説と民間信仰」、『講座密教』三、春秋社、一九七七。

宮崎忍勝『遍路―その心と歴史』小学館、一九七四。

宮田登『生き神信仰―人を神に祀る習俗』塙書房、一九七〇。

宮田登『ミロク信仰の研究』未来社、一九七〇。

宮本常一『伊勢参宮』社会思想社、一九七一。

宮本常一「忘れられた日本人」、『宮本常一著作集』一〇、未来社、一九七一。

宮本久義・松本栄一（写真）「つくられた宗教都市バナーラス―ヒンドゥー教世界の聖地の成立と構造」、『季刊民族学』七一、国立民族学博物館、一九九五。

宮本久義「複合的聖地カイラース」、『季刊民族学』六四、九八～一一四頁、国立民族学博物館、一九九三。

村上護『遍路まんだら―空海と四国巡礼を歩く』佼成出版社、一九八六。

村上護（文）・吉岡功治（写真）『遍路の風景』愛媛新聞社、一九九九。

村田文江「北海道開拓地における真言宗寺院と新四国霊場の成立―岩見沢市上志文高徳寺を中心に」、孝本貢編『論集・日本仏教史九　大正・昭和時代』、一〇七～一三四頁、雄山閣、一九八八。

モース、M『社会学と人類学』（有地亨他・訳）弘文堂、一九七三。

素九鬼子『旅の重さ』筑摩書房、一九七二。

素九鬼子『大地の子守歌』筑摩書房、一九七四。

森正康「四国遍路の聖―中務茂兵衛」、萩原龍夫・真野俊和編『仏教民俗学大系二・聖と民衆』、九九～一一六頁、名著出版、一九八六。

森岡清美「新宗教における教団内聖地の確立過程」、『日本常民文化紀要』八―二、四七～一〇九頁、一九八二。

森村信子「古代イスラエルの巡礼―コミュニタスの存亡」、聖心女大キリスト教文化研究所編『巡礼と文明』、二四七～二七二頁、春秋社（講演録）、一九八七。

森安達也「ビザンツの巡礼―聖遺物崇拝の記録」、聖心女子大キリスト教文化研究所編『巡礼と文明』、一八九～二二〇頁、春秋社（講演録）、一九八七。

守山聖真（編）『文化史上より見たる弘法大師伝』森江書店、一九三一。

安元正也「ウィチョール族のペヨーテ巡礼」、『季刊民族学』四七、八四～九三頁、国立民族学博物館、一九八九。

柳宗玄（編集主幹）「サンティヤゴの巡礼路」、『世界の聖域』一六、講談社、一九八〇。

柳田国男「青年と学問」、『柳田国男集』二五、八三〜二五九頁、筑摩書房、一九七〇。

柳田国男「人を神に祀る風習」、定本『柳田国男集』一〇、筑摩書房、一九七一。

柳田国男「女性と民間伝承」、『柳田国男集』八、三一五〜四四七頁、筑摩書房、一九七一。

柳田国男「大師講の由来」、『柳田国男集』二六、一五二〜一六八頁、筑摩書房、一九七一。

山折哲雄『宗教民俗誌』人文書院、一九八四。

山折哲雄「巡礼のメカニズム―インドと日本のあいだ」、同著『宗教民俗誌』、人文書院、一九八四。

山折哲雄『巡礼の思想』弘文堂、一九九五。

山折哲雄他『巡礼の構図―動く人々のネットワーク』NTT出版、一九九一。

山形孝夫「聖地の構造」、上岡他編『イスラム世界の人びと』一　総論、九三〜一一五頁、東洋経済新報社、一九八四。

山形孝夫「巡礼考―異界・境界・漂流の旅」、『基督教文化研究所研究年報』一九・二〇、一〇一〜一一五頁、一九八六。

山形孝夫『砂漠の修道院』新潮社、一九八七。

山下晋司『観光人類学』新曜社、一九九六。

山田英二『秩父三十四観音めぐり』大蔵出版、一九七六。

山田勝芳「関帝廟に集まる地域―中華「地域」と関帝信仰」、松本宣郎・山田勝芳編『信仰の地域史』、一六〜五一頁、山川出版社、一九九八。

山本和加子『四国遍路の民衆史』新人物往来社、一九九五。

ユイスマンス、ジョリス＝カルル『ルルドの群集』（田辺保・訳）（原著は一九〇六年）国書刊行会、一九九四。

弓山達也「日本におけるヒーリング・ブームの展開」、『宗教研究』三〇八、一四一〜一六二頁、一九九六。

吉沢五郎「巡礼と文明史の旅―周辺の再考」、聖心女子大キリスト教文化研究所編『巡礼と文明』、二九一〜三二七頁、春秋社（講演録）、一九八七。

吉田禎吾『魔性の文化誌』研究社、一九七六（再版、みすず書房、一九九八）。

頼富本宏・白木利幸『四国遍路の研究』国際日本文化研究センター、二〇〇一。

渡辺照宏・宮坂宥勝『沙門空海』筑摩書房、一九七〇。

渡邊昌美「巡礼総論―奇跡、聖者、聖遺物、そして巡礼」、「巡礼と民衆信仰」（『地中海世界史』四）、三六～六二頁、青木書店、一九九九。

渡邊昌美「ヨーロッパの巡礼」、懐徳堂友の会編『道と巡礼』、三五～七七頁、和泉書院、一九九三。

渡邊昌美『巡礼の道―西南ヨーロッパの歴史景観』中央公論（新書）、一九八〇。

Rinschede, Gisbert, "The Pilgrimage Center of Fatima/Portugal", in Bhardwaj, S. M. & Rinschede (eds.) : *Pilgrimage in World Religions*, pp.65〜98, Dietrich Reimer Verlag, 1988.

Sallnow, M., "Communitas reconsidered—The sociology of Andean Pilgrimage", in *Man (N.S.)* 16, pp.163〜182, 1981.

Sallnow, Michael, J., *Pilgrims of the Andes—Regional Cults in Cusco*, Smithsonian Institution Press, 1987.

Shimazaki Hiroshi, T., "The Shikoku Pilgrimage—Essential Characteristics of a Japanese Buddhist Pilgrimage Complex", in *Sacred Places, Sacred Spaces* (eds. by R. H. Stoddard & A. Morinis), pp.269〜297, Lousiana State Univ. Press, 1997.

Srinivas, M. N., *Religion and Society among the Coorgs of South India,* Asia Publishing House, 1952.

Stoddard, Robert H., "Characteristics of Buddhist Pilgrimages in Sri Lanka", in Bhardwaj, S. M. & Rinschede (eds.) : *Pilgrimage in World Religions*, pp.99〜116, Dietrich Reimer Verlag, 1988.

Stoddard, Robert H. & Morinis, Alan, *Sacred Places, Sacred Spaces—The Geography of Pilgrimages*, Louisiana State University, 1997.

Tambiah, S. J., *Buddhism and Spirit cult in North-east Thailand*, Cambridge University Press, 1970.

Tanaka Hiroshi, "On the Geograhic Study of Pigrimage Places", in Bhardwaj, S. M. & Rinschede (eds.) : *Pilgrimage in World Religions*, pp.21〜40, Dietrich Reimer Verlag, 1988.

Turner, V., *The Forest of Symbols—Aspects of Ndembu Ritual*, Cornell University Press, 1967.

Turner, V. & Turner, E., *Image and Pilgrimage in Christian Culture—Anthropological Perspectives*, Columbia Univ. Press, 1978.

Kitagawa, Joseph, "Master and Savior", in 高野山大学編『密教学密教史論文集』、1～26頁、高野山大学、1965.

Morinis, Alan (ed.), *Sacred Journey*, Greenwood, 1992.

Myerhoff, Barbara, G., *Peyote Hunt—The Sacred Journey of the Huichol Indians*, Cornell University Press, 1974.

Naquin, Susan & Chun-fang YU (eds.), *Pilgrims and Sacred Sites in China*, Univ. of California Press, 1992.

Neville, Gwen Kennedy, *Kinship and Pilgrimage—Rituals of Reunion in American Protestant Culture*, Oxford Univ. Press, 1987.

Nolan, Mary Lee & Nolan, Sidney, *Christian Pilgrimage In Modern Western Europe*, Univ. of North Carolina, 1989.

Pfaffenberger, B., "The Kataragama Pilgrimage—Hindu-Buddhist Interaction and Its Significance in Sri Lanka's Polyethnic Social System", in *Journal of Asian Studies,* vol. 38-2, pp.253-270, 1979.

Preston, James, "Spiritual Magnetism—An Organizing Principle for the Study of Pilgrimage", in A. Morinis (ed.), *Sacred Journey*, Greenwood, 1992.

Pruess, James B., *Veneration and Merit-seeking at Sacred Places—Buddhist Pilgrimage in Contemporary Thailand*, (unpublished dissertation), 1974.

Radcliffe-Brown, A. R., *The Andaman Islanders*, Cambridge University Press, 1922.

Reader, I. & Walter T. (eds.), *Pilgrimage in Popular Culture*, Macmillan, 1993.

Reader, I., "Pilgrimage as cult—The Shikoku Pilgrimage as a window on Japanese religion", in Kornicki, P. F. et al, *Religion in Japan : Arrows to Heaven and Earth,* pp.267～286, Cambridge University Press, 1996.

Reader, I., "Dead to the world", in Reader, I. & Walter, T., *Pilgrimage in Popular Culture,* pp.107～136, Macmillans, 1993.

Reader, I., "Sendatu and the development of contemporary Japanese pilgrimage", in *Nissan Occasional Papers on Japan*, 17, Oxford : Nissan Institute of Japanese Studies, 1993.

Reader, I. & Swanson, P., "Editors' Introduction : Pilgrimage in the Japanese Religious tradition", in *Japanese Journal of Religious Studies,* 24/3～4, pp.225～270, 1997.

参考文献一覧（欧文）

Bhardwaj, S. M., *Hindu Places of Pilgrimage in India—A Study in Cultural Geography*, Univ. of Calfornia Press, 1973.

Bhardwaj, S. M., Rinschede, G., & Sievers, A. (eds.), *Pilgrimage in the Old and New World*, Dietrich Reimer Verlag, 1994.

Bhardwaj, S. M., & Rinscede, G., "Pilgrimage—A World Wide Phenomenon", Bhardwaj, S. M., & Rinschede (eds.) : *Pilgrimage in World Religions*, Dietrich Reimer Verlag, 1988.

Bhardwaj, S. M., & Rinschede, G. (eds.), *Pilgrimage in World Religions*, Dietrich Reimer Verlag, 1988.

Bhardwaj, S. M., & Rinschede, G. (eds.), *Pilgrimage in the United States*, Dietrich Reimer Verlag, 1990.

Crumrine, N. R., & Morinis, A. (eds.), *Pilgrimage in Latin America*, Greenwood, 1991.

Eade John & Sallnow Michael J. (eds.), *Contesting the Sacred—The Anthropology of Christian Pilgrimage*, Routledge, 1991.

Eade, J., "Order and Power at Lourdes--Lay helpers and the organization of pilgrimage shrine" in J. Eade & M. Sallnow (eds.), *The Contesting the Sacred*, pp.51～76, 1991.

Firth, R., "Offering and Sacrifce—Problem of Organization", in *Journal of the Royal Anthoropological Institute* XCIII, pp.12～24, 1963. E. Vogt & W. Lessa, *Reader in Comparative Religion,* 3rd edition (1971) に再録。

Foard, James, "The boundaries of Compassion—Buddhism and National Tradition in Japanese Pilgrimage", in *Jorunal of Asian Studies,* vol.26, no.2, pp.231-251, 1982.

Frey, N., *Pilgrim Stories*, University of Calfornia Press, 1998.

Gold, Ann Grodzins, *Fruitful Journeys--The ways of Rajasthani Pilgrims*, pp.277～340, Univ. Of California Press, 1988.

Golziher, I., Barber, C. R. & Stern, S.M., "Veneration of Saints in Islam", in Stern, S. M. (ed.), *Muslim Studies*, 2nd vol., George Allen & Unwin, 1971.

Kitagawa, Joseph, "Three Types of Pilgrimage in Japan", *On Understanding Japanese Religion*, pp.127～136, Princeton University Press, 1987.

[表]

第1章

第3章

第4章

図表一覧

[図]

第1章

第2章

第3章

第4章

第5章

初出一覧

序　章　四国遍路研究の目的と方法
（書き下ろし）

第一章　巡礼の基本構造
第一節　巡礼の基本的意味
（書き下ろし）
第二節　聖地とはなにか
（書き下ろし）
第三節　巡礼の類型
『巡礼－聖と俗の現象学』（講談社現代新書、一九八一年、第四章）
第四節　巡礼の構造－V・ターナーの所説とその批判－
「比較巡礼論の試み」（加藤章一先生古稀記念論文集『仏教と儀礼』、国書刊行会、一九七七年、二三九～二五六頁）

第二章　四国遍路の構造的特質
第一節　四国遍路における聖地性の特質
「四国遍路における聖地性の特質」（『現代宗教』三、春秋社、一九八〇年、八九～一〇二頁）
第二節　社会構造から見た遍路者の特質
「規制と厚遇—遍路の立場」（中村康隆先生古稀記念論文集『仏教民俗の周辺』、国書刊行会、一九七八年、一六七～一八六頁）

第三節　四国遍路における死と再生のイメージ
「四国遍路における死と再生のイメージ」（勝又俊教博士古稀記念論文集『大乗仏教から密教へ』、春秋社、一九八一年、一一五三〜一一六五頁）
第四節　大師信仰の構造
「大師信仰」（『中外日報』紙に一九八二年一〇月一二日より八三年一月七日まで三十一回連載）

第三章　近代の四国遍路［1］
第一節　四国遍路の成立と近代までの展開
（書き下ろし）
第二節　近代四国遍路と移動手段
「近代四国遍路と交通手段―徒歩から乗物利用へのなだらかな動き」（『大正大学大学院紀要』二四、二〇〇〇年）
第三節　大正期の四国遍路と高群逸枝の巡礼体験
「巡礼体験の意味」（『春秋』二二六〜二三一号に連載。一九八〇〜一九八一年）
第四節　移植される四国遍路―幕末から近代にかけて―
「新四国霊場の展開過程―福岡県篠栗霊場の場合」（竹中信常博士頌寿記念論文集『宗教文化の諸相』、山喜房佛書林、一九八四年、六一九〜六三五頁）

第四章　近代の四国遍路［2］
第一節　宿帳記録からみた近代の四国遍路
「近代の四国遍路―遍路宿々帳記録分析」（一）（『大正大学研究紀要』六一、一九七五、二八

七～三〇四頁)
第二節　宿帳記録からみた遍路者の性別・年齢・職業
「近代の四国遍路—遍路宿々帳記録分析」(二)(『仏教と民俗』一二、一九七五年、四七～六五頁)
第三節　四国遍路と十か所詣
「四国遍路と十ヶ所詣」(『宗教学年報』二〇、一九七五年、一六～三四頁)

第五章　現代の四国遍路

第一節　戦後の社会変動と四国遍路
(書き下ろし)
第二節　四国遍路の意味づけの変化
「ご利益の道から悟りの道へ—四国遍路の意味づけの変化」(石上善応教授古稀記念論文集『仏教文化の基調と展開』、山喜房佛書林、二〇〇一年、六〇五～六二〇頁)
第三節　接待講の活動—昭和四十年代の活動を中心に—
「四国遍路における接待の意味—有田接待講のばあい」(『宗教研究』二一七号、一九七四年、七五～九六頁)
第四節　現代歩き遍路の体験分析
「四国遍路へニューエイジ?—現代歩き遍路の体験分析」(『社会学年報』四〇号、早稲田社会学会、一九九九年、四七～六四頁)

(尚いずれも大幅に加筆修正した)

あとがき

本書は、私が長らく関心を持ち、研究を進めてきた巡礼の比較研究およびその視点からの四国遍路研究の諸論文をベースにし、さらに新たな研究成果を付け加えて、『四国遍路の宗教学的研究―その構造と近現代の展開―』としてまとめたものである。

本文中でも何度も指摘したが、巡礼行動の中心は「動く」ということである。巡礼者は聖地へ向かって、自宅へ向かって、動き続ける。巡礼のこの特徴を的確に分析することは大変難しい。ちょうど、川の流れが、時におやかに、時に静かに、時には奔流として止まることなく流れ続けるその特徴を、文字で適切に表現することが難しいことに似ているかもしれない。

本書がそうした巡礼の諸特徴を余すところなく論じ尽くしていると言い切るつもりは少しもない。それを基本的認識として取り組んできた私の視点を理解していただき、本書の目指すところを少しでも多く読みとっていただくことを願うばかりである。

いまから思い起こせば、四国遍路研究を中核に据えて巡礼研究をしてみようと考えたのは、昭和四十年代の大正大学宗教学研究室主任教授・故増谷文雄博士の強いお薦めにより留学したシカゴ大学時代だったように思う。それ以来、内外の数多くの学界の先輩、友人に、言葉では表すことのできないほどの学恩や激励、叱責をいただいた。それにもかかわらず、ここに至るまでに長い時間が経過してしまったことはまことに汗顔の至りである。本務校である大正大学は、平成三年度より準備に入り、創立以来の大規模教育改革を行った。私も推進役の一員として、多くの先輩、同僚とともに多大なエネルギーを注ぐことになった。その間の約五年間ほどは、大学に関わる者として得難い経験をさせていただいたと思っているが、研究活動そのものはやむを得ず副次的なものにならざるを得なかった。

このような様々な事情を経て、まがりなりにもこうした書物をまとめることができたのは、ひとえに多くの先生、先輩、友人との関わりがあったからである。心から感謝申し上げる次第である。

学界や大学とは別ではあるが、私はいま東京都内にある一寺院をお預かりして住職を務めさせていただいている。大学教員との兼任であるため、檀信徒の方々に図らずもご迷惑をお掛けすることとなったことは内心忸怩たるものがあるが、それを寛容な心をもって受け入れていただいたことは、まことにありがたいことと思っている。また不在勝ちの私に代わって奮闘してくれた家族や歴代の寺務職員・関係者にも大いに感謝している次第である。

昨今の四国遍路はマスコミが「大ブーム」というほどの人気である。それはとりもなおさず、四国遍路が大変革期に入りつつあるということである。変わらないように見える〈伝統的〉巡礼の基本構造そのものに変化が起きている兆候が見える。しばらくはその動き、「動く四国遍路」にさらに関心を持ち続けていきたいと思っている。

最後になったが、本書刊行に際しては法藏館および編集全般にわたり中嶋廣氏に大変お世話になった。御礼申し上げる次第である。

本書は、大正大学より平成十二年十月二十五日に学位（文学博士）を受けた博士論文を基礎としているが、今回の刊行にあたって相応の加筆、修正を加えた。

平成十三年九月

星野英紀

索　　引

さ

な

は

ま

や

ら

わ

星野英紀（ほしの　えいき）

昭和18年12月、東京に生まれる。大正大学文学部卒業、シカゴ大学留学、大正大学大学院博士課程修了。

現在：大正大学人間学部教授、（財）国際宗教研究所所長、文学博士。

著書：『巡礼―聖と俗の現象学』（講談社現代新書、1981年）、『宗教学を学ぶ』（共編、有斐閣、1996年）。

四国遍路の宗教学的研究
―その構造と近現代の展開―

二〇〇一年二月一〇日　初版第一刷発行
二〇〇三年五月五日　初版第二刷発行

著　者　星野英紀
発行者　西村七兵衛
発行所　株式会社　法藏館
京都市下京区正面通烏丸東入
郵便番号六〇〇―八一五三
電話〇七五（三四三）五六五六
振替〇一〇七〇―三―二七四三

印刷・製本　（株）シナノ

ISBN4-8318-5630-4 C3015